백두산 국경 연구

백두산 국경 연구

2009년 5월 25일 1판 1쇄 펴냄

지은이 · 서길수
펴낸이 · 조영준

표지 디자인 · 홍수진

스캔 및 출력 · (주)한국커뮤니케이션 | 종이 · 대림지업 | 인쇄 · 대원인쇄 |
라미네이팅 · 영민사 | 제책 · 대신제책

펴낸곳 · 여유당출판사 | 출판등록 · 395-2004-00068
주소 · 서울 마포구 서교동 451-48(2층)
전화 · 02-326-2345 | 팩스 · 02-326-2335
이메일 · yybooks@hanmail.net

ISBN 978-89-92351-11-9 93900

백두산 국경 연구

서길수 지음

차 례

둘째 마당 1960년대 조·중 국경조약에 대한 분석 연구

Ⅰ. 조·중 국경조약의 체결 배경과 과정 · 135

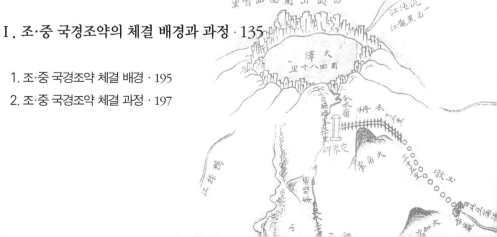

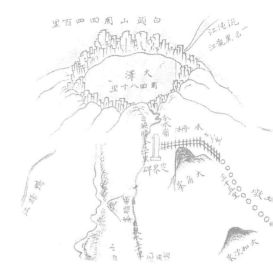

넷째 마당　부　록

이 책은 모두 네 마당으로 짜여 있다.

1. 첫째 마당 : 백두산과 역사적 국경

첫째 마당에서는 만주에서 한반도까지 우리 역사 전 영역을 한 코에 꿰고 있는 벼리이고 가장 높은 머리산인 백두산에 대해 연구하였다.

> Ⅰ. 옛 조선·삼국시대의 백두산과 국경
>
> Ⅱ. 고려시대의 백두산과 국경
>
> Ⅲ. 조선-명나라 시기의 백두산과 국경
>
> Ⅳ. 조선-청나라 시기의 백두산과 국경
>
> Ⅴ. 청국의 백두산 국경 날조사건(1908)과 청·일 간도협약(1909)

'백두산' 이라는 한 주제로, 시대적으로는 우리 역사 전체를 역사적 영토라는 관점에서 분석하고 정리한 것이다. 이 마당에서 글쓴이는 하나의 분명한 잣대로 접근하였다. 즉 동아시아사가 3가지 큰 세력에 의해 판도가 움직였다고 보는 것이다.

① 북방민족 : 흉노, 돌궐, 선비(北魏), 요(거란), 원(몽골) 등

② 서남민족 : 한(漢), 수(隋), 당(唐), 송(宋), 명(明) 등

③ 동방민족 : 조선, 고구려(高句麗), 발해, 고려, 금, 청(後金) 등

이처럼 세 갈래 세력이 정립(鼎立)하며 이합집산이 계속되는 가운데, 전체 세력을 아우르는 집단이 '가운데 나라(中國)' 라는 대명사를 쓰게 되었다. 정확하게 이야기하면 중국이란 나라 이름은 지금까지 존재하지 않았다. 다만 주도권을 가진 세력

을 그렇게 불렀고, 모두가 중국이 되기를 바랐고, 중국인 척했다. 그런데 그 중국이라 불리는 세력들은 하나같이 주변 나라나 민족들을 종속이니, 기미(羈縻)통치니 하며 홀대하고 탄압했다. 한편 아래 있던 집단은 살아 남기 위해 대국을 섬겨야 했고, 그 아래 있던 집단이 위로 올라가면 다시 똑같이 같은 스타일을 반복하였다. 그렇기 때문에 지금까지 역사는 불평등 수직적 종속관계만 계속되었고, 중국이 되기 위해 수단과 방법을 가리지 않는 약육강식의 논리만 존재하였다.

그러나 이제 세계는 이전과 완전히 다른 시대에 접어들고 있다. 상하관계보다는 수평적인 질서가, 정복보다는 평화가, 탄압보다는 공생이 중요한 시대가 왔고, 그것은 선택이 아니라 반드시 그렇게 되어야 하는 당위성이다. 왜냐하면 온 인류가 함께 간다는 상생의 원리를 벗어났을 때 '인류는 스스로 충분히 망할 만큼' 파괴적 과학이 발전했기 때문이다.

21세기 들어와서 중화인민공화국이란 나라가 그 이름을 줄여서 처음으로 '중국'을 나라 이름으로 쓰기 시작하였다. 그리고 '중국'이란 이름에 걸맞게 주변의 모든 것을 하나로 만들려는 시도가 곳곳에서 벌어지고 있다. 역사적으로 보면 동아시아 세력 가운데 가장 강력하고 판도가 큰 것은 북방민족이 세운 원(元)과 동방민족이 세운 청(淸)이었다. 이 원과 청은 칭기즈 칸이나 누르하치가 중국 사람이 아니듯 이민족(異民族)이 중국을 지배한 역사이지 중국 역사가 아니다. 1980년대 이전만 해도 중국 스스로 원과 청은 정복민족이지 자기 민족이 아니라고 부정했다. 그런데 2005년 중국은 정식으로 "'칭기즈 칸은 위대한 중국의 선조다'라고 선포하였다. 만일 이런 잣대를 주변국에 들이댄다면 주변의 모든 역사가 중국의 역사가 된다. 이것은 주변국은 물론 중국 자신을 위해서도 결코 바람직하지 못하다.

이제 인류는 지금까지의 역사인식에 대해 반성하고 새로운 시대에 맞는 이데올로기를 만들어야 할 절대 절명의 시기가 왔다. 그것이 어떤 것인지 앞으로 많은 논의가 있어야 하겠지만 그것은 반드시 모든 것을 하나로 만들려는 전체주의가 아니고 모두가 서로를 존중하고 협력하여 상생하는 이데올로기가 되어야 할 것이다. 크고 작고, 강하고 약하고, 높고 낮은 모든 것이 나름대로의 자리매김을 통해 훌륭하게 조화를 이룰 때만이 인류는 살아 남을 수 있다는 절박한 현실을 인식하고 그런 방향으로 나아가야 한다.

고구려를 중국의 역사라고 주장하는 동북공정을 통해서 우리는 이러한 중국의 새로운 중화주의가 남의 일이 아니라는 사실을 뼈저리게 실감했다. 이런 상황에서 우리 역사학자들도 스스로 사대주의에 대한 자각과 깊은 반성을 통해 지금까지의 사관에서 벗어나 모든 역사 주체에 대한 올바른 자리매김을 하는 새로운 시각을 가져야 한다.

글쓴이는 바로 이런 관점에서 우리 역사를 새롭게 시도해보려 노력하였다. 우선 앞에서 본 3가지 세력이 이 책의 주제가 되는 백두산과 만주 지역에 어떤 형태로 주도권을 잡았는가를 보았다. 그 결과 요(遼)나 원(元) 같은 북방민족이 차지한 적도 있으나 대부분 동방민족들이 차지했었고, 서남 한족이 일부라도 차지한 것은 한나라 때와 명나라 때뿐이라는 것을 발견하였다. 이러한 지배는 북방민족과 동방민족이 서남지역 한족을 지배한 역사에 비해서는 상대적으로 아주 미미한 것이다.

만주 지역을 차지했던 세력들을 시대 순으로 보면 다음과 같다.

고조선(BC 2333~108, 2441년) - 조선인
고구려(BC37~AD668, 705년) - 고구려인
발해(699~926, 228년) - 발해인(고구려 후예)
요(907~1125, 210년) - 거란
금(1115~1234, 120년) - 여진족(발해의 후예)
원(1206~1368, 109년) - 몽골
명(1368~1662, 294년) - 명 + 여진
청(1616~1911, 297년) - 만주족(여진의 후예)
일본·러시아의 진출(1911~) 실질적 권력 행사
만주국(1932~1945, 13년) - 만주족

발해가 멸망할 때까지 백두산 지역에 우리 민족이 오랫동안 자리잡고 살았던 것은 우리 역사의 정설이다. 발해가 북방민족이었던 거란에게 지배를 받다가 정복민족을 뒤엎고 다시 세운 나라가 금나라이다. 그리고 금나라는 원나라에게 망한다. 여기서 거란이나 몽골은 유목민족인 몽골의 선조들이다. 몽골사에서는 이것을 분명히 하고 있으며, 칭기즈 칸이 중국사가 아니고 몽골사라는 것은 중국을 뺀 세계의 모든 학자들이 대부분 인정하고 있는 것만 보아도 알 수 있다.

고구려 이후 처음으로 한족이 이 지역에 들어온다. 그러나 본론에서 보겠지만 명나라는 사실상 요동 지배로 끝나지 백두산 지역을 완전하게 지배하지 못했다. 소위 명나라의 요동변방 동쪽에는 여진족들이 자리잡고 있었고, 그 여진족이 결국은 명나라를 밀어내고, 더 나아가 중국 전체를 지배한 것이 후금이다. 바로 이 후금이 청나라이고, 2차 세계대전이 끝날 때까지 만주국이라는 이름으로 명맥을 이어왔다. 오랜 억압을 벗어나 한족인 손문이 신해혁명을 통해 청나라에서 독립할 때 '멸청흥한(滅淸興漢)'이라고 했지, 청나라를 이어받는다고 하지 않는 것은 추호도 청나라가 자신들의 선조로 보지 않았다는 것을 보여 주는 것이다.

위에서 보는 바와 같이 비록 지금 중화인민공화국이 만주를 차지하고 있지만 명나라가 일부 차지한 역사를 빼놓고는 한족이 만주를 지배한 것은 거의 없다는 것을 알 수 있으며, 이처럼 동아시아 역사를 보는 데, 이전 중화주의보다 훨씬 학술적 보편타당성 있는 잣대로 동아시아사에서 백두산이 차지한 자리를 확인하려고 한다.

이 마당 마지막 V장에서 본 1908년 청나라의 백두산 전면 조사에 관한 분석은 국내 학계에서 최초로 이루어진 것으로, 백두산을 둘러싼 한·중 간의 국경 문제가 오랜 역사성을 가지면서, 동시에 오늘날 국경 문제와도 이어진다는 것을 보여 주는 좋은 사례라고 할 수 있다.

2. 둘째 마당 : 1960년대 조·중 국경조약에 대한 분석 연구

이 마당에서는 현재의 중화인민공화국과 우리나라 국경을 확정한 1960년대 조·중 국경조약을 집중적으로 분석한다.

대한민국 헌법 제3조에 '대한민국의 영토는 한반도와 그 부속도서로 한다'고 되어 있어 현재 대한민국의 북쪽 국경은 압록강-백두산-두만강으로 이어지는 선이다. 그러나 해방 이후 나라가 남북으로 나뉘면서 남한 국민들의 의식 속에는 가 볼수 없는 북방 국경에 대한 인식이 흐릿해지고, 우리 국경은 자연스럽게 휴전선을 넘지 못한 채 오늘에 이르렀다.

1990년대 들어서면서 비록 중국을 통해서 갔지만, 비로소 압록강, 백두산, 두만강을 가 볼 수 있게 되었고, 새삼스럽게 북쪽 국경에 관심이 커졌으며, 더욱이 남북이 서로 오가게 되면서 통일 후의 국경에 대한 기본적인 관심을 갖기 시작하였다.

그러나 아직도 북쪽 국경에 대한 한국 국민들의 인식은 '6·25 참전 대가로 백두산을 중국에 넘겨 주었다'는 막연한 수준에 머무르고 있다. 북한은 정말 백두산을 중국에 넘겨 주었는가? 그렇다면 얼마나 넘겨 주었는가? 이러한 국민적 관심사에 아직까지 학계에서는 명확한 답변을 주지 못하고 있다. 조약을 맺은 당사자인 북한과 중국이 조약 내용을 철저하게 공개하지 않고 있어 그 동안 이 연구는 전혀 진전이 없었기 때문이다. 이 마당에서는 1962년 북한과 중국이 체결한 조약과 이를 바탕으로 구체적인 국경을 확정한 1964년의 의정서를 정확하게 분석하여, 바로 그런 국민적 의문에 답변하는 것이 연구 목적이다.

지금까지 조약문에 대한 구체적 분석과 검토가 아직 이루어지지 않았고, 분석 결과를 토대로 한 조약의 역사적 평가가 이루어지지 않았다. 이 점은 조약 당사국인 중국과 북한에서도 똑같이 단 한 편의 연구 업적도 찾아볼 수 없다는 것을 보면 알수 있다. 1980년대 이전까지 두 나라는 서로의 국경에 관한 연구는 금기 대상이었기 때문에 논문이 있을 수 없고, 그에 관한 논저는 더욱 존재할 수가 없었다. 1980년대 후반부에 들어서야 비로소 연구가 진척되고, 일부 논저에 중국의 동북 강역을 논술하는 과정에서 간단히 조·중 국경의 변천을 언급하는 정도였다. 어떤 연구서는 1907년의 중·일 간도사건을 다루면서도 1885~1887년 조·중 변경 분쟁과 교섭의 역사적 참모습을 회피하고 있을 정도였다.

1990년대 접어들면서 중국 변경의 연혁과 국경업무 교섭에 관한 연구가 활기를 띠기 시작하였다. 그러나 주로 백두산 정계비와 간도 문제에 연구가 집중되었고, 1960년대 조·중 국경조약에 대해서는 아직도 전혀 연구 성과가 없는 것으로 보아 중국과 북한에서 이 문제는 아직까지도 금기사항이라는 것을 알 수 있다.

이처럼 선행된 연구가 거의 없기 때문에 먼저 조·중 국경조약의 체결 배경과 내용, 백두산 국경, 압록강과 두만강의 국경, 조·중 국경조약 체결 이후 맺어진 각종 협정을 집중적으로 분석하는 데 중점을 두었다.

① 백두산에 설치한 28개 국경 푯말 위치를 1/50,000 지도에 정확히 표시했다. 우리나라에서 최초로 정확한 백두산 국경선을 표시한 지도를 완성한 것이다.

② 압록강과 두만강에 있는 451개 섬과 모래섬을 최초로 완전히 개량 분석하였다. 북한이 소유한 압록강의 섬만 해도 울릉도보다 더 큰 면적이다.

③ 서해의 해상 분계선과 자유항행구역을 정확하게 지도와 위성사진에 표시하였다. 압록강·서해 경계선, 조·중 해상 분계선, 자유항행구역과 영해의 정확한 현황이다.

④ 두만강의 북한·중국·러시아의 국경 푯말을 지도와 위성사진에 표시하였다. 이 것은 조·중 국경조약 이후 맺은 조약을 분석한 것이다.

⑤ 북·중 간 국경 통과지점 15곳 및 그 관리제도를 분석하였다. 이것도 조·중 국경조약 이후 맺은 조약을 분석한 것이다.

끝으로 이 국경조약에 대한 논의와 그 역사적 의미를 새겨 보았다. 먼저 아직까지도 일반화되어 있는 소위 '6·25 참전 대가 백두산 천지 할양설'에 대해서 그 발생과 전개과정, 그리고 현황을 정확히 파악하였다. 이어서 한국에서 조·중 국경조약에 대한 연구가 어떻게 진행되었으며, 어떤 인식을 가지고 있었는지를 시기별로 분석하였다. 조·중 국경조약에 대한 평가는 먼저 기존 평가를 소개하고, 이어서 새로운 시각으로 지은이 의견을 제시하였다.

3. 셋째 마당 : 새로운 국경사의 전개
- 중국의 다민족통일국가론과 역사상 강역이론 -

"삼국시대 한국과 중국의 국경은 한강이다."

이런 논리는 우리에게는 물론 현재 중국인들에게도 대부분 생소하고 수긍이 가지 않을 것이다. 그러나 이것은 가설이 아니고 이미 중국에서 가장 권위 있는 『한·중 국경사(中朝邊界史)』에서 학술적이고 체계적으로 정형화시켰으며 빠르게 정착해 가고 있다.

1980년대 이후 한·중 국경 문제는 완전히 새로운 국면으로 접어들었고, 이제 한국의 국경 문제 논의는 간도 문제나 백두산 문제를 벗어나 훨씬 더 광대한 '역사상 강역' 문제를 논의하지 않으면 안 되는 시대에 접어들었다. 국경 문제란 항상 두 나라와의 관계이기 때문에 상대국이 국경에 대한 인식, 정책과 밀접한 관계를 갖는다. 그런데 우리나라 북방 국경의 대부분을 접하고 있는 중화인민공화국은 1980년대 이후 완전히 새로운 변경이론을 정립해 가고 있다. 바로 '다민족통일국가론'을 바탕으로 한 '역사상 강역' 논리인 것이다.

이 마당에서는 이 같은 '다민족통일국가론'이라는 새로운 잣대(paradigm)로 쓴 한·중 국경사를 분석하였다. 중국이 '역사적 강역'이라는 새로운 잣대로 만든 한·중 국경사는 한국 입장에서 보면 참 황당하기 그지없다. ① 한국사에서 최초로 세운 고대국가는 기자조선이고 기자는 중국에서 건너간 중국인이다. ② 고구려 발해는 모두 중국의 소수민족 지방정권이다. 그렇기 때문에 당시 한·중 국경은 한강이라는 식으로 구성되어, 한마디로 '조선 역대 강역은 처음부터 끝까지 한번도 압록강·두만강을 넘지 못했다'는 것이다.

이와 같은 중국의 새로운 연구 경향에 따라 한국의 학계도 새로운 시각의 연구방법이 요구된다. 그 동안 '국경 문제' 하면 간도, 녹둔도, 백두산 정계비, 독도 문제가 주된 주제였다. 그러나 이제는 우리도 고조선에서 현재까지 모든 역사에서 우리 국경을 재조명하는 학계의 반성과 분발이 절실한 실정이다. 다시 말해 국경 문제는 우리나라만의 문제가 아니고 상대적이기 때문에 중국의 연구 성과를 면밀히 검토하고, 그에 따른 적극적인 논리개발이 필요하다고 하겠다.

이 마당에서는 다음과 같은 4장으로 나누어 고찰하였다.

> Ⅰ. 1980년대 이전 중국의 강역이론과 주은래의 중국-조선 관계론
> Ⅱ. 1980년 이후 중국의 새로운 역사 만들기와 국경 문제
> Ⅲ. 중국의 한·중 국경사 연구의 새로운 잣대(paradigm) – 역사상 강역
> Ⅳ. 한국 학계의 역사적 영토이론 정립을 통한 대응논리 개발 시급

먼저 1장에서는 새로운 국경이론이 적용되기 이전 중국의 국경관계를 정리하면서 1980년대 이후 국경 관계가 얼마나 혁명적으로 바뀌었는지를 차별화하였다. 2장에서는 1908년 초부터 25년 동안 중국이 새로운 역사 만들기를 통해서 어떻게 국경 문제를 용의주도하게 준비해 왔는지를 살펴보았다. 3장에서는 이렇게 만들어진 중국의 새로운 잣대 '역사적 강역'의 실상을 정확하게 파악하려고 노력하고, 4장에 이런 논리에 대처할 수 있는 한국 학계의 대응 자세를 촉구하였다.

4. 넷째 마당 : 부록

1964년 의정서가 나온 뒤 45년이 지났으나 한·중 국경 연구가 제대로 진행되지 못한 것은 조약문이 공개되지 않았기 때문이다. 본문에 밝혔지만 2000년에 들어서 조약문이 원문이나 번역문으로 조금씩 발표되기 시작하였다. 이번에 회담기록을 포함하여 압록강과 두만강에 있는 섬의 일람표까지 번역되어 발표된 것은 이번

이 처음이다.

이 자료가 앞으로 한·중 두 나라의 국경 연구에 받침돌이 되었으면 한다.

Ⅰ. 조선민주주의인민공화국 정부 대표단과 중화인민공화국 정부 대표단의 조·중 국경 문제에 관한 회담기록

Ⅱ. 조선민주주의인민공화국과 중화인민공화국 국경조약

Ⅲ. 조선민주주의인민공화국 정부와 중화인민공화국 정부의 조·중 국경에 관한 의정서

Ⅳ. 섬(島嶼)과 모래섬(沙洲) 귀속(歸屬) 일람표

1990년 백두산을 처음 접하고 이제 20년이 된다. 그 동안 백두산을 30번 쯤 올라 다니고, 압록강과 두만강을 수차례 다니면서 언젠가 그 결과를 책으로 내려는 결심을 했는데, 비로소 첫 책을 내게 되었다. 원래는 백두산과 압록강·두만강에 대한 책을 내려고 참 많은 자료를 수집했는데, 이 정도에서 그만 접으려고 한다. 금년 정년퇴직과 함께 새로운 길을 가기로 결심했기 때문이다. 그러나 이 책을 바탕으로 해서 앞으로 많은 학자들이 더 좋은 연구 결과를 내 주기를 바라마지 않는다.

2009년 1월 30일

보정(普淨) 서길수

백두산과 역사적 국경

里百四四周山頭白

大浒
里十八四周

Ⅰ. 옛 조선 · 삼국시대의 백두산

1. 옛 조선(朝鮮)의 단군과 태백산

『삼국유사』에 "위서(魏書)에 이르기를 지금부터 2000년 전 단군왕검이 계셔, 아사달(阿斯達)에 새로 나라를 세우고 '조선'이라고 불렀는데, 고(高)와 같은 때라고 한다(魏書云 乃往二千載 有檀君王儉 立都阿斯達 開國號朝鮮 與高同時)"[3]고 하였는데, 이 '조선'이 우리나라에서 가장 오래 된 나라이다. 백두산은 이미 이 옛 조선의 건국신화에서부터 태백산(太伯山)이라는 이름으로 시작된다.

> 고기(古記)에 이르기를, 옛날 환국(桓國)의 중자(衆子)[4] 환웅이 늘 하늘 아래 사람들이 사는 세상에 뜻을 두고 인간세상을 탐내어 구했다. 아버지는 아들의 뜻을 알고 삼위대백(三危大伯)을 내려다보니 인간을 널리 이롭게 할 만했다(弘益人間).

---

3) 『삼국유사』 紀異 권1, 고조선.
4) 원문에 서자(庶子)라고 되어 있는데, 서자는 ① 첩의 아들, ② '중자(衆子)=맏아들 밖의 모든 아들'이라는 두 가지 뜻이 있다(『우리말 큰사전』). 여기서는 맏아들이 아니라는 뜻이므로 중자라고 옮겼다.

이에 천부인 3개를 주어, 내려가서 다스리게 했다. 환웅은 3000명의 무리를 거느리고 태백산(太伯山) 꼭대기 신단수 아래로 내려와서 신시라고 불렀는데, 이 분을 환웅천왕이라 부른다. 풍백 우사 운사를 거느리고 곡식, 목숨(命), 아픔(病), 형벌(刑), 선악 같은 무릇 인간의 360개가 넘는 모든 일을 주장하시고, 인간세계를 다스려 교화시켰다(在世理化). 古記云 昔有桓國 庶子桓雄 數意天下 貪求人世 父知子意下視 三危大伯可以弘益人間 乃授天符印三箇 遣往理之 雄率徒三千 降於太伯山 頂神壇樹下 謂之神市 是謂桓雄天王也 將風伯雨師雲師 而主穀主命主病主刑主善惡 凡主人間三百六十餘事 在世理化.[5]

그렇다면 환웅이 하늘에서 내려와 신시를 연 태백산은 지금의 어디일까? 백두산, 묘향산, 구월산 같은 여러 가지 설이 있다. 다음에 보겠지만 고구려 시조 동명성왕 전설에서도 태백산이 나오는데, 이 태백산은 묘향산이나 구월산이 아니고, 압록강이 나오는 백두산이라는 것이 확실하다.

조선에 관한 기록이 제대로 남아 있지 않고 모두 『사기(史記)』나 『한서(漢書)』 같은 남의 나라 역사책에서 찾아내야 하기 때문에 마치 숨은 그림 찾기처럼 어렵다. 『사기』 「조선열전」은 연나라의 위만이 조선을 어떻게 지배했으며, 한나라가 조선을 어떻게 멸망시켰는가에 대해 집중적으로 다루고 있다. 결국 연·한나라의 관계사만 다루었지, 그 이전부터 존재했던 조선에 대해서는 전혀 언급하지 않은 것이다. 그때는 아직 연·한나라와 관계가 없는 독립국가였기 때문이다.

한나라가 조선을 침략하여 지배하기 위해 내세운 것이 상나라 기자와 연나라 위만의 출신성분이다. 『한서』 지리지에는, '은나라의 도가 쇠해지자 기자가 조선으로 도망가서 그 백성들을 예의에 힘쓰고, 농사짓고 누에 쳐서 길쌈하도록 가르쳤다'[6]고 했고, "조선왕 만(滿)은 연나라 사람이다"[7]라고 했다. 이 두 기사는 한나라가 주

---

6) 『漢書』, 지리지
7) 『漢書』, 조선전

변 국가인 조선을 정복하는 것을 합리화시키는 역사적 사실로 기록한 것인데, 자세히 살펴보면 이것은 바로 조선의 정체성을 아주 잘 밝혀주는 내용이 된다.

알려지다시피, 기원전 10세기 이전 은상(殷商)이 멸망하자 기자가 조선으로 망명을 하게 된다. 이 말을 뒤집어서 보면, 이때 이미 조선이라는 나라가 존재하였기 때문에 조선으로 망명을 할 수 있고, 기자가 망명을 하여 목숨을 보전할 만큼 국가체제를 유지하고 있었다는 것을 말한다. 만일 조선이 상나라나 주나라에 속해 있는 어떤 지방 정권이었다면, 망명이라는 단어 자체가 성립될 수 없다. 연나라의 만(滿)도 연나라가 망하고 "연나라 왕 노관(盧綰)이 반하여 흉노로 들어가자 만도 망명하였다."[8] 중화인민공화국의 학자들은 기자와 위만이 조선의 왕이 되었다는 점을 강조하며, 주나라가 기자를 책봉하였다는 사실만으로 마치 조선 역사가 주나라의 역사인 양 꾸민다.

그러나 기자와 위만은 모두 자기 나라가 없어져 조선으로 망명을 온 사람들이기 때문에 그때부터는 이미 조선 사람들이다. 그들의 출신이 상나라이고 연나라라고 해서 그 나라 역사로 친다는 것은 논리에 맞지 않는다. 만일 이런 논리를 역사에 적용한다면 한나라, 송나라, 명나라를 뺀 중화인민공화국 전체의 역사는 모두 다른 나라 역사가 된다. 한족이 순수한 혈통이 아니고, 지배자들이 모두 한족이 아니기 때문이다. 이런 딜레마 때문에 중화인민공화국은 1980년데 '다민족 통일국가'라는 논리를 내 세워 현재 자기 영토 안에 있는(정확하게 말하면 역사상 가장 넓은 영토를 가진 청나라 영토) 모든 민족과 정권은 '중화민족'이라고 주장하고 나오는 것이다. 그렇기 때문에 최근 중화인민공화국에서는 이전과는 전혀 다른 역사논리가 형성되고 있다.

한족도 순수 혈통을 가진 민족이 아니다. 하·상·주는 본래 세 종류의 민족인데, 나중에 융합하여 화하족(華夏族)이 되었다. 진나라와 한나라도 하나의 민족이 아니

---

8) 『漢書』, 조선전

다. 진시황은 서융(西戎)에 속하고, 한나라 고조는 초족(楚族)에 속했는데, 나중에 융합하여 한민족(漢民族)이 되었다.[9]

만일 이런 논리대로라면, 기자와 위만이 당연히 조선 사람으로 융합되어 조선 사람이 되었다고 봐야 하고, 몽골 역사에서 보면 원나라에 속해 있던 한족들은 모두 몽골에 융합된 몽골족이 되는 것이다. 기자나 위만의 소속에 관한 부분은 이처럼 민족과 민족이 융합된 수준의 것이 아니고, 단순한 망명이기 때문에 사실은 더욱 단순한 문제이다. 기자와 조선이 중화인민공화국 역사라는 주장은 마치 일본 출신의 후지모리가 페루 대통령을 했으니 페루는 일본의 역사라고 하는 것과 마찬가지다.[10]

끝으로 조선에 대해 한 가지 덧붙이고 싶은 이야기가 있다. 『삼국유사』에서 일연이 '왕검조선'과 위만조선을 구별하기 위해 오래된 조선을 '옛 조선(古朝鮮)'이라고 기록하였는데, 그 뒤 학자들이 나라이름 자체를 '고조선'이라고 잘못 부르고 있다. 우리 역사에서 '고조선'이란 나라는 없었고, 우리나라 첫 나라는 분명 '조선'이었다. 어떤 학자는 "고조선에 대한 인식은 1392년에 이성계가 중심이 되어 개창한 조선 왕조와 대비하여 그 이전에 '조선' 칭호를 쓴 나라에 대한 역사라는 의미로 사용되는 것이다"고 하였는데, 이것도 잘못된 것이다. 만일 후고구려와 후백제를 고구려[11] 백제라고 하고, 서력 기원전에 개국한 나라들을 '고고구려(古高句麗), 고백제(古百濟)라고 하면 말이 안 되는 것과 마찬가지다. 이 문제는 앞으로 한국 사학계에서 진지하게 논의해서 결정해야 할 문제이다.

───

9) 田子復, 「中國長白山文化本原論」, 『東北史地』, 2005-1, 3쪽.
10) 중화인민공화국 학자들의 논리와 비판에 대해서는 박선미, 「동북동정에 나타난 고조선사 인식논리 검토」, 『고구려연구』 29집, 2007, 161쪽 이하 참조
11) 高句麗는 '고구리'라고 읽어야 한다(서길수, 「'高句麗'와 '高麗'의 소릿값(音價)에 관한 연구」, 『고구려연구』 27집, 학연문화사, 2007. 6.). 그러나 여기서는 혼란을 피하기 위해 '고구려'를 그대로 쓴다.

2. 한나라 점령기의 이름, 백두산 = 불함산(不咸山)

BC 2세기 한나라의 침략으로 조선이 멸망하고, 고구려가 다시 이 땅을 되찾을 때까지 몇십 년 동안 한나라가 요동을 지배하게 된다. 이 당시의 기록인『산해경(山海經)』에는 백두산을 불함산(不咸山)이라고 했다.

> 동쪽 끝 푸른 바닷속 거친 벌판(大荒)에 산이 있는데 불함(不咸)이라 이른다. 숙신(肅愼)이 사는 나라이다.[12]

『산해경』의 작가는 하(夏)나라 우왕(禹王), 또는 백익(伯益)이라 하는데, 실제는 BC 4세기 전국시대 이후에 나온 것이라는 것이 정설이다. 지금까지의 연구 결과에 따르면, 대체적으로 한(漢)나라(BC 202~AD 220) 초에 만들어졌다고 볼 수 있다. 원래는 23권이 있었으나 전한(前漢) 말기에 유흠(劉歆)이 교정(校定)한 18편만 오늘에 전하고 있다. 그 가운데「남산경(南山經)」이하의「오장산경(五藏山經)」5편이 가장 오래 된 것으로, 한(漢)나라 초인 BC 2세기 이전에 저술되었다고 본다. 그 다음으로「해외사경(海外四經)」4편,「해내사경(海內四經)」4편이 이어져 있는데, 한대(漢代)의 지명이 포함되어 있다. 그리고「대황사경(大荒四經)」4편,「해내경(海內經)」1편은 가장 시대가 뒤떨어진다. 불함산을 언급한 대황북경은 대황사경 가운데 하나이기 때문에 대체로 전한(기원전 206년~8년) 말기에 추가되었을 가능성이 크다. 이때는 옛 조선이 한나라에 멸망하여 한때 한나라가 요동을 점령하고 있던 시대이다. 불함이란 이름은 아마 이때 한나라 사람들이 기록했던 이름일 가능성이 크다.

당 태종 시기에 펴낸『진서(晉書)』[13]에도 불함산이란 이름이 나온다.[14]

---

12)『山海經』, 大皇北經
13)『진서(晉書)』는 당나라 태종 때에 이연수 등 20여명의 학자가 편찬한 책으로, 서진(265년~316년)과 동진(317년~418년)의 역사가 수록되어 있다.
14)『통전(通典)』에도 같은 내용이 나온다.

숙신씨는 일명 읍루라고도 하는데, 불함산 북쪽에 있으며, 부여에서 60일쯤 가는 거리에 있다(肅愼氏一名挹婁 在不咸山北 去夫餘可六十日行).[15]

이러한 『진서』의 기록은 당나라 때까지도 불함산이라 불렀다는 것이 아니라, 당나라 때 한나라 때의 기록을 그대로 옮겨 적었다고 할 수 있다. 특히 숙신은 주나라의 기록부터 나온 오래된 나라이고, 그 나라를 기록할 때는 관습적으로 '불함산 북쪽에 있다'고 기록하였기 때문에 그 내용을 그대로 옮겼다고 보는 게 맞을 것이다.

3. 고구려의 시조 추모(鄒牟)[16]와 대백산(大白山)·태백산(太白山)

옛 조선을 멸망시키고 그 지역을 강점하고 있던 한나라를 다시 몰아내고 들어선 것이 고구려이다. 고구려의 시조 추모에 대한 전설에서 다시 백두산은 대백산 또는 태백산이라는 이름으로 등장한다.

아란불이 마침내 왕에게 권하여 그곳으로 도읍을 옮겨 나라 이름을 동부여(東扶餘)라고 하였다. 옛 도읍지에는 어디에서 왔는지는 알 수 없으나 천제(天帝)의 아들 해모수(解慕漱)라고 자칭하는 사람이 와서 도읍하였다. 해부루가 죽자 금와는 뒤를 이어 즉위하였다. 이때 대백산(大白山) 남쪽 우발수(優渤水)에서 한 여자를 발견하고 물으니 '그 여자가' 대답하였다.

"나는 하백(河伯)의 딸이며 이름이 유화(柳花)입니다. 여러 동생과 나가 노는데 그때 한 남자가 스스로 천제의 아들 해모수라 하고 나를 웅심산(熊心山) 아래 압록

---

15) 진서(晉書) 사이전(四夷傳) 숙신씨(肅愼氏)
16) 『삼국사기』, 「고구려본기」에는 '주몽 일명 추모'라고 되어 있고, 「백제본기」에는 '추모 일명 주몽'이라고 되어 있는데, 『삼국사기』보다 700년 이상 먼저 기록된 광개토태왕비의 기록에 따라 '추모'로 쓴다. (서길수, 「역사와 고구려 드라마 '주몽'」, 『고구려연구』 28집, 학연문화사, 2007. 9. 참조)

수(鴨淥水) 가의 집으로 꾀어서 사통하고 곧바로 가서는 돌아오지 않았습니다. 부모는 내가 중매 없이 남을 좇았다고 책망하여 마침내 우발수에서 귀양살이 하게 했습니다(阿蘭弗遂勸王 移都於彼 國號東扶餘 其舊都有人 不知所從來 自稱天帝子解慕漱 來都焉 及解夫婁薨 金蛙嗣位 於是時 得女子於大白山南優渤水 問之 曰 "我是河伯之女 名柳花 與諸弟出遊 時有一男子 自言天帝子解慕漱 誘我於熊心山下鴨淥邊室中私之 卽往不返 父母責我無媒而從人 遂謫居優渤水)."[17]

이 기록에서 추모의 어머니 유화부인이 처음 발견된 곳이 바로 대백산 남쪽이다. 유화부인은 대백산 남쪽 우발수에서 귀양살이를 하고 있었는데, 그 원인이 되었던 해모수의 사통이 이루어진 곳은 웅심산 아래 압록수이다. 여기서 대백산과 웅심산, 우발수와 압록수는 멀리 떨어지지 않은 가까운 곳으로 볼 수 있다. 다만 대백산의 한 줄기가 웅심산일 수 있고, 우발수는 압록수의 한 지류라고 보는 것이 타당하리라고 본다.

고구려가 건국하고 나서 주변의 작은 나라들을 하나씩 아우르며 영토를 넓혀 가는데, 이미 서력 기원전 32년 이전에 대백산이 고구려의 영토가 되었다는 사실을 알 수 있다.

동명성왕 6년(서기전 32), 겨울 10월에 왕이 오이(烏伊)와 부분노(扶芬奴)에게 명하여 대백산 동남쪽의 행인국(荇人國)을 치고 그 땅을 빼앗아서 성읍(城邑)으로 삼았다(六年 秋八月 神雀集宮庭 冬十月 王命烏伊扶芬奴 伐大白山東南荇人國 取其地爲城邑).[18]

이처럼 옛날 고구려 동북쪽을 언급할 때 백두산을 기준으로 한 것은 고구려 멸망

---

17) 『삼국사기』, 「고구려본기」 1, 동명성왕
18) 『삼국사기』 권13 「고구려본기」 1, 동명성왕

이후에도 마찬가지였다. 최치원이 발해를 언급하면서 다음과 같이 말하고 있다.

> 고구려 유민이 모여 북으로 대백산 아래를 근거지로 하여 나라를 세워 발해라 하였
> 다(高句麗殘類聚 北依大白山下 國號爲渤海).[19]

여기서 원전으로 삼고 있는 『삼국사기』는 중종 임신년 발행한 정덕본(正德本)이
다. 이 정덕본에는 모두 대백산(大白山)이라고 되어 있다. 그런데 그 뒤에 나온 현
종본(顯宗本), 『삼국사절요』, 『동국이상국집(東國李相國集)』 같은 책에는 모두 태백
산(太白山)으로 되어 있고, 번역본 대부분은 대백산을 태백산으로 바로잡았다. 그
러나 '대백산'인가 '태백산'인가 하는 것은 사실 큰 문제가 아니다. 여기서 중요한
것은 '백산'이고, '크다'는 뜻을 더해 주는 대(大)나 태(太)는 '하얀 산(白山)'에 대
한 매김말 역할을 하고 있다. 그렇기 때문에 여기 나오는 대백산이나 태백산이란
'대·태(큰)＋백산(하얀 산)'으로 이루어진 낱말로, 여름 한철을 빼고는 언제나 하
얀 눈이 덮여 있는 산을 두고 붙여진 이름일 것이다. 아프리카 탄자니아에 있는 킬
리만자로가 스와힐리 어로 '하얀 산(白山, 또는 빛나는 산)'이란 뜻이고, 히말라야도
산스크리트 어로 하얀 것을 뜻하는 '눈이 사는 곳'이라는 것을 보면 쉽게 이해가 갈
수 있다.

한나라를 물리치고 옛 조선 땅을 차지한 고구려 시조의 전설이 조선의 전설과 마
찬가지로 대백산(태백산)에서 시작된 것은 단순한 우연의 일치라고 보기는 어려울
것이라고 생각한다.

---

19) 『삼국사기』 권46 「열전」 6, 최치원, 『삼국유사』 권1, 紀異2, 靺鞨 渤海에서도 『삼국사기』의 이 구절을
인용하고 있다.

4. 고구려 때 『삼국지』와 『위서(魏書)』의 기록,

백두산 = 개마대산(蓋馬大山)·도태산(徒太山)

1) 『삼국지』와 『후한서』의 기록, 백두산 = 개마대산(蓋馬大山)

고구려가 28대 왕 705년이라는 번영을 누리는 동안, 고구려의 서방(현재 중국)과 북서방(현재 몽골)에서는 35개의 나라가 생겼다가 없어졌다. 그 가운데 70% 가까운 24개 국가가 50년을 못버티고 망했으며, 86%가 넘는 30개 국가는 100년도 채우지 못하고 망했다. 200년 이상 간 나라는 단 두 나라 한나라(221년)와 당나라(290년)뿐이다. 이 두 나라는 고구려의 처음과 마지막에 몇십 년만 함께했기 때문에 이 비교에서는 200년이라는 것이 큰 의미가 없다. 한편 35개 나라 가운데 5호 15국, 북위를 비롯하여 절반 정도는 한족이 아닌 북방민족이 지배한 나라였다. 고구려가 705년 간 태평성대를 누리는 동안 서북방은 같은 민족끼리 또는 다른 민족과 수많은 투쟁과 전쟁의 역사가 이어져 편한 날이 없었던 것이다. 이처럼 서방과 서북방이 혼란스러운 덕분에 고구려를 비롯한 신라 백제는 유래가 없는 장수를 누렸다.

고구려 시대 이런 주변 국가의 기록에는 백두산이 어떻게 기록되어 있는지 보기로 한다. 가장 먼저 나오는 사서가 유명한 『삼국지』인데, 위·촉·오 3국 가운데 고구려와 국경을 접하던 위나라의 기록인 『삼국지(三國志)』 「위서(魏書)」 동옥저(東沃沮)에 다음과 같은 기록이 나온다.

동옥저는 고구려 개마대산의 동쪽에 있다(東沃沮在高句麗蓋馬大山之東).

이 개마대산은 분명 백두산을 일컫는 말이고, 개마대산은 고구려 땅이라는 것을 분명히하고 있다. 이러한 기록은 『후한서』에도 똑같이 나온다.

동옥저는 고구려의 개마대산의 동쪽에 있다(東沃沮在高句驪蓋馬大山之東).

『삼국지』와 『후한서』의 기록을 보면 고구려의 '려(麗)' 자만 다르지 모두 똑같다는 것을 알 수 있다. 이것은 『후한서』가 『삼국지』의 기록을 그대로 베꼈다는 것을 말해 준다. 비록 후한(25~219)이 삼국시대(220~265)보다 앞선 시대이지만 사서가 편찬된 시기를 보면, 『삼국지』는 진(晋)의 진수(陳壽, 232~297)가 지었고, 『후한서』는 남조 유송(劉宋)의 범엽(范曄, 398~445)이 지은 것으로 후한서가 100년 이상 뒤에 편찬되었기 때문에 『후한서』가 『삼국지』를 베낀 것이 된다. 고구려(高句麗)와 고구려(高句驪) 두 가지로 쓴 것은 한나라나 송나라가 고구려를 비하하기 위해 일부러 '려(麗)' 자에 짐승인 말 마(馬) 변을 덧붙여 '가라말 려(驪)' 자를 만든 것이다. 한나라를 비롯한 고구려 서쪽에 있던 국가들은 이웃한 국가들과 서로 존중하며 화합하려는 자세보다는 주변국에 대해서는 이처럼 짐승이나 나쁜 뜻을 가진 단어로 바꾸어 비하하는 좋지 않은 관습이 있었다.

고구려는 동명성왕이 나라를 세우고 10년 만(서기전 28년)에 북옥저를 쳐서 그 땅을 성읍으로 삼았고,[20] 동옥저는 태조대왕 4년(서기 56년) 일찍이 고구려가 아울러 성읍으로 삼았다.[21] 그렇기 때문에 동옥저의 서쪽에 있던 백두산은 그보다 훨씬 이전에 고구려의 영토였다는 것을 쉽게 알 수 있다. 후한서에 보면 "예(濊) 및 옥저(沃沮), 구려(九驪)는 본디 모두가 조선 땅이다(濊及沃沮句驪 本皆朝鮮之地也)."[22]라고 했다. 여기서 예나 구려는 모두 고구려가 성립되기 이전 조선의 영토 안에 있는 종족들이었다는 것을 알 수 있다. 한나라가 고구려를 침략하여 한때 할거(割據)하고 있었는데, 나중에 예와 구려가 고구려를 세워 한나라 세력을 몰아내고, 옥저까지 통합하여 옛 조선 땅을 다시 하나로 통일한 것이다.

---

20) 『삼국사기』, 「고구려본기」, 동명성왕 10년, 겨울 11월, 왕이 부위염에게 명하여 북옥저를 격멸하고, 그 지역을 성읍으로 만들었다.
21) 『삼국사기』, 「고구려본기」, 태조대왕 4년, 가을 7월에 동옥저(東沃沮)를 정벌하고 그 땅을 빼앗아 성읍으로 삼았다.
22) 『後漢書』夷列傳, 濊.

2) 『위서』와 『수서』의 기록, 백두산 = 도태산(徒太山)·백산(白山)

『위서(魏書)』 물길국(勿吉國)전에 다음과 같은 기록이 있다.

> 나라 남쪽에 있는 도태산(徒太山)은 위나라 말로는 대백(大白)인데, 호랑이, 표범,
> 큰곰, 이리가 사람을 헤쳐 사람들이 산에서는 오줌이나 대변을 보지 못한다. 산을
> 지나는 사람은 (소변이나 대변을) 물건에 담아 간다(國南徒太山, 魏言大白, 有虎豹
> 羆狼害人 人不得山上溲汗 行逕山者 皆以物盛).[23]

『위서』는 북제(北齊) 사람 위수(魏收)가 551~554년 편찬한 사서인데, 북위(北魏 ; 386~534)의 역사를 기록하였다. 북위는 선비(鮮卑)족 탁발부(拓跋部)가 화북에 세운 왕조이다. 국호가 위나라였기 때문에 전국시대 위(魏)나라와 삼국시대 조조의 위(魏)나라와 구별하기 위해 북위라고 불리고 있다. 북위 시기는 주로 고구려의 광개토태왕과 장수왕 시대로 고구려와 가장 오랫동안 국경을 마주하고 있었던 나라였고, 두 나라 사이의 교류도 가장 왕성했던 나라다. 그렇기 때문에 이 시기에 있었던 동진이나 송나라의 기록에 비해 고구려를 비교적 자세하게 기록하고 있다. 서방국가들 가운데 고구려 건국신화를 처음 실었던 것도 이 『위서』이다.

여기서 주목해야 할 점은 북위에서는 도태산을 대백산(大白山)이라고 부른다는 것이다. 이것은 앞에서 국내 사서에 백두산을 대백산 또는 태백산이라고 불렀다는 기록과 일치한다. 북위에서는 대백산이라고 부르면서 도태산이란 이름을 쓴 것은 도태산이 혹시 물길의 말이 아닌가 하는 생각이 든다. 물길전이기 때문에 물길 말로 쓰고, 고구려와 교류가 많았던 북위는 고구려와 마찬가지로 대백산이라고 했을 것으로 보인다.

『위서』 이후 『북사』와 『수서』에서도 같은 내용을 기록하고 있는데, 두 사서는 모두 『위서』보다 100년 가까이 늦은 당나라 때 편찬된 책이기 때문에 『위서』를 그대

---

23) 『魏書』勿吉國

로 옮겨 적은 것이라고 볼 수 있다. 다만 『북사』에서 "그 나라 남쪽에 종태산(從太山)이 있었는데 화남(華南) 말로 태황(太皇)이라는 뜻이다(國南有從太山者 華言 太皇)"[24]라 하였다. 종태산(從太山)이라고 한 것은 『위서』에서 옮기면서 '도(徒)'자를 비슷한 '종(從)'자로 잘못 옮긴 것으로 보인다. 여기서 화언(華言)이라는 기록은 위서에 위언(魏言)이라고 한 부분을 바꾼 것이다. 『수서』와 『수서』를 쓸 당시 당나라의 입장에서 북위의 기록은 선비족에게 화북 지역을 빼앗겼던 시절이기 때문에 도태산이 북위의 말로 어떤 뜻이었는지는 서술할 필요가 없었을 것이다. 그렇기 때문에 화남 지역의 말로 뜻을 덧붙였다고 보아야 한다.

5. 신라에도 대(태)백산이 있었다.

『삼국사기』「신라본기」에 보면 신라 일성이사금 5년(138) "겨울 10월에 북쪽으로 순행(巡行)하여 몸소 태백산(太白山)에 제사지냈다"[25]고 했고, 기림(基臨)이사금 3년(300) "3월, 우두주(牛頭州)에 이르러 태백산에 제사를 지냈다"[26]고 했다. 신라가 태백산에 제사 지낸 것은 「제사(祭祀)」 편에도 나온다.

> 3산 5악 이하 명산 대천에 지내는 제사는 대사(大祀), 중사(中祀), 소사(小祀)로 구분된다. ……중사는 오악(五岳)과 사진(四鎭)과 사해(四海)와 사독(四瀆)에 제사 지내는 것을 말한다. 오악(五岳)은 동쪽의 토함산(대성군), 남쪽의 지리산(청주), 서쪽의 계룡산(웅천주), 북쪽의 태백산(나이군), 중앙의 부악(공산이라고도 한다. 압독군)이다.[27]

---

24) 『北史』 勿吉國
25) 『삼국사기』 권1, 「신라본기」 1, 五年 春二月 置政事堂於金城 秋七月 大閱閼川西 冬十月 北巡 親祀太白山
26) 『삼국사기』 권 三月, 至牛頭州 望祭太白山
27) 『삼국사기』 권32, 志1, 祭祀, 中祀 五岳 東吐含山大城郡 南地理山菁州 西鷄龍山熊川州 北太伯山奈已郡 中父岳押督郡.

신라의 강역과 비교해 볼 때 여기서 나오는 태백산은 백두산을 일컫는 게 아니라, 신라 영토 안에서 북쪽에 있는 중요한 산이라는 사실을 알 수 있다. 이런 신라의 태백산은 『삼국유사』에서도 자주 나온다.

> "자장(慈藏)이 태백산에 가서 찾았다(藏往太伯山尋之)."[28]
> "의봉 원년(676년) 의상에 태백산으로 돌아와 조정의 뜻을 받들어 부석사를 창건하였다(儀鳳元年 湘歸太伯山 奉朝旨創浮石寺)."[29]
> "사람들이 말하기를 의상법사가 태백산에서 설법을 하여 사람들을 이롭게 한다고 한다(聞人說義湘法師在太伯山說法利人)."[30]

지금까지의 내용을 종합해 보면, 신라의 태백산은 당시의 내이군(奈已郡), 즉 오늘날의 영주시 부석사가 있는 산이다. 의상대사가 세운 부석사는 현재 소백산 기슭에 자리잡고 있는데, 사찰 현판에는 지금도 태백산 부석사라고 쓴 것은 바로 이런 역사적 사실 때문이다.

6. '백두산'이란 낱말을 가장 먼저 기록한 책 '『삼국유사』'

'백두산'이란 산 이름을 가장 먼저 기록한 책은 『삼국유사』이다. 『삼국유사』의 대산오만진신(臺山五萬眞身) 편은 오대산의 여러 사찰에 대한 기록이다. 자장법사(慈藏法師)가 636년(선덕여왕 5년) 당나라에 들어갔다가 귀국해 오대산에서 수도하는 이야기부터 시작된다. 자장법사의 감화를 받은 왕자 보천(寶川, 寶叱徒라고도 한다)과 효명이 오대산에 들어가 수도하였는데, 나중에 효명은 왕이 되고 보천은 계속해서

---

28) 『삼국유사』 권4, 「義解」 5, 慈藏定律.
29) 『삼국유사』 권4, 「義解」 5, 義湘傳敎.
30) 『삼국유사』 권5, 「孝善」 9, 眞定師孝善雙美

수도를 한다. 백두산은 바로 이 보천이 후세를 위해 기록한 내용에서 나타난다.

보천이 입적(圓寂)하려 할 때, 나중에 산 속에서 수도하면서 나라를 이롭게 할 일을 기록해 두었는데 : "이 산은 곧 백두산의 큰 줄기인데, 각대에는 항상 진신이 있는 곳이다. 푸른색(동) 방위인 동대(東臺) 북쪽 모서리 아래와 북대(北臺)의 남쪽 기슭 끝에는 마땅히 관음방(觀音房)을 두어 둥근 관음보살상과 푸른 바탕에 1만 관음보살상을 그려 모셔라. 복전(福田)승 5명이 낮에는 8권의 금경(金經, 나라를 수호하는 경전)과 인왕반야경, 천수주를 읽고, 밤에는 관음경 예참(禮懺, 삼보를 예배하고 그 경을 찬탄함)을 염송하고 그곳을 원통사라 일컬어라⋯⋯"고 하였다(川將圓寂之日, 留記後來山中所行輔益邦家之事云:「此山乃白頭山之大脉, 各臺眞身常住之地 靑在東臺北角下, 北臺南麓之末, 宜置觀音房, 安圓像觀音, 及靑地一萬觀音像, 福田五員, 晝讀八卷金經仁王般若千手呪, 夜念觀音禮懺, 稱名圓通社 ⋯).[31]

똑같은 내용이 다음에 이어지는 '명주 오대산 보질도 태자 전기(溟州五臺山寶叱徒太子傳記)'에도 나온다.[32] 바로 이 기사가 백두산에 관한 가장 오래된 기사이다. 이 기사 내용을 보면, 왕이 오대산에 와서 '신룡 원년(705)에 절을 다시 세웠다'는 기록이 나오기 때문에 시대를 신라 성덕왕 때(702~736)로 볼 수 있다. 삼국시대 때 백두산은 고구려에 속해 있었지만, 고구려가 멸망하고(668) 발해가 성립된(699) 30년 남짓한 기간은 극도로 혼란한 시기로, 백두산은 사실상 무주공산이나 마찬가지였다. 발해가 성립된 뒤로도 한참 동안은 아직 백두산에 대한 영유권을 주장할 처지는 못되었을 것이다. 발해에 관한 기록이 거의 없기 때문에 발해가 언제 백두산 지역을 확실하게 차지하고, 백두산을 어떻게 취급하였는지 잘 알 수 없다. 그러나

---

31) 『삼국유사』 권3, 「塔像」4, 臺山五萬眞身
32) 『삼국유사』 권3, 「塔像」4, 溟州五臺山寶叱徒太子傳記

적어도 이 시기에는 아직 신라에서도 자유롭게 오갈 수 있는 곳이라고 볼 수 있고, 그렇기 때문에 신라에서 "오대산은 백두산의 맥이다"는 주장이 나올 수 있다고 보아야 한다.

여기서 우리는 두 가지 사실을 확인할 수 있다. 하나는 이 당시 풍수지리설이 응용되고 있었다는 것이다. 색깔과 방향과의 관계라든지, 산의 맥을 짚어가는 것은 모두 풍수지리설에서 나온 것이다. 흔히 풍수지리설은 도선이 시작하였다고 하는데, 도선보다 훨씬 이른 시기에 이미 보천(보질도)이 풍수지리설을 응용하고 있다는 기록은 상당히 눈여겨보아야 할 대목이다. 두 번째, 신라에서도 산의 맥을 백두산부터 흘러나왔다고 보았다는 것이다. 앞에서도 보았지만 대백산이나 태백산은 하얀 산(白山)이 기준이 되었다. 백두산도 백산에서 나온 것이다. 다만 풍수지리설에 따라 머리 산이고 으뜸 산이기 때문에 '머리 두(頭)' 자를 넣어서 백두산이라고 했을 가능성이 크다.

발해가 힘을 키우면서 우리나라 역사는 자연히 북녘에는 발해, 남녘에는 신라라는 남북국시대가 시작된다. 지금까지의 연구 결과로 보면 발해가 왕성할 때 백두산은 당연히 북국인 발해 땅 안에 있었다. 그런데도 남국인 신라에서 백두산이 우리나라 산맥의 머리라는 인식을 가지고 있었고, 그런 인식이 신라 말기까지 계속된 것으로 보인다. 우리나라 풍수지리설의 시조라고 일컫는 도선의 비기(秘記)에서도 '우리나라 산은 백두산에서 시작된다'고 기록했기 때문이다.

> 무신(戊申)에 사천소감(司天少監) 우필흥(于必興)이 글을 올려 아뢰기를, "옥룡기(玉龍記, 道詵記)에 이르기를, '우리나라는 백두산(白頭山)에서 시작하여 지리산에서 끝나는데, 그 지세는 수(水)를 뿌리로 하고 목(木)을 줄기로 하는(水根木幹) 땅이다. ……"(戊申 司天少監于必興 上書言 玉龍記云 我國 始于白頭 終于地異 其勢 水根木幹之地.)[33]

---

33) 『고려사』권39, 「세가」권39, 공민왕 6년

이 내용은 100년 이전 보천이 얘기했던 "오대산은 백두산의 큰 맥이다"는 주장과 완전히 맥을 같이하고 있는 것이다. 이와 똑같은 내용이 『고려사절요』에도 실려 있다.[34] 한국 풍수지리설의 시조로 알려진 도선은 15살에 화엄사에 출가하여 스님이 되었다. 그 뒤 각지 유명한 사찰을 거쳐 수행하다가 846년 곡성 동리산의 혜철을 찾아가서 '무설설 무법법(無說說無法法)'의 법문을 듣고 오묘한 이치를 깨달았다고 한다. 850년에는 천도사에서 구족계를 받은 뒤 운봉산에 굴을 파고 수도하기도 했으며, 태백산에 움막을 치고 여름 한철을 보내기도 했다. 도선이 고려 시조 왕건의 탄생을 예언하고, 비기를 전해 주었다고 하는데, 신라가 935년에 멸망하였으니 도선이 활동한 시기는 신라 말이 된다. 그렇기 때문에 옥룡기라는 도선의 비기는 신라 말에 쓰였다고 볼 수 있으며, 백두산이 머리 산이란 풍수지리설과 함께 백두산이란 명칭이 신라 말기까지도 유행했다는 것을 증명해 주는 것이다.

『삼국유사』는 충렬왕 7년(1281)에 편찬한 역사책이기 때문에 일연이 당시 일반화된 백두산이란 이름을 썼다고 생각할 수도 있다. 그러나 신라 후기부터 내려오던 이야기나 책을 인용한 경우가 많다. '산중의 고전을 살펴보면(按山中古傳)', '당나라 스님이야기에 이르기를(唐僧傳云)' '옥룡기에 이르기를(玉龍記云)' 하는 형식으로 어떤 책을 인용할 때는 인용한 책에 있는 그대로 옮기는 것이 일반적이다. 『삼국유사』에는 『삼국사기』를 인용한 부분이 많은데, 『삼국사기』의 내용을 임의로 바꾸지 않고 그대로 옮긴 예가 많은 것을 보면 알 수 있다.

어쨌든 『삼국유사』와 『고려사』의 기록을 종합해 보면, 백두산이란 산명이 쓰인 상한선을 고구려가 멸망한 뒤 발해가 성립되는 기간까지 올려 볼 수 있다는 점에서 이 기록은 대단히 중요하다고 할 수 있다.

─

34) 『고려사절요』 권26, 공민왕 6년(원 지정 17년)

Ⅱ. 고려시대의 백두산

935년 신라가 멸망하고, 그보다 조금 먼저 918년 고려가 건국된다. 고려는 건국되어 1392년 멸망할 때까지 34대 475년 동안 계속된다. 고려가 이처럼 475년이 계속되는 동안 압록강 북녘에서는 발해를 멸망시킨 요나라부터 금나라, 원나라를 거치는 커다란 변혁기를 맞는다. 백두산은 고려뿐 아니라 앞에서 본 세 나라와도 관계가 깊기 때문에 고려와 세 나라의 관계를 통해서 정리할 필요가 있다.

고려 태조 원년(918년)~인종 3년(1125년) = 요나라(907~1125, 219년)
고려 예종 10년(1115년)~고종 21년(1234년) = 금나라(1115~1234, 120년)
고려 희종 2년(1206년)~공민왕 16년(1367년) = 원나라(1206~1367, 169년)

1. 고려-요 시대의 백두산

1) 고려시대 최초의 '백두산' 기록 - 991년 성종 10년

고려가 나라를 세운 뒤 73년 뒤인 991년(성종 10년) 백두산에 관한 기록이 처음 나온다.

압록강 밖의 여진을 백두산 밖으로 내쫓아 그 곳에 살게 하였다(逐鴨綠江外女眞
於白頭山外居之).[35]

이 기록을 보면 이때 고려가 여진을 몰아내고 백두산에 영유권을 차지했다는 것

35) 『고려사』 권3, 성종 10년

을 알 수 있다. 그렇다면 요나라가 발해를 멸망시켰는데, 어떻게 고려가 발해에 속했던 백두산을 관리하고 여진을 쫓아냈는가? 이것은 발해가 멸망한 뒤 요나라의 지배 상황을 보면 쉽게 이해가 간다.

발해가 멸망하고, 많은 발해인들이 고려로 넘어왔고, 요나라는 발해 옛 땅에 동란국(東丹國)을 설치하였다. 그러나 동란국(東丹國)이 내부 사정으로 2년 만인 928년, 통치기구와 많은 발해 유민을 데리고 요양(遼陽)으로 옮겨간 뒤, 발해 각 지에서 조직적으로 항거하기 시작하였다. "세계 역사상 발해와 같이 끈질기게 반항한 역사도 없고, 발해와 같이 국가재건을 시도한 민족도 없다"[36]고 평가할 정도로 후발해, 정안국, 흥요국, 대발해 같은 반요(反遼) 부국운동(復國運動)이 곳곳에서 일어나고 끊임없이 계속되었다.

그 가운데 가장 체계적으로 움직이며 구심점이 되었던 세력은 압록강 일대를 거점으로 한 대씨정권(大氏政權)이었다. 그들은 부흥운동의 거점으로 압록강 중류에서 하류에 걸치는 압록부 일대를 택했다. 압록부의 지세는 3면이 험난한 산으로 둘러싸여 있어 외부 공격을 막는 데 유리하고, 압록강을 따라 내려가면 바로 바다 건너 송나라와 통해, 물자의 공급이 원활하므로 부흥운동을 하기에 적합한 지역이었다. 이 지역에 세워진 대씨정권을 원래의 발해와 구별하여 '후발해'라고 부르는데, 그 규모는 원래의 발해에 비할 수 없지만 대씨 일족이 발해왕족이었다는 점에서 유민들을 결집하기가 쉬웠고, 좋은 지리조건 때문에 강력한 정치체제를 갖출 수 있었다.

후발해 말기에 내적인 권력투쟁이 일어나 대씨가 밀려나 대부분 고려로 넘어가고, 열씨(烈氏)가 국왕이 되었으나, 그 열씨 왕조도 곧바로 권신 오씨(烏氏)에게 왕권이 넘어갔다.[37] 오씨정권은 송나라와 국교를 맺고, 국서에 대흥(大興)이라는 연호를 사용해 독립국가로서의 모습을 갖추었다. 이때 요나라에는 성종이 즉위하여

---

36) 김위현, 「요대의 발해유민 연구」, 『고구려연구』 29집, 582쪽
37) 김위현, 「요대의 발해유민 연구」, 『고구려연구』 29집, 583쪽

고려에 대한 견제의 일환으로 동북방면에 대해 적극적인 통치책을 쓰면서 정안국의 위기는 시작되었다. 983년(성종 2) 거란은 압록강 방면을 쳐서 하류 지역을 제압하고, 이듬해 압록강 방면에 있던 여진을 쳤으나 큰 성과를 거두지는 못했다. 그러나 985년 7월부터 압록강 방면을 다시 공격하여 반 년 뒤인 986년 정월에 정안국은 망하고 만다.

요나라가 정안국을 멸망시켰으나 압록강 유역을 완전히 장악하지 못한 것으로 보인다. 5년 뒤 고려가 여진을 몰아내고 백두산을 차지한 사실을 보면 알 수 있다. 고려가 이처럼 압록강과 백두산을 차지하자 993년 요나라는 마침내 고려를 침략한다. 이때 유명한 서희와 소손녕(蕭遜寧)의 고구려 정통성 담판 결과 요나라가 물러나고, 고려는 청천강 이북에 장흥진(長興鎭)·곽주(郭州) 같은 성을 쌓고, 압록강을 지배하기 위한 전략기지로 삼았다. 또 압록강 문제를 전담할 압강도구당사(鴨江渡勾當使)를 두게 했으며, 이듬해 안의진(安義鎭) 등지에 축성하고 선주(宣州) 등지에 성보(城堡)를 쌓아 지금의 평북 일대의 국토를 완전히 회복했다.

그 뒤 성종은 동북쪽도 국경을 확보하고 삭방도(朔方道)를 설치하였다. 이때 동북 국경을 동계(東界)라고 했는데, 정종 2년(1038)에는 북계와 합해 양계(兩界)라 하였으며, 문종 원년(1047)년에는 동북면(東北面) 또는 동면(東面), 동로(東路), 동북로(東北路), 동북계(東北界)라고 불렀다.

> 동계(東界) : 본래 고구려의 옛 땅으로, 성종 14년(995) 경내를 나누어 10도로 삼았는데, 화주(和州) 명주(溟州) 같은 군현으로 삭방도(朔方道)를 삼고, 정종(靖宗) 2년(1036) 동계 북계를 더불어 양계(兩界)라 불렀다. 문종 원년(1047)에는 동북면(또는 동면, 동로, 동북로, 동북계)이라고 불렀다(東界 : 本高勾麗舊地 成宗十四年 分境內爲十道 以和州溟州等郡縣爲朔方道 靖宗二年 稱東界(與北界爲兩界). 文宗元年 稱東北面(或稱東面東路東北路東北界)).[38]

---

38) 『高麗史』 권58, 志12, 地理3.

2) 최초의 '장백산(長白山)'-『요사(遼史)』

백두산을 '장백산'이라고 기록한 사료 가운데 가장 먼저 나온 것은 『요사』이다. 먼저 『요사』를 보면 요나라(遼國) 밖의 10부를 다음과 같이 들고 있다.

> 오고부(烏古部), 적역팔부(敵烈八部), 외고부(隗古部), 회발부(回跋部), 암모부(嵓母部), 오독완부(吾禿婉部), 질랄갈부(迭剌葛部), 위구르부(回鶻部), 장백산부(長白山部), 포노모타부(蒲盧毛朶部)[39]

여기서 장백산부(長白山部)가 등장한다. 이어서 이 10부 대한 좀 더 자세한 설명이 나온다.

> 요나라 밖의 10부를 백관지(百官志) 2에서 보면, 오고(烏古), 적열(敵烈), 외고(隗古), 질랄갈(迭剌葛)은 제부(諸部)에 들어가고, 회발(回跋), 암모(嵓母), 오독완(吾禿婉), 포노모타(蒲盧毛朶)는 대부(大部)에 들어가며, 장백산부(長白山部)는 장백산 여직국(長白山女直國)을 만들어 위구르부(回鶻部)와 함께 제국(諸國)에 들어간다(遼國外十部 按百官志二 烏古 敵烈 隗古 迭剌葛入「諸部」, 回跋 嵓母 吾禿婉 蒲盧毛朶入 大部, 長白山部作長白山女直國 , 與回鶻部並入 諸國).[40]

요나라 밖의 10부도 3가지로 나누어 부(部), 대부(大部), 국(國)으로 나뉘는데, 장백산부는 장백산여직국으로 '국(國)'에 들어간다는 것이다. 여직(女直)이란 여진(女眞)을 달리 이르는 말로, 요나라 흥종(興宗)의 이름이 종진(宗眞)이어서 '진(眞)'자 대신에 '직(直)'자를 쓴 것이다. 요나라가 세운 동란국이 서쪽으로 옮긴 뒤, 원래 발해 땅에 남은 사람들이 주로 여진이라고 기록되고 있는데, 이는 점차 그 지

---

39) 『遼史』 권33, 志3 「營衛志」 下, 部族 下, 遼國外十部
40) 『遼史』 권33, 志3 「營衛志」 下

역에 살던 원래의 발해 유민 전체로 범위가 넓혀진다. 그렇기 때문에 여진이란 고려로 넘어간 발해인, 요나라에 끌려간 발해인을 제외하고, 옛 발해 땅에 남아 있던 발해인들은 모두 여진이란 이름으로 불리게 되었다고 보아야 한다.[41] 『금사(金史)』에 보면 이때 호적이 요나라에 속한 사람은 숙여진(熟女眞), 그렇지 않고 따로 떨어진 사람들을 생여진(生女眞)이라고 했다고 한다.

> 오대 때 거란이 발해 땅을 완전히 차지하자, 흑수말갈은 거란에 복속되었다. 그 가운데 남녘에 사는 사람은 거란 국적이 되었는데 숙여진(熟女直)이라 부르고, 북녘에 사는 사람은 거란 국적에 들어가지 않았는데, 생여진(生女直)이라 불렀다(五代時, 契丹盡取渤海地 而黑水靺鞨附屬于契丹 其在南者籍契丹, 號熟女直 其在北者 不在契丹籍 號生女直).[42]

요나라에 완전히 속하지 않은 생여진은 압록강과 백두산 북쪽, 그리고 바닷가에 살면서 나름대로 세력을 기르고 있었는데, 『요사』에 나오는 '장백산 여직국(長白山女直國) 대왕부(大王府)' '압록강 여직(鴨淥江女直) 대왕부' '빈해여직국(瀕海女直國) 대왕부'[43]가 바로 그들이다. 여진은 필요에 따라 요나라에 공물을 바치기도 하고 작위를 요청하기도 하면서 거의 독자적인 세력을 구축하였으며, 고려와도 끊임없이 분쟁이 있었다.

장백산 태사(太師) 시갈(柴葛)과 회발(回跋) 태사 살랄(撒剌)이 모두 와서 공물을

---

41) 『高麗史』 열전, 윤관에 여진을 이렇게 설명하고 있다. "여진은 본시 말갈의 후예인데, 수나라와 당나라 때는 고구려에 병합되어 있었다. 그 뒤 (고구려가 멸망하자) 부락을 이루고, 산천에 흩어져 살았기 때문에 통일되지 못했다. 그 가운데 정주(定州) 삭주(朔州) 부근 지방에 있는 자는 (고려로) 넘어왔다고 하지만 잠간 신하로 속해 있다가 곧 배반하곤 하였는데, 영가(盈歌)와 오아속(烏雅束)이 이어서 추장(酋長)이 되면서 자못 여러 사람의 마음을 얻어 그 세력이 점차로 확대되었다."
42) 『金史』 권1, 「本紀」 1, 世紀
43) 『遼史』 권46, 志16 「百官志」 2, 北面, 北面屬國官, 諸國

바쳤다)長白山太師 柴葛 回跋太師 撒剌 都來貢方物).[44]

장백산여직국 대왕부, 성종 통화(統和) 30년(1012) 장백산 30부 여진이 작위를 내려줄 것을 청하였다(長白山女直國大王府, 聖宗 統和 三十年, 長白山三十部 女直乞授爵秩).[45]

이상에서 본 바와 같이 고려시대 여진 사람들이 백두산을 처음으로 장백산(長白山)이라고 이름하였다는 것을 알 수 있다. 장백산이란 이름도 물론 백산(白山)에서 온 것이다. 대백산이나 태백산이 '큰 백산'이고 백두산이 '으뜸 백산'이란 뜻이라면 장백산은 '긴 백산'이다. 사실상 '긴 백산'도 크다는 뜻을 가지고 있기 때문에 태백산, 백두산, 장백산은 모두 '백산(白山)'에서 비롯된 것이며, 다른 말은 모두 백산에 대한 도움말인 것이다. 청나라 때 만주어로 가륵민산연아림(歌勒敏珊延阿林)[46]이라고 했는데, 가륵민은 '길다(長)', 산연은 '희다(白)', 아림은 '산(山)'이란 뜻으로 정확하게 옮기면 장백산(長白山)이 된다. 백산이 바로 장백산이라는 것은 금사(金史)의 기록을 보면 분명하게 나온다.

생여진 땅에는 혼동강과 장백산이 있었는데, 혼동강은 흑룡강이라고도 불렸다. 이른바 백산(白山)과 흑수(黑水)란 바로 이것이다(生女直地有混同江長白山, 混同江亦號黑龍江, 所謂白山黑水是也).[47]

3) 윤관의 선춘령(先春嶺) 국경비

고려-금나라 시기 동북지역 국경은 여진의 흥망과 깊은 관련을 갖게 된다. 앞에서 본 바와 같이 고려 초 동북 국경지역에 삭방도를 설치하였는데 나중에 여진에게 점

---

44) 『遼史』 권89 表7,「部族表」17년
45) 『遼史』 권46, 志16「百官志」2, 北面, 北面屬國官, 諸國
46) 『欽定盛京通志』 권27. 長白山卽歌勒敏珊延阿林.
47) 『金史』 권1,「本紀」1, 世紀

령당한다. 그래서 유명한 윤관의 동북 대첩이 일어나게 된다.

나중에 함주(咸州) 이북이 동여진에게 함락되었으므로, 예종(睿宗) 2년(1107) 평
장사 윤관을 원수로 삼고 지추밀원사(知樞密院事) 오연총(吳延寵)을 부원수로 삼
아, 군사를 거느리고 여진을 쳐서 쫓고 9성을 설치하고 비를 공험진(公嶮鎭)의 선
춘령에 세워 경계로 삼았으며, 명종 8년에 이르러 연해명주도(沿海溟州道)라 불렀
다. (後咸州北沒於東女眞. 睿宗二年 以平章事尹瓘爲元帥 知樞密院事吳延寵副之.
率兵擊逐女眞 置九城 立碑于公嶮鎭之先春嶺 以爲界至 明宗八年 稱沿海溟州道).[48]

1107년(예종 2) 윤관은 여진 정벌군의 원수가 되어 부원수 오연총(吳延寵)과 17
만 대군을 이끌고 동북 지역을 평정하고, 함주(咸州)·영주(英州)·웅주(雄州)·복주
(福州)·길주(吉州)·공험진(公嶮鎭)·숭녕(崇寧)·통태(通泰)·진양(眞陽)의 9성을 쌓
아 침범하는 여진을 평정하고 이듬해 봄에 개선한다. 이때 윤관이 새운 9성 가운데
가장 북쪽에 있던 성이 공험진이고, 고려시대는 물론 조선시대까지도 이 공험진 문
제는 우리나라 국경을 얘기 할 때는 항상 나오는 북쪽 한계선으로 등장한다. 『고려
사』 지리지에는 고려의 동북지방 국경에 대해서 다음과 같이 쓰고 있다.

사방 영토를 보면, 서북쪽은 당나라 이후 압록강을 한계로 삼고, 동북쪽은 선춘령
(先春嶺)을 경계를 삼으니, 대체로 서북 경계는 고구려 (땅)에 미치지 못하였으나,
동북쪽은 (고구려 땅을) 넘어섰다(其四履 西北自唐以來以鴨綠爲限 而東北則以
先春嶺爲界. 盖西北所至 不及高勾麗 而東北過之).[49]

고려시대 선춘령은 바로 이때 세운 공험진에 있다고 하였다. 그렇다면 공험진은

---

48) 『高麗史』 권56, 志12, 地理3
49) 『高麗史』 권56, 志10, 地理1

어디에 있는가? 이 문제는 지금까지 많은 논의가 있었고 중요한 문제이기 때문에 좀 더 자세히 보기로 한다.

『고려사』 지리지에서는 공험진을 "예종 3년에 성을 쌓고 진(鎭)을 두어 방어사(防禦使)로 삼았고, 6년에 산성을 쌓았다(公嶮鎭睿宗三年築城. 置鎭爲防禦使六年築山城)"[50]고 하고, 공험진의 위치에 대해 다음과 같은 4가지 설을 주로 달아 놓았다.

① 공주(孔州)라는 설
② 광주(匡州)라는 설
③ 선춘령 동남쪽, 백두산 동북쪽이라는 설
④ 소하강(蘇河江) 강변이라는 설

이 네 가지 설에 나오는 지명을 정확히 분석할 수 있는 자료는 『세종실록』 지리지에 나온다. 『세종실록』 지리지는 비록 조선시대의 역사서이지만 『고려사』의 지리지보다 20년 남짓 먼저 편찬한 것이기 때문에 상당히 신빙성이 있다고 할 수 있다.

▶ 경원도호부(慶源都護府)

옛 공주(孔州)로서 혹은 광주(匡州)라고도 칭하는데, 오랫동안 호인(胡人)에게 점거(占據)되었었다. 고려의 대장(大將) 윤관(尹瓘)이 호인(胡人)을 몰아내고 공험진 방어사(公險鎭防禦使)를 두었다. ……수빈강(愁濱江)이다. 두만강 북쪽에 있다. 그 근원은 백두산 아래에서 나오는데, 북쪽으로 흘러서 소하강(蘇下江)이 되어 공험진(公險鎭)·선출령(先春嶺)을 지나 거양성(巨陽城)에 이르고, 동쪽으로 120리를 흘러서 수빈강이 되어 아민(阿敏)에 이르러 바다로 들어간다.

사방 경계[四境]는 동쪽으로 바다에 이르기 20리, 서쪽으로 경성(鏡城) 두롱이현(豆籠耳峴)에 이르기 40리, 남쪽으로 연해(連海) 굴포(堀浦)에 이르기 12리, 북

---

50) 『高麗史』 권56, 志12, 地理3

쪽으로 공험진에 이르기 700리, 동북쪽으로 선춘현(先春峴)에 이르기 700여 리,
서북쪽으로 오음회(吾音會)의 석성기(石城基)에 이르기 150리이다.[51]

이 내용을 간추려 보면, 우선 ① 공주(孔州)와 ② 광주(匡州)는 모두 경원도호부
를 일컫는 다른 이름이다. 나머지 ③과 ④는 모두 백두산 북쪽이라는 것을 알 수 있
다. 우선 그 루트를 보면, 백두산에서 발원한 소하강이 수빈강을 거쳐 바다로 흘러
들어가 바다로 들어가는 과정인데, 백두산 → 소하강(蘇下江) → 공험진(公險鎭)·선
출령(先春嶺) → 거양성(巨陽城) → (120리) → 수빈강(愁濱江) → 아민(阿敏) →
바다로 이어진다. 여기서 보면 ④의 소하강과 ③의 선춘령은 바로 이 백두산 물줄기
가 흐르는 같은 라인에 있다는 것을 알 수 있다.

한편 경원도호부의 사방 경계를 보면 다음과 같다.

> 동쪽 20리 – 바다
> 서쪽 40리 – 경성(鏡城) 두롱이현(豆籠耳峴)
> 남쪽 12리 – 연해(連海) 굴포(堀浦)
> 북쪽 700리 – 공험진
> 동북쪽 700여 리 – 선춘령
> 서북쪽 150리 – 오음회(吾音會)의 석성기(石城基)

여기서 보면 선춘령은 공험진은 모두 북쪽에 있는데, 선춘령은 동북쪽이므로 공
험진보다 동쪽에 있다는 것을 알 수 있고, 거리는 모두 700리쯤 된다. 백두산을 기
준으로 한 거리도 나와 있다.

> 준령(峻嶺)이 백두산(白頭山)에서 일어나 남쪽으로 철령(鐵嶺)까지 뻗쳐 있어,
> 1000리 남짓에 펼쳐진다. 북쪽은 야인(野人)의 땅에 닿아 있는데, 남쪽은 철령부

---

51) 『세종실록』 「지리지」, 함길도, 경원도호부

터, 북쪽은 공험진(公嶮鎭)에 이르기까지 1700리 남짓 된다.[52]

여기서 나온 거리를 계산해 보면, 백두산에서 남쪽 철령까지 1000리 남짓, 북쪽에 있는 공험진까지는 700리 남짓 된다는 것이다. 이렇게 보면 공험진은 경원도호부에서도 700리, 백두산에서도 700리쯤 되는 북쪽에 있다는 것이 확실해지고, 선춘령은 그보다 동쪽인 동북쪽 700리 지점에 있다는 것을 알 수 있다. 이 당시 이미 백두산에서 북쪽으로 흐르는 강은 혼동강이라고 했기 때문에 북동쪽으로 흐르는 강은 지금의 목단강(牧丹江)의 상정해 볼 수 있다. 백두산에서 700리 정도 떨어진 목단강의 도시로는 돈화시를 생각해 볼 수 있다. 돈화시는 옛 발해의 도시로 요금시대의 유물로 많이 나오고 있다. 공험진을 설치했다면 이미 어느 정도 도시가 형성되었던 곳으로 보아야 하기 때문에 현재의 돈화시로 보는 설은 상당히 타당성이 있다고 하겠다.

이상에서 본 바와 같이 윤관이 선춘령에 세운 비는 분명하게 백두산 북쪽에 세워졌다. 백두산 동북지역이 원래는 고구려 땅이었다는 사실과 윤관이 세운 공험진 선춘령 국경비는 고려에서 우리나라 동북 국경을 이야기할 때 항상 내세우는 기본 논리였다. 고려 말 명나라가 우리나라 동북지역에 철령위(鐵嶺衛)를 세우려고 할 때도 "그윽이 살펴 보건대 철령(鐵嶺) 이북의 문〔文(文川)〕, 고〔高(高原)〕, 화〔和(永興)〕, 정〔定(定平)〕, 함〔咸(咸興)〕 같은 여러 주를 거쳐 공험진(公嶮鎭)까지는 예부터 우리나라 땅이 되어 있었습니다"[53]라고 강력하게 주장하고 나올 정도이다.

이러한 국경 의식은 조선 왕조 때에도 계속된다.

① "조사해 보건대, 본국의 동북지방(東北地方)은 공험진(公嶮鎭)에서부터 공주(孔州)·길주(吉州)·단주(端州)·영주(英州)·웅주(雄州)·함주(咸州) 등 고을이 모

52) 『세종실록』 「지리지」, 함길도
53) 『고려사』 「열전」 辛祐

두 본국의 땅에 소속되어 있습니다."[54]

② 홍무 21년에 태조 고황제(太祖高皇帝)의 성지(聖旨)를 받자와, '공험진(公嶮鎭) 이북은 요동(遼東)으로 환속(還屬)하고, 공험진 이남에서 철령(鐵嶺)까지는 그대로 본국(本國)에 붙여 달라' 고 청하기 위하여, 배신(陪臣) 김첨(金瞻)을 보내어 글을 받들고 가서 주달하게 하였사온데, 그해 10월 11일에 〈김첨이〉 경사(京師)에서 돌아와서 공경히 칙서(勅書)를 받자오니, '삼산 천호(三散千戶) 이역리불화(李亦里不花) 등 열 곳의 인원(人員)을 허락한다' 고 하셨습니다. 이에 신(臣)이 일국(一國)의 신민(臣民)들과 더불어 감격해 마지아니하였습니다.[55]

③ 호조 참의(戶曹參議) 이현(李玄)을 보내어 경사(京師)에 가서 아뢰게 하였다.

"……살펴건대, 맹가첩목아는 소방(小邦)의 지계(地界)인 공험진(公嶮鎭) 이남(以南)으로, 황제께서 허락하신 10처(處) 안의 경성(鏡城) 지면(地面)인 두만강(豆萬江) 가에 사는 사람이고, 또 일찍이 신(臣)으로 하여금 출발시켜 보내라는 명령을 받지 못하였기 때문에, 사람을 보내어 주달(奏達)하였던 것입니다 ……"[56]

공험진을 『조선왕조실록』에서 검색해 보면 조선조 초는 세조 때까지 15건의 공험진이 더 나온다. 모두 명나라와 조선의 경계를 공험진으로 한다는 내용이다. 그리고 여러 자료를 비교 검토 해 본 결과 공험진은 분명히 백두산과 경원의 삼각점인 목단강 가의 돈화시 근방일 것으로 추측한다. 그런데 현재 우리나라 교과서에 나온 윤관의 9성 위치는 모두 한반도 안으로 잘못 그려져 있다. 일본의 어용학자 이케우치(池內宏)가 의도적으로 우리나라 영토를 줄이기 위해 연구한 함흥평야설을 그대로 이어받았기 때문인데, 빠른 시일 안에 바로잡아야 할 것이다.

---

54) 『태종실록』 태종 4년 5월 19일. 『조선왕조실록』은 한국학중앙연구원의 번역본을 사용하고, 원문을 생략했다.
55) 『태종실록』 태종 5년 5월 16일.
56) 『태종실록』 태종 5년 9월 20일.

2. 고려 – 금 시대의 백두산과 국경

금나라는 고려 예종 10년(1115)에 세워져, 고종 21년(1234)에 멸망하여, 120년 동안 존속하였다. 일반적으로 금나라 건국 주체세력은 여진이라고 대답하거나 더 구체적으로 대답한다는 사람이 완안여진이라고 한다. 그렇다면 여진의 선조는 누구인가? 『금사』에 보면 금나라 조상은 말갈이고, 말갈은 옛날 고구려에 속해 있었다는 것을 분명히하고 있다.

> 금나라 선조는 말갈씨에서 시작되었다. ……당나라 초 흑수말갈과 속말말갈이 있었고 다른 5부는 기록이 보이지 않는다. 속말말갈은 처음 고(구)려에 속해 있었고, 성은 대(大)씨였다. 이적(李勣)이 고구려를 파하자, 속말말갈은 동모산에서 도모하여, 나중에 발해가 되고, 왕이라 부르며 10세 남짓 이어졌다. ……흑수말갈은 숙신 땅에 살았는데, 동으로는 바다에 이르고 남으로는 고려에 접했는데, 역시 고(구)려에 복속되어 있었다. 일찍이 15만 병사로 고구려를 도와 당 태종에게 대적하였으나 안시성에서 패하였다. 개원(713~741) 시기 (당나라에) 조회를 가자 흑수부를 설치하고, 부장들에게 도독이나 자사라는 직위를 주고, 장사(長史)를 두어 감독하였다. 도독에게는 이(李)라는 성씨와 헌성(獻誠)이라는 이름을 내려 흑수경략사라는 직무를 맡겼다. 그 뒤 발해가 강성해지자 흑수말갈은 (발해에) 복속되면서 조공을 끊었다(金之先, 出靺鞨氏 …唐初, 有黑水靺鞨, 粟末靺鞨, 其五部無聞. 粟末靺鞨始附高麗, 姓大氏. 李勣破高麗, 粟靺鞨保東牟山. 後爲渤海, 稱王, 傳十餘世. …黑水靺鞨居肅愼地, 東瀕海, 南接高麗, 亦附于高麗. 嘗以兵十五萬衆助高麗拒唐太宗, 敗于安市. 開元中, 來朝, 置黑水府, 以部長爲都督刺史, 置長史監之. 賜都督姓李氏, 名獻誠, 領黑水經略使. 其後渤海盛强, 黑水役屬之, 朝貢遂絶).[57]

고구려가 당태종과 싸울 때 참여했던 말갈이 바로 흑수말갈이라는 것이다. 고구려가 망하고 한때 당나라에 속해 있다가 발해가 강성해지자 발해에 복속된 역사가 자세하게 기록되어 있다. 고구려와 발해에 속해 있던 말갈이 박해가 요나라에 멸망하면서 여진이란 이름으로 발해의 옛 땅에 남아 명맥을 유지하고 있었다. 이런 여진의 막강한 국가를 형성할 힘을 갖추는 데는 남북국시대의 발해와 신라 유민들의 힘이 절대적이었다. 우선 금나라를 세운 건국자 완안아골타(完顏阿骨打)의 7대조 되는 함보(函普: 始祖)는 신라(고려)에서 완안부로 옮겨 와서 그곳 여인과 결혼하여 자손을 두었는데 그 자손이 번성하여 여진 지역에 군림하게 되었으며, 요나라 말기에 발해인들이 요나라에 반기를 들고 일어나 어수선한 틈을 타서 칭제건원(稱帝建元)하였으니, 금나라의 주체세력은 완안부와 발해 유민들이라고 할 수 있다. 다시 말해 신라가 망하자 북으로 올라갔던 신라의 유민과 자력부국의 수없는 시도가 좌절된 발해인의 결합이 바로 금나라의 건국 세력이라 하겠다.[58]

금나라를 세운 아골타의 선조 함보(函普)는 원래 고려(신라) 사람이었다는 것이 『금사(金史)』에 아주 자세하게 나온다.

금나라 시조 함보(函普)는 처음 고려에서 왔는데, 나이가 이미 60이 넘었다. 형 아고내(阿古迺)는 불교를 좋아해 고려에 남고 따라오지 않으면서, "후세 자손들은 반드시 서로 모여 만나는 자가 있을 것이니 나는 가지 않겠다"고 하여, 동생인 보활리(保活里)하고만 같이 갔다. 시조(함보)는 완안부(完顏部) 복간수(僕幹水) 강가에서 살았고, 보활리는 야라(耶懶)에서 살았다. 그 뒤 호십문이 갈소관부를 이끌고 태조에게 들어왔는데, 스스로 말하기를 할아버지 형제 3명이 서로 헤어져 갔는데, 자신은 아고내의 자손이고, 석토문과 적고내는 보활리의 후손이라고 하였다(金之始祖諱函普, 初從高麗來, 年已六十餘矣. 兄阿古迺好佛, 留高麗不肯從, 曰「後世子孫必有能相聚者, 吾不能去也. 獨與弟保活里俱. 始祖居完顏部僕幹水之涯, 保

57)『金史』권1,「本紀」1, 世紀
58) 이에 대한 자세한 내용은 김위현,「금 건국과 발해 유민」,『고구려연구』29집, 427~458쪽 참조.

活里居耶懶. 其後胡十門以曷蘇館歸太祖, 自言其祖兄弟三人相別而去, 蓋自謂阿

古迺之後. 石土門, 迪古乃, 保活里之裔也).[59]

금나라의 정사인 『금사』에서는 시조 함보가 고려 사람이라고 했지만, 『금지(金志)』, 『송막기문(松漠紀聞)』 같은 많은 사료에서는 '신라인'이라고 쓰고 있는데 이는 아마 신라 출신 고려인이라는 말일 것이다.[60] 조선 성종 때 양성지는 "금나라는 본래 우리나라 평주(平州) 사람이 세웠으므로 우리나라를 부모의 나라라 하였고, 윤관이 9성을 쌓은 선춘령으로 경계를 삼아 금나라가 망할 때까지 군사력을 더하지 않았습니다"[61]라고 하여 구체적인 출신지까지 언급하고 있다.

이렇게 하여 결국은 함보 3형제의 자손이 모두 합하여 안완부의 세력을 잡게 되고, 결국 발해 유민들과 금나라를 세운 것이다.

함보 이후 금나라를 세운 아골타까지 족보를 보면 다음과 같다.

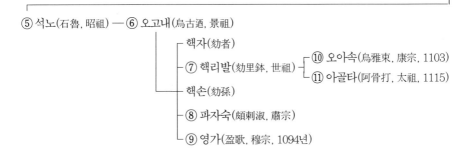

① 함보(函普, 始祖) ― ② 오로(烏魯, 德帝) ― ③ 발해(跋海, 安帝) ― ④ 수가(綏可, 獻祖) ―

⑤ 석노(石魯, 昭祖) ― ⑥ 오고내(烏古迺, 景祖)
  ― 핵자(劾者)
  ― ⑦ 핵리발(劾里鉢, 世祖) ― ⑩ 오아속(烏雅束, 康宗, 1103)
                          ― ⑪ 아골타(阿骨打, 太祖, 1115)
  ― 핵손(劾孫)
  ― ⑧ 파자숙(頗剌淑, 肅宗)
  ― ⑨ 영가(盈歌, 穆宗, 1094년)

금나라를 세우기 전, 고려에 속해 있던 여진은 1094년(고려 헌종) 영가(盈歌)가 부족을 이끌면서 세력이 강해져 고려에게 큰 부담이 된다. 이 내용은 『고려사』에서도 나온다. 금나라가 나라를 세우고 송나라를 치자, 송나라가 고려에 사신을 보내 금나라를 양쪽에서 협공하자고 제의한 내용에 대한 고려의 답신에 들어 있는 내용이다.

---

59) 『金史』 권1, 「本紀」 1, 世紀
60) 자세한 내용은 『金史』, 완안출판사, 2006 주) 1과 『金朝史硏究』 참조.

생각건대 금나라 사람의 시초는 진실로 일찍 우리나라의 신하에 속했다. 항상 침탈을 일삼기 때문에 우리나라는 변방이 편하고 일이 생기는 것을 원하지, 않아 쳐들어오면 막아서 응징하고 물러가면 방비하고 지켜, 기미(羈縻) 통치를 할 따름이었다. 그런데 우리나라 숙왕 때 추장 영가(盈歌)가 힘으로 군흉을 제압하고 위엄으로 부족들을 항복 받아 백산(白山)을 웅시하면서 자주 우리 국경을 침범하였으며, …… (惟金人之始也 固嘗臣屬於我國 而常以寇掠 爲事 我國 以邊鄙甫寧 不欲生事 來則懲而禦之 去則備而守之 要在羈縻而已 我朝 肅王代 有酋長盈歌 力以制群兇 威以降諸部 雄視白山 數侵吾境 …).[62]

앞 표에서 보는 바와 같이 영가는 완안부에서 시조 이후 아홉 번째 추장인데, 『대금국지』에서 '금나라 사람은 양할(楊割, 영가의 다른 이름) 태사에 이르러 비로소 여러 부의 우두머리(雄)가 되었다'고 할 만큼 크게 위세를 떨쳐 남쪽으로 백두산 가까이까지 진출하였다. 고려는 백두산 지역을 사실상 기미(羈縻) 지역으로 통치하고 있었는데, 금나라가 융성해지면서 이 지역 통치가 힘들어졌다는 것을 알 수 있다. 여기서 백산(白山)을 바라보며 자주 고려의 국경을 침입했다고 했다. 백산은 바로 백두산을 말하는 것으로, 당시 고려나 여진에서 일반적으로 백산이라는 산 이름을 썼다는 사실을 알 수 있다. 백산이 장백산이란 것은 『금사』 고려 열전에도 "흑수말갈은 옛 숙신 땅에 있었다. 백산(白山)이란 산이 있는데, 이는 장백산(長白山)으로 금나라가 일어난 곳이다"[63]고 분명하게 기록하고 있다.

1115년 금나라를 세운 아골타는 1120년 송나라와 동맹을 맺고 요를 공격하여 만주 지역에서 요나라를 몰아내는 데 성공하였다. 이어 산서성(山西省)의 대동(大同), 하북성(河北省)의 연경(燕京, 지금의 북경)으로 진출하였으며, 2대 태종(太宗,

61) 『성종실록』 성종 12년 10월 17일.
62) 『고려사』 권15, 인종 4년(1126년)
63) 『金史』 권135, 列傳73, 外國 下, 高麗

1123~1135) 때는 요를 멸망시키고 서하(西夏)까지 세력권 안에 넣었다. 나중에는 송나라 수도였던 하남성 개봉(開封)을 공격하여 송나라의 상황 휘종(徽宗)·황제 흠종(欽宗) 등을 사로잡고 송나라를 강남으로 밀어냈다. 이로써 금나라는 만주 전역과 내몽골·화북(華北) 지역에 걸친 대영토를 영유하게 되었다.

3대 희종(熙宗, 1135~1149) 때는 남송을 쳐서, 회수(淮水)에서 섬서성(陝西省)의 대산관(大散關)을 잇는 지대를 국경으로 정하자, 남송이 신례(臣禮)를 갖추어 금나라 황제를 대하며, 은(銀) 25만 냥과 견포(絹布) 25만 필을 세폐(歲幣)로 바친다는 치욕적인 조건으로 화의를 체결할 정도로 강성하였다. 금나라는 한족들이 이야기하는 동쪽 오랑캐(東夷)다. 그런 오랑캐에게 한족(漢族)은 역사상 가장 넓은 영토를 이민족에게 빼앗기고, 가장 치욕적인 굴복을 한 시기가 되는 것이다. 물론 북송 때도 이민족인 거란족 요나라에게 화북지방을 빼앗겼지만, 금나라 때 다시 오랑캐에게 요나라 때보다 더 넓은 영토를 빼앗긴 터라 정신적 패배감이 컸다.

바로 이런 패배감을 회복하고 한족의 자존심을 간직하기 위해 역사적 영웅으로 내세우는 사람이 악비(岳飛, 1103~1141)다. 악비는 농민 출신이지만 금나라 군사의 침입으로 북송(北宋)이 멸망할 무렵 의용군에 응모하여 전공을 쌓았으며, 남송 때가 되자 무한(武漢)과 양양(襄陽)을 거점으로 호북(湖北) 일대를 영유하는 큰 군벌이 되었다. 그의 군대는 악가군(岳家軍)이라는 정병으로, 유광세(劉光世)·한세충(韓世忠)·장준(張俊) 같은 군벌들과 협력하여 금군(金軍)의 침공을 회하(淮河), 진령(秦嶺) 선상에서 저지하는 전공을 올렸다. 그렇기 때문에 악비는 송나라 때뿐 아니라 그 뒤로도 관우와 더불어 사당을 짓고 한족 최대의 영웅과 충신으로 추앙받고 있는 것이다.[64]

앞에서 본 바와 같이 금나라 여진은 백두산 북쪽에서 일어났고, 신라 유민과 발해 유민으로 나라를 일으켰다. 그렇기 때문에 금나라는 스스로 자신들의 뿌리가 백

---

64) 최근에는 요나라와 금나라를 포함한 이민족을 중화민족에 포함시키는 '다민족통일국가론' 때문에 악비를 영웅으로 만드는 작업은 거의 수면 아래로 사라져버렸다.

두산이라고 생각한 것은『금사』에 여러 군데 보인다.

① 장백산, 대정 12년(1172) 유사가 "장백산은 왕이 일어났던 땅입니다. 높이 받
들어 숭배하고, 작위를 책봉하는 것을 논의하고, 묘당을 세우는 것이 예에 합당
합니다." 12월 예부(禮部)·태상(太常)·학사원(學士院)이 아뢰고, 칙명을 받들
어 흥국영응왕(興國靈應王)을 봉하고, 그 산 북쪽 땅에 묘당을 세웠다(長白山
大定十二年, 有司言 長白山在興王之地, 禮合尊崇, 議封爵, 建廟宇. 十二月,
禮部·太常·學士院 奏奉勅旨 封興國靈應王, 卽其山北地建廟宇).[65]
② 명창(明昌) 4년(1193) 갑인, 장백산 신을 개천홍성제(開天弘聖帝)로 책봉하였
다(甲寅, 冊長白山之神爲開天弘聖帝).[66]
③ 태화(泰和) 2년(1202) 정묘, 사신을 보내 장백산에게 감사함을 아뢰었다(丁
卯, 遣使報謝于長白山).[67]

금나라는 1172년 백두산을 '왕이 일어났던 땅(興王之地)'이라고 해서 흥국영응
왕(興國靈應王)으로 봉했다가 1193년에는 왕에서 성제로 올려 개천홍성제(開天弘
聖帝)로 책봉하였다. 앞에서 보았지만 단군조선, 고구려 같은 나라들이 모두 백두산
을 뿌리로 보았는데, 이제 금나라도 똑같이 그 뿌리를 백두산으로 보았고, 이처럼
백두산에서 일어난 나라 가운데 금나라는 한족 땅을 가장 많이 빼앗아 차지한 왕조
가 되었다.

고구려 이후 고려에서 역사를 쓰면서 발해 이후를 우리 역사에서 제외하고 마치
중국의 역사처럼 취급하였기 때문에 그 동안 많은 오류가 생겼다. 그러나 발해를 비
롯하여, 그 뒤 이어지는 금나라나 청나라는 어떤 측면에서 보더라도 우리나라 역사

---

65)『金史』권35 志16, 禮8 長白山等諸神雜祠.
66)『金史』권10, 본기10, 장종(章宗)2.
67)『金史』권11, 본기11, 장종(章宗) 3.

와 가깝지, 중국 역사와 가깝지는 않다. 발해 문제는 이미 조선시대 유득공이 고려에서 역사를 잘못 썼기 때문에 그랬다는 문제를 제기했지만, 금나라와 청나라 문제에 대해서도 같은 선상에서 문제를 제기한 학자들이 있었다. 금나라와 청나라의 역사적 정체성은 우리나라와 같이 백두산을 뿌리로 보고 있다는 점에서 그 어떤 민족보다도 친연성이 깊은 것이다. 그렇기 때문에 고려-금나라 시대의 공험진이나 백두산을 논의한다는 것은 금나라나 청나라 같은 백두산 족들과의 문제에서 거론되는 것이지, 중원의 한족 정권들과의 관계를 논의할 때는 전혀 다른 이야기가 되는 것이다. 당시 한족 정권인 송나라는 이 문제와 관련도 없고, 관심도 없었기 때문이다.

3. 고려 – 원 시대의 백두산

원나라(1206~1367)는 고려 희종 2년(1206)~공민왕 16년(1367)에 걸쳐 162년 동안 고려와 시대를 같이 한 나라이다. 북방민족으로 세계를 제패한 몽골은 한족들을 완전히 정복하여 원나라를 세웠다. 고종 45년(1258) 몽골은 고려를 침략하게 되는데, 이때 용진현(龍津縣) 사람 조휘(趙暉)와 정주(定州) 사람 탁청(卓靑)이 반란을 일으켜 병마사 신집평(愼執平)을 죽이고 화주(和州) 이북 땅을 가지고 몽골에 항복해버렸다. 몽골에서는 화주에 쌍성총관부(雙城摠管府)를 두고, 조휘를 총관으로 탁청을 천호(千戶)를 삼아 이를 다스리게 하였다. 이렇게 해서 동북지방이 원나라 지배 아래 넘어가게 된다.

그 뒤 백두산 지역은 99년 간 원나라가 지배하는데, 이 땅을 수복한 것은 원나라 말기인 공민왕 5년(1356)부터이다. 이 당시 상황을『고려사』에서 보면 다음과 같다.

공민왕 5년(1356) 강원삭방도(江陵朔方道)라 불렀다. 7월에 추밀원부사 유인우(柳仁雨)를 보내어 쌍성(雙城)을 쳐서 깨트릴 때, 지도를 자세히 참고하여, 화주(和州), 등주(登州), 정주(定州), 장주(長州), 예주(預州), 고주(高州), 문주(文州),

선주(宣州) 및 선덕진(宣德鎭), 운흥진(元興鎭), 영인진(寧人鎭), 요덕진(耀德鎭) 정변진(靜邊鎭) 같은 진의 여러 성을 되찾았다. 앞서 삭방도에서 도련포(都連浦) 까지를 경계 삼아 장성을 쌓고, 정주(定州), 선덕(宣德), 원흥(元興) 같은 3관문을 설치하였다. 원에 함락된 지 무릇 99년 만에 비로소 되찾아 수춘군(壽春君) 이수산(李壽山)을 도순문사(都巡問使)로 삼아 강역을 정하고 다시 동북면이라 불렀으며, 9년에 삭방강원도(朔方江陵道)라 불렀다. 이렇게 보면 철령 이북은 삭방도가 되고 이남은 강릉도가 될 것이다. 고려 때는 삭방도나 강릉도라 불렀고, 합하여 삭방강릉도나 강릉삭방도라 불렀으며, 또 연해명주도(沿海溟州道)라 불렀다. 나누어졌다 또 합해졌기 때문에 연혁과 칭호는 같지 않지만, 고려 초부터 말년에 이르기까지 공험(公嶮) 이남 삼척 이북을 통칭하여 동계라고 했다. 1도호부 9방어군(防禦郡) 10진 25현을 관할하였으며, 예종조에 1대도획부 4방어군 6진을 설치하였고, 공민왕 이후로 2부(府)를 설치하였다(恭愍王五年 稱江陵朔方道 七月遣樞密院副使柳仁雨 攻破雙城. 於是按地圖 收復和登定長預高文宜州及宣德元興寧仁耀德靜邊等鎭諸城. 前此朔方道 以都連浦 爲界築長城 置定州宣德元興三關門 沒于元凡九十九年 至是始復之 以壽春君李壽山爲都巡問使 定疆域 復號東北面 九年稱朔方江陵道. 以此考之 鐵嶺以北爲朔方道 以南爲江陵道. 高麗時 或稱朔方道 或稱江陵道 或合爲朔方江陵道 或稱爲江陵朔方道 又或稱沿海溟州道. 一分一合 雖沿革稱號不同 然自高麗初 至于末年 公嶮迤南三陟迤北 通謂之東界云. 領都護府一 防禦郡九 鎭十 縣二十五. 睿宗朝 所置大都護府一防禦郡四 鎭六. 恭愍王以後 所置府二).[68]

고려 – 원나라 시대에는 비록 99년 동안 백두산 지역을 빼앗겼지만 1356년 원나라가 약해지자 그 땅을 되찾았다. 원나라 체제에 편입되어 있었지만 같은 백성들이고 수령들도 같은 나라 사람들이었기 때문에 100년 가까이 지났어도 쉽게 동화되었으리라고 본다. 이런 우여곡절이 있었지만 고려 때는 공험진 이하는 고려 영토라

---

68) 『高麗史』 권58, 志12, 地理 3.

는 기본 시각은 변함이 없었던 것으로 보인다.

고려 - 원나라 시기 백두산에 대한 분쟁이 없었기 때문에 풍수지리설을 바탕으로 백두산은 우리나라의 조종산(祖宗山)이라는 사상은 상당히 자연스럽게 뿌리를 내렸다고 볼 수 있다. 앞에서 보았듯이 『삼국유사』에서 보천이 "오대산은 백두산의 큰 맥이다"고 한다든가, 도선이 "우리나라는 백두산(白頭山)에서 시작하여 지리산에서 끝난다"고 했던 설들은 모두 고려 때 기록된 것이기 때문이다. 뒤에서 보겠지만 조선시대 초기 산천에 제사 지내는 것을 논의할 때 보면, 백두산은 이미 현지의 관청에서 제사를 지내고 있었다고 한다. 이것으로 보아 공민왕 5년 이후 백두산을 되찾은 뒤 제사를 지냈다고 보는 게 옳다.

고려 - 원나라 시기 고려는 비록 국가 체제를 유지하기는 했지만 막강한 원나라의 위세에 눌려 크게 대적할 수가 없는 처지였다. 금나라는 백두산 북쪽에서 일어났기 때문에 고려와 국경 문제가 자주 일어났고, 또 금나라는 백두산을 상당히 신성시했기 때문에 백두산에 대한 기록이 여러 군데 나왔지만, 원나라는 몽골에서 일어나 멀리 떨어져 있었고, 원체 넓은 국토를 가져 백두산은 그다지 큰 화젯거리가 될 수 없었다. 따라서 원나라 때 고려에서 백두산에 관한 기록이 나온 것은 딱 한 군데이다.

> 충선왕 원년(1309)] 원나라 선정원(宣政院)에서 사람을 보내와 배 만드는 일(造船)을 독촉하였다. 이때 (원나라의) 황태후가 절(佛寺)을 짓고자 하므로 홍복원(洪福源)의 손자 중희(重喜)와 중경(重慶) 등이 아뢰기를 "백두산에는 좋은 재목이 많으니, 만약 심양(瀋陽)에 있는 군대 2000명을 징발하여, 베어서 압록강으로 떠내려 보내고, 고려에게 배로 실어 나르게 하면 편리할 것입니다" 라고 하니, 이에 요양성의 선사(宣使) 유현(劉顯) 등을 보내, 본국에게 배 100척을 짓고 쌀 3000석을 수송하도록 하니 그 폐단이 말할 수 없었다(甲辰 元宣政院 遣人 來督造船 時 皇太后 欲營佛寺 洪福源之孫 重喜重慶等 奏 白頭山多美材 若發瀋陽軍二千 伐之 流下鴨綠江 使高麗舟 載以輸便 於是 遣遼陽省宣使劉顯等來 令本國造船百艘 輸米三千石 弊不可言).[69]

홍복원은 몽골이 쳐들어왔을 때 몽골군에게 항복하고, 그들의 앞잡이 노릇을 함으로써 그 손자 때까지 몽골에서 대접을 받은 인물이다. 바로 그 손자들이 황태후가 절을 짓고자 하자 본국에 있는 백두산에 좋은 재목이 있다고 아첨을 떨어 폐단을 일으킨 이야기다. 어쨌든 백두산의 목재는 당시에도 원나라까지 알려질 정도로 유명했다는 사실을 알 수 있는 기록이다.

Ⅲ. 조선-명나라 시기의 백두산과 국경

조선시대 백두산은 크게 명나라와 청나라, 두 나라와 관계에 놓이게 된다.

명나라는 고려 공민왕 17년 오왕(吳王) 주원장(朱元璋)이 세운 나라이다. 중원의 한족들은 1206년(고려 희종 2년)부터 1368년(고려 공민왕 17년)까지 163년 동안 몽골의 지배 아래 있다가 독립하였다. 명나라가 선 뒤에도 몽골족은 북원(北元)을 세워 1391년(고려 공양왕 3년)까지 명나라 북쪽에서 세력을 뻗쳤기 때문에, 명나라가 몽골 세력에서 완전히 독립한 시점은 1391년이다. 아울러 다음해인 1392년 우리나라에서는 고려가 멸망하고 조선이 들어서게 된다. 그렇기 때문에 조선시대와 명나라의 시작을 거의 같은 시기로 놓고 비교해도 큰 문제가 없으리라고 본다.

조선 전기 우리나라와 함께 하던 명나라도 294년 만인 1662년(현종 3년) 청나라에 멸망하게 된다. 청나라는 백두산 북쪽에서 일어났기 때문에 한족들이 이야기하는 소위 동이족이 세운 나라이다. 청나라는 백두산에 뿌리를 둔 나라 가운데 금나라에 이어 두 번째 한족의 중원을 지배하게 되는데, 금나라가 회하까지만 지배하고 그 남쪽은 남송이 자치하고 있었던 데 반해, 청나라는 몽골의 원나라에 이어 한족을 완

---

69) 『고려사』 권33, 충선왕 원년.

전히 지배한 나라이다. 백두산에 뿌리를 두고 나라를 세운 백두산 족으로는 최초로 중원과 한족을 완전히 지배하게 된 것이다.

1392년 조선이 나라를 세운 한 해 전인 1391년 북원이 멸망하고 명나라가 비로소 완전한 한족 국가로서 출발하게 된다. 이 장에서는 이때부터 현종 3년(1662) 명나라가 멸망할 때까지 271년 간의 조–명 관계와 백두산 문제를 살펴보기로 한다.

1. 조선–명나라 시기의 백두산 명칭 : 백산, 백두산, 장백산

조선–명나라 시기 『조선왕조실록』에 나타난 백두산에 관한 기록들을 뽑아서 만든 것이 〈표 1〉이다. 이 표에 따르면 백두산에 관한 기록은 모두 62회인데, 일반적으로 '백두산' 이라고 쓰는 기록이 가장 많지만, '백산' 이 3회, '장백산' 이 18회나 나와 조선조에서도 백두산을 장백산이라고 한 경우가 많았다는 것을 알 수 있다.

백산에 관한 기록 3번은 모두 세종 때 나타나는데, 2번은 명나라와 관계 기사이고, 한 번은 『세종실록』 지리지에 나온다. 우선 세종실록에 나온 두 기사를 보면 모두 명나라에서 온 칙유(勅諭)와 관계가 있다.

흠차지휘(欽差指揮) 김성(金聲)은 초유(招諭)하는 일로 근래(近來)에 대명 황제 (大明皇帝)의 칙유(勅諭)를 받들고 이제 관군(官軍) 150명을 거느리고 백산(白山) 동쪽 알목하(斡木河) 지방에 가서, 요동(遼東) 삼만(三萬) 등위(等衛)에서 배반(背叛)하여 나간 군관 양목답올(楊木答兀) 등을 불러서 타이르려(招諭) 하려는 중인데……[70]

흠차지휘 김(金)은 초유(招諭)하는 일로 근일에 칙령을 받들기를, "관군(官軍) 을 거느리고 백산(白山) 동쪽 알목하(斡木河) 등지에 와서 반역(叛逆)해 나간 관군

---

70) 『세종실록』 세종 6년(1424), 6월 20일

	연대	서기	산 이름	기사 내용	비고
1	태종 14년 8월	1414	백두산	산천 제사 - 옛날처럼 소재관(所在官) 봉행	예조
2	태종 17년 4월	1417	백두산	명나라 절 단청 일로 관군 1000명 주둔	所何江 강변
3	태종 17년 7월	1417	백두산	명, 절 수축, 담비·스라소니·송골매 포획	북경 사신
4	태종 18년 2월	1418	백두산	백두산 북쪽 목책성, 국내 연진인과 연통	함길도 순무사
5	태종 18년 5월	1418	백두산	요동사람, 백두산에서 커지는 돌 발견	북경 사신
6	세종 6년 6월	1424	백두산	명나라, 백산 동쪽에서 배반한 군관 초유	식량보충 요청
7	세종 6년 8월	1424	백두산	명나라 흠차, 식량 수송 독촉	동쪽 斡木河
8	세종 11년 11월	1429	백두산	국고로 제사 비용 지불 건의	윤허
9	세종 13년 10월	1431	백두산	가사 - 산은 장백산, 물은 용흥강 ……	왕업의 터전
10	세종 14년 3월	1432	백두산	매 잡으러 간 명나라 사신 위한 곡식 수송	
11	세종 14년 4월	1432	백두산	백두산 근처 땅 명 태조가 고려에 예속	황희 도체찰사
12	세종 14년 4월	1432	백두산	명나라 채포군 백두산으로 출발	명, 張童兒
13	세종 14년 5월	1432	백두산	명의 칙서, 요동-백산 식량수송 요청	공무집행용
14	세종 14년 6월	1432	백두산	장동아 백두산 도착, 대접 논의	
15	세종 14년 12월	1432	백두산	婆猪江 이북의 백산에 사는 야인	李滿住
16	세종 15년 2월	1433	백두산	파저강 야인에 대한 계책	우참판 이긍
17	세종 15년 4월	1433	백두산	함길동 백두산 서남간에서 새 땅을 찾다	조서강
18	세종 16년 5월	1434	백두산	파저강 야인, 백두산 북쪽의 어시랑굴에	
19	세종 19년 3월	1437	백두산	제사제도 - 백두산은 본국의 경내 아니다	
20	세종 21년 8월	1439	백두산	윤관의 9성 - 공험진은 장백산의 복록	함길도 김종서
21	세종 22년 7월	1440	백두산	도망자 - 백두산 서남쪽 于多軒 거주	함길도 김종서
22	세종 24년 1월	1442	백두산	吾郞哈 살 곳 - 백두산 이남에서 찾아봄	함길도 관찰사
23	세종 21년 9월	1443	백두산	백두산 북쪽 아인을 살피게 함	도체찰사
24	세종실록 지리지		백두산	영암군, 이 땅의 맥, 백두산에서 내려와……	말머리명당
25	세종실록 지리지		백두산	그 근원은 백두산에서 나와 …	평안도
26	세종실록 지리지		백두산	준령이 백두산에서 일어나 남쪽으로……	함길도
27	세종실록 지리지		백두산	서쪽으로 백두산의 내맥인 대산에……	함길도 길주목
28	세종실록 지리지		백두산	두만강 근원이 백두산에서 나오는데……	윤관 공험진
29	세종실록 지리지		백산	남으로 길주 운가위천, 북으로 경원	
30	세종실록 지리지		백두산	혜산천 백두산에서 나와 남쪽으로 웅이천	길주목 갑산군
31	문종 1년 4월	1451	백두산	우리나라 산천은 백두산에서 대맥이 나뉘어	정안종 상언

	연대	서기	산 이름	기사 내용	비고
32	문종 1년 6월	1451	백두산	이만주, 백두산 북방 南羅耳에 살게 함	함길도 이징옥
33	단종 2년 2월	1454	백두산	수자리 군사, 백두산 동서 賊路가 안 통함	함길도
34	세조 7년 2월	1456	장백산	장백산은 실로 나라의 북악이다.	집현전 양성지
35	세조 7년11월	1461	장백산	올량합, 장백산 북쪽 南羅貴로 옮겨갔다.	함길도 박형
36	세조 9년10월	1461	백두산	올량합, 백두산 서쪽 침입	김겸광 김계손
37	세조 2년 3월	1463	장백산	주산 내맥은 함길도 장백산에서 철령에…	병조(兵曹)
38	성종 3년 4월	1472	장백산	건주위 야인, 그 땅이 장백산에 가깝다.	진하사 성임
39	성종 5년 2월	1474	백두산	야인에게 붙잡혀가, 백두산 남라이에…	평양 김자모
40	성종 6년 5월	1475	백두산	건주~삼수갑산, 백두산이 가로막아…	영안도 절도사
41	성종 12년10월	1481	장백산	우리나라는 장백산 남쪽에 있어서…	남원군 양성지
42	성종 17년 5월	1486	백두산	백두산 밑의 야인부락과 멀지 않아…	한명회 등
43	성종 22년 5월	1491	백두산	북벌, 공을 세워 백두산에 비석을 세우고…	유자광 상소
44	성종 25년 9월	1494	백두산	야인 침입 대비, 백두산 근처의 허술함	영안도 관찰사
45	연산군6년 5월	1500	장백산	홍빈, 수원이 장백산에서 나옵니다.	영사 이극균
46	중종 12년 9월	1517	장백산	북방 방어책, 장백산에서 남으로 준령…	함경북도 유옥
47	중종 23년 7월	1528	장백산	경성 방어책, 서쪽 물은 장백산에서 발원	함경북도 병사
48	중종 24년 3월	1529	백두산	회령은 백두산 밑이므로 길이 매우 멀고…	진하사와 야인
49	중종 30년10월	1535	백두산	동옥저는 백두산 동족 갑산과 삼수 땅이다	특진관 윤희평
50	중종 37년 8월	1542	장백산	오랑캐 방비, 웅괴산이 장백산에서 뻗어…	선산부사 상소
51	명종 14년 6월	1559	장백산	함경도 길주 장백산이 두 군데 무너져…	
52	명종 14년 8월	1559	장백산	장백산은 우리나라 주진인데 무너지고…	이변
53	명종 14년 8월	1559	장백산	월출산이 무너지고 장백산이 또…	이변
54	선조 16년 2월	1583	백두산	藩胡는 백두산 북쪽에 사는 오랑캐로서…	오랑캐 침입
55	선조 18년12월	1585	장백산	장백산 밖의 深處胡가 틈을 노려 침략하여	오랑캐 침입
56	선조 26년 6월	1593	장백산	조선은… 정북쪽의 장백산에서 산맥이…	접반사 유근수
57	선조 29년 1월	1596	백두산	날온(剌蒕)은 백두산에서 동쪽으로 10일…	오랑캐의 실정
58	선조 32년 7월	1599	백두산	오랑캐 섬멸하고 백두산에 비 세운다…	사헌부
59	선조 32년12월	1599	장백산	큰 냇물이 장백산을 따라 북쪽으로 흘러서	북벌 강홍립
60	선조 38년11월	1605	장백산	장백산이 부령에서 일어나 남쪽으로…	함경감사
61	인조 2년 9월	1624	장백산 백두산	백두, 장백 두 산이 모두 눈에 들어온다. 백두산은 4~5일, 장백산은 더욱 가깝다.	함경감사
62	인조 18년 7월	1640	백두산	백두산 정백이 태백산에 결집하여…	夢書 내용

(官軍) 양목답올(楊木答兀) 등을 초유(招諭)하라" 하심을 조회하여 알았다.[71]

또 칙서에 이르기를, "머지않아 내관 장동아 등을 보내어 군관 400명을 거느리고 백산(白山) 등지에 가서 공무를 집행하게 하겠는바, 대략 소용되는 식량 480석을 요동에 운반하고자 하나, 인력(人力)이 어렵다. 들으니, 왕의 나라가 백산 등지와 가깝다고 하므로 이에 태감(太監) 창성(昌盛)·운봉·감승(監丞) 장정안을 보내어 칙서를 가지고 가서 귀왕에게 유시(諭示)하노라"[72] 하였다.

위 기사를 보면, 두 기사 모두 명나라에서 보낸 공문을 그대로 인용한 글이라는 것을 알 수 있다. 이것으로 당시 명나라에서는 백두산을 '백산'이라고 불렀다는 사실을 알 수 있다. 그러나 조선에서도 백두산을 백산이라고도 불렀다. 『세종실록』 지리지에 보면 경성군을 설명하면서 백두산을 백산이라고 했다. 경성군에서 가장 명산은 백산이라고 했고 그 백산을 설명한 것을 보면 백두산이 분명하다.

▶ 경성군(鏡城郡)
지군사(知郡事)가 1인이니, 길주도 좌익 병마(吉州道左翼兵馬)를 겸한다. 판관(判官)이 1인이다. 금상(今上) 14년 임자 5월에 가설(加設)하였다.

옛 이름은 우롱이(亐籠耳)이었는데, 오랫동안 호인(胡人)에게 점거(占據)되었었다. 고려 대장(大將) 윤관(尹瓘)이 호인(胡人)을 몰아내고 9성(九城)을 설치하였으나, 그때 군(郡)의 명칭은 분명하지 않다. 본조 태조 7년 무인(戊寅)에 비로소 군(郡)을 설치하였다.

조백산(祖白山) 군의 서쪽에 있는데, 본군 사람들이 진산(鎭山)으로 삼는다. 강룡산(江龍山) 군의 동쪽에 있는데, 남쪽 사람[南人]이 오르면 갑자기 구름이 일어

---

71) 『세종실록』 세종 6년(1424), 8월 21일
72) 『세종실록』 세종 14년(1432), 5월 29일

난다. 명산(名山)은 백산(白山)이다. 군의 서쪽에 있다. 높고 커서 5월이 되어야 눈이 비로소 녹기 시작하고, 7월이 되면 다시 눈이 있다. 산꼭대기의 나무들은 왜소(矮小)하다. 덕산천(德山川) 군의 동남쪽에 있다. 용성천(龍城川) 근원이 오음회(吾音會)의 여이현(餘伊峴)에서 나와 남쪽으로 120리를 흘러서 바다로 들어간다. 장자지(長者池) 군의 남쪽에 있다. 물이 한 골짜기에 가득 차 있는데, 길이 15리, 너비 2리, 깊이 600여 척이다. 비를 빌어서 여러 번 감응이 있었는데, 속설에 이르기를, '용이 사는 곳'이라고 한다. 사방 경계〔四境〕는 동쪽으로 바다에 이르기 5리, 서쪽으로 야인의 동량북(東良北) 지경인 백산(白山)에 이르기 90리, 남쪽으로 길주(吉州) 운가위천(雲加委川)에 이르기 82리, 북쪽으로 경원(慶源) 두롱이현(豆籠耳峴)에 이르기 58리이다.[73]

'백산'에 비해 '장백산'이란 용어는 자주 나온다. 『조선왕조실록』에서 가장 먼저 장백산이란 단어를 쓴 것은 유사눌(柳思訥)이 쓴 가사(歌辭) 용흥가(龍興歌)다.

산은 장백산(長白山)에서부터 왔고, 물은 용흥강을 향해 흐르도다. 산과 물이 정기를 모으니, 태조 대왕이 이에 탄생하셨도다. 근원이 깊으면 흐름이 멀리 가고, 덕이 후하면 광채가 발산하도다. 문득 동방을 차지하니 즐겁게도 국조를 전함이 한이 없도다.[74]

세조 2년(1456)부터 인조 18년(1640)까지 184년 동안 백두산에 관한 기록이 26회 나오는데, 그 가운데 절반이 장백산이라는 단어를 쓰고 있다. 물론 장백산이란 단어가 야인과의 관계 기사에서 많이 등장하지만, 우리나라 입장에서 백두산을 이야기할 때도 분명하게 장백산을 쓰고 있다.

---

73) 『세종실록』 지리지.
74) 『세종실록』 세종 13년(1432), 10월 1일

삼각산(三角山)을 중악(中岳)으로 삼고, 금강산을 동악(東岳)으로 삼고, 구월산(九月山)을 서악(西岳)으로 삼고, 지리산(智異山)을 남악(南岳)으로 삼고, 장백산(長白山)을 북악(北岳)으로 삼고,[75]

우리나라는 요수(遼水)의 동쪽 장백산(長白山)의 남쪽에 있어서 3면이 바다와 접하고 한쪽만이 육지에 연달아 있으며 지역의 넓이가 만 리(萬里)나 됩니다.[76]

함경도 길주(吉州) 장백산(長白山)은 안쪽 두 군데가 무너졌는데, 한 군데는 길이가 1마장(馬場) 반에 넓이는 1리(里)였고, 또 한 군데는 길이가 1마장에 너비는 2리였다.[77]

장백산(長白山)은 우리나라의 주진(主鎭)인데 앞쪽이 무너져내렸고, 군위(軍威)에는 또 시냇물이 말라버린 이변이 있었습니다.[78]

여기서 보면 우리나라에서 가장 중요한 위치를 차지한 산 가운데 하나가 바로 장백산이라 하여, 백두산이라는 이름과 똑같이 장백산도 쓰고 있다는 것을 알 수 있다. 인조 때 가서 장백산과 백두산이 서로 다른 관점에서 쓰인 기록이 있어 관심을 끈다.

함경 감사 이창정(李昌庭)이 계를 올리기를,
"신이 순행하러 삼수(三水)에 도착하여 변방의 형세를 살펴보건대, 백두(白頭)·장백(長白) 두 산이 모두 눈에 들어왔습니다. 부로(父老)에서 물어보니 '백두산은 우리 지경에서 거리가 겨우 4~5일정(日程)이고 장백산은 더욱 가깝다. 예전에는 호인(胡人)들의 부락(部落)으로 고미평(古未坪)과 한민평(韓民坪)이 있었는데 무오년부터 모두 노추(老酋)가 데리고 돌아갔으므로, 지금은 두 산의 남쪽에 거주하는 호인이 없다'고 하였습니다.

---

75) 『세종실록』세조 2년(1456), 3월 28일.
76) 『성종실록』성종 12년(1481), 10월 17일.
77) 『명종실록』명종 14년(1559), 6월 14일.
78) 『명종실록』명종 14년(1559), 8월 5일.

백두산에서 오랑캐의 소굴까지가 겨우 13일정인데, 적로(賊路)를 살펴 보건대 서수라(西水羅)의 길에서 운총(雲寵)·혜산(惠山)까지가 겨우 4~5일정, 마죽령(馬竹嶺)에서 인차(仁遮)까지가 또한 겨우 6~7일정, 설운령(雪雲嶺)에서 가을파(茄乙坡)까지가 3~4일정, 오만령(五萬嶺) 길에서 별해(別害)까지가 4~5일정이었으며, 주설(朱雪)·오제(烏蹄) 등 부락은 옛날 그대로 백두산 북쪽에 거주하고 있어서 우리 변방과 그리 멀리 떨어져 있지 않습니다. 이러한데도 우리나라 국경 연변(沿邊)의 각 보(堡)는 하나도 믿을 만한 곳이 없습니다.[79]

이 기록은 백두산이 속한 함경도의 감사가 백두산을 직접 찾아가 보고 현장에서 파악한 변방 형세를 왕에게 보고한 것이기 때문에 현지 지명이 비교적 자세하게 나와 있어 신빙성이 있다. 그런데 여기서 백두산과 장백산이 모두 한눈에 들어온다고 표현한 것이다. 이것은 백두산을 장백산으로 표현하거나, 장백산을 백두산으로 표현하는 것이 아니라 두 개의 다른 산이 있다는 표현이기 때문에 관심을 끈다. 백두산이 아주 넓기 때문에 현지인들이 어떤 봉우리나 부분을 백두산이라 부르고, 어떤 봉우리나 부분은 장백산으로 부르고 있었다는 것을 알 수 있다. 다시 말해 같은 산을 멀고 가까움에 따라 다른 이름을 부르고 있다는 것이다. 조선 후기에 보면, 백두산 북쪽은 장백산이라 부르고, 남쪽은 백두산이라고 부르는 경향이 나타나는데, 이 기록에서는 백두산 남쪽인 삼수에서 볼 때 오히려 장백산이 가깝고 백두산이 멀다고 하니 약간 이해가 가지 않는 측면도 있다. 어쨌든 이 당시 백두산을 지역이나 봉우리에 따라 '장백산' 또는 '백두산'이라고 부르고 있었다는 것을 알 수 있다.

이상에서 본 바와 같이 조선 – 명나라 시기 조선에서는 백산, 백두산, 장백산 3가지 이름을 모두 쓰고 있었다는 것을 알 수 있다.

---

79) 『인조실록』 인조 2년(1624), 9월 28일.

2. 조선 왕조의 백두산에 대한 인식

조선왕조 시조 이성계의 선조는 백두산과 거기서 발원하는 두만강과 깊은 관계가 있다. 〈용비어천가〉를 보면 이성계의 선조들은 모두 이 지역에서 세력을 키웠으며, 태조 자신도 고려가 이 지역 영토를 넓힐 때 공을 세워 벼슬에 나아가 세력 기반을 닦는다. 그렇기 때문에 조선 왕조는 이 지역에 대해 특별한 주의를 기울였고, 나라를 세우자마자 이 지역을 경략하는 데 힘을 쓴다.

세종 13년(1431) 10월 1일 유사눌(柳思訥)이 왕을 칭송하는 용흥가(龍興歌)라는 가사(歌辭)를 지어 바치는데, 이 가사는 세종 27년(1445)에 만든 〈용비어천가〉보다 14년이나 이른 것이다. 앞에서도 그 내용을 보았지만 내용을 자세히 파악하기 위해 다시 한번 보기로 한다.

> 산은 장백산(長白山)에서부터 왔고, 물은 용흥강을 향해 흐르도다. 산과 물이 정기를 모으니, 태조 대왕이 이에 탄생하셨도다. 근원이 깊으면 흐름이 멀리 가고, 덕이 후하면 광채가 발산하도다. 문득 동방을 차지하니 즐겁게도 국조를 전함이 한이 없도다.[80]

여기서 말하는 용흥강은 "화주(和州)의 강물이 동쪽으로 흐르다가 구불구불 굽이져 남쪽으로 가고, 또 동쪽에서 다시 굽이져 남쪽으로 흘러, 동으로 바다에 들어가는 것을 보았다"고 하였는데 두만강을 일컫는 것이다. '산은 장백산, 물은 용흥강' 이라는 것은 조선 왕조의 시조가 백두산과 두만강의 정기를 타고 태어났다는 것을 칭송하는 것이다.

앞에서 보았듯이 옛 조선은 백두산에서 신시를 열었고, 고구려 시조 추모는 백두산과 압록강에서 잉태되었으며, 고려는 고구려를 이어받았다는 것을 강조한다. 한

---

80) 『세종실록』 세종 13년(1432), 10월 1일.

편 백두산에 뿌리를 둔 금나라는 중원까지 진출하여 크게 위세을 떨친다. 그런데 용흥가에서 조선 왕조의 시조도 백두산 정기를 받아 나라를 세웠다고 한다. 그리고 하나 더 덧붙이면, 백두산에 뿌리를 둔 만주족은 결국 중국 땅을 모두 차지하고, 한족까지 완전히 지배하기에 이른다. 이처럼 백두산은 동아시아 역사에서 중요한 주역을 맡은 민족과 국가를 잉태한 영산이라는 것을 알 수 있다.

이처럼 백두산은 영산이고 조선 왕조에게는 중요한 의미를 가지고 있기 때문에 조선 초기 세종도 백두산에 대해 각별한 관심을 갖고 차지하려고 한다. 세종 14년 (1432) 왕은 당시 함길도 도체찰사인 황희에게 "백두산 근처에 한 땅이 있는데, 명나라 태조 고황제가 고려에 예속시켰다. 내가 「지리지(地理志)」를 보니 한 옛 성터가 백두산 앞에 가로놓여 있는데, 이것이 그 땅이 아닌가 의심된다. 마땅히 찾아서 우리나라의 경계(境界)로 하여야 하겠다"[81]고 명령을 내린다. 아울러 김종서에게 명하여 두만강 하류 종성(鍾城)·온성(穩城)·회령(會寧)·경원(慶源)·경흥(慶興)·부령(富寧) 등지에 군사 기지를 설치하여 여진족의 재침에 대비하는 한편, 두만강 이남지역을 조선의 영토로 확보하였다.

세종은 동북 지역의 국경을 고려 때 윤관이 설치했던 공험진으로 굳히기 위해 세종 21년, 당시 함길도 도절제사 김종서에게 다음과 같은 명령을 내린다.

동북 국경은 공험진(公嶮鎭)으로 경계를 삼았다는 말을 전해온 지가 오래다. 그러나 정확하게 어느 곳에 있는지 알 수가 없다. 본국(本國)의 땅을 상고하여 보면 이 진(鎭)이 장백산 북록(北麓)에 있다 하나, 역시 허실을 알 수 없다. 『고려사』에 이르기를, '윤관이 공험진에 비를 세워 경계를 삼았다'고 하였다. 지금 듣건대 선춘점(先春岾)에 윤관이 세운 비가 있다 하는데, 본진(本鎭)이 선춘점의 어느 쪽에 있는가. 그 비문을 사람을 시켜 찾아볼 수 있겠는가. 그 비가 지금은 어떠한지. 만일 길이 막히어 사람을 시키기 쉽지 않다면, 폐단 없이 탐지할 방법을 경이 익히 생각

---

81) 『세종실록』 세종 14년(1432) 4월 12일.

하여 아뢰라. 또 들건대 강 밖에 옛 성(城)이 많이 있다는데, 그 고성에 비석이 있지 않을까. 만일 비문이 있다면 사람을 시켜 베껴올 수 있는지 없는지 아울러 아뢰라. 또 윤관이 여진을 쫓고 9성을 설치하였는데, 그 성이 지금 어느 성이며, 공험진의 어느 쪽에 있는가. 거리는 얼마나 되는가. 듣고 본 것을 아울러 써서 아뢰라.

공험진의 정확한 위치와 선춘령에 세운 윤관의 비는 조선에게도 아주 중요했다. 명나라에게 동북지방의 국경을 언급할 때는 언제나 '공험진 이남은 조선'이라는 수식어가 붙고, 여진족들과의 경계를 논의할 때도 바로 이 공험진이 중요한 단서가 되었다. 그렇기 때문에 정확한 현지의 증거가 필요했고, 선춘령의 비석을 찾으려고 노력한 것이다.

한편 백두산은 이미 영험한 산으로, 백두산에 제사를 지내고 있었고, 태종 때 이 제사를 다시 확인하여 정례화한다. 태종 14년(1414) 예조에서 산과 강에 제사를 올리는 제도를 올렸는데, 임금이 그대로 따라서 악(嶽)·해(海)·독(瀆)은 중사(中祀)로 삼고, 여러 산과 강은 소사(小祀)로 삼았다.[82] 그런데 같은 기록에 국가의 소사에 들어가지 못하고 계속 지방 관아가 제사를 지내는 곳으로, "경기의 용호산(龍虎山)·화악(華嶽), 경상도의 진주 성황(城隍), 영길도(永吉道)의 현덕진(顯德鎭)·백두산(白頭山)"이 나온다. 백두산은 '이전처럼 현지 관에서 스스로 제사를 지내도록 하였다'라는 것인데, 그렇다면 백두산은 비록 국가 제사는 아니지만 이전에 이미 제사를 지내고 있었다는 사실을 알 수 있다.

세종 11년(1429)에는 "지방 관아에서 지내는 제사들도 모두 국가에서 행하는 악(岳)·독(瀆)·산(山)·천(川)에서 쓰는 제사 용품 예에 따라 국고에서 지불하는 미곡으로 제사 지내게 하고, 제사 뒤에 감사가 중앙에 공문을 보내는 것을 항식(恒式)으로 삼았다."[83] 이때 백두산 제사는 국가 재정에서 그 비용을 지불하게 되어 한층 격

---

82) 『태종실록』 태종 14년(1414년) 8월 21일.
83) 『세종실록』 세종 11년(1429년) 11월 11일.

이 올라갔다.

세종 19년(1437), 제사제도에 에 대한 정밀하고 대대적인 개혁이 이루어지면서 백두산은 한 때 제사 대상에서 제외하자는 주장도 있었다.

함길도(咸吉道). 나라에서 행하는 정평부(定平府)의 비백산(鼻白山)은 중사이고, 사묘의 위판은 비백산지신(鼻白山之神)이라 쓰며, 영흥부(永興府)의 비류수(沸流水)는 소사이고, 단의 위판은 비류수지신(沸流水之神)이라 써서, 소재관이 제사지낼 것. 영흥부의 영흥성황(永興城隍) 사묘의 위판은 영흥 성황지신(永興城隍之神)이라 쓰고, 현덕진(顯德津)과 백두산의 위판은, 하나는 백두산지신(白頭山之神)이라 쓰고, 하나는 현덕진지신(顯德鎭之神)이라고 썼는데, 위의 백두산은 본국의 경내가 아니고, 현덕진(顯德鎭)은 고려 때에 혁파하여 별로 영험이 없으니, 청하건대, 모두 사전에서 삭제할 것.[84]

여기서 보면, 그때까지 백두산에서는 '백두산지신(白頭山之神)'이라는 위패를 써 놓고 제사를 지냈다는 사실을 알 수 있다. 그런데 백두산이 조선의 국경 안에 있는 산이 아니라는 이유로 그 제사를 없애자는 제안이 있었다. 세종이 동북 지역을 확보하기 위해 적극적으로 진출하였지만 아직 백두산 주변지역을 완전히 확보하지 못한 상태였던 모양이다. 당시 세종은 국가제도를 제후국가 제도에 맞추어 엄격하게 정비했기 때문에 국가의례상 경내에 없는 명산대천은 넣을 수 없었던 것으로 보인다. 이때 북방 지역에서 가장 중요하게 제사를 지낸 산은 백두산이 아니라 정평부의 비백산(鼻白山)이었다.

백두산이 아닌 비백산에서 제사를 지내는 것은 백두산이 남의 나라 땅이고 접근하기가 불가능해서가 아니라고 본다. 이는 세종 15년(1433) 왕이 조서강(趙瑞康)을 함길도에 보내어 새 땅을 찾아보게 한 기록을 보면 알 수 있다.[85] 애초에 길주 사람

---

84) 『세종실록』 세종 19년(1437년) 3월 11일.

여진 통사 김울을대(金亐乙大)와 장교 을봉(乙奉) 등이 말하기를, "우리들이 백두산 서남간(西南間)에 가니 평원(平原) 세 곳이 있는데, 토지가 비옥하고 사람이 각각 30~40호씩 살고 있다. 옛날 함흥에 살던 사람으로 이름은 모르나 성을 박가라는 자도 가서 산다"고 하였다. 당시까지 백두산 근방에는 실질적으로 사는 사람들이 없고 국가에서 적극적으로 관리하지 않은 지역이라는 것을 알 수 있다. 아울러 백두산이 다른 나라에 속해 있어 우리나라 사람들은 들어갈 수 없는 곳이 아니라 다만 행정력이 미치지 않는 곳이었는데, 이때 백두산 근방에 사람들을 적극적으로 찾아내고 있는 것이다.

그 뒤 얼마 되지 않아 백두산은 조선의 북악(北岳)으로 대접받는다. 세조 2년 (1456) 3월 28일, 집현전 직제학 양성지가 올린 제사에 대해서 상소를 올린다.

악·진·해·독(嶽鎭海瀆)입니다. 대개 한 대의 흥함에는 반드시 그 대의 제도가 있었으며, 본조의 악·진·해·독(嶽鎭海瀆), 명산대천에 대한 제사는 모두 삼국과 전조의 옛 제도를 본떴으므로 의논할 만한 것이 많이 있습니다. 용흥강(龍興江)은 우리 태조께서 흥운(興運)하신 땅이고, 묘향산에 이르러서는 단군이 일어난 곳이며, 구월산에는 단군 사당이 있고, 태백산은 신사가 있는 곳이며, 금강산은 이름이 천하에 알려졌고, 장백산은 선춘령의 남쪽 갑산의 북쪽에 있어 실로 나라의 북악(北岳)이 됩니다. 임진(臨津)은 나라의 서쪽 관문이고, 용진(龍津)은 나라의 동쪽 관문이며, 낙동강은 경상도의 대천(大川)이고, 섬진(蟾津)은 전라도의 대천입니다. 박천강 (博川江)은 곧 옛 대령강이며, 보리진(菩提津)·오대산에 이르러서는 모두 사전(祀典)에 있지 아니합니다. 또 동해·남해·서해의 신사(神祠)는 모두 개성(開城)을 기준하여 정하였기 때문에 또한 방위(方位)가 어긋납니다.

빌건대 예관(禮官)에게 명하여 고정(考定)을 상세히 더하게 하고, 삼각산(三角山)을 중악(中岳)으로 삼고, 금강산을 동악(東岳)으로 삼고, 구월산(九月山)을 서

---

85) 『세종실록』 세종 15년(1433) 4월 29일.

악(西岳)으로 삼고, 지리산(智異山)을 남악(南岳)으로 삼고, 장백산(長白山)을 북

악(北岳)으로 삼고, …….[86]

국가에서 제사 지내는 5악, 즉 '중악-삼각산, 동악-금강산, 서악-구월산, 남악-지리산, 북악-백두산' 은 실록에 임금이 기꺼이 받아들였다고 했다. 이때부터 백두산은 조선의 5악 가운데 하나가 되는 것이다. 여기서 양성지가 백두산을 북악으로 선정한 근거를 "장백산은 선춘령 남쪽, 갑산 북쪽에 있어 나라의 북악이 된다"고 했다. 선춘령은 바로 고려시대 윤관이 개척한 9성 가운데 하나인 공험진 안에 비석을 세운 곳이다. 이처럼 윤관의 선춘령과 공험진은 조선의 영토의식에 완전히 뿌리를 내린 것이다.

조선-명나라 시기 백두산은 다음 몇 가지 측면에서 조선인의 의식 속에 완전히 자리를 잡았다는 사실을 보여 준다.

가) 동북 지역의 지리적 기준과 중심이 된다.

『세종실록』 지리지를 보면 여러 강과 고을을 설명하는 데, 그 기준을 백두산에 둔다.

① 압록강 : 그 근원은 백두산에서 나와 수 백리를 흘러 함길도 갑산군을 지나……

② 두만강 : 그 근원이 백두산에서 나오는데, 동쪽으로 흘러……

③ 수빈강 : 그 근원은 백두산 아래서 나오는데, 북쪽으로 흘러……

④ 함길도 : 준령이 백두산에서 일어나 남쪽으로 철령까지 뻗쳐있어……

⑤ 함길도 길주목 : 서쪽으로 백두산의 내맥인 대산까지 90리……

⑥ 함길도 길주목 갑산군 : 북쪽으로 백두산에 이르기를 330리다.

⑦ 함길도 길주목 갑산군 혜산천 : 백두산에서 나와 남쪽으로 240여 리 흘러……

⑧ 중종 12년 9월 22일 : 경성 이남의 진과 보는…… 장백산에서 남으로 높고 험

---

86) 『세조실록』 세조 2년(1456), 3월 28일.

한 고개와 큰 강이 무수히 겹쳐 있고……

⑨ 중종 23년 7월 30일 : 경성은 … 서쪽 골짜기 물은 장백산에서 발원하여……

나) 백두산은 조종산(祖宗山)으로 확실히 자리매김한다.

신라 후기 이후 풍수지리설의 영향으로 백두산이 우리나라 전국의 머리 산인 조종
산이라는 의식은 고려시대를 거쳐 조선 초에 완전히 자리를 잡는다.

① 『세종실록』 지리지 영암군 : 이 땅의 맥이 임(壬)방인 백두산에서 수와 목이 근
간이 되어 내려와……

② 문종 1년 4월 14일 : 우리나라 산천은 백두산에서 비풍하여 큰 맥이 나뉘어 나
가……

③ 세조 9년 10월 22일 : 주산의 내맥은 함길도 장백산에서 철령에 이르고……

④ 광해 1년 4월 21일 : 장백산은 우리나라 주진(主鎭)인데 앞쪽이 무너져 내렸고
……

⑤ 선조 26년 6월 29일 : 조선은…… 대체로 정북쪽의 장백산에서 산맥이 일어
나, 남쪽으로 전라도 경계에 이르러……

⑥ 인조 18년 7월 15일 : 백두산 정백이 태백산에 결집하여, 동해를 안(案)으로 삼
았으니……

다) 사나이 기개와 충성을 표현할 때 백두산이 쓰인다.

① 세조 13년 (1467) : 유명한 남이의 북정가(北征歌)

백두산 돌 칼 갈아 없애고(白頭山石磨刀盡)

두만강 물 말 먹여 없애리(頭滿江水飲馬無)

사나이 스무 살 나라 평정 못하면(男兒二十未平國)

후세에 누가 대장부라 부르리오(後世誰稱大丈夫).

② 성종 22년 5월 7일 유자광의 상소 : ……파죽지세로 공을 세워 백두산에 비석

을 세우고 흑룡강에서 말에 물에게 물을 먹일 것이니……

③ 선조 32년 7월 24일 : 비록 북쪽 오랑캐를 섬멸하고 백두산에 비를 새긴다 하더라도 걱정은 우리에게 있지 저들에게 있지 않다.

3. 조선 초 백두산과 명나라와 관계 기록

원나라가 멸망하고 만주에는 명나라가 세력을 뻗친다. 그래서 일반적으로 조선시대 전기는 명나라가 만주를 장악한 것으로 인식한 터라 백두산을 비롯한 국경 문제는 주로 명나라와 조선의 관계라고 이해하기 쉽다. 그러나 이 시대의 만주 지역은 명, 조선, 몽골, 여진이 만주를 둘러싸고 치열하게 각축을 벌인 시기이다. 명나라가 만주를 완전히 장악하지 못했기 때문이다.

명나라는 요동에 요동도사(遼東都司)를 설치하면서 요동 일부를 선점한 뒤 요동 동북부인 여진 지역으로 팽창을 시도한다. 명나라 태조 홍무 연간(1368~1398)에는 압록강 가에 철령위(鐵嶺衛)를, 두만강 가에 삼만위(三萬衛)를 설치하고자 한 것이 대표적인 예이다. 또한 성조 영락 연간(1403~1423)에는 여진 지역에 180개 남짓 여진위소(女眞衛所)를 설치하였다. 바로 이 시기에 명나라와 조선 사이에 백두산에 관계되는 기록이 처음 보인다.

1) 태종 때 명나라가 백두산 북쪽에 사사(寺社)를 수축하였다.

『태종실록』에 따르면, 태종 17년(1417) 4월 15일 명나라에서 백두산에 공사를 벌이는 일로 공문이 접수된다. 동녕위가 백성에 전해 주고, 그 백성이 함길도 도순무사에게 올리고, 함길도에서 임금에게 올린 내용이다.

(명나라)"내관(內官) 장동아(張童兒)와 진지휘(陳指揮)가 성지(聖旨)를 받들어 군마 1000을 거느리고 백두산(白頭山)의 관청(寺)을 단청(丹靑)하는 일로 지난 정월

19일 요동(遼東)을 떠나, 저들의 땅인 소하강(所何江) 강변에 와서 목채(木寨)를 만들고 창고 12간을 지었으며, 군량을 실어 들였습니다. 먼저 군마 500을 사각으로 보내고, 나머지 군마는 머물러 눈이 녹기를 기다렸다가 4월 보름에 들어오니 이 일 때문에 여름을 지나게 되었으므로 나귀[驢]와 농우(農牛)를 초지에 놓아먹이라"고 말하고, 나에게 목패(木牌)를 주고 갔습니다. 하기에 이제 목패를 올려 보냅니다.[87]

명나라 중앙정부의 명을 받아 내관 장동아(張童兒) 등이 백두산 지역에 있는 관청에 단청을 하기 위해 1000명이나 되는 군사를 이끌고 현지에서 목채를 만들고 창고를 짓고 군량을 실어 들였다. 명나라에서 조선 정부에 올린 공문을 좀 더 관찰해 보자.

흠차내관(欽差內官) 장신(張信)은 삼가 살피건대, 근래 본직(本職)에게 보내온 황제의 성지(聖旨)를 받으니, "요동 관군 1000을 거느리고 백두산에 가서 공사를 보살피라" 하셨으므로, 삼가 받들어 내안(乃顔) 지방(地方)에 와서 큰 영(營)을 갖추고 군마를 주둔하였다. 또 현지 관의 두목 석탈리(石脫里) 등 4명을 임명하여, 기군(旗軍) 500명을 거느리고 불주강(弗朱江)과 분춘강(分春江) 일대에 가서 산림에서 사냥 같은 일을 맡게 하여 보냈다. 이제 패면(牌面)을 설치하되 사방으로 가서 예전에 사냥 하던 곳은 늘 그대로 걸어 두게 하나, 만일 그곳 부근 조선(朝鮮) 땅에 사는 고려(高麗)·여진(女眞) 백성이 혹 산에서 사냥하거나 그물을 놓는 따위의 일을 하다가 무지한 자가 파견한 관군을 만나 서로 시끄러운 일이 생길까 염려된다. 지금 살피건대, 천하가 태평하여 온 천하가 다 같은 한 집안인데, 중간에 이런 법도를 모르는 소인이 함부로 사건을 일으켜 다치고 침해하여 편하지 못할까 염려된다. 만일 이 패(牌)를 보거든 편한 대로 타위(打圍) 사냥·매 사냥(飛放) 채포

87) 『태종실록』 태종 17년 4월 15일

(採捕) 사냥을 하여 편안하게 살며 생업을 즐기라. 만일 백성들이 자원하여 앞에 와서 절하고 뵈려는 사람이 있거나 오가며 사고팔려는 사람이 있다면, 교역하도록 받아 주어 막지 말고, 따라서 황제의 뜻을 각 채(寨)에 사는 백성들에게 타일러서 함부로 놀래어 의심하고 두려워하지 않게 하라. 혹 요동의 각 위(衛)에서 매년의 군역을 도피하여 산림 속에 숨어 살다가 능히 잘못을 뉘우치고 스스로 관가에 나와 자수하는 자가 있다면, 해가 오래거나 짧거나 따지지 말고 그 죄를 사면해 주고, 식량을 주어 돌아가서 신역(身役)에 종사하게 하라. 틀림없이 헛되이 알리는 것이 아니다. 모름지기 패(牌)되어야 한다. 윗 항을 잘 알기 바란다.

여기서 명나라가 군사를 1000명이나 이끌고 와서 큰 영(營)을 갖추고 군마를 주둔하였다고 했는데 무엇 때문일까? 당시 북경에 갔던 통사가 돌아와서 한 보고 내용을 보면 "백두산(白頭山) 아래서 진경(陳景)·장내사(張內史)가 관청(寺社)을 수조(修造)하다가 초피(貂皮)·스라소니[土豹]와 송골매(松骨鷹)를 잡았으니, 가거든 말하라"[88] 했다는 내용이 들어 있다. 하나는 관청을 수조(修造)하는 것이고, 다른 하나는 현지 관리를 이용하여 사냥을 하는 것이다. 그렇다면 여기에 무슨 관청이 있어 수리를 하는 것인가?

앞에서 잠깐 언급하였지만 명나라는 요동 지역을 지배하기 위해서 두만강 지역에 삼만위(三萬衛)를 설치하려 했다고 하였다. 『요동지』에 보면 "삼만위는 개원(開元)에 속한 위인데, 명나라 태조 홍무 21년(1388) 부(府)를 설치했다가 1389년 위(衛)를 설치하였다. 올자야인(兀者野人) 걸렬미여직(乞列迷女直) 군민 1만 호를 바탕으로 세웠다"[89]고 하였다. 그러나 사실은 설치하려 했던 철령위와 삼만위는 명나라의 영향력이 아직 미치지 않았고, 거리상 식량 보급 등 해결하기 어려운 문제가 발생하여, 결국 홍무 21년(1388)에 모두 요동사도 북부로 이전 설치됨으로써 조선 및 여

88) 『태종실록』 태종 17년 7월 15일
89) 『遼東志』 권1, 地理, 開原

진 지역으로 진출을 시도하려던 명나라의 계획은 좌절되었다.[90]

여기 나온 1417년 기사에서 요동 관군을 이끌고 모두 작업을 하는 기록을 보면 확실히 백두산과 두만강 지역에는 명나라의 행정력이 직접 미치는 위(衛)는 존재하지 않았다는 사실을 알 수 있다. 이 당시 요동군들이 이곳에 와서 목책을 세우고 건물을 수리한 것을 보면, 이곳에 명나라가 다시 진출하려는 의도가 있다는 점을 알 수 있다. 이 공사는 그 다음해까지 기록에 나오는 것을 보면 적어도 다음 해까지는 계속된 것으로 보인다.

이 기사에 보면 명나라 군대 1000명이 하는 일은 진지를 구축하는 일만이 아니고, 절반 인원은 사냥에 투입하는 것을 볼 수 있다. 원래 진지를 구축하면 둔전을 두고 식량을 생산해서 군대를 먹여 살려야 하는데, 백두산 지역에는 둔전이 존재하지 않았다. 그래서 현지인들과 마찬가지로 사냥을 통해서 먹을거리를 보급해야 한다. 그렇기 때문에 절반은 공사하고, 절반은 사냥을 해야 하는 것이다. 여기서 조선에 공문을 보내야 하는 당위성이 생긴다. 사실 백두산 북쪽에서 명나라가 공사한다고 조선에 보고할 필요는 없다. 그러나 백두산 북쪽에도 많은 조선 사람들이 여진 사람들처럼 사냥을 하고 있다. 여기서 조선 사냥꾼들과 대규모 사냥을 하는 명나라 군대와 부딪칠 가능성이 있기 때문에 조선 정부에 공문을 보내 조선 사람들의 사냥을 방해하지 않는다는 것과 만일 사냥한 짐승 같은 것을 거래하고 싶으면 자유롭게 할 수 있다는 사실을 외교적으로 알린 것이다.

중국 학자들은 이때 공사한 곳이 현재 이도백하향에 있는 보마고성(寶馬古城)이라고 추정한다. 백두산 북쪽에서 가장 가깝고 유일한 성인데, 발해 이후 명·청까지의 기와들이 나오는 것을 바탕으로 발해 때 세워진 성이 그 뒤 청나라까지 계속 사용되었다고 보고 있다.[91]

---

90) 남의현, 「명과 여진의 관계 - 명나라는 압록강 북쪽을 다 차지하였는가?」, 『고구려연구』 29, 2007, 411쪽
91) 王季平, 『長白山志』, 吉林文史出版社, 1987, 64쪽

2) 세종 때 명나라 관군이 백두산 동쪽에서 조선에 식량 지원을 요청하였다.

1417년 세운 명나라 요새는 그 뒤 전혀 힘을 발휘하지 못했던 것으로 보인다. 이는 다음과 같은 사실을 보면 알 수 있다. 세종 6년(1424) 함길도 도절제사가 올린 보고를 보면 명나라 군대가 부족한 식량을 빌려 달라고 요청한다.

> 흠차지휘(欽差指揮) 김성(金聲)은 대명(大明) 황제의 칙유(勅諭)를 받들어 관군 150명을 거느리고 백산(白山) 동쪽 알목하(斡木河) 지방에 가서, 요동(遼東)의 삼만(三萬) 같은 위(衛)에서 배반하고 나간 군관 양목답올(楊木答兀) 등을 불러 타이르려는 중이다. 각처에 가서 칙유를 보이고, 현재는 땅이름이 동량(東涼)이라는 곳에 와서 거느린 관군을 주둔시켰는데, 갈 길이 험하고 멀며, 비가 계속 내려 중도에서 달이 넘도록 오래 머물렀기 때문에, 각자가 원래 휴대했던 양식이 이제 다 떨어졌다. 살피건대 조선국의 부근이므로 문서를 보내 빌어서 살아갈 길을 찾는 것이 편리하겠기에 지휘(指揮) 오정(吳禎)을 뽑아 보내니, 공문이 도착하는 즉시 국왕에게 갖추어 아뢰고, 보내는 쌀의 숫자를 살펴서 인부를 불러 모아 보내와 살길을 세우도록 하라.[92]

앞서 보았지만 삼만위는 두만강 지역에 설치하지 못하고 개원에 설치하였다. 이곳에는 몽골과 여진 백성들을 적극적으로 이주시키는 것이 중요한 임무 가운데 하나였다. 이 기사에 보면 바로 그 삼만위의 군관 양목답올이 위를 배반하고 백두산 지역으로 숨어든 것이다. 만일 1417년 수리한 요새가 위력을 발휘했다면 여진 군관이 이곳으로 도망올 수도 없으며, 관군을 이끌고 이곳까지 잡으러 올 필요도 없을 것이다. 여진인 양목답올을 잡으러 온 관군은 현지 적응을 못하고 비도 계속 내려 결국은 식량이 바닥이 났고, 가까운 조선의 함길도에 식량을 빌려 달라는 요청을 한 것이다.

이런 명나라의 요청을 조선에서는 일부 지원을 했지만 요구하는 물량을 전부 보

---

92) 『세종실록』 세종 6년, 6월 20일

내지는 않은 모양이다. 2개월 뒤 올라온 감사의 보고를 보면 명나라 쪽에서 "관하 백성이 보내온 양미 72석을 받았고, 나머지는 아직도 유송해 이르지 아니하였으니, 이제 관군이 전번에 보낸 쌀은 곧 먹어 없어질 것이다. 만약 재촉하고 독려하지 아니하면 진실로 식량이 결핍되는 불편이 있을까 염려되므로 다시 재촉한다"[93]고 한 것을 보면 알 수 있다.

3) 명나라 매 사냥 사신에게 곡식 수송

세종 14년(1432) 중국 사신이 백두산으로 매〔海靑〕를 잡으러 가는데, 이 사신에게 필요한 곡식을 조선에서 수송하라는 내용이다. 먼저 명나라 황제의 탄신을 축하하기 위해 북경에 간 사신이 그 사실을 통신으로 보내온다.

> 장동아(張童兒)가 지금 백두산을 향하여 야인의 지역에서 해청을 잡으려고 갔습니다. 창성(昌盛)·윤봉·장정안(張定安) 등도 또한 우리나라를 향하여 떠났습니다. 장차 함길도에서 매〔鷹〕를 잡으려는 것입니다. 아울러 칙서를 갖고 갔는데 바로 야인의 땅에서 매를 잡을 군사 400명의 양식을 운송(運送)하라는 일입니다.[94]

장동아는 8년 전 도망간 군관들을 회유하기 위해 백두산에 와서 양식을 빌렸던 바로 그 사람이다. 그때 담비, 스라소니, 매〔海靑〕 같은 사냥감을 잡았다고 했는데, 이번에는 아예 군사 400명을 이끌고 매를 잡으러 온 것이다. 해청(海靑)은 길들여 매 사냥에 이용하는 훌륭한 매로 고려 때는 원나라에게 조공을 바쳤을 정도로 유명하다. 주로 우리나라 북쪽과 요동에서 많이 잡히기 때문에 명나라에서 직접 요동까지 잡으러 온 것이다. 그런데 매를 잡는 군사의 규모가 400명이나 되는 대규모 사냥 단이기 때문에 명나라 군영에서 양식을 수송하는 것은 한계가 있어 조선

---

93) 『세종실록』 세종 6년, 8월 21일
94) 『세종실록』 세종 14년, 3월 27일.

에 양식을 요구한 것이다. 황제의 칙서를 가지고 왔기 때문에 조선에서는 반대할 수가 없다.

사실 국가 대사도 아니고, 매를 잡으러 오는 군사들의 식량을 제공하라는 요구는 좀 지나치다고 할 수 있다. 그러나 당시 국제적인 상황에서 조선은 이런 명나라의 요구를 거절할 수 없었다. 다만 400명이 한꺼번에 먹을 수 있는 곡식은 함길도의 비축 양곡만으로 부족하기 때문에 왕은 신하들과 논의하게 된다. 3월 27일 논의를 하였는데, 4월 14일 사냥 군단이 이미 백두산으로 떠났다는 연락을 받게 되고, 6월 25일에는 사냥군단이 백두산에 도착했다는 통보를 받는다. 결국은 군량을 수송해서 제공하고 사람을 보내 위로하고 선물까지 주어야만 하였다.

4) 조선 – 명나라의 백두산

『조선왕조실록』에 나타난 기록에서 명나라와 백두산에 관계가 되는 기사는 위에서 본 3가지 사건이 전부이다. 그 사건도 백두산을 중심으로 명나라와 조선이 국경 문제를 논의한다든가 소유권 문제로 분쟁이 생긴 일은 전혀 없고, 간단한 몇 가지 사건으로 끝나는 것이다. 그런데 그 뒤 1432년부터 명나라가 멸망하는 1662년까지 230년 동안 단 한 번도 백두산에 관한 기사가 나오지 않는다. 이런 결과는 명나라가 만주를 완전히 지배했다는 중화인민공화국 학자들의 주장과 대비해 보면 전혀 다른 현상이다.

이 문제에 대한 중화인민공화국 학자들의 연구 성과를 보면 명나라 가 요동도사를 발판으로 흑룡강 지역으로 진출하였고, 마침내 노아간도사(老兒干都司)를 성공적으로 설치함으로써 넓은 여진 지역을 관할했다는 논리를 전개하고 있다. 그리고 흑룡강 하류지역에 노아간도사를 설치하여 이 지역에 군사를 파견한 것은 정당한 주권 행사였으며, 그 결과 해서·건주·야인 등의 여진 부족들이 많이 귀부하여 자연스럽게 명에 종속되었다고 주장한다. 이러한 이론에 기초하여 노아간 지역의 여진인들이 명나라와 교역한 조공품은 명조가 규정한 부세제도의 임무를 수행한 의무행위에 불과한 것이며 명에 의한 강제적 성질을 지닌 것이라고 보기도 한다.[95]

사실 명나라 초기 태조 때는 요동 방어선을 강화시키고, 성조 때는 흑룡강 하류에 노아간도사를 설치하고, 여진 지역에 다수의 여진위소(女眞衛所)를 설치하는 등 대외진출을 적극적으로 시도하였다. 그러나 성조 때의 대외진출은 순조롭게 진행되지 않았다. 원래 명나라 안에 설치한 위소(衛所)는 요동도사 같은 도사 아래 소속되어 있고, 1위(衛)가 5600명인 군사편제였으나, 여진위소는 군사편제도 아니고 다만 여진 부락에 위사라는 명칭만 붙인 것에 불과했다. 원래 명나라 위소는 둔전을 설치해 자급자족 체계를 가지고 있었지만, 여진위소는 수렵과 어렵 그리고 농경 같은 전통적 방식을 그대로 유지하고 있어, 명나라에 종속된 군사편제로서의 위소가 아니라 여진의 자연부락이라고 하는 것이 타당하다. 명나라가 집요하게 외교적으로 접촉하여 맹가첩목아(猛哥帖木兒) 같은 건주여진의 일부 세력이 명나라의 위소에 편입되었지만, 이 역시 여진의 입장에서 보면, 경제적 이윤을 얻기 위한 생존 방법이었고, 결국 훗날 명나라를 위협하는 가장 강력한 세력으로 성장하였다. 요동에서 명나라의 세력이 약화되면서 상대적으로 여진이 성장하자 무력으로 억제하려 하였지만 끝내 완전히 설명할 수 없었다. 이런 모든 상황은 여진 지역이 명나라에 종속되지 않았다는 것을 보여주는 분명한 근거들이라 할 수 있다.[96]

4. 조선 초 이후 여진과 백두산

1) 조선 초 여진에 대한 명나라와의 외교전

명나라가 건국되자 조선은 발 빠르게 외교력을 발휘해 백두산이 있는 두만강 지역 영토는 조선 영토라는 것을 기정사실화하는 데 성공한다.

---

95) 남의현, 「명과 여진의 관계 – 명나라는 압록강 북쪽을 다 차지하였는가?」, 『고구려연구』 29, 2007, 413쪽.
96) 남의현, 「명과 여진의 관계 – 명나라는 압록강 북쪽을 다 차지하였는가? –」, 『고구려연구』 29, 2007, 412쪽.

홍무 21년(1388)에 태조 고황제(高皇帝)의 성지를 받아, '공험진(公嶮鎭) 이북은 요동으로 환속하고, 공험진 이남에서 철령(鐵嶺)까지는 그대로 본국에 붙여 달라' 고 청하기 위하여 배신(陪臣) 김첨(金瞻)을 보내어 글을 받들고 가서 주달하게 하였사온데, 그해 10월 11일에 〈김첨이〉 경사(京師)에서 돌아와서 공경히 칙서를 받자오니, '삼산천호(三散千戶) 이역리불화(李亦里不花) 같은 열 곳의 인원(人員)을 허락한다' 고 하셨습니다.[97]

조선이 두만강 지역의 영토 문제에서 명나라에 제시하는 기본 주장은 윤관이 개척한 공험진을 중심으로 한 그 이남 지역은 고려의 영토였고, 따라서 조선의 영토였다는 것이다. 그리고 명나라는 초기 태조 때 이 요청을 받아들였고, 이 사실은 동북문제가 발생할 때마다 제시하는 좋은 선례가 된다.

조선 태종 때, 명나라 성종은 다시 백두산과 두만강 지역의 여진 10곳을 명나라에 귀속시키려고 하였다. 당시 두만강 지역은 여진들이 비옥한 농토를 가지고 있었기 때문에 이들을 흡수하면 명나라가 두만강 유역으로 진출하기 쉽기 때문이다. 그러나 조선의 완강한 저항에 부딪쳐 무산된다. 조선은 먼저 역사적으로 두만강 지역과 거란이 조선 땅이고 역사라는 것을 좀 더 자세하게 주장한다.

조사해 보건대, 본국의 동북지방은 공험진(公嶮鎭)에서부터 공주(孔州)·길주(吉州)·단주(端州)·영주(英州)·웅주(雄州)·함주(咸州) 같은 고을이 모두 본국의 땅에 소속되어 있습니다. 요나라 건통(乾統) 7년(1107)에 동여진이 난을 일으켜서 함주이북 땅을 빼앗아 웅거하고 있었는데, 고려의 예왕(睿王) 왕우(王俁)가 요나라에 고하여 토벌할 것을 청하고 군사를 보내어 회복하였고, 원나라 초년(初年) 무오년에 이르러 몽골의 산길보지(散吉普只) 같은 관원이 여진을 거두어 부속시킬 때에, 본국의 반민 조휘(趙暉)와 탁청(卓靑) 등이 그 땅을 가지고 항복하였으므로, 조휘

97) 『태종실록』태종 5년(1405) 5월 16일.

로 총관을 삼고, 탁청으로 천호를 삼아 군민을 관할하였습니다. 이로 말미암아 여진의 인민이 그 사이에 섞여 살아서, 각각 밝어(方言)으로 그들이 사는 곳을 이름지어 길주(吉州)를 '해양(海陽)'이라 칭하고, 단주(端州)를 '독로올(禿魯兀)'이라 칭하고, 영주(英州)를 '삼산(參散)'이라 칭하고, 웅주(雄州)를 '홍긍(洪肯)'이라 칭하고, 함주(咸州)를 '합란(哈蘭)'이라 칭하였습니다. 지정(至正) 16년(1356년)에 이르러 공민왕 왕전이 원나라 조정에 신달(申達)하여 모두 혁파하고, 인하여 공험진(公嶮鎭) 이남을 본국에 환속시키고 관리를 정하여 관할하여 다스렸습니다.[98]

이번에도 한 때 몽골군에 점령당했지만 역사적으로 공험진 이남은 항상 우리 영토라는 논리를 내세운 것이다. 이어서 당시 두만강 지역 여진족들은 이미 조선 사람으로 편입되어 살고 있다는 점도 기정사실화하였다.

상고하건대, 삼산 천호(參散千戶) 이역리불화(李亦里不花) 같은 10곳(十處) 사람들이 비록 여진 인민에 속해 있기는 하나 우리나라 땅에 와서 산 지가 오래되었고, 호인(胡人) 나하추(納哈出) 같은 군사와 왜구(倭寇)의 침략을 여러 번 겪었기 때문에 쇠잔하여 거의 다 없어지고, 남아 있는 유종(遺種)이 얼마 없으며, 또 본국의 인민과 서로 혼인하여 자손을 낳아서 부역에 이바지하고 있습니다.

또 신의 조상이 일찍이 동북 땅에 살았으므로, 현조(玄祖) 이안사(李安社)의 분묘가 현재 공주(孔州)에 있고, 고조 행리(行里)와 조(祖) 이자춘(李子春)의 분묘가 모두 함주(咸州)에 있습니다. 생각건대 소방(小邦)이 성조(聖朝)를 만난 이래로 여러 번 고황제의 조지(詔旨)를 받았사온데, 화외(化外)를 구분하지 않고 똑같이 사랑하였으며, 또 성조의 호율(戶律)에서 한 조목에 보면, '홍무(洪武) 7년 10월 이전에 다른 고을로 옮겨가 일찍이 그곳의 호적에 올라 부역에 종사하고 있는 자는 논하지 말라' 하였습니다. 소방(小邦)은 이미 동인(同仁)의 가운데에 있사옵고, 공

---

98) 『태종실록』 태종 4년(1404) 5월 19.

험진 이남이 또 고황제의 '왕국유사(王國有辭)'라는 명령을 입었사오니, 그곳에 살고 있는 여진(女眞) 유종(遺種)의 인민들을 본국에서 전과 같이 관할하게 하시면 한 나라가 다행하겠습니다.[99]

조선의 주장은 3가지다.

① 10곳의 여진은 종족은 여진이지만, 그 인원도 많지 않고, 이미 조선 사람들과 혼인하여 부역에 종사하고 있다.

② 그 지역은 조선 왕의 선조들의 분묘가 있는 곳이다.

③ 명나라 법에도 호적에 올라 부역에 종사하는 사람은 논하지 말라고 했다.

이런 사건이 있는 뒤 조선과 명나라 사이는 이 문제를 놓고 더 이상 큰 외교적 문제가 발생하지 않는다. 초기 명나라의 적극적인 팽창정책에 힘입어 한때 두만강 지역까지 세력을 펴려고 하였지만 성조 영락(1403~1424) 이후 명나라의 영향이 점차 약화되었기 때문이다. 명나라 영종 정통(1436~1449) 때가 되면, 몽골세력이 대대적인 침략을 통해 영종 황제를 포로로 잡고, 북경 - 장성지대 - 요동을 위협하게 되고, 여진도 이 틈을 타고 요동도사 동부지역을 강하게 위협하였다. 이런 북방과 동방의 위협에서 요동도사(遼東都寺)을 방어하려는 명나라의 대규모 프로젝트가 요동변장(遼東邊墻)을 쌓는 것이다.

요동변장은 1442년(세종 24년, 명 영종 7년)부터 논의되기 시작하여, 지속적으로 요서, 요하투(遼河套), 요동 일대를 연결한 880km의 변장이다. 이 변장은 명나라 중·후기로 가면서 둔전 생산량이 감소하고, 위소 군사가 도망하는 상황이 심각해지고 있었기 때문에 장성지대와 마찬가지로 한 개의 선으로 연결하는 높은 성벽을 쌓아 방어력을 높이려고 하였다. 그러나 요동은 장성지대와는 달리 요하와 산지, 고개가 많아서 견고한 벽돌을 이용한 성벽을 쌓을 수 없었다. 그러나 명나라 초기 이후

---

99) 『태종실록』 태종 4년(1404) 5월 19.

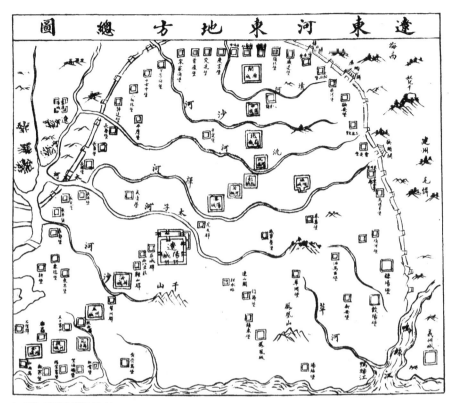

〈그림1〉 요동변장(『요동지』)

는 이 요동변장이 사실상 명나라와 북방 유목 및 동방 여진과의 국경선이었다. 봉황
성보(鳳凰城堡), 신안보(新安堡), 애양보(靉陽堡), 감장보(鱠場堡) 같은 요동변장의
동쪽 변문(邊門)들은 모두 '임경(臨境)'에 위치한다고 기록하였고, 변장 밖 여진과
몽골은 '외이(外夷)'라고 분리하여, 명나라에 종속되지 않는 것으로 기록하고 있었
다. 다시 말해 요동변장은 명나라 중·후기 완전히 국경으로 굳어진 것이다.[100] 이런
상황이기 때문에 백두산과 두만강 지역의 영토권에 대해서 명나라는 일찍이 관심
밖의 일이 될 수밖에 없었다.

---

100) 남의현, 「명과 여진의 관계 – 명나라는 압록강 북쪽을 다 차지하였는가?」, 『고구려연구』 29, 2007, 412쪽.

2) 4군 6진의 개척

1410년 명 성조가 원나라 잔존 세력인 타타르(韃靼)를 정벌할 당시, 아하추는 건주위 소속 후르카 부족을 이끌고 오논하(斡難河) 전투에 종군한 공으로 이사성(李思誠)이라는 중국식 이름을 하사받았으며, 아하추의 아들 스가누(時家奴)도 1422년 명나라가 타타르의 중심 세력인 아루타이(阿魯臺) 정벌 작전 당시 쿨룬부유르(呼倫泊) 살호원(殺胡原) 전투에 참전한 공으로 이현충(李顯忠)이라는 이름을 받았다. 그러나 이러한 여진 북족들의 종군행위는 즉각 타타르의 보복을 초래하여, 봉주와 길림 지역이 아루타이 군의 공격에 직면하자, 퉁몽커치무르는 이듬해(1423, 세종 5) 6월, 우로리 부족 1000여 가호를 이끌고 사시 알목하(현재의 중강진) 지역으로 돌아왔으며, 후르카의 3대 추장 이만주(李滿住, 스가누의 아들)도 6개월 후인 1424년 2월, 1000여 호를 거느리고 압록강의 대안 파저강(渾江) 유역으로 이동 정착하게 되었다. 그리고 또 하나, 홀라운(忽剌溫) 평야 일대에 거주하던 우디거(兀狄哈) 부족도 그 추장 양무타우(楊木答兀)가 타타르족과 공모, 명나라의 국경 교역시장인 개원(開元)을 습격 약탈하고, 명군 토벌대의 추격을 받게 되자, 1426년(세종 8년) 1월, 일족 500여 가호를 이끌고 두만강 북방으로 이동, 목단강 상류지역에 웅거한 혐진(嫌眞) 우디거 부족과 합류하여, 우도리와 후르카뿐만 아니라 조선 측에게도 위협적인 세력으로 자리잡게 되었다.[101]

그 뒤 이러한 여진족들이 자주 조선을 쳐들어와 노략질하여, 조선에게는 커다란 우환이 되었다. 1433년(세종 15) 평안도 도절제사 최윤덕은 평안도·황해도의 군사 1만 5000명을 이끌고 파저강(婆猪江) 부근에 근거지를 두고 있던 오랑캐 이만주의 무리를 소탕하고 하였다. 이것이 1차 파저강 야인 토벌작전이었다. 그러나 이 토벌작전에서 이만주는 탈출하여 완전한 승리를 거두지 못했다. 건주여진은 파저강에서 백두산 북쪽지역까지 광범위한 지역을 차지하고 있었기 때문에 다른 지역으로 본진을 옮겼던 것이다. 다음 해인 세종 16년(1434) 왕이 파저강 야인 등에 대한 방어 대

---

101) 국방부전사편찬위원회, 『西征錄』, 1989.

책을 논의할 때 우의정 최윤덕(崔閏德)이 "백두산(白頭山) 북쪽의 어시랑굴(於時郎窟) 같은 곳이 한적하게 비어 있어 살 만하오니, 생각건대 반드시 거기로 옮겼을 것입니다"[102]라고 한 것을 보면 알 수 있다.

탈출한 이만주는 건주위 도독이라는 지위를 이용하여 명나라 정부에 요청하여 다시 파저강 옛터로 돌아오고 조선에 잡혀간 포로도 돌려받는다. 이만주는 다시 홀라운과 구주(具州) 지역의 우디거 부족을 충동하여 세력을 규합한 다음, 세종 17년(1435)부터 2년 동안에 걸쳐 우랑카이·우디거 혼성부대로 동북과 서북 변경지대를 침공하였다. 이에 조선에서는 명나라의 간섭을 배제하기 위해 사전 통첩을 보내고, 세종 19년(1437) 2차 정벌군을 출동시켜 크게 이겼다. 이것이 2차 파저강 야인 토벌작전이다.

2차 토벌작전 이후에도 건주위 이만주의 문제는 쉽게 끝나지 않았다. 문종 1년(1451), 함길도 도절제사 이징옥(李澄玉)이 왕에게 올린 상소에 보면 "이만주가 경흥(慶興) 이사산(伊沙山)에 사는 여진(女眞) 박이태(朴伊泰)에게 말하기를, '내가 백두산(白頭山) 북방의 남라이(南羅耳) 부니위(夫尼衛)나 혹은 경원(慶源) 땅인 훈춘(訓春)을 차지하여 살고자 한다' 하였습니다"라고 하였고 왕은 "이만주가 만약 근방에 와서 살고자 하여 혹 친히 오거나 혹은 친하고 믿을 만한 사람을 시켜서 성심으로 청하거든, 품계를 올려 처리하라"[103]고 한 것을 보면, 백두산과 두만강 지역을 떠돌아다녔다는 것을 알 수 있다. 남라이는 일찍이 태종 17년(1417) 명나라가 이 지역을 진출하려고 군대를 보냈을 때 남라이에 도착하여 벌목을 하면서 "근방에 접해 사는 우랑카이(兀良哈)와 조선인들을 놀라게 하지 말라"고 하고, 또 "원나라 때에 송골매를 잡던 곳이라 하면서……"[104]라고 한 것을 보면, 남라이는 원나라 때부터 있었고, 우랑카이족과 조선인들이 섞여 살고 있다는 것을 알 수 있다. 남라이

---

102) 『세종실록』 세종 16년(1434), 5월 29일.
103) 『문종실록』 문종 1년(1451), 6월 15일.
104) 『태종실록』 태종 17년(1417) 5월 30일.

여진족들은 자주 조선 변방을 침략하였다. 이미 세종 때 기록에 나온다.

> 백두산 북쪽 남라이(南羅耳) 등지의 야인이 갑산군 인차외(因車外)·회산(回山) 등
> 지에 몰래 들어와서 소를 도적질하여 갔으므로, 이제에 와서 임금이 도체찰사 황보
> 인(皇甫仁)에게 명하여 갑산·삼수에서 평안도 지경의 고미평(古未平)에 이르기까
> 지 가파지보(加波地堡)와 인차외보(因車外堡)를 심정(審定)하고, 혜산보(惠山堡)
> 동쪽 봉우리에서부터 평안도 지경의 농소리(農所里) 봉두(峯頭)에 이르기까지 모
> 두 연대(煙臺)를 설치하여 적변(賊變)을 살피고 망보게 하였다.[105]

성종 때 평양 사람 김자모가 야인에게 잡혀 있다가 탈출하여 그 동안 포로생활에
대해 이야기한 것을 보면 남라이는 그렇게 큰 지역은 아닌 것으로 보인다.

> 다음해 7월에 도망하여 23일을 가서 백두산(白頭山)의 남라이(南羅耳)란 땅에 이
> 르러 야인 무다호(無多好)의 집에서 살았는데, 이 부락은 흩어져 있는 것이 겨우
> 10여 호이며, 산 하나를 넘어 다시 30여 호의 부락이 있는데 모두 강물을 끼고 삽
> 니다. 무다호의 집에서 2년을 살다가 도망하여, 백두산을 지나 33일 간을 가서 상
> 동량(上東良)이라는 땅에 이르러 올량합(兀良哈) 잔이(殘伊)의 집에서 살았는데,
> 부락은 7, 8호입니다 ……."[106]

그 뒤 이만주는 다시 조선을 침공하였으나 세조 13년(1467) 강순(康純)·남이(南
怡) 두 장수가 이끄는 토벌군과 명나라의 협공을 받아 조선군에게 사로잡혀 죽었다.
　세종은 이처럼 야인을 토벌하고 서북 변방에 4군을 설치하여 국방을 튼튼하게 한
다. 태종 16년(1416)에 갑산(甲山) 소동두(小董豆)의 서편을 끊어서 여연군(閭延

---

105)『세종실록』세종 25년(1443) 9월 20일.
106)『성종실록』성종 5년(1474) 2월 23일(무인)

郡) 설치를 시작으로 하여, 세종15(1433)년에는 자성군(慈城郡)을 두었고, 18년 (1436)에는 무창현(茂昌縣)을 두었으며, 25년(1443)에는 우예군(虞芮郡)을 설치하여 4군 개척을 마친다.

한편, 함경도 쪽으로 들어오는 야인에 대한 대비책도 필요하였다. 특히 경원을 중심으로 하는 동북 지역은 조선의 왕실이 일어난 곳으로 보존하여야 할 중요한 곳이었다. 이에 따라 야인의 침입을 막고 수비를 튼튼히 하기 위하여 진(鎭)을 설치하고 사람들을 이주시켜 정착시키려는 노력이 일게 되었다. 세종 16년부터 김종서와 여러 대신들은 많은 논의 끝에 세종과 김종서의 주장대로 6진을 설치하게 되었다. 김종서는 함경도 도절제사가 되어 이 책임을 맡았다. 세종 31년(1449) 경원(慶源)·종성(鐘城)·회령(會寧)·경흥(慶興)·온성(穩城)·부령(富寧)에 6진을 설치하므로 해서 앞에서 본 4군과 함께 오늘날 우리나라 영역의 기본 골격을 완성하게 되었다.

3) 4군 6진 이후의 조선-여진 관계와 백두산

6진을 설치한 뒤에도 여진은 두만강과 백두산 북쪽에 근거를 두고 자주 조선과 문제를 일으켰다. 조선군에게 죽은 이만주의 후손들도 백두산 근방에 자리를 잡았다. 성종 3년(1472) 진하사 성임(成任)이 북경에서 만난 건주위 야인에 대해 이야기하는 내용에서 이만주의 후손 이야기가 나온다.

> 신 등이 2월 14일에 연산역(連山驛)에 이르니, 건주위(建州衛) 야인 좌위 추장 복합독(卜哈禿)과 우위 추장 이망합대(李忘哈大)가 그 휘하 200여 명을 인솔하고 북경에서 돌아와…… 말하기를, "이만주의 소자(小子) 복아(卜兒)와 아대(阿歹)는 지금 옛날 살던 곳을 떠나 서쪽으로 가서 복합독이 사는 가까운 땅에 있는데, 옛날 살던 곳과 거리가 하룻길이 되며, 이망합대의 집은 그 북쪽에 있는데 거리가 또한 하룻길이 되며, 그 땅이 장백산과 가깝습니다" ……복합독이 신을 보고 말하기를, "나는 동청주(童淸周)의 5촌 아저씨인데, 일찍이 귀국에 조회(朝會)하여 중추(中樞)라는 직(職)을 받았고, 나의 친척들도 귀국에서 벼슬하는 자 또한 많습니다. 이

만주의 아들이 귀국을 쳐들어가 아비의 원수를 갚으려고 하므로, 내가 늘 대의로써 설득시켜 저지하였으나, 저는 아직도 원한이 풀리지 않은 것 같으니, 마땅히 방비를 엄히 하여 대기하십시오……"라고 하였습니다.[107]

여기서 보면 이만주의 아들들이 바로 백두산 가까이에서 살고 있으며 복수하려고 별러왔다는 사실을 알 수 있다. 그러나 다른 많은 여진족들은 조선에 가서 대접을 받고, 벼슬도 받아 조선 편을 드는 사람들도 많다는 것을 알 수 있다.

이상에서 본 바와 같이 조선조 명나라 때의 백두산은 주로 같은 동방민족이었던 여진과의 관계였지, 명나라와는 하등의 관계도 없었다는 사실을 알 수 있다.

Ⅳ. 조선-청나라 시기의 백두산과 국경

1. 청나라와 백두산

명나라가 사실상 통치능력을 상실한 만주 지역에서 여진족들끼리 이합집산을 계속하다가 1616년(광해군 8년) 누루하치가 스스로를 한(汗)이라 부르며 금(후금)나라를 세운다. 그 뒤 후금은 한족 정권인 명나라 물리치고 1644년 북경에서 입성한다. 28년 간 피비린내 나는 전쟁을 거쳐 한족 지역을 완전히 장악한 금나라는 나라 이름을 대청(大清)으로 바꾸어 명실공히 동아시아 최강국이 된다.

후금은 명나라와 싸우는 과정에서 1627년 정묘호란과 1636년 병자호란을 일으켜 명나라와 조선이 협공하는 후환을 없앤다. 황태극은 조선을 정묘호란 직전인

---

107) 『성종실록』 성종 17권, 3년(1472 임진 / 명 성화(成化) 8년) 4월 19일(을유) 3번째 기사

1633년 팔기병을 이용해 수암(岫巖), 통원보(通遠堡), 감장(城場) 같은 성을 쌓고, 병자호란 이후 1638년 봉황성을 수축하였다.

1644년 10월 청 정권이 북경으로 수도를 옮길 당시 성경(盛京), 즉 지금의 요령성에는 하락회(何洛會)가 이끄는 1000명 남짓한 팔기(八旗) 병사만이 남아 성경성(지금의 심양), 흥경(興京, 지금의 新賓), 봉황성, 우장(牛庄), 개주(蓋州), 광령(廣寧, 지금의 北鎭)을 지키고 있었다. 당시 청나라는 북경 점령에 총력을 기울이고 있었기 때문에 성경지구에는 극심한 내우외환을 겪고 있었다. 당시 현지 한 관원은 "요하(合河東河西)의 동서 변방을 보면 황사가 가득 찬 것처럼 황량합니다. 간사한 적들이 갑자기 일어나고, 바다에서는 외적들이 극에 이르러 막기 어려우니, 이 외환(外患)은 큰 걱정거리입니다. 요하의 내지(內地)는 성과 보(堡)가 황폐해져 기와는 깨지고 담은 무너졌으며, 기름진 들 1000리는 땅은 있으나 사람이 없어 모두 믿을 수가 없으니, 이것이 내우(內憂)가 심한 것입니다"[108]라고 할 정도였다.

1644년 청나라 정권이 북경으로 옮겨가면서 넓은 중원을 통치하기 위해 만주에 있는 만주인들을 모두 이주시켰기 때문에 사실상 만주 지역은 무주공산이 되었던 것이다. 이에 유조변(柳條邊)을 설치하여 유조변 동쪽을 청나라와 조선 양국이 모두 들어갈 수 없는 봉금 지역으로 만들었다. 이것은 바로 내우외환 가운데 '외환'을 고려해서 만든 것이다. 청나라 양빈(楊賓)이 지은 『유변기략(柳邊記略)』에는 다음과 같이 기록되어 있다.

예부터 변경(邊塞)에는 느릅나무를 심었기 때문에 느릅나무변경(楡塞)이라고 했다. 지금 요동은 모두 버드나무를 심어 변경을 만들었는데, 높은 것은 3~4자, 낮은 것은 1~2자이다. 중간에 대나무 울타리가 있는 곳은 밖에 해자를 팠다. 사람들은 유조변(柳條邊) 또는 조자변(條子邊)이라고 부른다. 조자변은 서쪽은 장성에서 시작하여 동쪽으로 선창(船廠)에 이르러 끝나고, 북쪽은 위원보문(威遠堡門)에서

---

108) 『淸聖祖實錄』 권2.

시작하여 남쪽으로 봉황산에 이르러 끝난다. [……동북은 개원의 진 북보(北堡)에서 시작하여 동남쪽으로 봉황성보에 이르러 끝나는데, 모두 26보(堡)이며, 변경의 길이는 520리다. 지금의 홍경(興京) 선창(船廠)은 모두 명나라 때 변경 밖에 있는 땅이다)(自古邊塞種榆 故曰榆塞 今遼東 皆揷柳條爲邊 高者三四尺 低者一二尺 若中土之竹籬 而堀壕于其外 人呼爲柳條邊 又曰條子邊 條子邊 西自長城起 東至船廠止 北自威遠堡門起 南至鳳凰山止 [… 東北開原之鎭北堡起 至東南鳳凰城堡止 共二十六堡 邊長五百二十里 而今之興京船廠則 皆明時邊外地也]).[109]

명나라 대부분의 요동변장을 중심으로 만든 유조변 520리(260km)에 26개의 보(堡)를 설치했다는 것을 알 수 있다. 청나라가 이처럼 유조변을 만들 당시까지 요동지역을 제대로 지배하고 있지 못했다. 변색이라는 것은 국경을 뜻하는 것이기 때문에 이때만 해도 이 변장을 넘어선 곳은 색외(塞外)라고 불렀다.

한편 1654년 청나라 정부는 '요동초민개간령(遼東招民開墾令)'을 반포하여 산해관 서쪽의 인민들을 요동으로 보내 버려진 땅을 개간하여 '내우(內憂)' 문제를 해결하려고 하였다. 소위 이민정책을 통해 요동을 개발하려는 정책인데, 인구가 늘어남에 따라 행정기구를 정비하기 시작하였다.[110]

- 1653년 : 요양부 설치, 요양현을 붙이고, 해주(海州)를 해성현으로 고쳐 요양부에 예속.
- 1657년 : 금주(錦州)를 금현(錦縣)으로 고쳐 봉천부에 예속시킴
- 1664년 : 개원과 철령 2현을 설치하고, 개주를 개평현(蓋平縣)으로 바꾸어 봉천부에 예속. 광령부(廣寧府)를 설치하고, 광령현과 영원주(寧遠州)를 두었으

109) 山陰耕夫 楊賓 撰, 「柳邊記略」(1), 『遼海叢書』(1), 遼瀋書社, 1984, 235쪽.
110) 張杰, 「淸代鴨綠江流域의 封禁與開發」, 『中國邊疆史地硏究』 1994-4. 楊昭全 編 『中朝邊界硏究文集』, 吉林省社會科學院, 1998, 666쪽.
111) 『淸實錄』(王季平 주편, 『長白山志』, 吉林文史出版社, 1987, 65쪽 재인용)

며, 요양현을 주로 바꾸었다.

- 1665년 : 금현에 금주부 치소를 증설하고, 광령부를 광령현으로 바꾸어 금주
  부에 속하게 했다.
- 1733년 : 금주를 영해현(寧海縣)으로 바꾸어 봉천부에 속하게 했다.
- 1734년 : 요동지구 봉천부 아래 요양, 복주(復州), 승덕(심양), 해성, 개평, 영
  해, 철령, 개원 같은 8주현(州縣)을 거느리게 하고, 요서지구의 금주부 아래
  영원, 의주(義州), 금현(錦縣), 광령 같은 4주현을 거느리게 하였다.

이상의 12개 주현은 모두 봉천부윤이 관할했는데, 이들 주현은 모두 유조변 안쪽
에 설치한 것으로 봉금 지역에 해당되는 곳은 한 곳도 없다. 청나라가 봉금 지역에
대한 영토권 확보를 위해 노력하기 시작한 것은 1683년 대만을 점령하고 청나라의
통치 지역을 극대화한 뒤였다. 1986년 청나라 정부는 봉황성지구의 묵은 땅(荒地)
을 개간하기 시작한다.

그리고 이때부터 압록강을 필두로 백두산에 대한 국경 문제가 구체적으로 거론되
기 시작한다.

2. 백두산 정계비의 설립 배경

1916년 후금을 세운지 60년이 넘은 1677년(숙종 3년) 청나라 황실에서는 처음으로
백두산에 대한 논의가 시작된다. 1677년 4월 15일 강희제(康熙帝)가 "장백산은 우
리 본조(本朝) 조종(祖宗)의 발상지인데, 아직까지 정확하게 아는 사람이 없다. 너
희 4명은 오라(烏拉)지방 장군 있는 곳으로 가서, 길을 잘 아는 사람을 뽑은 안내를
받아 가 본 뒤 분명하면 제사를 지내도록 하여라. 너희들은 대서(大暑) 이전 도착하
도록 말을 달려 빨리 가도록 하여라"[111]는 명령이 떨어졌다.

황제의 명을 받은 무묵납(武默納) 등 일행은 6월 3일 현재의 길림을 떠나 11일

눌음(訥陰)이라는 곳에 다다른다. 이어서 천지를 등정하고 1개월 만인 7월 2일 길림으로 돌아와, 8월 21일 북경으로 귀환한다. 이 당시 살포소(薩布素)가 이끄는 200명이나 되는 군인들이 나무를 베어 길을 내는 등 완전히 밀림지대를 탐험하는 대규모 원정대였다.[112]

이것이 청나라 조정에서 처음으로 백두산을 확인한 기록이다. 나라를 세우고도 60년이 넘도록 정복전을 치르느라 정신이 없었는데, 중원을 비롯하여 주변 나라를 침략하여 대국을 이루자 조종의 위신을 세울 필요가 있었고, 그에 따라 백두산(장백산)에 대한 새로운 가치부여가 필요했던 것이다. 다음해인 1678년 정월 내대신(內大臣) 각라무목납(覺羅武穆納)을 파견하여 '장백산신(長白山之神)'으로 봉하고 5악의 예에 따라 제사 지내게 하였다.

청나라가 처음 장백산에 제사를 지낸 다음해인 1679년(숙종 5년) 국경에서 근무하는 관리들에게 조선 조정에 갖가지 청나라의 새로운 움직임이 전해진다. 청나라 차사원(差使員)이 조선 관리에게 백두산과 장백산의 형세를 물으며 지도와 나침반을 내놓았는데, 압록강 유역의 오국성, 여진, 걸가퇴, 문암 등에 대한 자세한 지도였고, 그 차사원이 "오라지(五羅地)에 원수(元帥)를 두어 나무를 베어 길을 열고 백두산에서 제사를 지냈다"고 하고, "경원에 시장을 열 때 건너편 선성(善城)·풍성(豊城)·걸가퇴(乬加退) 같은 곳을 가 볼 텐데, 돌아올 때는 터놓은 백두산 길로 올 것이다"고 말했다고, 장효례라는 청나라 사람은 "황제가 반드시 나로 하여금 백두산을 살펴볼 텐데, 그때는 의주의 강가에서 길을 떠나 이곳에 올 것이다" 같은 내용이다.[113]

1682년에는 강희 황제가 처음으로 길림으로 가서 몸소 장백산에 망제(望祭)를 지냈다. 망제란 멀리 떨어진 곳에서 그쪽을 바라보며 제사를 지내는 의례인데, 장백산을 갈 수 없기 때문에 길림에서 장백산 쪽을 바라보며 제사를 지낸 것이다. 필자가 길림성 길림시에 있는 서단산을 답사할 때 안내인이 백두산처럼 생긴 산을 가르

---

112) 方象瑛 著, 「封長白山記」, 『叢書集成』, 史地類, 山 90, 新文豊出版公司, 1984.
113) 『숙종실록』 숙종 5년(1679, 청 강희 18년) 12월 12일.

치며, 그곳이 망제를 지냈던 곳이라고 일러 주었다. 자세히 보니 그 산은 낮은 산이지만 분화구처럼 생겨 비록 물은 없지만 백두산을 닮은 산이었다.

이상에서 본 바와 같이 청나라 황실에 있어서 백두산은 단순한 산이 아니고, 청황실의 발상지라는 성산이라는 것을 알 수 있다. 그렇기 때문에 백두산을 비롯한 주변의 국경 문제는 상당한 비중을 두고 진행되지 않을 수 없었다.

1691년 청나라는 조선에 백두산에 대한 조사 의사를 밝힌다. 청나라는 "장차 『일통지(一統志)』를 지을 것이므로 산천의 형세를 두루 살피려는 것'이라며, '장차 다섯 사신(使臣)을 보내 의주(義州)부터 우리 지경을 거쳐 백두산(白頭山)에 가 보고 (지도를) 그려올 텐데, 반드시 우리나라의 지방을 잘 아는 사람을 시켜 그 길을 인도하게 하여야 한다. 또 정월 이전까지 회자(回咨)하기 바란다"는 공문을 보낸다.[114] 그러나 이 요구는 현실화되지 못했다.

1711년(숙종 37년) 유명한 이만지(李萬枝) 사건이 일어난다. 위원 사는 이만지 외 몇 명이 압록강을 건너가 산삼을 캐는 청나라 사람 움막을 습격하여 5명을 죽이고 산삼과 물건을 훔친 사건이다. 청나라는 이 사건을 빌미로 하여 압록강과 토문강 조사를 하려고 하였지만 조선 측의 적극적인 반대로 무산되었다.

이처럼 조선에서는 적극적으로 반대했지만 청나라의 국경 답사 계획은 다음해 구체적으로 진행된다. 당시 조선으로서는 동아시아를 제패한 청나라를 막을 수는 없었고, 1712년(숙종 38년) 소위 목극등(穆克登)의 국경 정계비 사건이 일어나게 된다.

3. 목극등과 접반사 일행의 15일 일정

1712년의 경계비에 관해서는 이미 수많은 논문과 책이 나와서 그 전말을 일일이 다시 논하지 않기로 한다. 다만 이 책에서는 당시 목극등 일행이 그린 지도와 현재의

---

114) 『숙종실록』 숙종 17년(1691, 청 강희 30년) 11월 16일.

자세한 지도를 대조하여 분석하므로 해서 새로운 각도에서 이 문제를 보기로 한다.

먼저 일기체로 매일 매일의 행로를 기록해 놓은 김지남의 『북정록』[115]과 목극등 일행이 그려서 한 부를 조선 정부에 기증한 「백두산정계비지도」(규장각 소장 26676)을 비교하여 정리하였다. 목극등이 그린 지도를 자세히 보면 검은 먹물로 강과 산을 그려 넣어 지도를, 그리고 빨간 선으로 목극등이 지났던 행로를 자세하게 그려놓았는데, 잤던 곳에는 ▲꼴 표시를 했다. 한편 접반사 일행의 일정도 정확히 그렸는데, 숙박했던 곳은 ●표시를 했다.

이 지도는 김지남이 목극등에게 특별히 부탁해서 복사해 받은 것이다. 김지남이 "대인께서는 반드시 유윤길(劉允吉) 화가(畫師員)에게 산의 형세를 그림으로 그리게 하여 한 폭을 내려 주신다면, 소관의 평생소원을 대신할 수 있겠습니다"라고 부탁하자, 목극등이 "대국의 산천은 그림으로 그려줄 수 없지만 백두산은 이미 그대들 나라 땅이니 그림 한 폭 그려주는 것이 어찌 어렵겠는가!"라고 쾌히 승낙한다. 이 말을 들은 접반사는 "조정에서 염려하던 것이 오로지 그것이었는데, 총관이 '백두산은 그대들의 땅'이라는 말을 하였으니 어찌 다행한 일이 아니겠는가!"라고 다행스러워했다. 당시 기록을 보면 통역이나 안내인들이 목극등에게 의연하게 사실을 말하고, 힘들여 정보를 입수한 것에 반해 접반사는 뇌물이나 주려다가 면박을 당하는 한심한 태도를 보여 참으로 안타까운 생각이 든다.

1712년의 목극등 국경조사 이후 조선에서는 3권의 기행문이 나온다.[116]

① 김지남(金指南), 『북정록(北征錄)』 수석 통역관인 김자남이 지었는데, 내용이 가장 많고 자세하다.

② 홍세태(洪世態), 『백두산기(白頭山記)』 홍세태는 목극등과 함께 백두산

---

115) 원문은 동북아역사재단 편, 『백두산정계비 자료집』(2006)을, 번역본은 이상태 외 역, 『조선시대 선비들의 백두산 답사기』(혜안, 1998)를 참고하였다.

116) 앞으로 나오는 인용문의 원문은 모두 동북아역사재단 편, 『백두산정계비 자료집』을 참조하였고, 번역본은 '혜안'에서 나온 『조선시대 선비들의 백두산 답사기』를 참고하였다.

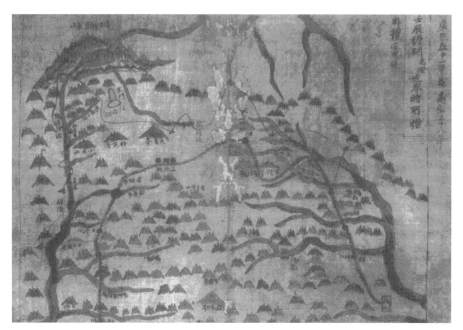

〈그림 2〉 1712년 목극등이 조선에 그려준 정계비 지도(규장각 輿地圖(古) 4709-1)

을 등반한 사람은 아니고, 통역관 김경문이 다녀 온 이야기를 대신 썼다. 아버지인 김지남이 『북정록』을 썼으므로 당시 예법으로는 부자끼리 경쟁하여 똑같은 주제를 쓸 수 없어서 간접적으로 쓴 것으로 보인다. 아버지 김지남은 접반사를 따라갔기 때문에 따라간 사람들이 보낸 보고를 바탕으로 쓸 수 밖에 없었지만 목극등을 직접 동행한 아들 김경문은 직접 체험했기 때문에 아들이 썼더라면 더 좋았을 터인데 하는 아쉬움이 있다. 『백두산기』는 『북정록』보다 간략해서 아쉽지만 현장 묘사가 더 실감나고, 백두산 정상에 가서 있던 일을 쓴 부분은 우리나라 최초의 백두산 정상 등반기로 가치가 있다.

③ 박권(朴權), 『북정일기(北征日記)』 조선 측 최고 책임자인 접반사로 갔으나 담판은커녕 제대로 대화도 못해본 채 되돌아온다. 기행문 도중의 지방 관리들이 대접을 어떻게 했으며, 어떻게 혼냈는가 하는 한심한 얘기들이 많고, 집에서 온 편지나 답장했다는 한가한 이야기나 쓰고, 국경에 관한 이야기는 거의 없어 국경사 입장에서 보면 부자 통역관의 글에 훨씬 못미친다.

당시 상황을 정확하게 파악하기 위해서 먼저 기행문 3개를 바탕으로 일정 전체를 날짜별로 정리해 보면 다음과 같다.

▶ 5월 7일

혜산진(아침 8시쯤) → 오시천(五是川) → 신대신수(申大信水) → 백덕령(百德嶺)[117] → 검천(劍川) ※ 혜산진에서 70리 일정.

…………………………………………… ♨ 검천 건너 천막 임시 숙소에서 1박

▶ 5월 8일

검천 → 20리 → 서수라덕(西水羅德) 정상 → 10여리 → 곤장우(棍杖隅)

곤장우에서 백두산으로 올라가는 목극등 일행과 무산으로 가는 접반사 일행이 갈라진다.

▷ A팀(목극등) : 백두산 행

청(淸) : 총관 목극등(穆克登), 필첩식(筆帖式). 소이창(蘇爾昌), 통역관 이가(二哥)

조　선 : 군관 이의복(李義復)·조태상(趙台相), 차사관(差使官) 허량(許樑)·박도상(朴道常), 통역관 김응헌(金應瀗)·김경문(金慶門), 인부 10명.

곤장우 → 15리 → 큰 산이 가로막아 압록강 상류 속돌천(束乭川)[118] 건너감(청나라 쪽).

…………………………………………… ♨ 임연수에서 속돌천 건너(서쪽) 2박

▷ B팀(접반사) : 허항령 행

청(淸) : 시위, 주사, 장경, 차통관 일행

---

117) 이곳도 홍세태는 백덕(柏德)이라고 썼는데, 잣나무가 많아 백산(柏山)이고, 그 백산 기슭의 평평한 지역을 현지 말로 '덕(德)'이라고 한다니 이것도 홍세태의 『백두산기』가 옳은 것으로 보인다.

118) 번역본에는 동돌천(東乭川)이라고 되어 있으나 원문에는 속돌천(束乭川)으로 나와 있어 원문에 따랐다. 속돌이란 물에 뜨는 화살돌인데, 백두산에서 이 속돌이 떠내려온다 해서 속돌천이라 했을 것이다.

조   선 : 접반사 박권(朴權), 함경도 관찰사 이선부 일행

곤장우 → 자포수(自浦水) ※ 전체 여정 60리

··♨ 자포수 2박

▶ 5월 9일

▷ **A팀(목극등)**

속돌천 건너쪽(강 서쪽) → 화피덕(樺皮德)[119] → 80리

··♨ 작은 못가[20] 3박

▷ **B팀(접반사)**

자포수 → 자포령(自浦嶺) → 임연수(臨淵水).

···♨ 임연수에서 3박

▶ 5월 10일

▷ **A팀(목극등)**

압록강 서쪽 → 압록강 (동쪽으로) 건너 → 9번 강 서쪽으로 건너갔다 와서 한덕립지당(韓德立支當)[121] → 8~9리 절벽 아래 폭포 소백산 → 박봉곶(朴逢串)[122]

··♨ 박봉곶에서 4박

▷ **B팀(접반사)**

임연수 → 20리 → 허항령(虛項嶺) → 무산과 갑산 경계 → 삼지연(三池淵)

───

119) 지도에는 화덕(樺德)으로 나와 있다.

120) 『북정록』에는 압록강을 건너 강 동쪽에서 잔 것으로 나와 있으나 지도와 홍세태의 「백두산기」에는 비가 너무 많이 와 작은 못가에서 잔 것으로 되어 있어 이에 따른다.

121) 지당 = 얼음 절벽, 이곳에서 등애를 피하는 사슴을 '덕립'이란 사람이 많이 잡았다고 해서 붙인 이름.

122) 『북정록』에는 속돌천을 건너 한덕립지당에서 머물 것이라 했는데, 강가를 따라가서인지 일정이 예정보다 빨랐다. 한덕립지당은 지도에 지당(支當)이라고만 나와 있다. 이날 박봉곶까지 갔는데 기행문에서는 언급이 없어 지도를 가지고 복원하였다. 이 박봉곶은 바로 현재 국경 푯말 1호가 서 있는 근방이다.

·····················♨ 임연수 출발하여 60리[123] 지점(長坡)에서 3박

▶ 5월 11일

▷ **A팀(목극등)**

새벽 출발 계곡 → 정상(한낮) → 분수령 비석 세울 자리 확정.

·····················♨ 산 내려와 대각봉(大角峯) 근방에서 4박

▷ **B팀(접반사)**

삼지연 → 천평(天坪) → 홍단수 상류 → 증산(甑山) → 노은동산(魯隱東山)

총 70리 운행, 허량이 보낸 급보 도착.

·····················♨ 노은동산에서 4박

▶ 5월 12일

▷ **A팀(목극등)** 백두산 동남쪽 물길 조사.

·····················♨ 대각봉(大角峯) 5박

▷ **B팀(접반사)**

노은동산(魯隱東山) → 풍파(豊坡) → 소홍단수(小紅丹水) → 대홍단수

50리(박권은 40리) 운행, 서울에 1차 보고서 발송.

·····················♨ 대홍단수 물가에서 5박.

▶ 5월 13일

▷ **A팀(목극등)** 물길조사, 비석 만듦.

·····················♨ 대각봉(大角峯) 6박

▷ **B팀(접반사)** 대홍단수 → 어윤강(魚潤江)과 두만강 합류지점(점심)

___

123) 박권의 『북정일기』에는 45리.
124) 이하 20일까지의 숙박지는 지도에 따라 추정한 것임.

40리 운행, 장경에게 군사를 대동하고 총관을 마중가게 함

박권은 임강대까지 가서 민박함.

……………………………………………………………………♨ 어윤강 참(站)서 6박

▶ 5월 14일

▷ **A팀(목극등)**

정계비 1차 비문 완성하여 접반사에게 보냄.

……………………………………………………………………♨ 대각봉(大角峯) 7박

▷ **B팀(접반사)**

어윤강(魚潤江)과 두만강 합류지점 → 15리 → 임강대(臨江臺) → 30리 → 발하천(朴下川) → 산양애로(山羊崖路) → 산양령(山羊嶺) 독소(篤所) → 60리 → 무산부(茂山府)

밤에 목극등 따라간 이의복 급보 전함(경계비에 접반사 이름 새기는 여부).

……………………………………………………………………♨ 무산부 7박

▶ 5월 15일

▷ **A팀(목극등)** 정계비 세우는 작업 완료,

……………………………………………………………………♨ 대각봉(大角峯) 8박

▷ **B팀(접반사)** 무산부(茂山府)

……………………………………………………………………♨ 8박

접반사 이름 새기는 것은 불가하다는 답변 보냄. 김경문 편지 도착.

청나라 시위가 조선 일꾼과 장교를 데리고, 타고 갈 배를 만들러 이화동으로 감.

▶ 5월 16일

▷ **A팀(목극등)** 정계비 지역 출발 토문강 따라 올라감.

……………………………………………………………………♨ 토문강 원류지 9박[124]

▷ **B팀(접반사)** 무산부(茂山府)

···♨9박

▶ 5월 17일

▷ **A팀(목극등)**

토문강 원류지에서 두만강 찾아 동남쪽으로 내려옴

··♨토문강 원류지 10박.

필첩식(筆帖式) 소이창(蘇爾禪), 김경문이 목극등 보고서 가지고 무산부에 도착.

▷ **B팀(접반사)** 무산부(茂山府)

···♨10박

청의 시위가 4척의 배가 완성되었다며, 군사 40~50명을 요청함.

▶ 5월 18일

▷ **A팀(목극등)**

두만강 따라 물줄기 확인 작업하며 하산.

··♨두만강 원류 주변 11박.

필첩식(筆帖式) 일행 보고서를 가지고 후춘(厚春)으로 출발.

▷ **B팀(접반사)** 무산부(茂山府)

···♨11박

이른 아침 선전관 이의복의 보고서 도착, 서울로 장계를 올렸다.

▶ 5월 19일

▷ **A팀(목극등)**

두만강 따라 물줄기 확인 작업하며 하산.

··♨두만강 원류 주변 12박

▷ **B팀(접반사)** 무산부(茂山府)

차원과 군관의 보고서 도착

·· ♨ 12박

▶ 5월 20일

▷ **A팀(목극등)**

두만강 따라 물줄기 확인 작업하며 하산.

··· ♨ 두만강 건너편 13박

▷ **B팀(접반사)** 무산부(茂山府)

장경이 수행인 3명과 김경문을 데리고 임강대로 마중 나감.

·· ♨ 13박

▶ 5월 21일

▷ **A팀(목극등)**

남증산 → 노은동산 → 어윤강변 역참 도착.

·· ♨ 어윤강변 역참 14박

▷ **B팀(접반사)** 무산부(茂山府)

·· ♨ 14박

▶ 5월 22일

▷ **A팀(목극등)** 어윤강 → 박하천 → 한낮에 무산부 도착.

··· ♨ 무산부 15박

▷ **B팀(접반사)** 무산부(茂山府)

·· ♨ 15박

4. 압록강 근원과 목극등

앞에서 본 15일 일정 가운데 5월 7일부터 11일까지 4일 동안은 압록강 근원을 찾는 일정이었다. 앞에서 본 바와 같이 청나라 조정에서는 백두산에 대한 정보가 전혀 없었다는 것을 알 수 있었다. 그렇기 때문에 목극등은 김지남에게 "우리들의 이번 행차는 전적으로 변경을 조사하러 왔을 뿐이네. 비록 하늘로 올라가고 땅으로 들어가게 되더라도 우리는 그대들 말에 따라갈 수밖에 없지 않는가?"라고 했다. 따라서 당시 안내를 맡은 심마니 김애순의 안내가 절대적으로 필요했다. 압록강을 거슬러 올라가 백두산 천지까지 올라가는 길을 아는 유일한 안내인 김애순은 압록강 근원을 이렇게 말했다.

"압록강의 근원은 산 정상의 큰 호수에서 나옵니다. 물을 따라 올라가다가 말을 버리고 걸어가면, 한덕립지당(韓德立支當)에 닿습니다. 여기에서 산꼭대기까지는 길이 너무 험해서 기어오르다시피 해야 겨우 갈 수 있습니다. 산꼭대기에서 두 강이 시작하는 데까지의 길도 마찬가지로 험합니다."

김애순이 말을 버리고 가야 갈 수 있다는 한덕립지당은 지도에 '지당(支當)'이라고 표시되어 있다. 원래 여기서 하루 숙박하려 했으나 예정보다 일정이 빨라 당일(10일) 압록강 물줄기가 둘로 갈라지는 현재 1호 푯말 근처에서 하루를 묵게 된다. 이 지점은 압록강 근원을 찾는 데 있어서 마지막 갈림길이다. 직선으로 올라가면 나중에 목극등이 세운 정계비로 가게 되는 길이며(현재 북한에서 이용하고 있는 등반로), 왼쪽으로 올라가면 현재의 국경선을 따라 올라가는 길이다. 1712년 5월 11 한낮에 목극등 일행은 모두 정상에 오르게 되는데, 오전 중에 올라간 등반 일정은 바로 현재의 국경선을 따라 올라갔다는 것을 알 수 있다. 현재의 국경선은 압록강 줄기이기 때문에 걸어올라갈 수 없고 강 왼쪽 능선을 통해 올라가게 되어 있는데, 그것이 바로 현재 중국의 백두산 남파(南坡) 찻길이다. 목극등 일행은 이 남파 길과 거의 같은 루트로 올라갔다는 것을 알 수 있다.

목극등 일행이 정상에서 도착한 곳은 바로 현재 국경 푯말 4호가 서 있는 부근이다. 압록강 원류에서 천지로 올라갈 때 다른 곳으로는 접근이 불가능하고 오직 이 길뿐이기 때문이다. 이점은 지금도 마찬가지다. 천지가 내려다보이는 곳까지 올라 갔던 것을 보면, 목극등은 압록강의 근원이 백두산 꼭대기에 있다고 생각했던 것이 틀림없다. 목극등이 따라 올라간 압록강 상류 꼭대기 부분은 비록 비가 내릴 때만 흐르는 계절강이지만 백두산 꼭대기에 내린 비가 북쪽으로 흐르면 천지로 흘러 내려가고, 남쪽으로 흐르면 바로 압록강으로 흘러 들어가는 분수령인 것이다. 백두산의 분수령이란 백두산 꼭대기에 내린 빗방울이 어떻게 갈라지느냐를 두고 결정하는 것이다. 그렇기 때문에 원칙대로 한다면 반드시 이곳을 압록강의 근원으로 해서 서쪽 국경의 시작으로 해야 한다. 목극등이 그린 지도에서 보아도 압록강은 분명히 이 산꼭대기까지 이어지고, 이 곳이 상류에서 가장 긴 압록강 지류이다. 그런데 목극등은 꼭대기에서 다시 동남쪽으로 4km(백두산기에서는 3~4리 내려갔다고 한다) 가까이 더 내려와서 압록강 근원지를 찾았다.

이 문제는 당시 현장에서 함께 간 조선 팀의 문제제기가 있었으나 받아들여지지

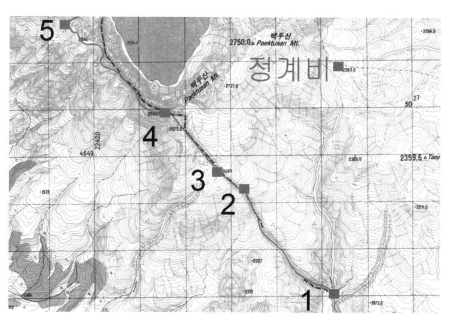

〈그림 3〉 현재의 푯말. 목극등 일행은 1호 푯말까지 미처 못간 조선 쪽에서 10일 밤을 보내고 11일 현재의 국경과 같은 방향으로 등반을 한다. 1번 푯말에서 왼쪽으로 꺾지 않고 계속 북쪽으로 가면 나중에 세운 정계비가 된다.

않았다. 지도에 보면 서남쪽과 남쪽 두 지류에 모두 압록강 근원(鴨綠江源)이라고 쓰여 있다(〈그림 2〉참조). 당시 통역관으로 참여했던 김지남(金指南)이 쓴 『북정록(北征錄)』에 보면 압록강 근원이 두 개가 된 사연이 기록되어 있고, 그 내용에 조선 팀이 압록강 근원에 대해 문제를 제기했다는 이야기가 기록되어 있다. 내용이 길지만 중요한 부분이기 때문에 모두 인용해 보기로 한다.

내가 즉시 접반사에게 바치니 접반사가 자세히 살펴보았다. 압록강의 근원에는 두 갈래가 있는데, 한 줄기는 백두산 꼭대기 남쪽에서 흘러내리고, 또 한 줄기는 백두산 서북쪽에서 흘러내려 하나로 합치는데, 남쪽에서 흘러내리는 줄기는 두만강의 근원과 멀지 않는 곳에서 마주하고 있다. 그러므로 압록강의 근원이라는 이름을 썼고, 서북쪽 줄기에는 그 이름을 적지 않았다. 접반사가 나에게 말했다.

"이 강줄기도 역시 압록강의 근원이라고 쓰는 것이 지극히 요긴한 일이니, 자네가 좋은 말로 잘 설득하여 반드시 이름을 써서 받아오라. 그렇지 않으면, 자네가 앞서 근무한 성적이 이 일로 다 깎일 것이다."

"이것은 당초 정계비를 세울 때 선전관 이의복과 김응헌, 김경문 등이 총관에게 적극 주장하여 "이 역시 압록강의 근원이니 함께 비를 세워 경계를 밝혀야 한다"고 말하였으나 끝내 주장을 관철하지 못한 것입니다. 지금 소인의 말주변으로 어떻게 반드시 관철시킬 수 있겠습니까?"

"그렇지만 가서 말해 보아라."

……

"이 지도를 보면 압록강의 근원이 처음에는 두 갈래인데, 한 줄기에는 강의 근원이라고 쓰고 한 줄기에는 쓴 바가 없으니 지금 만약 국왕 어전에 이 지도를 바치면 이 하나에는 왜 이름을 쓰지 않았느냐고 반드시 물을 것입니다. 우리들 왕명을 받들고 나온 신하의 도리로 어찌 황공하지 않겠습니까? 바라건대 대인께서는 이러한 이치와 형세를 양해해 주시어 다른 한 쪽에도 이름을 써 주는 일을 화공 유윤길(劉允吉)에게 하교해 주심이 어떠하겠습니까?"

"네가 말하는 바가 비록 이치에 가까운 바이지만 나 역시 돌아가 황제께 상주할 때 혹시 물으시기를 강 하나에 어째서 근원이 둘이냐고 하시면 내가 어떻게 대답해야 하겠느냐? 이것은 황공하지 않겠느냐?"

"저의 어리석은 생각으로는 어찌 강에 두 갈래의 근원이 있다는 것으로 논란하겠습니까? 비록 3, 4, 5, 6개의 갈래가 있더라도 이것이 강의 근원이면 그 이름을 아울러 쓰는 것이 사리에 당연한 것입니다."

"그러한 이치는 없다."

내가 자리를 차고 나아가서 다시 간청하였다.

비록 돌아가서 황제께 상주하는 지도에는 이름을 쓰지 않더라도 우리에게 주는 지도에는 이름을 써 주셔서 우리들로 하여금 문책이 돌아오는 것을 면할 수 있도록 하여 주심이 어떠하시겠습니까?"

……

"이 서북쪽 강줄기의 머리에 '압록강 근원(鴨綠江源) 4자를 써서 주어라."[125]

이 내용에서 우리는 몇 가지 분명한 사실을 알 수 있다. ① 목극등은 이 서남쪽 강줄기도 압록강의 근원이라는 것을 인정하고 있었다. ② 비록 접반사는 가지 못했지만, 함께 간 조선 측 무관 이의복과 통역관 김응헌·김경문 등이 이 지류도 압록강의 근원이라는 것을 적극적으로 주장하였다. ③ 비록 통역관을 통해서이지만 조선 측의 강력한 요구에 따라 지도에 압록강 지류 두 가닥에 모두 압록강 근원이라는 것을 표시하였다.

앞에서도 보았지만 정계비에는 "서쪽은 압록강"이라고 했지만 그 근원에 대해서는 구체적인 것이 없고, 압록강 근원은 지도에만 표시하였다. 그렇기 때문에 이 지도에 따르면 압록강의 근원은 두 곳이 되고(청나라 쪽 지도에는 하나만 표시되어 있을 가능성도 있다) 당연히 어떤 것이 국경이냐 하는 논의가 될 수밖에 없다.

---

125) 김지남, 『북정록』, 『조선시대 선비들의 백두산 답사기』, 혜안, 133~135쪽.

홍세태의 『백두산기』에 보면, 당시 통역을 맡았던 김경문(金慶門)이 목극등이 백두산을 오르기 전부터 백두산의 경계는 천지부터 시작된다는 것을 분명히하였다.

"백두산 꼭대기에는 큰 못이 있어 동으로 흘러서는 토문(土門)이 되고, 서쪽으로 흘러서는 압록이 되니 이것이 곧 남북의 경계입니다(白頭山頂 有大池 東流爲土門 西流爲鴨綠 此卽南北界也)." ……목극등이 "너희 나라 경계가 여기에 있다고 말하는데, 이것은 황제께 올려 주문(奏聞)하여 정한 것인가, 아니면 역사책에 근거할 만한 것이 있는가?"라고 하므로, 김경문이 "우리나라가 예부터 이곳을 경계로 삼았다는 것은 부녀자와 어린 아이라 할지라도 모두 알고 있는 것인데, 어찌 이것을 황제에게 청하겠으며, 또한 무엇 대문에 문자로 기록하여 증거로 삼겠습니까?"라고 대답하였다.[126]

그렇기 때문에 앞에서 보았듯이 압록강의 서남 근원이 국경이라는 것을 적극 주장했으나 받아들여지지 않았고, 비를 세우려 할 때도 다시 주장하자, 목극등이 칼로 눈을 빼겠다고 협박을 했다고 한다. 서명응(徐命膺)의 『유백두산기(遊白頭山記)』[127]에 보면 다음과 같은 야기가 실려 있다.

원상태가 말하기를 "저의 형 상필(尙弼)이 혜산 토병 김애순(金愛順), 운총진의 백성 송태선(宋太先)과 함께 길잡이로 뽑혔는데, 상필은 병이 나서 돌아오고, 태선과 애순이 따라가서 정계의 시말을 자세히 상필에게 전하였습니다. 상필이 또 저에게 전하였는데, 당시 접반사 박권과 관찰사 이선부가 목극등과 만나 먼저 황제의 건강을 물으니 목극등이 크게 꾸짖기를 "너는 외국 사신이다. 어찌 감히 황제의 건강을 묻는가? 나를 따라 경계까지 쫓아오지 말라"고 하니, 박권과 이선부가 크게 놀라

---

126) 洪世泰, 『白頭山記』, 4월 辛巳(29일).
127) 1766년(영조 42년), 정계비가 세워진 뒤 54년 지나 서명응(1716~1787)이 조엄(趙曮)과 함께 백두산에 오른 뒤 쓴 등정기.

검천, 허항령을 지나 무산으로 돌아와서 감히 나아가지 못하였습니다. 목극등이 스스로 우리나라 통역관과 길잡이와 함께 백두산에 이르러 산골짜기가 갈라진 곳의 빗물이 지나갔던 곳을 가리키며 갑자기 말하기를, "이곳이 토문강의 근원이고 이곳이 압록강의 근원이다"고 하였습니다. 태선과 애순이 다투어 말하기를, "토문의 상류는 토문강으로 흘러 들어가지 않고 압록의 상류이니 당연히 서쪽으로 가서 의주에 이릅니다. 지금 서쪽으로 가지 않고 남쪽으로 가니 둘 다 모두 틀렸습니다. 토문강 외에 두만강이 있는데 예부터 우리나라 경계로 삼았습니다. 또 지금 말하는 압록강의 상류 바깥에 보은수(保恩水)가 있어서 백두산의 서쪽으로 나가서 서쪽으로 흘러 서대산(西臺山)을 지나니 이른바 압록강 상류라는 것이 합해져서 의주의 압록강으로 흘러 들어갑니다. 이것이 실로 압록강 상류입니다' 라고 하니, 목극등이 꾸짖어 말하기를, '빨리 칼을 가져오라. 두 사람의 눈을 빼겠다"고 하므로, 두 사람이 두려워하여 감히 말을 하지 못했다고 합니다. 이에 목극등이 그 언덕을 강제로 '분수령' 이라 하고 밑에 비를 세우고 우리나라의 두 사신의 이름을 넣지 않았습니다."[128]

이 이야기는 목극등의 길잡이로 뽑혀 백두산을 오르다가 병으로 돌아온 원상필이 함께 갔던 토박이 병사 김애순와 백두산 바로 밑에 살던 송태선한테서 들은 이야기를 동생 원상태에게 전했던 것이다. 그리고 그 이야기를 서명응과 함께 백두산을 오르면서 서명응에게 한 것을 기록한 것인데, 비록 50년쯤 지난 이야기지만 정부에서 파견한 김지남의 『북정록』이나 박권의 『북정일기』, 김경문이 말한 것을 홍세태가 쓴 『백두산기』에 비해 훨씬 진실에 가깝다고 할 수 있다. 정부에서 파견한 관원이나 역관이 쓴 글에서는 목극등에게 크게 수모를 당한 것은 숨기고 적당히 합리화하거나 기록을 하지 않는 것이 있는 데 반해 현지 주민이나 병사들이 입으로 전하는 말은 당시 상황을 확실히 생생하게 전하고 있다.

---

128) 서명응, 「유백두산기」, 『조선시대 선비들의 백두산 답사기』, 혜안, 289~290쪽.

이 이야기에서 다음 몇 가지 사실을 확인할 수 있다. ① 목극등은 접반사가 청나라 황제의 안부를 묻는 것을 꾸짖었고, "나를 따라 경계까지 쫓아오지 말라"고 강압적으로 명령해 접반사 박권과 관찰사 이선부는 따라가지 못했다. 이는 나이가 많아 못 올라갈 테니 오지 말라고 했다고 쓴 다른 기록과 차이가 난다.[129] ② 압록강의 근원은 좀 더 바깥에 있는 보은수라는 점을 분명하게 주장했다. ③ 그러나 칼로 눈을 빼겠다고 위협하고 강제로 '분수령'이라 하고 경계비를 세웠다. 상대국 책임자는 오지도 못하게 하고, 안내인들이 진실을 이야기해도 칼로 위협하여 자기 마음대로 정계비를 세운 것이다.

이상 당시 상황을 종합해 보면 압록강 쪽 국경은 경계비에서 나온 물줄기가 아니고 천지 꼭대기에서 내린 빗물에 형성되어 내려오다 강을 이룬 왼쪽 원류가 분명하고, 이에 대해 조선 측의 논란이 있었고, 목극등 자신 또한 알고 있으면서도 의도적으로 동쪽으로 더 내려가 다른 지류를 분수령으로 만들었다는 사실을 알 수 있다.

5. 정계비 설치와 토문강 문제

1) 경계비 설치의 전말
경계비 설치까지의 일정을 복원해 보면 다음과 같다.

▶ 5월 11일

일찍 출발했다면 아마 정오쯤 이미 정상에 다다랐을 것으로 보인다. 그리고 천지

---

129) 박권의 『북정일기』에는 자신이 왜 국경을 정하는 현장에 가지 않았는지는 한 마디도 기록하지 않고, 가는 곳마다 "아무개 감사가 인사를 왔다"던가 "집에 편지를 부쳤다"는 쓸 데 없는 것들만 잔뜩 기록하고 있다. 김지남의 『북정록』에는 "접반사와 관찰사께서는 모두 나이가 많으신 분들이므로 결코 나를 수행할 수 없을 것이다"고 거절했다고 기록하고, 홍세태의 『백두산기』에서는 "내가 보니 조선의 재상은 움직일 때는 반드시 가마를 타는데, 나이 많은 사람들이 험한 길은 능히 걸을 수 있겠는가? 중도에 넘어지면 대사를 그르칠 것이다"고 허락하지 않았다고 하였다.

를 바라보며 자신이 생각했던 것보다 천지가 크다는 것을 보고 난감했을 것이다. 압록강과 토문강을 가르는 분수령을 쉽게 찾을 거라고 생각했던 목극등은 그것이 사실상 불가능하다는 것을 알았기 때문이다. 목극등식 분수령 찾는 당시 상황을 보자.

드디어 산등성이를 따라서 천천히 걸어가 3~4리쯤 내려가서 비로소 압록강의 근원을 찾았다. 샘이 있는데 산의 틈(山穴) 속에서 물이 퐁퐁 솟아나와 그 흐름이 빨라지더니 수십 백 보도 못 가서 좁은 골짜기에서 큰 골짜기로 그 물이 흘러 들어갔다. 한 움큼 움켜 맛보니 시원하였다.

또 동쪽으로 가다가 짧은 산등성이를 하나 돌아 넘으니 샘이 하나 서쪽으로 흘러 30~40보 흐르더니 갈라져서 두 줄기가 되었다. 그 한 줄기는 흘러서 서쪽 샘과 합쳐지고, 한 줄기는 동쪽으로 흘러가는데 물줄기가 매우 가늘었다. 또 동쪽으로 산등성이 하나 넘으니 샘이 있는데, 동쪽으로 100여 보쯤 흘러갔으나 중간 샘(中泉)이 갈라져서 동쪽에서 온 것과 합쳐졌다. 목극등이 중간에 두 갈래로 갈라진 물 사이에 앉아 김경문을 돌아보며 말하기를 "이곳을 분수령이라 이름 짓고 비석을 세워서 경계를 정할 만하다" 하였다.

이렇게 볼 때 이미 첫날 아주 간단히 정계비를 세울 자리를 확정하였다는 사실을 알 수 있다. 그리고 그날은 그 자리에서 동쪽으로 산을 내려와 대각봉(大角峯) 근처에서 하루를 보낸다.

▶ 5월 12~13일

그러나 그 다음날 바로 문제가 간단하지 않다는 것을 알게 된다. 『백두산기』에 "토문의 원류가 중간에 끊어져서 땅 속으로 흐르므로 강계(疆界)가 분명하지 않으니 가볍게 비를 세우는 의논을 하여서는 안 되겠다"고 한 것을 보면 알 수 있다.

14일 밤 늦게 다음과 같은 급보가 온 것을 보면 적어도 13일이나 14일 새벽에 출발했다고 보아야 하기 때문에 13일까지는 이미 모든 것이 결정되고 문안까지 모두 작성이 완료된 상태였다. 12일 날은 하루 종일 토문강을 찾는 데 소비했다. 15일 도착한 김경문의 편지를 보면 그것을 알 수 있다.

> 총관이 비를 세워 경계를 정하고자 하여, 동쪽으로 흐르는 물을 그쪽 대통관과 우리나라 군관 조태상 및 역관 김응헌으로 하여금 길 안내인들을 데리고 60여 리를 가 보게 하니, 확실히 물길이 있어 의심스러울 것이 없는 것 같습니다.

한편 홍세태의 『백두산기』에는 다음과 같이 기록되어 있다.

> 두 사람에게 명하여 (김)애순과 함께 가서 물길을 살피게 하였다. 김응헌, 조태상이 뒤따라갔다. 60여 리 가니 해가 저물어 두 사람은 돌아와서 백수(白水)가 동쪽으로 흐른다고 보고했다. 목극등은 이어서 사람을 시켜 돌을 깎으니 너비가 2자, 길이가 3자 남짓하였다. 또 분수령에서 받침돌(龜趺)을 취했다. 비에 글씨를 새겼는데, 그 이마의 '대청(大淸)'이란 두 글자를 조금 크게 썼다.

목극등이 백두산에서 동남쪽으로 내려와 동서쪽으로 흐르는 물길을 보고 분수령이라고 정하였다. 우선 이것은 백두산 정상을 분수령으로 삼지 않고 산을 내려와 분수령을 삼았다는 점이 상식을 벗어난다. 백두산은 가운데 큰 호수가 있기 때문에 한곳에서 두 강이 발원하는 분수령이 있을 수 없고, 비가 떨어지면 모든 봉우리가 한쪽은 산 밖, 한쪽은 호수로 나뉘는 분수령이 되는 것이다. 당시 청나라의 위세가 하늘을 찌르는 시대였기 때문에 조선 측에서는 한 마디도 못했지만, 역사적인 측면에서 보면 분명히 이것은 강대국의 오만이란 것을 후세라도 인식해야 한다. 대각봉 근처에서 2일 밤을 더 숙박한다.

▶ 5월 14일 ~ 15일

이틀 동안 비를 세울 자리를 확정하고 비문을 새기는 한편, 마지막 부분에 조선

측 접반사와 관찰사 이름을 새길 것인가 여부를 묻는 통지를 보내고, 15일 현장에 참석하지 않은 인사는 빼달라는 요청을 받고 비문을 확정하여 다음과 같은 비문을 완성하여 세운다.

대청(大淸)

오라총관(烏剌總管) 목극등(穆克登)이 황지(皇旨)를 받들고 변경을 조사하기 위해 이곳에 이르러 살펴보니, 서쪽으로는 압록(강)이요, 동쪽은 토문(강)이다. 그래서 물이 나뉘는 산마루(分水嶺) 위에 돌을 새겨 기록하노라.

강희(康熙) 51년 5월 15일. 필첩식(筆帖式) 소이창(蘇爾昌), 통역관 이가(二哥).

조선 군관 이의복·조태상(李義復 趙台相), 차사관(差使官) 허량·박도상(許樑 朴道常), 통관(通官) 김응헌·김경문(金應瀗 金慶門)

정계비란 반드시 두 나라의 대표자 이름이 들어가야 한다. 그런데 이 정계비에는 '대청(大淸)'만 있고, '조선'은 빠져 있는 일방적인 푯말이다. 청나라 국경을 정할 때는 두 나라의 대표가 국경 근방을 함께 조사하고 협의를 거쳐 국경선을 결정해야 하는데, 목극등은 조선의 영토에 들어와서 상대국 대표는 참가하지 못하게 하고, 조선쪽의 길 안내만 받아 단독으로 세우는 만행을 저지른 것이다. 목극등은 백두산에 유람와서 유람 기념비를 세운 게 아니라 오는 목적이 분명히 정계라고 했고, 조선 정부에서도 그렇게 알고 있었다. 목극등이 조선 측에 백두산 국경을 조사한다고 연락이 왔을 때, 도제조(都提調) 이이명(李頤命)이 말했다.

사관(査官)의 행차는 정계(定界) 때문이라 말하고 있습니다. 백두산은 갑산에서 거리가 6~7일정(程)이며 인적이 통하지 않기 때문에 우리나라의 진(鎭)·보(堡)의 파수(把守)가 모두 산 남쪽 5~6일정(程)에 있습니다. 『대명일통지(大明一統志)』에는 백두산을 여진(女眞)에 속한다고 하였는데, 그가 혹시 우리나라에서 파수하는 곳을 경계로 한다면 일이 매우 난처합니다. 우리나라에서 이미 토문강과 압록강

두 강을 경계로 한다면 물의 남쪽은 모두 마땅히 우리 땅이 되어야 하니, 마땅히 접반사(接伴使)로 하여금 이로써 변명(辨明)하여 다투게 하여야 합니다.[130]

이에 왕이 허락한 기록이 나온다. 이미 조선에서도 목극등의 조사는 정계를 하기 위해서라는 인식을 가졌고, 그에 따른 접반사를 보냈는데, 목극등은 이런 모든 결정을 자기 멋대로 처리해버렸다. 국경이란 반드시 상대국이 있을 때만 성립할 수 있는 성질인데, 국제적 신의를 생각조차 하지 않는 행태였던 것이다.

2) 명나라 『요동지(遼東志)』 – 토문은 송화강이다.

목극등이 이처럼 모든 것을 자기 마음대로 세운 비석이지만 그 뒤 이 비석은 이미 국경비로서 커다란 논란을 일으킨다. 비문에서 "동쪽은 토문(東爲土門)이다"고 했는데, 이 토문강이 구체적으로 어떤 강인가 하는 문제 때문에 결국 국경분쟁을 낳게 된 것이다. 특히 19세기 말 조선과 청나라 사이에 간도 문제 때문에 영토 분쟁이 생겼을 때, 토문강과 두만강은 같은 강이라는 청나라의 주장과 토문강과 두만강은 전혀 다른 강이라는 조선의 주장이 대립되었기 때문에, 토문강이 어떤 강이며, 역사적으로 어떻게 이해되어야 하는 국경 설정에 있어서 핵심적인 주제였다.

이 당시 청국이나 조선 정부 모두 두 나라의 국경은 백두산을 중심으로 서쪽은 압록강 동쪽은 토문강이라는 데 이견이 없었다. 문제는 앞에서도 보았지만 목극등과 청나라 정부가 현지 사정에 어두워 조선 사람들이 안내가 없으면 현장을 찾아가지도 못하는 정도의 정보였다. 말은 청나라 성산이라 제사를 지낸다고 하지만, 현장 접근이 어려워 현재의 길림에서 망제(望祭)를 지낼 정도였기 때문에 그럴 수밖에 없었다.

그러나 문헌을 보면 그 결과는 아주 간단히 나온다. 아직 백두산 지역에 대해 전혀 정보가 없는 청나라로서는 자연히 명나라 때의 자료가 가장 핵심적인 기본 자료가 된다. 그 가운데서도 요동에 관한 기록으로 가장 권위 있는 것이 『요동지(遼東

---

130) 『숙종실록』 숙종 38년(1712, 청 강희 51년) 3월 8일

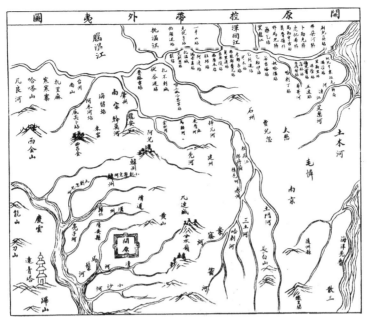

〈그림 4〉『요동지(遼東誌)』「개원공대외이산천도(開原控帶外夷山川圖)」에 기록된 토문강(土門舡)

志)』[131]다. 그런데 이 『요동지』를 보면 토문강＝송화강＝흑룡강이라는 것이 아주 분명하다. 1443～1488년에 간행된 이 요동지에는 요동의 각 위(衛)를 중심으로 한 산천도(山川圖)가 실려 있는데, 개원위(開原衛) 다음에 「개원공대외이산천도(開原控帶外夷山川圖)」라는 지도가 있다. 이 지도는 명나라에서 개원위 밖 오랑캐(外夷)들이 사는 지역을 그린 곳으로, 장백산 동쪽에서 북으로 흐르는 강을 정확하게 토문하(土門河)라 표시하고 있다. 이 토문하는 장백산 서쪽에서 북으로 흐르는 합랄하(哈剌河)와 합쳐지는 삼토하(三土河)와 만나 송화강(松花江)을 이루고 있으며, 송화강은 다시 흑룡강으로 이어진다.

『요동지』지리지에는 장백산에서 발원하는 강 3개에 대해 자세히 적혀 있다.[132]

---

131) 『遼東志』권1 지리지(『遼海叢書』, 遼瀋書社, 1984), 1443～1488년 편찬한 명나라 요동지구에 관한 책. 건치연혁(建置沿革), 강역(疆域), 성지(城池), 산천 형세 같은 다양한 정보를 담은 총서.
132) 『遼東志』권1 지리지 16쪽(『遼海叢書』, 遼瀋書社, 1984, 360쪽).

합랄하(哈剌河) : (개원)성 동쪽 400리에 있다. 원류는 장백산에서 나와 북쪽 송
산(松山) 동쪽에서 회배강으로 흘러 들어간다.

삼토하(三土河) : (개원)성 동쪽 450리에 있다. 원류는 장백산 나와 바깥쪽 동산
(東山)에서 송화강으로 흘러 들어간다.

토문하(土門河) : (개원)성 동북쪽 550리에 있다. 원류는 장백산에서 나와 북쪽
송산(松山) 동쪽에서 회배강으로 흘러 들어간다(城東北五百五
十里 源出長白山 北松山東 流入灰扒江).

이와 같은 내용은 『요동지』의 세 번째 수정판이라고 할 수 있는 1564년 간행된
『전요지(全遼志)』[133]에도 거의 같은 지도와 내용이 실려 있다.

1816년 청나라가 세워지기 불과 50여 년 전에 발행된 『전요지』에 토문강은 송화
강을 거쳐 흑룡강으로 흘러 들어간다는 것을 정확히 표기하였다. 청나라가 세워진
뒤 이곳은 봉금 지역이 되었기 때문에, 사람이 살지 않았던 이곳 강 이름이 갑자기
바뀔 수 없다는 점에서 『전요지』의 기록은 움직일 수 없는 기록이 되는 것이다.

3) 목극등의 행로 검토를 통해서 본 토문강

이제 1712년 목극등이 정계비를 세울 당시로 돌아가 이 문제를 다시 점검해 보기로
한다. 김지남의 『북정록』을 보면 먼저 내려온 시위(侍衛)가 "총관 대인이 15일에 비
석을 세우는 일을 마치고 16일에 이미 길을 떠났으니……" 라고 했고, 접반사들이
기다리고 있던 어윤강 역참에 다다른 것은 21일 저녁이다. 그러니 모든 작업을 5박
6일 동안 진행했다고 볼 수 있다. 여기서 5박 6일 동안의 일정을 다시 간단히 재구
성해 보면 다음과 같다.

---

133) 1565년 펴낸 『요동지』 3차 증보판. 모두 6권 19편인데, 도고지(圖考志), 연혁지(沿革志), 산천지(山川
志) 같은 내용이다.

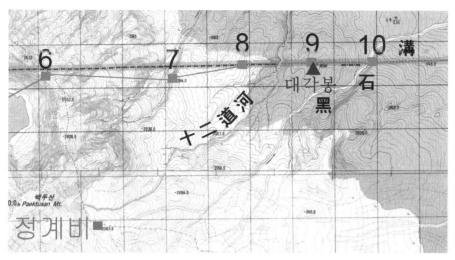

〈그림 5〉 백두산 정계비, 대각봉, 12도하, 흑석구 위치도

▶ 5월 16일 : 정계비 지역 출발 토문강 따라 올라감. ♨ 토문강 원류지 9박

▶ 5월 17일 : 토문강 원류지에서 조사 ♨ 토문강 원류지 10박

▶ 5월 18일 : 토문강 원류지에서 조사 ♨ 토문강 원류지 11박

▶ 5월 19일 : 두만강 따라 물줄기 확인 작업하며 하산. ♨ 두만강 원류 주변 12박

▶ 5월 20일 : 두만강 따라 물줄기 확인 작업하며 하산. ♨ 두만강 건너편 13박

▶ 5월 21일 : 남증산 → 노은동산 → 어윤강변 역참 도착. ♨ 어윤강변 역참 14박

이 당시 목극등 일행은 대각봉 주변에서는 5일 동안이나 숙박을 했기 때문에 대각봉의 위치를 잘못 표시하지 않았을 것이다. 대각봉은 현재 9호 국경 푯말이 서 있는 곳으로, 백두산 최고봉에서 동쪽으로 7km 떨어져 있는 해발 2164m의 산이다. 대각봉은 화산분출로 생긴 다공질 현무암으로 되어 있으며, 그 위에 부석이 두텁게 덮여 있다. 상대적 높이가 70m밖에 안 되어 구릉처럼 보인다. 1930년대 김일성이 창설한 대각봉밀영이 있다는 곳이다.[134] 따라서 이 산은 바람을 막아주고, 산꼭대기

---

134) 『조선향토대백과』 -량강도-, 63쪽

에 올라가면 사방을 둘러볼 수 있는 좋은 위치였던 것이다.

〈그림 2〉의 목극등 지도를 보면 토문강 물줄기는 정계비 동쪽으로 흘러 대각봉(大角峰) 뒤로 흐르나 물줄기가 끊어지는데, 목극등은 이곳에서 물줄기가 땅 속으로 들어가(入地) 암류(暗流)가 되는 곳이라는 표시를 하였다. 그렇다면 목극등이 확인하기 시작한 이 강 줄기는 지금의 어떤 강이었을까? 1980년대 러시아가 만든 1/50,000 정밀지도를 가지고 정확한 지점을 확인해 보기로 한다. 우선 목극등 일행이 동쪽으로 갔다고 한 곳은 사실은 동북쪽이라는 사실을 알 수 있다. 목극등의 지도에서 보면, 대각봉은 정계비 동남쪽에 있는 데 반해 최신 지도에는 정계비가 오히려 서남쪽에 있다. 이것은 당시 목극등 일행의 방향 설정에 어떤 착오가 있었던 것이다. 따라서 대각봉 뒤로 흐르는 강은 현재의 5도백하(五道白河)를 흘러 들어가는 흑석구(黑石溝)가 아니라 3도백하(三道白河)로 흘러 들어가는 12도하(十二道河)[135]가 확실하다. 1964년 국경조약 당시 의정서에는 12도하를 내두하(奶頭河)로 표시하였다. 현재 중국 일반인들이 보는 『길림성 실용 지도집』에 12도하로 되어 있어 새로 작성한 지도에는 그 이름을 썼다.

그런데 1712년 지도와 비교해 보면 토문강은 흑석구가 아니라 내두하일 가능성이 더 크다. 내두하나 흑석구는 모두 동북쪽으로 흐르는데, 1712년의 지도는 토문강이 동쪽으로 흘러간다고 생각했기 때문에 대각봉에서는 동쪽으로 흐르고 있다. 여기서 자세히 볼 것은 강이 대각봉 뒤로 흐르고 목극등 일행이 답사하러 지나간 곳도 대각봉 뒤라는 것이다. 이것은 정계비에서 내려온 물줄기가 대각봉 서쪽을 지나야지 동쪽을 지날 수는 없다는 것을 말해 주는 것이다. 내두하 동쪽 지류와 흑구하를 거슬러올라가 보면 모두 물이 흐르지 않는 계곡이 되고 그 출발점은 모두 정계비에서 얼마 떨어지지 않는 곳이다.

김지남의 『북정록』에서 "총관이 비를 세워 경계를 정하고자 하여, 동쪽으로 흐르는 물을 그 쪽 대총관과 우리나라 군관 조태상 및 역관 김응헌으로 하여금 길 안내

---

135) 러시아에서 만든 1/100,000 지도에는 내두하(內頭河)라고 했다.

인들을 데리고 60여 리를 가 보게 하니, 확실히 물길이 있어 의심스러울 것이 없는 것 같습니다"고 한 지점은 두만강이 아니라 송화강 원류라는 것이 확실하다. 이렇게 여러 사람들을 시켜 확인한 뒤 15일까지 비석을 세우고, 16일 물이 솟아오른 곳을 자신이 직접 확인하러 나선다.

지도에도 보면 바로 내두하를 따라 올라가다 물길이 솟는 곳에서 숙박했다는 ▲ 표지가 있다. 여기서 2~3일 간 온 힘을 들여 찾았다는 것이 여실히 드러난다. 목극등이 모든 일을 마치고 돌아왔을 때 차원과 군관이 접반사에게 보고한 내용에서도 "분수령 위에 이미 비를 세웠고, 동쪽으로 물이 흐르다가 끊어진 곳에서부터 100여 리를 총관이 직접 가서 물이 솟아나는 곳을 찾아 나섰으며, 우리나라 사람과 통역관 하인들을 시켜 수일 동안 두루 찾도록 하였다. 가장 아래서 작은 물줄기를 찾았는데, 총관은 이를 두만강의 근원으로 삼았다고 한다"고 했는데, 목극등이 100리 넘게 직접 찾았다고 한 것을 보면 알 수 있다. 다만 여기서도 목극등이 동쪽으로 갔다고 했으나 북쪽으로 간 것을 보면, 조선 측 사람들의 방향 인식에는 분명히 문제가 있었다는 것을 알 수 있다. 만의 하나 내두하를 따라 올라가다가 조금 오른쪽으로 비껴들어 흑구하를 따라갔다 하더라도 두 강이 모두 송화강으로 흘러 들어가는 것은 마찬가지이며, 결코 두만강은 아니다.

좀 더 구체적인 증명을 하기 위해 다음 3가지 사항을 제시하고자 한다.

첫째, 내두하나 흑석구는 물론 수많은 5도백하의 상류 물줄기들은 두만강으로 흘러 들어갈 수 없다. 그 사이로 장백산맥이 지나가기 때문이다. 여기서 확실한 것은 목극등이 소위 분수령이라 하는 것은 압록강과 송화강의 분수령이지 압록강과 두만강의 분수령이 아니라는 것이다. 러시아가 만든 최신 지도에는 국경 푯말 16호와 17호 사이에 비록 완만하지만 장백산맥이 지나가고 이 산맥 서북쪽으로 흐르는 물은 송화강으로 들어가고, 동남쪽으로 내려가는 물은 두만강으로 흘러 들어간다.

둘째, 목극등이 내두하에서 물이 솟아나는 곳(水出)에서 동남쪽으로 내려오는 루트를 자세히 검증해 보면 두만강 상류 수원지를 보지 않고 바로 감토봉(甘土峯) 오른쪽으로 내려왔다는 것이다. 감토봉은 현재 국경 푯말 21호 서쪽에 우뚝 솟은 적

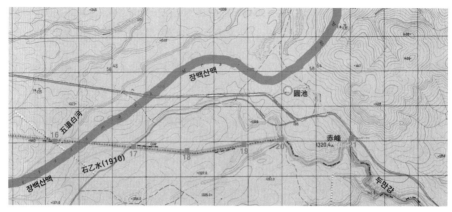

〈그림 6〉 장백산과 두 강(오도백하와 두만강)의 분수령

봉(赤峯)[136]을 말한다. 다시 말하면 목극등이 만일 두만강 원류를 찾아 토문강 원류로 했다면 장백산맥 남쪽, 감토봉 서남쪽에 있는 석을수(石乙水)[137] 원류로 찾아가 표시를 했어야 했는데, 그쪽으로는 가지 않고 바로 감토봉 오른쪽으로 내려와 숙박을 했다는 것을 알 수 있다. 그리고 감토봉 오른쪽 두만강에서 숙박을 한 것을 보면 그곳에 도착한 시간이 저녁이라는 사실을 알 수 있다. 그러고는 다음날 두만강을 건너 따라 내려가다가 하룻밤을 묵고 다시 두만강을 건너와 대홍단수를 건넌다.

5월 13일 이선부가 올린 계를 보면 "다시 혜산 첨사(惠山僉使)로 하여금 두만강(豆滿江)의 근원을 자세히 살피게 하였더니, 강의 근원은 백두산 산마루 중간에서 시작되어 거의 8~90리(里) 흐름이 끊어졌다가 감토봉(甘土峰) 및 1식(息) 남짓 되는 곳에 이르러 비로소 땅 구멍 속에서 솟아나와 무릇 세 갈래로써 두만강이 된다고 합니다"고 한 것을 보면, 한국 측에서는 토문강과 두만강이 다르다는 확실한 인식을 가지고 있었다. 목극등의 지도를 보면 물이 들어간 입지암류(入地暗流) 부분은 미리 그 위로 보고 분명한 지점을 지나 아래로 내려왔다 올라갔지만, 감토봉 근처

---

136) 18세기 그려진 어떤 지도에서는 적암(赤巖)이라고 쓰인 곳도 있다.

137) 다음에 다시 보겠지만 지금의 석을천(石乙川)이 아니다. 많은 학자들이 현재 북한 지도에 나오는 석을천으로 오해하고 있는데, 18세기와 19세기 지도에는 모두 이 적봉 옆으로 흐르는 강이 석을수이다. 석을천(石乙水)는 돝水(돌강)이란 우리식 이름을 한자로 표현한 것일 것이다.

석을수 원류는 강이 흐른 중간을 그냥 지나쳤다는 사실을 알 수 있다. 지도에 써진 '물이 나는 곳(水出)'이라고 쓴 곳이 현재 중국이 청나라 주종의 전설이 어린 곳이라고 대대적으로 단장하고 있는 원지(圓池)[138]를 말하고, 이것을 토문강의 물이 솟아나온 곳이라고 주장했다고 볼 수도 있지만 그것은 말이 되지 않는다. 왜냐하면 목극등이 토문강 원류에 가서 원류를 발견하고 두만강 쪽으로 내려오면서 〈그림 6〉에서 보는 바와 같이 5도백하 본 강줄기와 여러 개의 작은 강줄기를 만나는데, 이런 물줄기는 근원이 아니고 강줄기를 여러 개 지나고 난 호수를 근원지라고 할 수 없기 때문이다. 그런 면에서 수출(水出)이라 쓴 곳은 두만강 서쪽이 아니라 글씨의 서북쪽을 말하거나 나중에 기입한 것이라고 의심해 볼 수 있다.

셋째, 당시 현지인들은 분명히 토문강과 두만강은 다른 강이라는 것을 인식하고 있었다는 것이다. 서명응(徐命膺)의 『유백두산기(遊白頭山記)』[139]를 보면, 서명응과 함께 백두산을 오른 조엄이 무산 토박이에게 들은 바를 다음과 같이 말했다.

> 내가 일찍이 어사로 무산에 이르렀는데, 선비 유명삼이라는 자가 당시 향임(鄕任)의 아들로서 나이가 18세였다. 그 아비를 따라 경계를 정하는 곳에 갔는데, 서로 힐난하는 말은 원상태가 전하는 것과 같으나 자세한 것은 차이가 있다. 또 강막종도 무산 사람으로 나이가 80이 넘었는데, 어려서부터 두루 북방의 산수를 돌아다녀서 익히 물의 원류를 알고 있다. 그의 말에 따르면, 토문강은 백두산 동남쪽 30리 밖 천평(天坪) 두평처(頭平處)에서 나와 북쪽 흑룡강으로 흘러 들어가는데 그것을 토문이라고 하고, 장항해탄(獐項海灘)을 지나 유원(柔遠)에 이르러 두만강과 합한다는 것은 잘못이다 ……[140]

---

138) 이 원지를 청나라의 전설이 어린 곳이라고 단정하기 시작한 것은 역사가 오래되지 않았다. 정말 그런 곳이라면 목극등이 그냥 지나쳤을 리가 없다.

139) 1766년(영조 42년), 정계비가 세워진 뒤 54년 지나 서명응(1716~1787)이 조엄(趙曮)과 함께 백두산에 오른 뒤 쓴 등정기.

140) 서명응, 「유백두산기」, 『조선시대 선비들의 백두산 답사기』, 혜안, 290~291쪽.

조엄이 들은 내용을 보면, 비석을 세울 때 서로 따지고 들었던 것은 사실이라는 것, 그러나 토문강은 두만강 원류가 아니고 흑룡강의 원류라고 들었다는 것이다. 여기서 보면 압록강 상류에서 사는 김애순과 송태선은 압록강 원류를 정확히 알고 있었으나 두만강 원류에 대해서는 분명하게 알지 못한 데 반해, 두만강 상류 무산에 사는 원주민들은 토문이 두만강 상류가 아니고 흑룡강 상류라는 것을 정확히 알고 있었던 것이다.

4) 한·청 간 국경회담과 토문강

1712년 정계비를 세우고 접반사와 만난 목극등은 5월 23일 국경 지역에 경계표를 세우자고 제안한다. 목극등은 목책을 세우자고 했고, 박권은 형편에 따라 목책 또는 흙이나 돌을 쌓자고 제안했다.

1712년 12월 경계비 현장에서 국경 푯말을 세우면서 또다시 문제가 발생한다. 푯말 세우는 것을 직접 가서 살펴본 홍치중(洪致中)이 그 문제점을 지적한다. 내용이 좀 길지만 전체 내용을 잘 파악한 사실이어서 모두 인용해 보기로 한다.

> 신(臣)이 북관(北關)에 있을 때 백두산의 푯말 세우는 곳을 살펴보았습니다. 대저 백두산 의 동쪽 진장산(眞長山) 안에서 나와 합쳐져 두만강이 되는 물이 무릇 네 갈래인데, 그 가운데 가장 남쪽의 네 번째 갈래는 곧 북병사(北兵使) 장한상(張漢相)이 가장 먼저 가서 살펴보려 하였다가 얼음과 눈에 막혀 나아가지 못한 곳입니다. 그 북쪽의 세 번째 갈래는 곧 북우후(北虞候), 김사정(金嗣鼎) 등이 나중에 추가 조사한 곳이고, 그 북쪽의 두 번째 갈래는 곧 나난(羅暖)의 만호 박도상(朴道常)이 청나라 차관(淸差)이 나왔을 때 도로(道路)를 맡은 차원으로 따라갔다가 찾아낸 것입니다.
>
> 가장 북쪽의 첫 번째 갈래는 수원(水源)이 조금 짧고 두 번째 갈래와 거리가 가장 가깝기 때문에 하류에서 두 번째 갈래로 흘러들어 두만강 최초의 원류(源流)가 된 것이고, 청나라 차사가 가리키며 '강의 원류가 땅 속으로 들어가 속으로 흐르다

가 도로 솟아나는 물'이라고 한 것은 첫 번째 갈래의 북쪽 10여 리 밖 사봉(沙峰) 밑에 있는 것입니다. 당초 청나라 차사가 백두산에서 내려와 수원(水源)을 두루 찾을 때 이 지역에 당도하자 말을 멈추고 말하기를, '이것이 곧 토문강(土門江)의 근원'이라고 하고, 다시 그 하류를 찾아보지 않고 육지로 해서 길을 갔습니다. 두 번째 갈래에 당도하자, 첫 번째 갈래가 흘러와 합쳐지는 것을 보고 '그 물이 과연 여기서 합쳐지니, 그것이 토문강의 근원임이 명백하고 확실하여 의심할 것이 없다. 이것으로 경계를 정한다'고 하였습니다. 이상이 여러 수원의 갈래로 경계를 정하게 된 곡절의 대략입니다.

신이 여러 차사원들을 데리고 청차가 이른바 강의 수원이 도로 들어가는 곳이란 곳에 도착하자, 감역(監役)과 차원(差員) 모두가 하는 말이 "이 물이 비록 총관(摠管)이 정한 바 강의 수원이지만, 그때는 일이 급박하여 미처 그 하류를 두루 찾아보지 못했습니다. 이번에 푯말을 세우게 되었으니 한 번 가 보지 않을 수 없습니다"라고 하였습니다. 그래서 신이 허(許)와 박(朴)[141] 두 차원을 시켜 함께 가서 살펴보게 했더니, 돌아와서 고하기를, "흐름을 따라 거의 30리를 가니 이 물의 하류는 또 북쪽에서 내려오는 딴 물과 합쳐 점점 동북을 향해 갔고, 두만강에는 속하지 않았습니다. 기필코 끝까지 찾아보려고 한다면 사세로 보아 장차 오랑캐들 지역으로 깊이 들어가야 하며, 만약 혹시라도 저쪽 사람들을 만난다면 일이 불편하게 되겠기에 앞질러 돌아오지 않을 수 없었습니다"라고 하였습니다.[142]

대개 청차(淸差)는 단지 물이 나오는 곳 및 첫 번째 갈래와 두 번째 갈래가 합쳐져 흐르는 곳만 보았을 뿐이고, 일찍이 물을 따라 내려가 끝까지 흘러가는 곳을 찾아보지 않았기 때문에, 그가 본 물은 딴 곳을 향해 흘러가고 중간에 따로 이른바 첫 번째 갈래가 있어 두 번째 갈래로 흘러와 합해지는 것을 알지 못하여, 그가 본 것이 두만강으로 흘러 들어가는 것으로 잘못 알았던 것이니, 이는 진실로 경솔한

---

141) 거산 찰방(居山察訪) 허양(許樑) 과 나난 만호(羅暖萬戶) 박도상(朴道常)을 말한다.
142) 『숙종실록』 52권, 38년(1712, 청 강희(康熙) 51년) 12월 7일(병진) 3번째 기사

소치에서 나온 것입니다. 이미 강의 수원이 과연 잘못된 것을 알면서도 청차가 정한 것임을 핑계로 이 물에다 바로 푯말을 세운다면, 하류는 이미 저들의 땅으로 들어가 향해간 곳을 알지 못하는데다가 국경의 한계는 다시 의거할 데가 없을 것이니, 뒷날 난처한 염려가 없지 않을 것입니다.

공사 현장에서 들어본 목극등의 행로와 실제 확인에서 목극등이 지적한 강줄기는 모두 두만강이 아니고 송화강으로 흘러 들어가는 강줄기라는 것을 알고 난처해진 것이다. 그래서 먼저 물의 흐름이 끊어진 곳까지만 공사를 하고 나머지는 나중에 하도록 명령하였다. 그런데 허양 등 공사 현장에서 이를 어기고 물이 솟는 지점까지 공사를 마쳐버린다. 그래서 문책을 하기 위해 허양과 박도상을 잡아다 사정을 물었을 때 이렇게 대답한다.

허양과 박도상은 나름대로 현장에서 자세한 내막을 파악하며 많이 고민한 흔적이 뚜렷하다. 그런데 『숙종실록』에 나오는 이 기록은 김지남의 『북정록』이나 홍세태의 『백두산기』에 빠져 있는 내용이 상당히 자세히 담겨 있어 여기 다 실어본다.

백두산 도형(圖形)을 가지고 말한다면 목극동 차사가 지적한 소류가 첫 번째 갈래가 되고, 도로 차사원(道路差使員) 박도상과 갑산 사람들이 지적한 수원이 솟아나는 곳, 즉 지금 푯말을 세운 곳이 두 번째 갈래가 되며, 송태선(宋太先)이 지적한 물이 솟아나는 곳이 세 번째 갈래가 됩니다. 당초 목차가 백두산에서 내려왔을 때, 박도상과 갑산의 길을 인도하는 사람 등을 먼저 두만강의 물이 솟아나는 곳으로 보내어 기다리도록 했는데, 목차 또한 뒤쫓아 와서 물이 솟아나는 곳에서 채 10여 리쯤 못미쳐 하나의 작은 지류를 발견하자 말을 멈추고 지적하기를, "이 산의 형세를 보건대 이 물은 응당 두만강으로 흘러 들어가겠다"고 범범하게 말했고, 곧장 두 번째 갈래 수원의 머리 밑 4~5리쯤 되는 곳에 이르러서는 목차가 이에 "이 물은 원래의 갈래가 분명하니, 내가 그 발원하는 곳까지 가 볼 필요가 없다"고 하였습니다. 그래서 군관 조태상(趙台相) 한 사람만 혼자 가서 발원한 곳을 살펴보았고, 목차 일행들은 흐름에 따라 내려가다가 4~5리를 지나지 않아 또 작은 지류가 북쪽에서부터 흘러내려 오는 것을 발견하자, "앞서 발견한 첫 번째 갈래의 물이 흘러와 이리로 들어간다"고 하였습니다. 또 20리를 더 가 지숙(止宿)하는 곳으로 내려왔을 때 목차가 우리나라의 여러 사람들을 초치(招致)하여 산도(山圖)를 내보이며, "첫 번째 갈래의 물에다 목책을 세우면 당신네 나라에서 말하고 있는 물이 솟아나는 곳에 견주어 10여 리나 더 멀어지게 되니, 당신네 나라에서 땅을 많이 얻게 되어 다행이다"라고 하므로, 따라간 일행의 여러 사람들이 모두 기뻐하며 의심없이 믿고, 중간의 8~9리는 다시 간심(看審)하지 아니한 채 그대로 흐름을 따라 내려와, 노은동산(蘆隱東山)을 지나 어윤강(漁潤江)에 있는 사신(使臣)이 머무는 곳으로 와서 모였습니다.

8월 초순에 순찰사(巡察使)가 비국(備局)의 관문(關文)에 따라 다시 백두산에 푯말을 세우는 차원(差員)으로 차출했기 때문에 경성(鏡城)으로 달려가서 북평사(北評事)와 함께 역군들을 데리고 역사할 곳으로 가는데, 데리고 간 장교(將校) 손우제(孫佑齊)와 박도상(朴道常) 및 무산(茂山) 사람 한치익(韓致益) 등과 함께 가서 30여 리를 가며 찾아보니, 수세(水勢)가 점점 커지며 북쪽을 향해 흘러갔고 두만강으로 들어가지 않았습니다. 30리를 오가는 동안 피인(彼人)들이 다닌 자취가 있었기 때문에, 손우제는 혹 피인들과 서로 만나게 될까 염려하여 나아가지 않으려고 하며 번번이 뒤쳐졌고, 한치익은 또한 "저는 변방 국경에서 생장한 사람이기에 피차(彼此)의 지형을 잘 알고 있는데, 이 물은 분명히 북쪽으로 흘러가고 두만강으로는 들어가지 아니 합니다. 만일 혹시라도 두만강으로 들어가는 것으로 한다면 뒷날에 제가 마땅히 터무니없이 속인 죄를 입게 될 것입니다"라고 했습니다. 또 목차가 말한 소류(小流)가 흘러와 합쳐지는 곳이란 데를 다시 간심(看審)해 보았더니, 곧 산골짝 사이의 몇 리쯤에서 곁으로 나온 것이었습니다. 그러므로 이것을 가지고 돌아가 평사(評事)에게 보고했더니, "물이 솟아나는 곳에 이르러서는 우선 역사를 정지하되 품하여 결정하기를 기다린 뒤 처리하는 것이 합당하다"고 했습니다.

당초 저들과 우리나라 사람들의 흐름을 따라 내려올 때 바로 지금 푯말을 세우는 곳에서부터 아래의 대홍단(大紅丹)까지는 각각 이틀 반의 길이었는데, 목차가 지적한 첫 번째 갈래라는 곳과 바로 지금 푯말을 세우는 곳 중간에서부터 미미한 언덕이 시작되어 그대로 진장산(眞長山)이 되었고, 구불구불 내려가 무산(茂山)에까지 이르렀는데, 그 사이에는 원래 다른 물이 내려와 합쳐지는 것이 없었습니다. 또 목차가 지적한 첫 번째 갈래에서 바로 지금 푯말을 세우는 곳까지는 거리가 대략 10리 가량이었고, 평사(評事)가 말한 첫 번째 갈래는 곧 목차가 지적한 소류(小流)가 내려와 합쳐지는 곳인데, 지금 푯말을 세우는 곳과 거리가 몇 미터에 지나지 않았습니다. 목차가 지적한 물이 이미 잘못 본 것이라면, 박도상(朴道常)과 갑산 사람들이 지적한 두 번째 갈래는 원류(源流)임이 분명해 조금도 의심스러운 잘못이 없는 것이니, 이곳에다 푯말을 세우는 것 말고는 다시 다른 도리가 없었습니다.[143)]

아주 복잡한 내용인데 요약하면, 목극등이 지적한 것은 첫 번째 갈래인데, 아무리 해도 두만강과 연결이 되지 않고 북쪽 송화강으로 흘러 들어가는 물줄기라, 그곳에 푯말을 세우면 외교 문제가 생길 것 같아 부득이 별로 멀리 떨어지지 않았기 때문에 두 번째 물줄기에다 푯말을 세우기로 했다는 것이다. 그래서 "(목극등이 정계)비를 세운 곳에서 아래로 25리까지 목책을 세우거나 돌을 쌓았고, 그 아래의 물이 나오는 곳 5리와 마른 내(乾川) 20여 리는 산이 높고 골짝이 깊으며 내[川]의 흔적이 분명하기 때문에 푯말을 세우지 않았습니다. 또 그 밑으로 물이 솟아나오는 곳까지의 40여 리는 모두 목책을 세우되, 그 중간의 5~6리는 이미 나무나 돌도 없고 또한 토질이 강하기에 단지 흙으로 돈대만 쌓았습니다"[144)]고 진술하였다.

여기서 중요한 것은 첫 번째 물줄기나 두 번째 물줄기나 모두 내두라는 것이다. 결국 목극등이 지적한 토문강은 분명히 송화강 상류, 더올라가 삼도백하의 상류

143) 『숙종실록』 52권, 38년(1712, 청 강희(康熙) 51년) 12월 7일(병진) 3번째 기사
144) 『숙종실록』 52권, 38년(1712, 청 강희(康熙) 51년) 12월 7일(병진) 3번째 기사

가 명백하고 현재의 두만강 상류는 아니었다는 것이다.

이렇게 끝난 경계 푯말 설치 작업은 모두 청나라 목극등에게 보고되었고, 목극등 측에서 문제를 삼지 않았으며, 조선 측에서도 크게 문제가 없다고 생각하여 이런 상태에서 일이 종료되었다.

6) 1885년(乙酉勘界)과 1887년(丁亥勘界)의 국경회담과 정계비

1712년 백두산 정계비가 세워지고 푯말이 세워진 뒤 이 문제는 오랫동안 잊힌 듯했다. 그러나 그 뒤 조선과 청나라 백성들이 봉금 지역이었던 만주 지역에 들어가 개간을 하고 터전을 마련하면서 조선과 청나라 사이에 영토분쟁이 발생한다.

1883년 돈화현에서 토문강 이북과 이서 지역으로 넘어와 땅을 일군 조선 사람들을 조선으로 쫓아낸다는 고시문을 종성과 회령에 보내고, 다음해 이 문제가 조정에서 논의되기 시작한다.[145] 이때 조선 사람들은 비로소 청나라가 두만강을 토문강으로 잘못 알고 있다는 사실을 알게 되었다.

이어서 1884년 5월에는 중국 길림과 조선 간의 무역규정을 체결하는데, 이때 체결한 「길림과 조선상민 수시무역 장정(吉林朝鮮商民隨時貿易章程)」 제1조가 '두 나라의 변경은 토문강(土門江)을 경계로 한다'[146]는 내용이었다. 1885년에 들어서면서 청나라 측에서 "토문강(土門江)의 경계가 명확치 않으므로 사사로이 경작하는 것을 허락하지 않고 관병(官兵)을 파견하여 주둔시키고 단속하겠다"고 압박을 가해온다.[147]

이런 상황에서 조선 측에서는 사람을 보내 토문강을 조사해 보고, 목극등이 세운 비에서 흐르는 토문강이 두만강이 아니라 송화강으로 흐른다는 확신을 가지고 양국이 공동으로 국경조사를 실시할 것을 정식으로 제안한다.

---

145) 『고종실록』 21권, 21년(1884, 청 광서 10년) 5월 14일
146) 『고종실록』 21권, 21년(1884, 청 광서 10년) 5월 26일. 「길림과 조선상민 수시무역 장정(吉林朝鮮商民隨時貿易章程)」
147) 『고종실록』 22권, 22년(1885, 청 광서 11년) 4월 20일

1885년 을유담판은 9월 말부터 회령부에서 시작되었는데, 청나라 측은 도문강 (두만강)이 양국의 국경이기 때문에 어떤 지류를 원류로 하느냐에 중점을 두고 있었고, 조선 측에서는 백두산 정계비를 근거로 하여 토문강을 국경으로 주장하여 끝내는 백두산에 올라가서 정계비를 조사했는데, 정계비에서 발원하는 것은 모두 송화강으로 들어가는 물줄기임을 실제 보았다. 그러나 청나라 위원들은 이런 증거들이 나중에 조선에서 가짜로 만든 것이라든가, 조선인들이 정계비를 옮겨놓은 것이라며 강대국의 권위로 누르려고 하였다. 청나라는 한 발 더 나아가 조선의 길주에서 발원하는 서두수(西頭水)를 두만강의 본류라는 엉뚱한 주장을 하고 나왔다. 이러한 강대국의 협박에 조선 측 대표는 각종 증거로 반박하자 청나라 측은 결국 슬그머니 '이번은 변경을 조사하기 위해서이지 해결하는 것이 아니다' 라는 억지를 붙여 경계를 결정하지 않는다.[148]

1885년 국경회담이 끝난 뒤 대표들은 각각 자기 나라에 그 결과를 보고했다. 당시 청나라는 조선의 내정은 물론 외교까지 간섭하며 종주권을 강화하던 시기였던 터라 청나라는 자기 입장을 일방적으로 내세워 밀어붙이기 때문에 조선 측으로서는 곤혹스러울 밖에 없었다. 1886년 4월 다시 조사하기로 하였는데, 청나라에서 진위를 가릴 3가지와 고증할 5가지가 있다고 하였다.[149]

① 조선은 도문과 두만이 다른 강이라고 하는데, 이것은 오직 사투리(方言)의 경중 차이이므로 달리 곡해할 우려는 없다.
② 중강, 호란 같은 곳은 종전에는 봉금된 땅이다. 그런데 근년에 봉산의 금지를 어기고 은밀히 개척하려는 계교를 꾸미고 있다.

---

148) 자세한 내용은 시노다 지사쿠 저, 신영길 역, 『간도는 조선 땅이다. 백두산정계비와 국경』, 지선당, 2005, 145~199쪽 참조.
149) 시노다 지사쿠 저, 신영길 역, 『간도는 조선 땅이다. 백두산정계비와 국경』, 지선당, 2005, 202~204쪽에서 간추린 것임.

③ 길림장군이 홍단수＝소도문강, 서두수＝대도문강, 포담산(蒲潭山)＝비덕리산(費德里山)이라고 했는데, 그러나 홍단수＝무산 남쪽에 있고, 서두수＝대도문강이 아니고, 포담산＝비덕리산이 아니다.

④ 두만강은 국경이 확실하지만, 무산 서쪽에서 비석이 있는 분수령까지 280리만 결정이 안 된 것으로 이번 조사의 요점이다. 현지 토착민의 말은 믿을 수 없기 때문에 위도를 측량하여 증거로 삼아야 한다.

⑤ 280리 사이는 길림의 경계이다. 분계는 산세나 하천의 생김새에 따라 달라진다. 정계비 관계되는 곳은 몇 자에 불과하다. 몰래 들어온 백성들에게 비석을 북쪽으로 옮겨간 사실 유무를 속히 철저히 규명해야 한다.

⑥ 장백산 동쪽 기슭에서 나와 두 물줄기가 합류한다고 했는데, 반드시 그 이름을 사투리에서 찾아내 조사해 보고, 홍단 상류의 두 수원은 원래 다른 이름이 있었는지를 고증해야 한다.

⑦ 목극등의 비문에는 '분계(分界)'라는 문자가 없으니, 두 강의 근원을 기록한 것이고 국경을 나눈 것은 아니다. 조선인이 무엇을 가지고 분계의 확실한 증거라고 고집하는가?

⑧ 압록강 상류는 건용구(建用溝)인데 강 전체인 압록이라고 했듯이, 도문도 상류의 원류가 아닌 도문강 전체를 말한 것이다.

대체로 토문＝도문을 뜻하는 것이고, 목극등의 정계비는 자리를 옮긴 것이고 한 걸음 더 나아가 국경 정계비가 아니라는 이전의 주장을 되풀이해서 강조하고 있다. 한편 도문이란 두만강을 이야기하는 것으로 그 근원은 서두수라는 황당한 논리를 앞세워 압박해 온다.

1차와 마찬가지로 조선 측 대표로 나간 이중하는 이번에도 국경을 목극등 정계비에서 토문강까지의 물줄기로 하자고 주장하였지만 청나라는 1884년 갑신정변 때 구해 주었다는 정치적 사건까지 들먹거리며 협박해 왔다. 이에 대해 이중하는 조목조목 반박하였으나 청나라는 서두수를 두만강 원류로 해서 정계비까지 준비하여 억지로 국경을 밀어붙이려 했기 때문에, 나중에는 이 사태를 막기 위해 결국 서두수 조사를 막고 홍토수와 석을수를 조사하는 데 주력하였다.

이때 양국 대표가 한 대화를 보면, 이는 국가 간의 회담이 아니라 완전히 공갈 협박이었다. 전에는 조선인이 정계비를 옮겼다면서 백방으로 궤변을 함부로 늘어 놓던 청국위원은 이 회견에서도 흙무지(土堆)와 돌무지(石堆)를 장백산에 기도하러 가는 사람의 도로 표지라고 사실과 어긋나게 해명하고, 또는 자기 이익을 위해서는 금과옥조로 하는 일통여도(一統輿圖)까지도 증거가 되지 않는 않는다고 항변하는 등 그 주장이 지리멸렬하였을 뿐만 아니라 툭하면 3인이 함께 화를 내며 이중하를 굴복시키려 했다. 3명이 머리를 모아 한꺼번에 소리를 지르며 대들자 이중하도 소리를 높여 "나의 목은 베어도 국경을 좁히지 못한다. 이 나라에는 구지(舊誌)가 있다. 어째서 합동으로 대드는가?"하고 목숨을 걸고 영토를 지킨 실화는 유명한 이야기다.[150]

결국 2차 국경회담도 결렬되고 만다. 이 회담에 대해서도 이미 수많은 학자들이 논의를 많이 했기 때문에 여기서는 간단히 핵심만 파악하고, 마지막으로 한 가지만 집중적으로 보기로 한다. 바로 앞에서 본 목극등과 합의해서 쌓은 돌무지와 흙무지는 어떤 강줄기였는가 하는 문제이다. 목극등의 안하무인 태도는 국제적 관례로 볼 때 도저히 용납할 수 없는 일이지만, 그 뒤 국경분쟁의 핵심 증거로 등장했다는 점에서 정계비와 경계의 진실은 역사적으로나 앞으로 국경 문제에서도 계속 중요한 사안일 것이기 때문이다.

중국은 종속관계니 기미(羈縻)통치니 번속(藩屬)이니 해서 주변국을 강압적으로 지배한 것을 당연하게 생각해 왔다. 문제는 그런 생각이 21세기인 지금도 계속되고 있다는 점이다. 그 대표적인 것이 동북공정을 통해 고구려사를 중국사로 편입시킨 것이다. 어떤 논리나 상대방과의 합의 같은 내용은 안중에 없는 강자의 원리만 존재했다.

---

150) 시노다 지사쿠 저, 신영길 역, 『간도는 조선 땅이다. 백두산정계비와 국경』, 지선당, 2005, 224~225쪽.

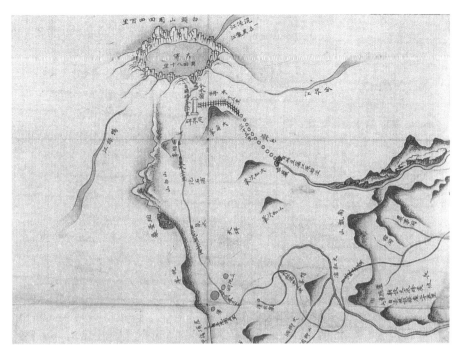

〈그림 7〉 백두산도,(18세기), 서울대 규장각 소장

　이처럼 중국은 항상 약소국에 대해 강압적인 방법으로 지배하려 했기 때문에 거꾸로 오랫동안 스스로도 그런 지배를 받았다. 북위, 요, 금, 원, 청 같은 이민족의 중국 지배가 그것이다. 앞으로는 그런 강압적 지배가 계속되기 어려울 전망이다. 과학이 발달함에 따라 상생의 국제정치가 정착하지 않으면 인류는 멸망의 길을 걷게 되기 때문이다. 그때를 위해서 우리는 최소한의 진실을 축적해 나가야 한다.

　앞에서 우리는 1712년 말 백두산 정계비에서 토문강을 따라 푯말을 세운 것을 보았다. 그런데 그 때 세운 푯말들이 어느 물줄기를 따라 세워졌을까? 사실 이 문제는 청나라 측 문제뿐 아니라 조선 측에서도 많은 오해가 있었다. 〈그림 7〉을 보면 백두산 정계비에서 두만강까지 목책과 흙무지를 쌓은 것처럼 되어 있다. 현장을 가서 확인하지 않고 대충 그렸기 때문에 생긴 것이다.

　1885년과 1887년에는 이미 발전된 기술 덕분에 매우 세밀한 지도를 작성하기에 이른다. 특히 1887년 2차 회담 때는 청나라에서 측량사까지 파견하였기 때문에 그

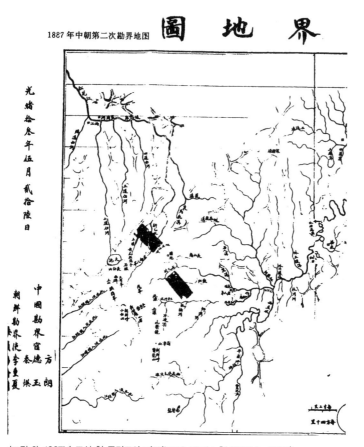

정밀도가 아주 높다. 〈그림 8〉은 1887년 2차 청·조선 국경회담 때 측량하여 두 나라 위원들이 서명한 지도이다. 이 지도를 보면 다음과 같이 기록이 덧붙여져 있다.

光緖十三年伍月二十六日 (광서 13년 5월 26일)

中國勘界官: 方朗 德玉 秦煐 (중국 감계관 : 방랑. 덕옥, 진영)

朝鮮勘界使: 李重夏 委員 彭翰周 (조선감계사 : 이중하, 위원 : 팽한주)

〈그림 9〉는 같은 지도인데 조선 측에서 보관한 것으로 규장각에 소장된 것이다.

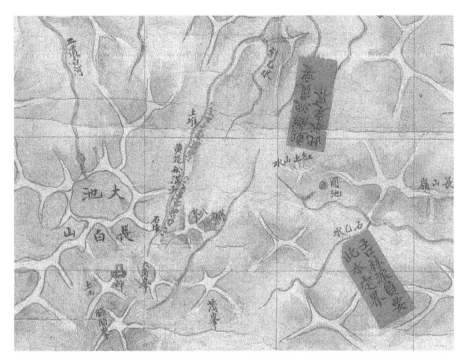

〈그림 9〉 백두산 정계비 지도, 서울대 규장각 소장(〈奎 26675〉).

두 지도는 미세한 차이는 있으나 같은 지도를 베낀 것이라는 것을 알 수 있다. 내용을 정확히 보기 위해 규장각 소장 지도에서 중요 부분을 확대해 보면, 몇 가지 사실을 정확히 확인할 수 있다.

① 대각봉 서북쪽과 동남쪽으로 흐르는 두 물줄기가 그려져 있는데, 현재 지도와 대조해 보면 서북쪽에서 북으로 흐르는 물줄기는 내두하(奶頭河)이고, 동남쪽에서 동북으로 흐르는 강은 흑석구(黑石溝)이다. 다만 차이가 있다면 현재의 정확한 1/50,000 지도에는 내두하는 삼도백하로 흘러 들어가고, 흑석구는 5도백하로 흘러 들어가는 것으로 되어 있다. 당시 측량기술에 어느 정도 한계가 있었거나 아니면 120년 넘은 세월이 흐르면서 물줄기가 바뀌었을 가능성도 있다. 그런데 지도에서 3도백하가 백두산 북쪽에서 발원하는 것으로 되어

있는 것을 보면 당시 모든 줄기를 완전히 확인한 게 아닌 것으로 보인다.

② 내두하에는 황화송구자(黃花松溝子)라는 이름이 붙어 있고, 대각봉부터 물줄기 따라 골짜기 동쪽에 처음에는 돌무지, 이어서 흙무지가 그려져 있다. 바로 이것이 목극등이 걸어서 찾아간 길이고, 그 물줄기를 따라 국경표시를 한 지점이다.

③ 두만강 원류가 두 지류로 나뉘는데, 위쪽은 원지(圓池)에서 조금 더 올라간 곳으로 홍토산수(紅土山水)[151]이고, 아래 지류는 바로 석을수(石乙水)이다. 현재는 원지까지도 거의 물줄기 끊어진 상태인데 당시는 원지에서 조금 더 올라간 곳까지 물줄기가 있었다는 것을 알 수 있다.

④ 석을수 아래는 빨간 종이에 까만 글씨로 '길림 대표는 이 강을 국경으로 정했다(吉林派員要此水定界)'고 되어 있고, 홍토산수 위쪽으로 똑같이 '조선 대표는 이 강을 국경으로 정했다(朝鮮派員要此水定界)'라는 빨간 종이가 덧붙여져 있다. 중국 측의 터무니없는 협박에 밀려 이중하가 마지막에는 홍토수를 선택했다는 것을 보여 주고 있다.

이 지도는 이처럼 상당히 자세하고 많은 정보를 제공해 주고 있다. 그 가운데서도 가장 중요한 정보는 목극등이 토문강이 솟은 곳을 찾아간 곳이 바로 내두라는 것이고, 백보를 양보해서 흑석구라 할지라도 두 강줄기는 모두 송화강 줄기이지 절대로 두만강 줄기는 아니었다는 사실이다.

---

151) 각종 국경조사 문서에는 대부분 '홍토수'라고 썼다.

V. 청국의 백두산 국경 날조사건(1908)과
청·일 간도협약(1909)

1885년과 1887년 조선과 청나라가 국경 문제로 팽팽한 협상을 하다가 결국 미결로 남았다. 1905년 외교권을 빼앗은 일본이 청국과 이 문제를 가지고 흥정해 1909년 간도협약을 채결하면서 당시 대한제국으로서는 뼈아픈 역사적 통한을 안게 되었다. 그뿐 아니라 1912년 청나라가 멸망했을 때 주변의 수많은 나라들이 청나라에게 빼앗긴 자기 영토를 수복했는데, 우리는 일제에 강점당해 주권을 행사하지 못한 상태였기 때문에 그런 기회를 활용하지 못하고, 시도조차 하지 못하고 말았던 것은 더욱더 뼈아픈 일이다.

지금까지 백두산 정계비와 간도 문제는 많이 논의되었고, 연구 성과도 적지 않았다. 그러나 그런 연구 성과는 대부분 일본이 만주 지역의 철도 부설권이나 광물 채굴권 같은 이권을 얻기 위해 간도를 청나라에 넘겨 주었다는 주장이 일반적인 인식이었다. 글쓴이는 이런 연구 성과나 일반적인 인식에 별다른 이의가 없다. 다만 지금까지 간도 문제 연구가 일본이 경제권 확보를 위해 간도 문제를 쉽게 포기하였다는 점을 너무 크게 부각시키다 보니, 간도 문제를 위해 청나라가 얼마나 치밀하게 준비하고 공작하였는지 대해서는 연구가 미흡했고, 이제 우리 학계도 이에 대한 반성이 필요한 때가 왔다는 생각이다. 앞으로 국경 문제는 일본과의 관계보다 중국과의 관계가 더 넓고 심각하기 때문이다. 이제부터라도 한·중 간 영토 문제에 대한 논란과 분쟁들을 역사적으로, 사례별로 좀 더 깊이 연구할 필요가 있다고 하겠다.

이러한 새로운 인식 아래 1909년 간도협약을 채결할 당시 자료를 연구하는 과정에서 1908년 청나라가 대대적으로 백두산과 압록강·두만강에 대한 조사사업을 벌였다는 사실을 알게 되었다. 그러나 이때 벌인 조사사업은 대외적으로 잘 알려지지 않았고, 이에 대한 연구도 거의 없었던 것으로 보인다. 백두산 정계비와 간도 문제에 대해 이미 1930년대 현장에서 자세하게 연구한 시노다 지사쿠(篠田治策)의 책(『白頭山定界碑』, 樂浪書院, 1930)에서도 단 한 줄도 언급이 없는 것을 보면 알 수 있다.

1908년 청나라는 뚜렷한 목표를 가지고 이 조사를 마쳤으나 1912년 결국 멸망하고, 그 뒤 만주국이 들어서지만 일본의 영향 아래 있던 한국과 만주국은 별다른 국경 문제가 없었다. 따라서 이 조사 결과는 크게 다루어지지 않았기 때문이다. 그 뒤 1980년대에 들어와 중화인민공화국이 다민족 통일국가론에 따른 새로운 국가 이데올로기를 내세우면서 역사와 국경에 대한 연구를 적극적으로 시작하게 되고, 이 자료는 다시 크게 빛을 보게 된다. 1987년 장백총서(長白叢書)에서 초집(初集)으로 1908년 조사에 대한 3가지 자료를 한데 묶어 출판한다.

① 이정옥(李廷玉), 『장백설치겸감분봉길계선서(長白設治兼勘分奉吉界線書)』, 1908
② 유봉건(劉建封), 『장백산강강지략(長白山江崗志略)』, 1908[152]
③ 장봉대(張鳳臺) 주찬, 『장백징존록(長白徵存錄)』, 1909.

그 뒤 이 자료는 한중 국경 연구에 필수 자료로 광범위하게 연구되고 크게 영향을 미친다. 자료가 발표된 뒤 10년 남짓한 기간에 수십 편의 논문이 나오고,[153] 1993년에 이미 한·중 국경사에 대한 책이 나왔으며, 1994년에는 자료집까지 발행되었다.[154] 2002년부터는 동북공정의 일환으로 백두산이 연구되면서 이 조사는 물론 조사를 담당했던 유건봉(劉建封)에 대한 대대적인 선양 작업에 들어간다.

그렇다면 유건봉 일행이 조사한 내용은 어떤 것이고, 어떻게 진행되었고, 어떤 성격을 가지고 있는가? 이 장에서는 이런 질문에 대해 자세히 분석하려고 한다. 먼저 2절에서 청나라가 백두산을 전면 조사하게 된 동기와 진행과정, 그리고 그 결과를

152) 국립중앙도서관에 천지에서 낚시하는 늙은이(天池釣叟)라는 필명으로 쓴 『長白山江崗志略』이 한 권 소장되어 있는데, 조선총독부 신서부 분류표 朝68-61로 분류된 것을 보면 일제강점기 조선총독부에서도 이미 구입했던 것을 알 수 있다.
153) 楊昭全 編, 『中朝邊界研究文集』, 吉林省社會科學院, 1998.
154) 楊昭全·孫玉梅, 『中朝邊界史』, 吉林文史出版社, 1993 ; 楊昭全·孫玉梅, 『中朝邊界沿革及界務交涉史料滙編』, 吉林文史出版社, 1994.

보고, 3절에서 구체적으로 다음과 같이 6가지로 나누어 고찰하였다.

1. 백두산 정계비(穆石)와 십자정계비(十字界碑) 날조
2. 흙무지·돌무지는 각라오목눌(覺羅吳木訥)가 쌓았다는 날조
3. 차령산맥 주변 산과 강의 작명과 역사 왜곡
4. 청나라가 날조한 압록강 쪽 국경
5. 청나라가 날조한 두만강 상류 국경
6. 한·청 국경회담에서 대립된 홍토수가 청의 발상지(發祥地)란 날조

끝으로 이런 청나라의 날조와 역사왜곡이 오늘날 다시 되살아나는 현실을 밝혀서 한·중 국경 문제를 연구하는 한국 학계에 새로운 문제의식을 제시하고자 한다.

1. 1908년(광서 34년) 청나라의 백두산 전면 조사 동기와 진행 과정

1) 전면 조사의 동기

간도파출소 설치 때부터 간도협약을 체결할 때까지의 과정은 3기로 구분할 수 있다.

1기 : 간도파출소 설치를 청나라에 통고한 날(1907년 8월 19일)부터 일본 정부가 청나라에 주재한 일본 공사에게 정책 전환을 훈령한 1908년 4월 7일 이전.

2기 : 정책전환을 훈령한 이후부터 일본이 청나라에 동삼성육안(東三省六案)을 제시한 1909년 2월 6일 이전.

3기 : 동삼성육안(東北三省六案)을 제시한 때부터 간도협약을 체결한 1909년 9월 4일까지.[155]

---

155) 이일걸, 「간도협약과 간도 영유권 문제」, 『한국의 북방 영토』, 백산자료원, 1998, 68쪽.

첫 시기 간도 문제에 대한 일본의 교섭 원칙은 간도가 대한제국의 영토임을 강력히 주장하였다.[156] 당시 13가지의 논거를 제시하였는데, 지난날 조선 정부가 청국 정부에 주장한 것보다 더 강력한 내용을 담고 있었다. 특히 "⑩ 조선조가 발상한 곳은 두만강 강북 일대이다. 청조가 여진부락을 정복하여 인구를 옮긴 적은 있지만 그 판도가 청나라에 들어간 것은 아니다"라고 한 내용은 청나라의 뿌리를 흔드는 내용이었다. 다시 말해 간도 지역은 청나라 발상지가 아니라 조선의 발상지라는 것이다.

이와 같은 상황에서 청나라는 좀 더 구체적인 조사와 함께 결정적인 순간에 제시해야 할 분명한 시나리오가 필요했다. 그리하여 1908년 백두산 지역에 대한 대대적인 조사를 실시하였다.

1908년 당시 동삼성(東三省) 총독인 서세창(徐世昌)의 명령을 받은 유건봉(劉建封)은 장봉대(張鳳臺), 이정옥(李廷玉) 등과 함께 20명이 넘는 조사원과 군인들을 데리고 3개월에 걸쳐 백두산과 압록강·두만강을 철저하게 조사한다. 이때 백두산의 여러 봉우리를 비롯하여 수많은 산과 강의 이름을 붙이고 국경 문제에 대해서도 광범위하게 조사하여 『장백산강강지략(長白山江崗志略)』, 『장백징존록(長白徵存錄)』같은 중요한 국경 전문자료를 완성하게 된다.

청나라가 이처럼 광범위하고 과학적인 조사를 하게 된 동기는 다음 청나라와 국경 조사할 때 주의해야 할 6가지 사항을 보면 분명하게 나타난다.[157]

① 애강(曖江)과 포도강(葡萄江) 두 강의 합수머리를 압록강이라 한다. 반드시 여기서 기준점이 되어야지 애강과 압록강을 혼동해서는 안 된다.

② 도문강의 원류는 대랑하(大浪河)를 바른 물갈래(正派)로 한다. 석일하(石逸河)는 남쪽에 있고, 홍토구(紅土溝)는 북쪽에 있다. 두 강은 모두 작은 물줄기

---

156) 篠田治策, 『白頭山定界碑』, 樂浪書院, 1930. (2000년 경인문화사 영인) ; 시노다 지사쿠 저, 신영길 역, 『간도는 조선 땅이다. 백두산정계비와 국경』, 지선당, 2005, 256~588쪽.

157) 李廷玉, 『長白設治兼分奉吉界線書』, 「中韓國界說」(楊昭全, 孫玉梅, 『中朝邊界沿革及界務交涉史料編』, 吉林文史出版社, 1994, 557쪽)

에 속하지만 절대로 다른 물갈래로 해서는 안 되고 지류로 해야 한다. 더구나 대량하는 가운데 있으니 천연 경계로 가장 쉽게 감정할 수 있다.

③ 대량하 서쪽은 남강산맥(南崗脈)으로 이어지고 실제 물줄기를 찾을 수가 없다. 다만 남강산맥 서남쪽으로 성수거(聖水渠)가 흘러나와 압록강으로 흐르는데, 대량하와 물줄기가 갈라지는 분수령[犄角形]이 된다. 바로 국경을 말하는 것으로 압록강 동쪽, 도문강 서쪽으로 반드시 성수거를 중·한 국경으로 해야 한다.

④ 대량하와 성수거 중간에 남강(산맥)이 있는데 45리쯤 된다. 산맥은 평탄하고 대부분 소나무밭이다. 성수거에서 동쪽으로 장파(長派)까지는 도문강 남안을 거치는 옛길(草道)이 있다. 현재 일본인들이 전봇대를 세우는데, 원래는 중국인과 한국인이 안동 등지에서 동쪽에 있는 혼춘으로 넘어가는 길로 국경조사는 바로 이 길을 기준점으로 해야 한다.

⑤ 양국이 공동조사 해서 반드시 국경 비석을 세워야 하는데 가장 중요한 지점으로 5곳을 조사해야 한다. ㉠ 대량하가 발원하는 곳, 즉 삼천안(三泉眼)지방, ㉡ 남강(南崗) 길(草道), 평원지방 가운데 한 곳을 고른다, ㉢ 성수거 발원지, 즉 성인부(聖人府) 근처, ㉣ 성수거가 포태하(胞胎河)로 흘러들어가는 곳, 포태하 서북 언덕에 세운다. ㉤ 애강과 포도하(葡萄河)의 합수머리, 두 강의 사이에 세운다. 이상 다섯 곳은 모두 중요한 지점이고, 나머지 꼭 세워야 할 곳이 있으면 수시로 조사 결정한다.

⑥ 국경비 터 조사를 위해서는 백성을 옮기고 경비를 늘려 속히 설치하는 것이 가장 중요하다. 대체로 성수거 남쪽 40리 밖에는 한국 국민(韓民)들이 적지 않고, 성수거 북쪽과 서쪽 50리 밖에는 사냥꾼 두 집뿐인데, 한 집은 신민둔(新民屯)에 사는 서영순(徐永順)[158] - 작호(綽号)[159]는 서단자(徐單子)이다 -,

---

158) 劉建封(天池釣叟), 『長白山江崗志略』, 「長白山記」, 1908 (국립중앙도서관 朝 68-81) 42쪽. 신민둔은 서붕(徐棚)을 말하는데, 동남쪽으로 28리를 가면 포고리산(布庫里山)이다. 자작나무 껍질로 지은 집이

한 집은 소백산에 사는 서(徐) 씨 성을 가진 사람(서단자의 종가)이다. 현재 소백산에 사는 한 집은 일본 사람들이 한국 사람들을 쫓아내기 위해 여러 차례 집에 불을 지르는 등 몰래 돕고 있다. 포도산 아래 있는 십자정계비(十字界碑)가 한국인들에 의해 훼손되어 없어진 것은 사실 중국인들이 적기 때문에 생긴 것으로, 백성을 옮기고 경계를 늘리는 것은 변경에서 가장 먼저 해야 할 일이고 절대 미룰 수 없는 일이다.

이상의 국경조사의 기본 지시사항은 완전히 새로운 기준을 하달하고 있다. 지금까지 두만강의 원류인 토문강 문제를 중심으로 논의가 되어왔고, 홍토수냐, 석을수냐 하는 문제를 가지고 논의가 되었는데, 아예 전체 국경을 완전히 한 단계 아래로 내려버리는 속셈이다. 다시 말해 목극등이 갔던 길을 완전히 벗어나 당시 박권 일행이 갔던 갑산–무산 구간을 국경으로 확정 지으려는 작업을 하는 것이다. 1908년 3개월 간의 작업은 바로 이런 새로운 국경 만들기 작업을 위해 청나라 정부가 적극적으로 나선 결과였다.

여기서 주목해야 할 점은, 위에서 새로 획정한 국경선 위쪽 지역에는 청나라 백성들을 옮기고 새로운 국경 표지를 하기 위해 모든 전지 작업을 하기 시작하였다는 것이다.

2) 조사 진행과정과 결과물

(1) 조사 진행과정

1908년(광서 34년) 4월 동삼성(東三省) 총독인 서세창(徐世昌)의 명을 받은 유건봉(劉建封) 일행이 봉천성과 길림성 경계와 장백산 및 송화강·압록강·도문강의 발원

두 칸과 산묘(山廟) 2칸이 있다. 서영순은 거주(莒州) 사람이라고 한 것을 보면 청나라 사람으로 보인다. 바로 이 사람이 이 조사팀을 안내하는 역을 맡았다.

159) 작호(綽號)는 외호(外号)라고도 하는데, 어떤 사람의 특징을 가지고 그 사람의 대표성을 가질 수 있도록 자신이나 남이 붙여 주는 별명을 말한다.

지를 조사하게 된다. 이때 유건봉은 5명의 측량사와 군인 16명과 안내인 등 조사단 21명을 이끌고 총 책임자로 백두산을 조사했는데, 그 명단과 일정을 보면 다음과 같다.[160]

봉천성·길림성 경계선(奉吉兩省界線) 및 장백산·3강 원류(長白三江之源) 조사단

조사단장 : 유건봉(劉建封, 야외조사 총책, 留奉知縣·安圖縣首任知縣)

조사위원 : 이정옥(李廷玉, 調奉同知),

　　　　　　장봉대(張鳳臺, 直隷州知州, 總協長白設治委員, 후임 長白府知府)

조사부위원 : 허중서(許中書中, 府經), 유수팽(劉壽彭劉, 吉林勘界委員)

기타 협력위원 : 유용흥(劉龍興), 왕대경(王大經), 서가형(徐家馨), 진감(陳鑑),

　　　　　　오서분(吳瑞芬), 요량채(饒亮釆), 진홍도(陳鴻圖陳), 왕육수(王毓秀),

　　　　　　허미삼(許味三), 유작삼(劉作三), 진빙생(陳冰生), 양병초(楊炳初)

측량조사국 : 진덕원(陳德元), 강서림(康瑞霖), 왕서상(王瑞祥), 유전옥(劉殿玉),

　　　　　　이돈석(李敦錫), 왕헌지(王獻芝), 왕귀연(王貴然), 유운금(劉韻琴)

　　　　　　※ 이상 모두 북양육군측량학교(北洋陸軍測繪學堂) 출신

호위대장 : 사은명(謝恩鳴)군인 및 짐꾼 : 소득승(蘇得勝), 왕계(王桂), 학금(郝

　　　　　　金) 유오(劉五), 유십장(劉什長)等 16명

길 안내인 : 왕봉명(王鳳鳴), 서영순(徐永順)

▶ 5월 28일

무송 조사원 허중서(許中書), 길림위원 유수팽(劉壽彭)과 함께 21명 대원을 이끌고 출발한다.

---

160) 李澍田 주편 長白叢書 初集,『長白滙征錄·長白山江崗志略』, 吉林文史出版社, 1987. 이 총서에 3가지 보고서가 다 실려 있다. 楊昭全, 孫玉梅,『中朝邊界沿革及界務交涉史料滙編』(吉林文史出版社, 1994) 에도 3가지가 모두 발췌해 실려 있다. 아래 내용은 이상 자료에서 간추린 것이다.

▶ 6월 22일

유건봉 일행은 백두산 꼭대기에서 조사위원인 이정옥(李廷玉)[161] 등과 합류하여 백두산을 두루 돌아보며 산맥과 강의 흐름들을 조사하였다.

▶ 6월 28일

오후 2시 백두산 서벽(현재 서파라는 곳)에서 깎아지른 듯한 절벽 아래로 내려가 출발한 지 1개월 만에 처음으로 천지에 내려가 용에게 제사 지냈다.

▶ 6월 30일

유건봉 일행은 목극등이 세운 백두산 정계비를 탁본을 하고, 압록강 원류를 조사하였다.

▶ 7월 7일

날씨가 좋아 유건봉은 안내인 1명과 군인 3명을 데리고 다시 산꼭대기로 올라가, 동파구(東坡口)에서 천지로 내려 백두산의 높이와 천지의 깊이를 재고, 생김새에 따라 16봉우리 이름을 붙였다.

▶ 7월 10일~8월 15일

정확한 일정은 확인하기 어려우나, 주로 다음과 같은 작업이 이어진다.

① 흙무지 돌무지 있는 곳 조사 : 황화송전(黃花松甸) 작명, 길림변방국 측량사 손란분(孫蘭芬)을 만나 백두산 봉우리 이름과 약도를 주었다.

② 소백산 조사 : 3봉우리 생김새 따라 작명, 동남-모필봉(筆尖峰), 가운데-표두봉(豹頭峰), 북쪽-마안봉(馬鞍峰).

③ 삼지연 조사 : 칠성호(七星湖)라 작명, 소백산과 포도산 사이

④ 두만강 원류 조사 : 홍토산(紅土山) → 포고리산(布庫里山), 원지(元池) → 포이호리(布爾湖里)로 개명하여 청나라 선조 발상지로 만듦.

⑤ 두만강 증산(甑山) 등반 : 동북 13리에 있는 홍암동(紅岩洞)을 통해 오름.

⑥ 남포태산·북포태산 등반 : 포태산 → 포도산(葡萄山)으로 개명.

---

161) 나중에 『장백산강강지략』의 서문을 썼다.

⑦ 한인(韓人)이 훼손한 정계비 터 조사 : 현지 청인 한인 모두 그랬다는 식으로 말을 만들어 북포대산에 있는 것을 한국인이 없앴다고 조작.

⑧ 포태산을 분수령으로 만듦 : 천산 → 장군봉으로 개명. 이곳에서 각각 무려 10일씩 노숙하며 조사한 뒤 이곳을 국경선으로 만들었다. 설인귀 전설을 조작하여 장군봉으로 만든 것이다.

⑨ 보태동(寶泰洞) 답사.

⑩ 백두대간을 남강맥(南崗脈)이라 개명하고, 이 남강에서 서쪽으로 흐르는 물줄기를 성수거(聖水渠)라고 이름 붙여 국경으로 만들었다.

⑪ 이도백하, 삼도백하, 사도백하, 오도백하 물줄기 답사

⑫ 흑석구 흙무지와 돌무지 조사

⑬ 금강(錦江), 만강(漫江) 같은 강 조사.

⑭ 송화강 상류 조사.

⑮ 압록강 원류 답사 : 대한하(大旱河)-애강(曖江) 같은 새로운 이름을 붙여 압록강과 분리하였다.

⑯ 백두대간(새 이름 남강)-새이름 성수거-검천(劍川)-압록강으로 이어지는 새 국경선를 만드는 데 많은 날들을 보내고 장백 주변을 답사.

⑰ 석을수·홍토수·홍단수를 조사하고, 석을수를 대량하로 개명하여 국경으로 결정.

▶ 8월 15일 : 조사원들이 임강(臨江)으로 돌아와 자료를 정리하고, 변경지도를 그리고 보고서를 썼다. 그 결과는 다음과 같다.

(2) 조사 결과

3개월 가량의 집중 조사를 마치고 정리하여 제출한 보고서가 현재 3가지 남아 있다.[162]

---

162) 李澍田 주편 長白叢書 初集, 『長白滙征錄·長白山江崗志略』, 吉林文史出版社,, 1987. 이 총서에 3가지 보고서가 다 실려 있다. 楊昭全, 孫玉梅, 『中朝邊界沿革及界務交涉史料滙編』(吉林文史出版社, 1994)에도 3가지가 모두 발췌해 실려 있다.

① 1908년 9월 12일 : 이정옥(李廷玉)『장백설치겸감분봉길계선서(長白設治兼勘分奉吉界線書)』

가장 먼저 조정에 낸 보고서이다. 내용은 다음과 같다.

장백삼강고략(長白三江考略), 장백산기(長白山記), 백산조사기(白山調査記), 감계설(勘界說), 중한국계설(中韓國界說), 백산변비변(白山邊碑辯), 청지부근형세일람도설(天池附近形勢一覽圖說), 장백부사위제요도설(長白府四圍提要圖說), 봉길분계관계도설(奉吉分界關係圖說), 간도변(間島辯), 봉길분계설(奉吉分界說), 목석변(穆石辯), 주협변방서후십책(籌協邊防善後十策)

② 유건봉(劉建封), 『장백산강강지략(長白山江崗志略)』[163]

『장백설치겸감분봉길계선서(長白設治兼勘分奉吉界線書)』가 이정옥 이름으로 전체적인 내용을 조정에 보고했다면, 이 책은 주로 백두산 문제에 집중하고 있다. 이 보고서에 나온 백두산과 그 주변 여러 산과 강 이름을 새로 짓는 목적과 과정이 자세하게 언급되어 있어 당시 조사의 저의가 아주 잘 드러나 있다.

유봉건은 이 책의 부록으로 「동황담여(東荒譚餘)」, 「백산기영(白山紀咏)」, 「장백산영적전영(長白山靈迹全影)」 같은 것들이 있다.

③ 장봉대(張鳳臺) 주찬『長白徵存錄』[164]

이 책은 앞서 본 두 권의 책보다 1년 늦게 1909년(선통 원년)에 출판하고, 1910

---

163) 劉建封(天池釣叟) ,『長白山江崗志略』, 「長白山記」, 1908 (국립중앙도서관 朝 68-81), 1908 (국립중앙도서관 朝 68~81) 국립중아도서관에 소장된 이 책은 유건봉이란 이름을 쓰지 않고 천지조수(天池釣 叟), 즉 '천지에서 낚시하는 늙은이' 라는 익명을 썼다. 1980년대 이후 중화인민공확국에서 발행된 각종 책들은 모두 간체자로 되어 있으나 이 책은 번체자로 되어 있다. 이 논문에서는 이 책을 위주로 주석을 달기로 한다.

년에 재판이 나왔다. 1908년 조사를 마치고 보고서를 올린 뒤, 다시 다듬어서 낸 책인데 완전히 청나라 위주의 새로운 시각에서 쓴 만주지역 지방지라고 볼 수 있다.

책머리 서(序) - 동삼성 총독 서세창 등

권1 강역(疆域) - 역대 연혁, 장백부 상세 지도, 도로 지도 등

권2 산천(山川) - 장백산, 3강 원류, 목극등 분수령 비문 등

권3 병사(兵事) - 국조(國朝) 본군 병사, 역대 병사 등

권4 풍속 - 음식, 의복, 언어, 종교, 제사, 한인(韓僑) 풍속 등

권5 물산 - 식물류, 동물류, 광산류 등

권6 약품 - 풀, 나무, 과일, 곡식과 채소, 금석, 동물, 곤충 등

권7 문독(文牘) - 내치와 외교로 나누어 주요 사건을 기술한 것

권8 잡식(雜識) - 고구려 광개토태왕비, 발해 영광탑, 장백산기, 압록강변(辯) 등

백두산과 국경 문제는 권2 산천에서 다루고 있지만, 『장백산강강지략(長白山江崗志略)』처럼 자세하지 않다.

2. 1908년 청나라가 날조한 한·청 국경

1) 백두산 정계비(穆石)와 십자 정계비(十字界碑) 날조

대한제국과 청나라 사이의 두 번에 걸친 국경회담에서 가장 첨예하게 대립한 부분이 바로 백두산 정계비에 쓰인 토문강에 관한 것이었다. 대한제국에서는 토문강과

---

164) 張鳳臺, 『長白徵存錄』(홍진방 주편 『遼海叢書續編』(1), 1993). 이 총서에 나온 것은 영인본이라 번체자로 되어 있으나, 길림문사출판사에서 나온 자료는 간체자로 되어 있고, 제목도 『長白滙征錄』이라고 되어 있다.

두만강은 전혀 다른 강이고, 백두산 정계비에 쓰인 토문강은 결국 송화강으로 흘러 들어가기 때문에 간도는 대한제국의 영토라는 주장이었다. 이에 반해 청나라는 토문강과 두만강은 같은 강이고 두만강 이북의 간도는 청나라 영토라는 주장이었다. 그러나 목극등은 두만강이라 하지 않고 분명히 토문강이었고, 토문강에 쌓은 돌무지(石堆)와 흙무지(土堆)는 두만강과 전혀 다른 송화강 상류로 연결되어 있었다. 이것은 전적으로 목극등이 현지 사정에 완전히 무지해서 생긴 외교적 실수였기 때문에 청나라로서는 벅찬 과제였다.

대한제국과의 국경회담에서는 논리적으로 말이 안 되더라도 강대국의 힘으로 밀어붙여 당시 이중하 위원은 마지막에 완전히 구석에 몰리기까지 했다. 그러나 이제는 상대가 대한제국의 외교권을 박탈한 제국주의 일본이다. 그렇기 때문에 어떤 형태로든 새로운 반대논리를 만들어내야 했다. 그것이 이번 조사의 목적이었고, 그 첫번째 문제가 바로 백두산 정계비와 토문강의 흙·돌무지 문제이다.

토문강 문제는 이미 1885년 을유 국경회담 때 조선과 청나라 두 나라 대표가 공동으로 답사하여 사실상 결론이 나 있었다. 토문강이 송화강으로 흘러 들어간다는 것이다. 조사를 마치고 그 조사결과를 청나라 위원 측에서 승인한 내용을 보면 분명하다.

비의 동쪽 몇 걸음 안 되는 곳에 도랑 하나가 있는데, 이는 곧 이알력개(伊戞力盖)라는 평지로, 청나라 말로 옮기면 황화송구자(黃花松溝子)가 된다. 이 도랑은 흘러 내려가서 장백산의 동쪽 기슭을 둘러간다 그 동남 기슭의 상류에는 돌무지(石堆)가 있고, 하류에는 흙무지(土堆)가 있는데, 합하여 180개 남짓 된다.

대각봉을 지나면 도랑 형태가 갑자기 좁아지고, 양쪽 기슭의 흙무지가 높아 깊이가 여러 길(丈)인데 조선에서는 이를 토문(土門)이라 부른다. 무지(堆)가 끝나는 곳은 비에서 90리나 된다. 이곳에서 수십 리를 내려가서야 비로소 이 강의 물을 본다.

다시 내려가서 이 동랑의 동쪽인 사을수(斜乙水)와 사을수 동쪽인 동유와봉수

(董維窩棚水)가 합류하여 낭낭고(娘娘庫)로 들어가고, 낭낭고에서 서쪽으로 가서 두 강 입구에 다다라 송화강으로 들어간다는 것을 조사하여 알았다.[165]

이상에서 본 바와 같이 백두산 정계비에서 동쪽으로 흐르는 물줄기는 위아래 2개 모두가 하나도 두만강으로 흐르지 않고 송화강으로 들어간다는 것이 판명되었다.

이처럼 백두산 정계비와 흙무지·돌무지 같은 표지들이 분명해지자 청나라 대표들은 이중하의 논리에 밀릴 수밖에 없었고, 당황한 그들은 말도 안되는 황당한 논리를 내놓기 시작한다. 당시 청나라 대표와 이중하의 담판 내용을 보자.[166]

> **청나라 대표** : 비를 근거로 할 것이 못된다는 것을 우리는 이미 알고 있다. 이 비는 당초 어디에 있었고, 누가 옮겼는지는 밝혀 말할 수 없다.
>
> **이중하** : 귀관이 비가 옮겨졌다는 것을 정말 안다면 공문을 보내서 명백히 하라. 이것은 큰 사건이다. 나는 응당 신속히 우리 조정에 알려 강구하여 변론하겠다.
>
> **청나라 대표** : 우리는 말할 수 없다.
>
> **이중하** : 이것은 명백하게 천명하지 않으면 안된다. 어째서 이를 공개적으로 말하지 못하는가?
>
> **청나라 대표** : (대답이 없다)
>
> **이중하** : 혹 비를 옮겼다고 하더라도 무지(堆)를 옮겼겠는가. 무지 위에 나무가 자라 고목이 된 것도 많다.
>
> **청나라 대표** : (급하게 말하길) 무지는 우리나라 조정에서 기도하기 위해서 왕래한 길을 표시한 것이다.

---

165) 篠田治策, 『白頭山定界碑』, 東京, 樂浪書院, 1938 : 시노다 지사쿠 저, 신영길 역, 『간도는 조선 땅이다. 백두산정계비와 국경』, 지선당, 2005. 187~188쪽.
166) 篠田治策, 『白頭山定界碑』, 東京, 樂浪書院, 1938 : 시노다 지사쿠 저, 신영길 역, 『간도는 조선 땅이다. 백두산정계비와 국경』, 지선당, 2005. 187~188쪽.

이중하 : 목극등이 비를 세울 때 오고간 옛 문안(文案)이 있는데, 어찌 하여 그것
　　　　　을 설명하지 않는가.

청나라 대표 : 귀관은 왜 홍토수만 가지고 이야기하고, 다른 것은 협의(商議)하거
　　　　　나 논하지 않는가?

　이 대화에서 나온 황당한 두 가지 논리는 ① 백두산 정계비는 옮긴 것이다. ② 돌
무지와 흙무지는 청나라 조정에서 기도하러 다니는 길을 표시한 것이다. 이중하가
그 증거를 요구하였으나 아무것도 대지 못했고, 공문으로 정식 제출하라고 했으나
응하지 않았다. 모두 터무니없는 임기응변이었기 때문이다.

　1908년 유건봉(劉建封) 이하 조사팀은 바로 이 문제에 대한 답을 찾아야 했다.
그래서 당시 기술로는 가장 앞서는 측량 팀을 동원하여 제법 정확하게 측량하고 조
사하였다. 그 결과 토문강과 두만강은 연결이 절대로 불가능하다는 명백한 증거가
나왔다. 바로 두 강 사이에는 장백산맥이 가로막혀 있었던 것이다. 산맥이 비록 낮
아서 쉽게 인식하지 못하지만 그 산맥은 분수령이 되기 때문에 물줄기가 그 산맥을
넘을 수 없는 것이다. 이 점은 조선인이나 조선 정부에서도 몰랐던 사실이다.

　살펴보면, 한인들이 흑석구와 약류하가 서로 이어졌다고 하는데 이 말은 더욱 황당
하다. 대체로 약류하는 노령에서 발원하고, 흑석구는 청풍령에서 발원한다. 하나는
왼쪽이고 하나는 오른쪽이며 그 가운데 큰 산맥이 지나간다. 한인들은 또 약류하를
월류강(越流江)이라고 한다. 그 뜻은 흑석구 물이 산맥을(고개를) 넘어 흐른다고
하는 것인데, 흑석구 하류는 평평히 흐르다 자취가 없어지는 점을 모르기 때문이다
(이번에 흑석구에서 한인 여러 명을 만나 따져 보았지만 아무도 대답하지 못했다).
무엇을 보고 물이 고개를 넘어 흐른다는 것을 알 수 있단 말인가? 대개 '월(越)' 자
와 '약(弱)' 자는 글자 조리가 같으니, 토문이 도문인 것과 마찬가지다.[167]

---

167) 劉建封(天池釣叟), 『長白山江崗志略』, 「長白山記」, 1908 (국립중앙도서관 朝 68-81) 96쪽.

이처럼 사실이 명백해졌지만 정부의 지시를 받고 조사한 관리로서 어떤 것이든 대안을 제시해야 했다. 바로 ① 국경비는 따로 있고, ② 그 돌무지나 흙무지는 목극 등이 정계비를 세우기 이전 오목눌이 쌓았다는 것이다.

백두산 정계비에 대한 움직일 수 없는 증거인 흙무지와 돌무지 문제를 목극등이 정계비를 세우기 이전 오목눌이 쌓은 것이라고 날조를 한 마당에 그보다 더 분명한 백두산 정계비에 대한 대비를 해야 했다. 그리고 그들은 상상을 초월한 기발한 대안 을 제시한다.

(1) 백두산 정계비 이동설

첫째, 을유 국경회담에서 이미 제기한 백두산 정계비 이동설을 구체화시킨다. 백두 산 정계비는 원래 현재 자리에 세워진 게 아니고 다른 곳에 세운 것을 한인들이 이 곳으로 옮겨왔다는 것이다. 유건봉 일행은 백두산 정계비 주변을 철저하게 조사하 고, 그 지역을 청풍령(清風嶺)이란 이름을 붙이고 정계비 내용을 옮겨 적은 뒤,[168] 탁본을 2벌 떠서 봉천성과 길림성 관공서에 보관하였다고 한다. 조사를 마치고 쓴 보고서에 보면 다음과 같다.

이제 목(극등) 정계비의 내용은 원래 십자계비(十字界碑)와 다르다. 그 입석과 입 비의 지점이 다르고, 입석과 입비의 날짜는 더욱 더 다르다(자세한 것은 「목석변(穆 石辯)」 참조). 한국이 정계비를 없애는 것은 필연적인 것이다.[169]

말하는 사람이 이르되(說者曰), 목극등 정계비는 원래 소백산 꼭대기에 세워져 있었는데 한인(韓人)들에게 옮겨져 경계가 흐려지기 시작했다고 하는데, 이것이 한인이 옮겼다는 한 가지 설이다(此韓移之一說).[170]

---

168) 위 책에 비석 내용도 실려 있는데, '조선'이란 두 글을 청나라 관리 앞에 붙이고, 조선 통역관 김응헌
    (金應憲)의 '憲' 자가 '德' 자로 잘못 되어 있으며, 어조사 '어(於)' 자도 '우(于)' 자로 잘못되어 있다.
169) 劉建封(天池釣叟), 『長白山江崗志略』, 「長白山記」, 1908 (국립중앙도서관 朝 68-81)102∼103쪽.
170) 劉建封(天池釣叟), 『長白山江崗志略』, 「穆石辯」. 106쪽.

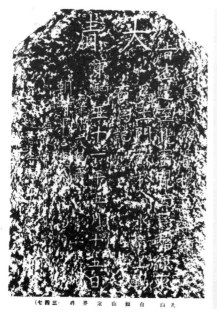

〈그림 10〉 목극등의 백두산 정계비 탁본과 내용

조사팀의 결론은,

① 목극등 정계비는 원래 소백산 꼭대기에 세워져 있었는데 한인(韓人)들이 옮겼다.

② 한국이 정계비를 옮기는 것은 자기가 만든 법에 자기가 걸려 죽는(作法自斃) 것이다.

원래 소백산 꼭대기에 있었던 것을 백두산 남쪽으로 옮겼다는 것인데, 그 어떤 자료에도 그 근거를 대지 않고 있다. 국가기관이 공식적으로 조사한 보고서라면, 어떤 주장에 대해서든 분명한 증거가 있어야 한다. 그런데 그런 증거 한 줄 없이 아무렇지도 않게 새로운 소설을 쓴 것은 첫째 날조이고, 둘째 자기들이 말하면 무엇이든지 옳다는 대국적 오만에서 온 태도이다.

(2) 소위 '십자계비(十字界碑)에 대한 조작

위의 인용문에서 보면, 지금까지 논의되어 온 목극등의 정계비가 아닌 '십자계비(十字界碑)'라는 것이 등장한다. '목극등 정계비 이야기(穆石辯)'에서 이 두 가지 문제를 한꺼번에 제기하여 목표를 뚜렷하게 한다.

> 오호라! 중·한 정계비가 없어져버렸구나!(十字界碑를 이른다). 포도산(葡萄山) 아래서 없어졌네. 국경 조사한 목(극등)의 정계비를 보아라! 장백산 남쪽에 있구나. 없어진 것은 자취를 찾을 수 없으나 봤던 자가 있어 증거가 충분하네. 큰 흉년에도 비석조각 남아 (약초, 산삼) 캐고, 사냥하고, 마소를 치고, 땔나무 하는 사람 손에 없어지지 않고, 그 드문드문 몇 글자가 200 수십 년 뒤 국제교섭 문제를 판결해 주는구나. 이는 참으로 놀랍고 기쁜 일이다.[171]

여기서 목극등의 백두산 정계비는 200 수십 년이 지났지만 글자가 남아 있어 국경 문제에 도움을 주고 있는데, 포도산 아래 있는 '십자정계비(十字界碑)'는 없어져버려 통탄할 일이라는 것이다. 그렇다면 지금까지 전혀 논의 대상이 되지 않던 '십자정계비(十字界碑)'는 대체 어디서 튀어나왔을까. 유건봉의 주장은 다음과 같다.

> 『길림통지(吉林通志)』에 삼강구에서 소백산까지 정계비(界碑)가 모두 10개가 있다고 실려 있다. "화하금탕고(華夏金湯固), 하산대려장(河山帶礪長)"이라고 기록되어 있는데 '십자계비(十字界碑)'라 부른다. 떨어진 리수(里數)를 썼는데, 모두 아주 상세하고 분명하다. 이것이 십자계비로 목(극등) 총관이 세운 비석과 털끝만큼도 관계가 없다.
>
> 살펴보면, 해당 지역 한국과 중국의 모든 사냥꾼들이 말하기를 "30년 전 포도산 아래 정계비가 하나 있었고, 성수거(聖水渠) 앞에 정계비가 하나 있었는데 모두 한

---

171) 劉建封(天池釣叟), 『長白山江崗志略』, 「穆石辯」, 106쪽.

인(韓人)들이 없애버려 나중에는 보이지 않는다"고 했다. 두 곳의 비를 조사해 보면 십자계비가 틀림없다.[172]

전하는 바에 따르면 중·한 정계비(界碑)는 북포도산 아래 세워졌다고 한다. 광서 초년(1875~)까지는 사람들이 봤다는데, 나중에 한인들이 완전히 훼손해 지금은 없어졌다.[173]

목극등이 비를 세운 지점을 찾아 한국과 논의하여 공동으로 표지를 세우기로 약정하니, 일본이 한국을 도와 몰래 간도를 침략하려는 것을 막을 수 있게 되고, 우리 조종의 시조 발상지 포이호리(布爾湖里) 같은 곳을 지킬 수 있게 되었으니 목(穆)씨의 공은 위대하지 않는가? 그렇기 때문에 잘라서 말하면, 포도산 아래 정계비는 없어져 버렸지만 목극등의 비석이 장백산에서 발견되었으니 실로 우리나라를 위해 불행 중 다행이 아니겠는가?[174]

목극등의 비석은 국경을 정하는 정계비가 아니고, 삼강구에서 소백산까지 10개의 정계비가 따로 있었다는 것이다. 이와 같은 주장은 두 가지 뜻이 엿보인다. 하나는 목극등의 비석이 정계비가 아니라는 것이고, 다른 하나는 두 나라 경계는 백두산 남쪽이 아니라 훨씬 남쪽인 포태산(포도산)을 분수령으로 기점이 그어져 있다는 주장이다. 그러나 이것은 완전히 날조된 것이다.

이 십자정계비가 날조된 정계비라는 것은 다음 몇 가지 사실로 쉽게 알 수 있다.

① 『길림통지(吉林通志)』는 길림장군 장순(長順, 1837~1904)이 주관하여 1891년 시작하여 1900년에 발간된 책이다. 이 책은 1885년(을유 국경회담)과 1887년(정해 국경회담) 두 번에 걸쳐 있었던 청나라와 조선의 국경회담에서는

---

172) 劉建封(天池釣叟), 『長白山江崗志略』, 「長白山記」, 1908 (국립중앙도서관 朝 68-81) 92~93쪽.
173) 劉建封(天池釣叟), 『長白山江崗志略』, 「長白山記」, 1908 (국립중앙도서관 朝 68-81) 34~35쪽.
174) 劉建封(天池釣叟), 『長白山江崗志略』, 「長白山記」, 1908 (국립중앙도서관 朝 68-81) 109쪽.

전혀 논의되지 않았던 문제이고, 그 당시 공동으로 벌인 현지조사에서도 없었던 정계비다. 따라서 그것은 국경회담이 끝난 뒤부터 1900년 이 책이 나온 3년 사이에 설치한 것이어야 한다. 그러나 두 나라 국경회담 이후 정계비를 세웠다는 기록은 어디에도 나오지 않는다.

② 목극등 정계비가 소백산 꼭대기에 서 있다는 주장과 십자국경비가 '두만강 삼강구 ↔ 소백산' 사이가 있다는 주장은 그 자체가 모순이다.

③ 정계비에 "화하금탕고(華夏金湯固), 하산대려장(河山帶礪長)"라는 기록이 있다는 것도 한·중 두 나라 국경의 푯말로는 말도 안되는 문구다. '화하금탕고(華夏金湯固)'란 화하는 중화족을 말하는 것이고 금탕이라 '금성탕지(金城湯池)'의 줄임말로, "견고하여 공격을 받아도 쉽게 파괴되지 않아, 방비(防備)가 물샐틈없는 성지(城池)"를 말한다. 다시 말해 중화족의 철옹성이라는 뜻이다. '하산대려장(河山帶礪長)'이란 "황하(黃河)가 띠가 되고 태산(泰山)이 숫돌이 되도록 영원하리"라는 뜻으로 모두 이 당시 흑룡강 서쪽의 청과 러시아의 경계선에 있던 비에 적힌 비문이다. 만일 두 나라가 함께 국경을 세운다고 했을 때, 조선 측에서 이런 비문을 용납했을 리가 없다.

④ 두 개의 십자정계비를 증언한 사람들도 모두 막연하여 믿을 수 없고, 증언자가 "30년 전에 보았다"다고 한 것은 앞에서 본 ①의 착오와 연결해서 볼 때 있을 수 없는 일이다.

⑤ 이 내용이 억지로 만들어 낸 이야기라는 사실을 분명하게 나타내는 증거가 바로 한인들이 없애버렸다는 2개의 십자정계비 위치이다. 왜냐하면 이 조사에서 언급하고 있는 두 개의 비석은 『길림통지(吉林通志)』에서 말하는 두만강 '삼강구 소백산' 구역과 전혀 다른 지역이기 때문이다.

대대로 전해오는 말에 따르면, 중·한 정계비가 북포도산 아래 서 있었는데 광서 초년(1875~)까지 사람들이 보았는데, 그 뒤 한인(韓人)들이 몰래 허물어버려 지금은 없다(相傳, 中韓界碑 立於北葡萄山下 光緒初年 人猶見之 後被韓人掩毁而

今亡矣).[175]

　　분수령(分水嶺) : 북쪽으로 4리 남짓 떨어진 곳에 칠성호가 있다. 이전에 산봉
우리에 중·한 십자정계비(十字界碑)가 있었다. 본토박이가 말하기를, 비 형식은 포
도산 아래 있던 비와 다르지 않다. 목극등의 돌비석(穆石)보다 1자 남짓 더 높다.
나중에 한인(韓人)이 사사로이 헐어버리고 천왕당과 성인묘(聖人廟)를 세웠다.[176]

　　여기 나오는 북포도산은 현재의 북포태산을 말하고, 조사팀이 칠성호라고 새로
이름을 붙인 호수는 현재의 삼지연(三池淵)이다. 북포태산이나 삼지연은 모두 소백
산보다 훨씬 남쪽에 자리잡고 있어, '두만강 삼강구 → 소백산' 구역과 다르다는 것
이 분명하게 드러난다.

2) 흙무지 · 돌무지는 각라오목눌(覺羅吳木訥)가 쌓았다는 날조

이번에는 ② 흙무지와 돌무지 문제를 보기로 한다. 앞에서 본 바와 같이 이런 흙·돌
무지는 청나라 정부에서 백두산에 기도하러 다니느라 만들었다고 했다가 그런 증거
를 전혀 댈 수 없고, 이중하가 그 무지들은 오래되어 고목이 있을 정도라고 하자 새
로운 대안을 찾아야 했다. 그런데 이번에는 그보다 훨씬 말도 안 되는 악수를 두게
된다. 먼저 흑석구에 대한 설명을 보자.

　　흑석구(黑石溝) : 흑석하라고도 하는데, 청풍령에서 발원한다. 서북쪽으로 100보
남짓 되는 곳에 목석(穆石, 목극등 비석)이 있는데, 강줄기(河身)는 좁고 흑석이 많
다. 물이 있는 것은 대단히 맑다. 남쪽 기슭 위에 돌무지(石堆)가 약간 쌓여 있고,
하류에는 흙무지(土堆)가 약간 쌓여 있다. 개울은 길이가 46리고, 황화(黃花)솔밭
에 이르면 평평히 흐르다 자취가 없어진다.

---

175) 劉建封(天池釣叟), 『長白山江崗志略』, 「長白山記」, 1908 (국립중앙도서관 朝 68-81)58쪽.
176) 劉建封(天池釣叟), 『長白山江崗志略』, 「長白山記」, 1908 (국립중앙도서관 朝 68-81)60쪽.

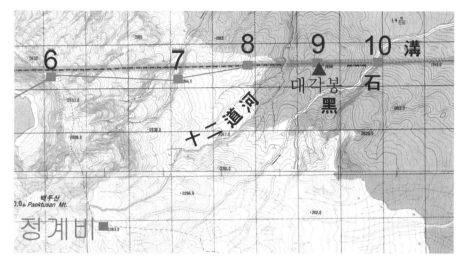

〈그림 11〉 백두산 정계비, 대각봉, 12도하, 흑석구 위치도

살피건대, 1674년(강희 13년) 각라오목눌(覺羅吳木訥)[177]을 파견하여 백산 눌음(訥陰)까지 가서 조사하게 하였다. 산 앞에 이르렀는데 낭떠러지에 막히고 개천이 끊어지고, 수림이 우거지고 눈이 많이 쌓여 더 나아갈 수가 없었다. 10일 간을 조사하며 흑석구에서 돌아다니다 바로 백두산 남쪽으로 올라갔다. 도랑 남쪽 기슭 상류에는 돌이 나기 때문에 돌로 쌓고, 하류처럼 돌이 적은 곳은 흙을 쌓아 등산로를 만들었다. 그래서 지금도 돌무지와 흙무지 유적이 뚜렷하다. 오목눌의 「백산일기」에 보면 "돌을 쌓아 잠시 등산로를 표시하고, 무릉도원을 다시 찾기 쉽게 하였다"고 한 것은 바로 이 돌무지를 가리켜 말하는 것이다. 한국인들이 중·한 국경으로 오해하고, 중국인들이 봉금산림으로 의심하는 것은 모두 근거 없는 말이다.[178]

이런 핑계는 두만강을 설명하는 부분에서도 반복된다.

---

177) 다른 자료에는 각라오목눌(覺羅吳木訥)을 각라무목눌(覺羅武木訥)로 쓴 것이 많다

178) 劉建封(天池釣叟), 『長白山江崗志略』, 「長白山記」, 1908 (국립중앙도서관 朝 68-81) 62∼63쪽

살펴보면, 흑석구 남쪽 기슭의 돌무지와 흙무지는 원래 오목눌(吳木訥)의 등산기에 나오는 길에 쌓은 것과 관계되는 것으로 국경을 나누는 것과 상관 없다. 더구나 두 나라 공문에 분명히 말하기를 분수령 정계비 있는 곳에서 동쪽으로 수십 리를 가면 갑자기 돌 틈으로 들어가 물의 흔적이 보이지 않고, 흙무지가 돌무지를 잇고 다시 목책이 이어진다. 목책이 끝나는 곳에 다시 물이 나타나는데, 처음으로 큰 물이 된다고 했다. 지금 내가 현지를 조사해 보니 돌무지 있는 위나, 흙무지 있는 아래 모두 목책이 없으며, 돌무지 위로는 물이 없고 흙무지가 마지막 지점에서 물의 근원이 시작된다. 지고를 자세히 찾아보니, 당일 정황은 사실과 들어맞지 않고, 오목눌이 쌓은 돌무지, 흙무지를 가지고 국경 표지라고 혼동하고 있다는 것을 알 수 있다.[179]

흑석구에 있는 돌무지는 분명히 조선 측에서 목극등이 정계비를 세운 뒤 두 나라가 약속한 바에 따라 국가적인 사업으로 쌓은 것이고, 이에 대한 기록이 『조선왕조실록』에 아주 자세하게 기록되어 있다. 이때 과정을 목극등에게 하나 하나 보고했던 것도 다 기록에 나온다. 이처럼 명명백백하게 기록에 나온 사실을 어떻게 아무렇지도 않게 날조할 수 있단 말인가?

앞에서 이런 근거 없는 날조를 통해서 청나라 정부가 더 악수를 두었다는 것은 오목눌의 백두산 등정기를 보면 그것이 거짓이라는 사실이 드러나기 때문이다. 다시 말해 자기들의 주장이 거짓이라는 명백한 증거를 스스로 지니고 있다는 것이다.

먼저 오목눌의 일정을 보기로 한다.

▶ 6월 02일 : 올라 출발
▶ 6월 11일 : 액혁눌음(額赫訥陰)지방 도착 – 여기서부터 길이 없고 산림이 꽉 차 살포소(薩布素)에게 군사를 끌고 가서 길을 내고, 장백산이 보이면 보고하도록 함.

179) 劉建封(天池釣叟), 『長白山江崗志略』, 「長白山記」, 1908 (국립중앙도서관 朝 68-81) 94쪽

▶ 6월 13일 : 출발

▶ 6월 14일 : 살포소 일행과 숲속에서 만남

▶ 6월 16일 : 새벽 학 소리를 7번 들음

▶ 6월 17일 : 안개가 짙게 끼어 산의 방향을 몰라 학이 우는 곳을 찾아가 지름길
　　　　　　을 만나 드디어 백두산 정상에 이름

▶ 6월 18일 : 하산하여 돌아옴

▶ 7월 02일 : 길림 도착

▶ 8월 21일 : 북경 도착

백산 눌음에서 19일 간을 조사했다고 하는데, 눌음에 도착한 것은 11일이고 정상에 오른 것은 17일이니 6일밖에 걸리지 않았고, 그것도 살포소 일행이 길을 내느라 앞에 가고 오목눌 일행은 13일에야 출발하여 14일 길을 내고 있는 살포소 일행을 만난다. 그리고 2~3일 뒤에 이미 정상에 도착하였으니 10일 간이나 조사를 했다는 주장은 이치에 맞지 않는다.

두 번째는 과연 오목눌 일행이 흑석구를 갔느냐? 하는 문제이다. 이 문제는 1908년 조사팀이 스스로 부정하고 있다. 앞에서 보았지만 조사가 끝난 뒤 세 권의 책이 나온다.

① 이정옥(李廷玉) 『장백설치겸감분봉길계선서(長白設治兼勘分奉吉界線書)』

② 유건봉(劉建封) 『장백산강강지략(長白山江崗志略)』

③ 장봉대(張鳳臺) 주찬 『長白徵存錄』

그런데 지금 우리가 주로 분석하고 있는 유건봉은 흑석구에 쌓은 돌무지와 흙무지를 오목눌이 일행이 쌓았다고 했는데, 함께 조사를 했던 장봉대는 전혀 다른 소리를 하고 있다. 장봉대는 오목눌의 등산기에 다음과 같이 주석을 달고 있다.

수로로 가는 길은 작은 배를 타고 송화강을 거슬러 올라갔는데, 모두 7일 만에 눌음(訥陰)지방(즉 두도강(頭道江)과 이도강(二道江)의 합수머리, 지명 : 하양강구(下兩江口))에 이르렀다. 13일 떠나 17일 장백산 모퉁이(지금의 제자산(梯子山) 동쪽)에 이르러 산을 올라갔다. 18일 하산, 21일 두 눌은하(訥殷河)의 합수머리(살펴보면, 이 합수머리는 바로 현재의 긴강(緊江)과 만강(漫江)이 합쳐지는 만강영이고, 물이 흘러내리는 형세로 볼 때 긴강은 소눌은이고 만강은 대눌은이다) 있는 곳으로 돌아왔다.[180]

첫째, 장백산 밑에 가서 등반하고 돌아가는 시간이 단 하루밖에 되지 않는다.

둘째, 결정적인 것은 오목눌 일행이 흑석구를 지나가지 않았다는 것이다. 우선 오목눌 일행은 달문을 보지 않았기 때문에 북쪽으로 올라가지 않았다. 그러면 나머지는 지금의 서파와 남파, 북한에서 오르는 동남쪽 같은 세 곳이 있는데, 송화강 줄기를 따라 왔기 때문에 남파로 올라갈 수는 없다. 그 이전 더 좋은 서파가 있기 때문이다. 가장 희박한 가능성이 동남쪽으로 올라가는 것이다. 그러려면 당연히 이도백하를 따라 올라가야 하는데 그때는 송화강 원류를 따라 장백폭포로 올라가는 가장 쉬운 길을 놔두고 더 돌고 돌아 흑석구를 통해 동남으로 오를 수가 없다. 이처럼 논리적으로 분석하지 않았다. 서북쪽에서 온 등반대가 동남쪽으로 오른다는 것은 말이 안된다. 그리고 그 길은 지금 다녀도 걸어서 4일 만에 등반할 수 있는 길이 아니다.

이상에서 보는 바와 같이 함께 조사를 했지만 유건봉의 주장은 가장 논리가 결여되고, 정치적 목적을 가지고 일을 수행했다는 판단이 나온다. 청나라 조정이 제사 지내며 다니던 길이라든가, 목극등 이전 오목눌이 등산하며 낸 길이라는 주장들은 모두 그것이 국경을 표시하기 위해 양국이 합의해서 쌓았다는 것을 피하기 위해 내놓은 대안들이었지만, 거짓이 탄로 날 어리석은 의견을 낼 수밖에 없었던 당시 관료들의 사고방식이 한심하다. 결국 어떻게 해도 자기들의 논리는 동남아에서는 통한다고 행세했기 때문에 4년 뒤 청나라는 멸망하고 만다.

---

180) 張鳳臺, 『長白徵存錄』, 1909 (興振芳 주편 『遼海叢書續編』(1), 1993).

3) 차령산맥 주변 산과 강의 작명과 역사왜곡

그렇다면 청나라 당국은 왜 북포태산에 십자정계비가 있었다는 사실을 날조하게 되었는가? 그것은 바로 청나라 정부가 이 지점을 분수령으로 하여 새로운 국경을 조성하기 위한 작업이다. 이것은 앞에서도 본 '국경 조사할 때 주의해야 할 6가지 사항'에 분명하게 나타난다. 이번 작업에서 가장 특징적인 것은 청나라가 새로운 국경을 주장하고 청나라 영토 안으로 들어오는 모든 지역의 산과 강 같은 지명을 새로 작명했다는 사실이다. 무려 200개가 넘는 곳의 이름을 새로 짓는다. 심지어는 이미 존재한 이름도 거의 새로 바꾸어버렸다. 이렇게 바꾼 이름은 현재 중국에서 실제 사용하고 있는 것이 많아 주의가 요망되며, 좀 자세하게 분석해 둘 필요가 있다.

유건봉 일행은 우선 지금의 백두산 동북쪽 지금의 장백산맥을 노령산맥(老嶺脈)이라 바꾸고 서남쪽으로 흐르는 산맥을 용강산맥(龍岡脈), 그리고 차령산맥을 남강산맥(南岡脈)으로 작명한다.

여기서 우리와 직접 관계가 있는 남강산맥은 백두산에서 시작해 대연지봉(2360m) → 소연지봉(2123m) → 소백산(2174m) → 북포태산(2289m) → 남포태산(2495m) → 두류산(2309m) → 백사봉(2099m)으로 이어지는 오늘날의 마천령(摩天嶺)산맥이다. 남강산맥에 대한 설명은 다음과 같다.

① **남강(南岡)**: 남강은 압록강과 도문강의 분수령이 되는데, 그 맥이 장백산 남쪽 기슭 연산(連山)에서 일어난다. 남으로 달려 소백산(小白山)이 되고 기반산(棋盤山)이 된다(모두 중국 국경 안에서 이어진다). 꺾어서 동쪽으로 남포도산(南葡萄山)이 되고, 다시 남쪽에서 장군봉이 되고, 또 동남쪽에서 남운령(南雲嶺)이 된다. 다시 동쪽으로 두 가지로 나뉘는데, 하나는 동북으로 달려 대원산(大元山)이 되고, 다시 동북으로 도산(刀山)이 되고, 다시 동북으로 무산령(茂山嶺)이 되며, 하나는 서남으로 달려 고치령(高峙嶺), 다시 서쪽으로 대백산(大白山), 다시 서쪽으로 철령(鐵嶺), 다시 서남으로 초초령(草草嶺), 꺾여서 서북으로 낭림산(狼林山)이 된다. 여기서 다시 3가지로 나뉘는데, 북쪽 까지는 장진강(長津江)의 분수령이 되고,

충천령(衝天嶺)에 이르며, 남쪽까지는 미놀령(尾老乙嶺)이 되고, 바로 소백산 산맥에 이르고, 다시 바다를 건너 일본의 바간(馬關)[181] 나가사키(長崎)가 되며, 가운데 줄기는 대팔영령(大八營嶺)에 이르기에 가운데 줄기(中幹)라 한다. 길이는 1300리쯤 된다.[182]

마천령산맥을 〈학정봉–소백산–기반산–남포도산–장군봉〉이 이어지는 산맥으로 새로 작명을 하였는데, 소백산을 빼놓고는 원래 있던 한국 이름을 모두 바꾸어버렸다. 새로 바꾼 이름과 설명을 보면 다음과 같다.

① **학정봉(鶴頂峯)** : 일명 연지산(臙脂山)으로, 태평천(太平川) 동쪽에 있는데, 산 위에 붉은 흙이 많아 붙인 이름이다. 연지봉을 학정봉으로 바꾼 것이다.[183]

② **소백산**: 장백산 동남쪽에 있으며, 천지에서 50리 남짓 떨어져 있다. 산에는 3봉우리가 있는데, 동남쪽에 있는 것이 필첨봉(筆尖峰), 가운데 있는 것이 표두봉(豹頭峰)인데 작지만 높고, 북쪽에 있는 것이 마안봉(馬鞍峰)이다. 모두 생김새를 따라 이름을 지은 것이다. 산 서남 기슭에 백수거(白水渠), 소백천(小白川) 두 물줄기가 있는데 애강(曖江)으로 들어간다. 높이 약 8리, 둘레 약 40리 남짓.

③ **기반산(棋盤山)** : 북쪽에 있는 소백산에서 15리 떨어져 있다. 산꼭대기가 네모나고 평평하여 바둑판처럼 생겼다. 남북은 긴 편이고, 높이 6리쯤 되며, 둘레는 10리 남짓 된다. 본토박이(土人) 말에 따르면, 봄·여름 날씨가 맑으면 항상 산 위에 두 늙은이(叟)가 바둑을 두는 것이 보인다고 한다.[184]

---

181) 현재의 시모노세키(下關)
182) 劉建封(天池釣叟), 『長白山江崗志略』, 「長白山記」, 1908 (국립중앙도서관 朝 68-81), 154~155쪽. 발행지·발행연도 불명 (국립중앙도서관68-61). * 국립도서관 소장 책에는 저자 이름을 '천지소수(天池釣叟)' 라는 필명을 썼다. 중국에서 다시 나온 책들은 모두 간체자로 되어 있기 때문에 이 논문에서는 국립중앙도서관 본을 바탕으로 한다.
183) 劉建封(天池釣叟), 『長白山江崗志略』, 「長白山記」, 1908 (국립중앙도서관 朝 68-81)41쪽.

④ **포도산(葡萄山)** : 일명 포담산(蒲潭山). 서북쪽 백두산까지 150리. 일본 사람이 대각봉이라 이름붙이고, 한국인은 남포태(南胞胎), 북포태(北胞胎)라고 하는데, 두 산이 서로 이어져 있기 때문이다. 남포태의 물은 서남쪽으로 흘러 포태하(胞胎河)·남계수(南溪水)·북계수가 되고, 이 세 강이 합쳐지는 곳이 검천강이다. 이것이 압록강의 남쪽 근원이다. 북태포의 물은 동쪽으로 흘러 홍단하(紅丹河), 규운수(糾雲水), 반교수(半橋水)가 되고, 이 세 물줄기가 합쳐지는 곳이 대랑하(大浪河)인데 도문강의 남쪽 근원이 된다. 산이 포도처럼 생겼는데, 모두 7봉우리이다. 필가(筆架), 만하(晚霞), 선장(仙掌), 잠두(蠶頭)는 남포도의 4봉우리이고, 마이(馬耳), 조양(朝陽), 와상(臥象)은 북포도의 3봉우리다. 높이 26리쯤 되고 둘레 90리쯤 된다.[185] 포태산을 포도산으로 바꾼 것이다.

⑤ **장군봉(將軍峰)** 일명 천산(天山). 포도산 서남쪽 조선 경내에 있다. 봉우리 꼭대기가 평평하고 둥근데 4변이 모두 돌로 되어 있다. 높고 험하고 생김새는 바리처럼 생겼다. 사람이 오르기 어렵고 한국의 명산이다.[186]

마천령산맥을 남강산맥으로 바꾸고, 여러 산 이름도 모두 바꾼다.

연지봉 → 학정봉, 포태산 → 포도산, 천산 → 장군봉

이처럼 모든 산을 철저하게 조사하여 새로운 이름을 붙인 것은, 목극등이 "서쪽은 압록강, 동쪽은 토문강(西爲押綠東爲土門)"이라고 했던 분수령을 바로 이 산맥에서 찾으려는 시나리오 때문이었다. 그 결과 조사단은 이 산맥 가운데 있는 포태산(포도산으로 바꾼 산)을 분수령으로 하여 동서로 물줄기가 갈라지는 새로운 국경선을

---

184) 이 상 두 산에 대해서는 劉建封(天池釣叟), 『長白山江崗志略』, 「長白山記」, 1908 (국립중앙도서관 朝 68-81)49쪽

185) 劉建封(天池釣叟), 『長白山江崗志略』, 「長白山記」, 1908 (국립중앙도서관 朝 68-81)58쪽.

186) 劉建封(天池釣叟), 『長白山江崗志略』, 「長白山記」, 1908 (국립중앙도서관 朝 68-81)59쪽.

만들어 낸다. 두만강은 1885년 주장했던 것과 거의 같지만 압록강 쪽은 아주 새로운 국경선이 만들어진다. 포태산이 분수령이 되었을 때의 "서쪽의 압록강(西爲鴨綠), 동쪽의 토문강(東爲土門)은 다음과 같이 나누어진다.

〈서쪽 압록강〉

남포태의 물 → 서남쪽으로 흘러 3강(포태하·남계수·북계수) → 검천강 → 압록강

〈동쪽 도문강〉

북포태의 물 → 동쪽으로 흘러 3강(홍단하, 규운수, 반교수) → 대랑하(大浪河) → 도문강

결국 이번 조사의 궁극적인 목표가 바로 이 국경선을 정하는 데 있고, 간도 문제의 해결은 청나라가 새로 조사해서 세운 국경을 다시 조사하여 새로운 정계비를 세워야 한다는 주장이다.

> 살펴보면, 두만강 하류의 북쪽 기슭 지방은 물산이 풍부하고 토지가 모두 비옥하기 때문에 일본과 한국이 침을 흘린 지 오래되었다. 그렇기 때문에 정계비를 없애 그 자취를 제거하였고, 간도라는 이름을 꾸며내 사람의 뜻을 어지럽게 한다. 그 속셈을 헤아릴 수 없는 것은 여자나 남자나 모두 아는 일이다. 이제 간도 문제를 판결하기 위해서는 먼저 두만강 상류 대랑하(大浪河)에서 성수거(聖水渠) 지방까지 국경선을 다시 현지 조사하여 다시 정계비를 세우는 것이 시작의 기본이다.[187]

끝으로 청나라 조사 담당자들이 목적을 위해서는 새로운 사실을 날조하는 것은 물론 서슴없이 역사를 왜곡하는 사례를 지적하고자 한다. 앞에서 본 〈⑥ 장군봉〉 설명을 보면 마지막에 다음과 같은 설명이 붙어 있다.

---

187) 劉建封(天池釣叟), 『長白山江崗志略』, 「長白山記」, 1908 (국립중앙도서관 朝 68-81)102~103쪽.

전하는 말에 따르면 봉우리 위에 옛날 전대(箭臺)가 있는데, 당나라 설인귀 동정(東征) 때 이곳에 이르러 고구려를 평정하고 그 위에 덕땅(臺)을 쌓았기 때문이다. 군중가(軍中歌)에서 "장군이 화살 세 대로 천산을 평정했다"는 것이 이산이 아니겠는가? 아니라면 왜 한국인들이 설장군봉(薛將軍峰)이라 부르겠는가! 봄가을에 올리는 제사는 과연 누구를 위해 올리는 제사인가?[188]

역사를 조금만 아는 사람은 고구려 멸망 당시 설인귀는 백두산은커녕 압록강 위로 올라간 적이 없다는 사실을 다 안다. 고구려 당시 이곳에는 군대도 없었고, 싸움도 없었다. 그런데 어떻게 설인귀가 이곳에 덕땅을 쌓았다는 말인가? 산 속에 사는 사람들이 산신에게 제사 지내는 것이 어떻게 생전에 들어보지도 못한 설인귀를 제사 지내겠는가? 더구나 7세기에 작명한 이름이 오랜 동안 사람이 살지 않았던 이곳에 1000년도 넘게 남아 있고, 또 주민들이 제사를 지내고 있다니 말이 되는 것인가?

장군봉이라고 붙인 이 산은 이미 '천산(天山)'이라는 이름이 있었다.[189] 바로 이런 이름을 가지고 "장군이 화살 세 대로 천산을 평정했다"는 고사를 인용하는 것도 한심한 역사인식이다. 여기서 나오는 천산에 대한 고사는 한나라 때 이야기다. 한(漢)나라 때 장군 이광(李廣)이 천산에 있는 흉노(匈奴) 우현왕(右賢王)을 공격하였고, 곽거병(霍去病)도 이곳에서 많은 흉노를 사로잡았다는 산[190] 이야기를 일컫는다. 조사단이 분명히 천산은 '조선 경내에 있다'고 했다. 국경을 마음대로 긋고, 이름도 마음대로 붙여 자기 영토인 양하고도 모자라, 스스로 조선 경내라고 한 산에 느닷없이 고구려 때 당나라 설인귀에서 한나라 고사까지 읊어대고 있는 것이다.

여기서 우리는 만주족이 중원을 쳐들어가 청나라를 세워 한족을 지배하면서 한족

188) 劉建封(天池釣叟), 『長白山江崗志略』, 「長白山記」, 1908 (국립중앙도서관 朝 (68-81) 59쪽.
189) 국현재 북한 지도에도 '장군봉'이라 쓰여 있다. 천산이란 이름을 되찾아야 한다.
190) 『사기(史記)』 이장군전(李將軍傳), 『한서(漢書)』 곽거병전(霍去病傳)

들에게 배운 안하무인의 태도와 필요하면 언제든지 역사를 왜곡하는 못된 태도를 유감없이 보게 되는 것이다.

4) 청나라가 날조한 압록강 쪽 국경

첫 장에서 본 1908년 국경 조사할 때 주의해야 할 6가지 사항 가운데 압록강 부분을 보면 다시 다음과 같다.

> ① 애강(曖江)과 포도강(葡萄江) 두 강의 합수머리를 압록강이라 한다. 반드시 여기서 기준점이 되어야지, 애강과 압록강을 혼동해서는 안된다.
> ⑤ 양국이 공동조사를 해서 반드시 국경 비석을 세워야 하는데 가장 중요한 지점으로 5곳을 조사해야 한다. ㉠ 대량하가 발원하는 곳, 즉 삼천안(三泉眼)지방, ㉡ 남강(南崗) 길(草道), 평원지방 가운데 한 곳을 고른다. ㉢ 성수거 발원지, 즉 성인부(聖人府) 근처, ㉣ 성수거가 포태하(胞胎河)로 흘러들어가는 곳, 포대하 서북 언덕에 세운다. ㉤ 애강과 포도하의 합수머리, 두 강의 사이에 세운다. 이상 다섯 곳은 모두 중요한 지점이고, 나머지 꼭 세워야 할 곳이 있으면 수시로 조사 결정한다.[191]

첫째, 애강은 압록강이 아니라는 것과 둘째, 성수거 발원지 등 3곳에 정계비를 세워야 한다는 매우 구체적인 지시가 내려진다. 1885년과 1887년의 국경회담에는 토문강과 두만강의 국경 문제에 집중되어 있었고 압록강은 거의 언급이 없다. 이것은 '압록강=국경'이라는 기본 인식에 큰 문제가 없다고 보았던 것이다. 그러나 두 나라의 압록강 국경에 관한 인식은 크게 차이가 나고 있었다.

조선 측에서는 목극등 백두산 정계비에서 시작되는 물줄기로 보고 있기 때문에

---

191) 李廷玉, 『長白設治兼分奉吉界線書』, 「中韓國界說」(楊昭全, 孫玉梅, 『中朝邊界沿革及界務交涉史料編』, 吉林文史出版社, 1994, 557쪽)

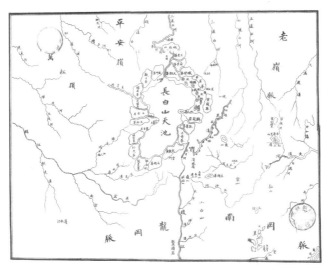

〈그림 12〉 1908년 청나라가 작성한 지도

논의힐 필요가 없다고 보았을 것이다. 그러나 청나라의 압록강은 한침 내려와서 시작되도록 새롭게 그리고 있었다. 우선 압록강 발원지 문제를 보기로 한다.

목극등의 지도를 보면, 박봉관(朴逢串)이라는 합수머리로 흘러드는 2개의 물줄기에 모두 '압록강원(鴨綠江源)'이라는 설명이 붙어 있다. 원래 목극등이 분수령이라 이름 붙이고 그곳을 발원지로 한 오른쪽은 목극등이 써 넣은 것이고, 왼쪽 발원지는 조선 측의 요구에 따라 나중에 추가한 것이다. 그런데 1908년 유건봉 일행의 지도를 보면 왼쪽 발원지는 거의 표가 나지 않고, 다만 목극등이 '압록강원'이라고 쓴 물줄기에다 대한하(大旱河)라는 새 이름을 붙였다. 박봉관에서 두 개의 압록강 발원 물줄기가 흘러내리는 강을 목극등 당시 속돌강(束乭江)이라고 했는데, 유건봉 이름은 애강(曖江)이라는 이름을 붙였다.

① **대한하(大旱河)** 삼기봉(三奇峰) 남쪽 기슭에서 나오는데, 도랑이 얕고 물이 없으며 모래와 돌이 많다. 장백산 기슭을 따라 서남쪽으로 6리쯤 가서 운문(雲門)에 이르면 다시 한 도랑이 합류해 남쪽으로 흐르다 남부(南阜) 30리쯤에서 시작되는 애강(曖江)으로 들어간다.

여기서 삼기봉, 운문, 대한하, 애강 같은 이름들은 모두 이때 새로 지은 이름이다. 삼기봉은 백두산 봉우리이고 운문은 올라가는 길목이다. 바로 그 삼기봉에서 발원한 물이 운문에서 나오는 물줄기와 합쳐 대한하를 이루었는데, 이 강이 바로 목극등의 '압록강원'이다. 그리고 이어지는 애강을 보자.

　② 애강(曖江) 대한하에서 발원한다. 그 발원처 동쪽에 태평천(太平川)이 있어 남
　　쪽으로 10리쯤 흐르다 동쪽에서 와 합쳐진다. 또 남쪽으로 내려가면 백수거(白水
　　渠)·은천구(銀川溝) 두 물줄기가 흘러 들어온다. 서쪽에서는 도엽진(桃葉津)·유음
　　계(柳陰溪) 두 물줄기가 흘러 들어온다. 다시 남쪽으로 내려와 포도하(葡萄河)와
　　합류하는데, 바로 압록강이다. 붕어(鮒魚), 잔 물고기(細鱗)가 난다.
　③ 태평천 남부(南阜) 동남 모서리에서 나와 서쪽으로 애강까지 4리쯤 된다. 하류
　　는 12리이고 애강으로 들어간다. 붕어(鮒魚)가 난다.[192]

이번 새로 이름을 붙인 애강은 목극등 때는 속돌강이었지만, 1908년 조사 때는 애호(愛滹)라고 불리고 있었다.[193] 애강에는 태평천, 백수거, 은천구가 흘러 들어오는데, 이 세 물줄기의 이름도 모두 이때 새로 지은 것이다.

압록강은 바로 이 애강과 검천강이 만나는 합수머리부터이다. 조사단이 굳이 여러 이름을 자세하게 붙이는 것은 그것이 압록강의 정류(正流)가 아니고 청나라 영토에서 압록강 정류로 흘러 들어오는 지류이기 때문이다. 그렇다면 청나라가 날조한 압록강의 정류란 어디인가? 앞에서 보았듯이 남포태산(새로 지은 이름 : 남포도산)에서 발원하는 성수거에서 시작하여 검천강을 통해서 압록강으로 이어지는 루트이다. 앞에서 포도산(포태산)을 설명할 때 보았지만 소위 분수령에서 압록강으로 흘

---

192) 劉建封(天池釣叟), 『長白山江崗志略』, 「長白山記」, 1908 (국립중앙도서관 朝 (68-81) 83쪽.
193) 한국인들도 말하기를 강의 원류가 둘 있는데, 하나는 검천강 다른 하나는 애호(愛滹)라고 한다. 조사해
　　보니 애호는 애강이고 검천강은 건주구이다. (劉建封(天池釣叟), 『長白山江崗志略』, 「長白山記」, 1908
　　(국립중앙도서관 朝 (68-81) 87쪽)

러가는 물줄기를 다시 보면 이렇다.

남포태산의 물(聖水渠) → 서남쪽으로 흘러 3강(포태하·남계수·북계수) → 검천
강 → 압록강

유건봉이 만든 압록강 정류의 발원지 성수거에 대해서는 다음과 같은 설명이 나
온다.

④ **성수거(聖水渠)** 남강(南崗)에서 발원하는데, 북쪽 칠성호(七星湖)와 4리쯤 떨
어져 있고, 성인묘(聖人廟) 앞에 있다. 서남쪽으로 50리 흐르다가 검천강(劍川江)
으로 흘러 들어간다.[194]

⑤ **검천강(劍川江)** 일명 포탈하(袍脫河). 남포도산 서남 기슭에서 발원한다. 서
남쪽으로 170리 흘러 애강과 합치는데, 바로 압록강이다.[195]

'성수거 → 검천강'을 거쳐 애하와 합쳐지는 합수머리부터 비로소 목극등이 이야
기하던 '서쪽은 압록강(西爲鴨綠)'이 시작된 아주 희한한 새 방정식을 고안해 낸 것
이다. 따라서 목극등이 이야기하던 압록강원은 정류가 아니라 지류가 되고, 국경과
는 관계가 없다는 것이다.

결론적으로 국경은 남포태산 → 성수거 → 3강(포태하·남계수·북계수) → 검천강 →
압록강을 이어지는 경계선이 되는 것이다. 이렇게 되면 압록강 쪽 영토는 목극등 때
보다 엄청나게 많이 잃게 되는 것이다. 당연히 삼지연(三池淵)도 청나라 영토가 되
기 때문에 조사단은 삼지연에 칠성호(七星湖)라는 새 이름까지 붙였다.

이처럼 마음대로 선을 긋고 새로 이름을 붙이고 하는 작업에다 앞에서 보는 바와

---

194) 劉建封(天池釣叟), 『長白山江崗志略』, 「長白山記」, 1908 (국립중앙도서관 朝 (68-81) 83쪽.
195) 劉建封(天池釣叟), 『長白山江崗志略』, 「長白山記」, 1908 (국립중앙도서관 朝 (68-81) 84쪽.

같이 여러 전설을 조작하여 역사를 왜곡하는데, 여기서도 설인귀 전설이 다시 등장한다. 검천강을 설명하고, 바로 이어서 다음과 같은 내용을 추가했다.

> 전하는 바에 따르면, 당나라 설인귀(薛仁貴)가 고구려를 평정하고 돌아가면서 이 강을 건넜는데, 군사들이 모두 전투복을 벗어 이 강 상류에서 씻었다고 한다. 지금 보태동(寶泰洞) 서하(西河) 기슭에 세포(洗袍)라는 곳이 있다(世傳 唐薛仁貴 平高麗歸 渡河 軍士各脫戰袍 洗於河上 至今 寶泰洞 西河崖 猶稱爲洗袍處).[196]

유건봉의 『장백산강강지략』은 당시 현지에서 모은 여러 민담들을 많이 모아놓아 좋은 자료가 될 수 있다. 그러나 이처럼 터무니없는 왜곡을 많이 하고 있기 때문에 스스로 신빙성을 읽고 있다. 그렇기 때문에 이 조사 결과를 인용할 때는 조사팀의 의도와 전체적인 흐름을 파악하고 해야지, 무턱대고 인용하면 똑 같이 역사를 왜곡하는 우를 범할 수 있다.

5) 청나라가 날조한 두만강 상류 국경

1885년과 1887년 국경회담 때 한국 측 이중하는 토문강을 주장하고 청나라 측은 두만강을 주장하는 힘겨루기를 서로 한다. 마지막에 청나라의 강압에 못이겨 두만강 원류를 가지고 따지게 된다. 그리고 마지막 결렬된 곳이 바로 홍토수와 석을수이다. 이중하는 홍토수를 주장하고, 청나라 측은 석을수를 주장했던 것이다. 그러나 이번 조사에서는 홍토수와 석을수 모두를 확실하게 차지하는 논리를 개발한다.

먼저 국경 조사할 때 주의해야 할 6가지 사항[197] 가운데 두만강 부분을 다시 한 번 보기로 한다.

② 도문강의 원류는 대랑하(大浪河)를 바른 물갈래(正派)로 한다. 석일하

---

196) 劉建封(天池釣叟),『長白山江崗志略』,「長白山記」, 1908 (국립중앙도서관 朝 68-81) 84쪽.

(石逸河)는 남쪽에 있고, 홍토구(紅土溝)는 북쪽에 있다. 두 강은 모두 작은 물줄기에 속하지만 절대로 다른 물갈래로 해서는 안되고 지류로 해야 한다. 더구나 대량하는 가운데 있으니 천연 경계로 가장 쉽게 감정할 수 있다.

③ 대량하 서쪽은 남강산맥(南崗脈)으로 이어지고 실제 물줄기를 찾을 수가 없다. 다만 남강산맥 서남쪽으로 성수거(聖水渠)가 흘러나와 압록강으로 흐르는데, 대량하와 물줄기가 갈라지는 분수령(犄角形)이 된다. 바로 국경을 말하는 것으로 압록강 동쪽, 도문강 서쪽으로 반드시 성수거를 중·한 국경으로 해야 한다.

④ 대량하와 성수거 중간에 남강(산맥)이 있는데 45리쯤 된다. 산맥은 평탄하고 대부분 소나무밭이다. 성수거에서 동쪽으로 장파(長派)까지는 도문강 남안을 거치는 옛길(草道)이 있다. 현재 일본인들이 전봇대를 세우는데, 원래는 중국인과 한국인이 인동 등지에서 동쪽에 있는 혼춘으로 넘어가는 길로 국경조사는 바로 이 길을 기준점으로 해야 한다.

⑤ 양국이 공동조사 해서 반드시 국경비석을 세워야 하는데 가장 중요한 지점으로 5곳을 조사해야 한다. ㉠ 대량하가 발원하는 곳, 즉 삼천안(三泉眼)지방, ㉡ 남강(南崗) 길(草道), 평원지방 가운데 한 곳을 고른다. ㉢ 성수거 발원지, 즉 성인부(聖人府) 근처, ㉣ 성수거가 포태하(胞胎河)로 흘러들어가는 곳, 포태하 서북 언덕에 세운다. ㉤ 애강과 포도하의 합수머리, 두 강의 사이에 세운다. 이상 다섯 곳은 모두 중요한 지점이고, 나머지 꼭 세워야할 곳이 있으면 수시로 조사 결정한다.

'동위토문'에서 '토문=도문강'이라는 전제 아래, 먼저 도문강은 어디서 시작되는가에 대해 새로운 논리를 준비했는데, 압록강에서 보았듯이 정류(正流) 또는 정

---

197) 李廷玉, 『長白設治兼分奉吉界線書』, 「中韓國界說」(楊昭全, 孫玉梅, 『中朝邊界沿革及界務交涉史料編』, 吉林文史出版社, 1994, 557쪽)

원(正源)이라는 논리를 사용한다. 두만강의 원류들이 여러 갈래이다. 그런데 어떤 줄기를 정류로 보느냐에 따라 큰 차이가 난다. 1887년 회담 때 마지막까지 있었던 논란도 결국 이 정류에 관한 논쟁이었다. 청나라는 석을수가 정류라 하고, 조선은 홍토수를 정류라고 한 것이다.

조선에서 주장하는 홍토수가 정류가 되면 석을수는 조선 영토에서 흘러드는 지류가 되는 것이고, 청나라에서 주장하듯 석을수가 정류가 되면 청국 영토에 있는 홍토수가 지류가 되는 것이다.

당시 조선의 이중하가 토문강을 강하게 주장하자 청나라에서는 두만강에서도 한참 아래인 서두수를 두만강 원류를 들고 나와 강압적으로 밀어붙였다. 다시 말해 서두수가 정류이고, 이렇게 되면 서두수 이북이 모두 청나라 땅이 된다. 너무 엄청난 강압에 밀려 이중하는 결국 최후의 보루로 홍토수를 정류로 들고 나왔고 결국은 결렬되고 만다.

1908년 유건봉 팀의 조사에서는 대랑하를 정원(正源)으로 삼는다.

> 도문강(圖們江) : 바로 토문 색금(色禽)이다(색금이란 강의 발원지란 뜻이다). 중·한 및 연해주의 국경 강이다. 상류의 정원(正源)은 대랑하이다. 동쪽 홍단하와 만나는 곳이 도문이란 이름의 시작이다.
>
> 살펴보면, 토문(土門)과 도문(圖們)은 글자는 다르나 음은 같다. 전음된 것이 틀림없다. 동으로 흐르는 줄기와 홍기(紅旗)·서두(西豆) 두 물줄기가 만나는 곳을 '삼강구(三江口)'라 부른다. 대개 한국 이름은 '서두수'는 바로 옛날 '두만강'이고, 중국의 이름 '홍기하(紅旗河)'는 바로 옛날 '소도문강'이다.[198]

이 내용을 보면 새로 나온 강 이름들이 너무 많아 혼란스럽기 때문에 새로 지은 이름들을 정리하고 넘어가기로 한다.[199]

---

198) 劉建封(天池釣叟),『長白山江崗志略』,「長白山記」, 1908 (국립중앙도서관 朝 (68-81) 91쪽.

① **대랑하(大浪河)** : 남강(南崗)에서 발원한다. (남강) 서남쪽의 성수거와 모서리 (부수령)를 이루는데, 모두 아주 큰 샘이 3개이고 실제 두문강의 원류이다. 동북 하류 60리에서 홍단하와 합쳐지는데 도문강의 시작이다.

② **석일하(石逸河)** : 남강에서 발원한다. 동북에 있는 대량하와 10리쯤 떨어져 있다. 하류 30리에서 대랑하로 들어간다.

③ **홍토구(紅土溝)** : 포고리산(布庫里山) 남쪽에 있다. 노령에서 발원하여 동남 10리 남짓 흘러 약류하와 만나 대랑하로 들어간다.

④ **약류하(弱流河)** : 포고리산 동쪽에 있다. 노령에서 발원하여 남쪽으로 25리를 흘러 대랑하로 흘러 들어간다.

⑤ **홍단하(紅丹河)** : 포도산에서 발원하는데 물줄기가 크다. 동북으로 흘러 60리 되는 곳에서 대랑하와 합쳐 흐른다

⑥ **소칠도구(小七道溝)** : 남쪽으로 대랑하로 들어간나.

⑦ **반선구(伴仙溝)** : 물은 노령(老嶺) 앞의 작은 산등성이에서 나와 약류하에서 동쪽으로 쯤 되는 곳에서 대랑하로 들어간다.

⑧ **규운수(紏雲水)** : 북포도산 북서쪽에서 발원하는데, 물줄기가 아주 좁게 대랑하로 들어간다.

여기서 ⑤ 홍단하를 뺀 7개를 모두 새로 작명한 것이다. 그렇기 때문에 처음 이 책을 본 사람은 무조건 그 이름을 따르다가는 큰 잘못을 저지를 수 있다. 여기서 우리는 1885년과 1887년 국경회담 때 크게 논의되었던 두 강은 모두 이름을 바꾸었음을 알 수 있다. 새 이름을 붙일 때는 이미 있었던 본디 이름(俗名)을 밝혔는데, 여기서는 그것조차 빼버렸다.

③ 홍토구(紅土溝) = 원래 석을수(石乙水)

---

199) 劉建封(天池釣叟), 『長白山江崗志略』, 「長白山記」, 1908 (국립중앙도서관 朝 68-81) 88쪽.

④ 약류하(弱流河) = 원래 홍토수(紅土水) 또는 홍토산수(紅土山水)

뿐만 아니라 석을수라는 이름을 비슷한 이름으로 바꾸어 원래 석을수보다 하류의 강에서 이름 붙여버리기도 하였다.

> 일본인 모리타(守田) 씨는 도문강은 장백산 남쪽 기슭에서 발원하고, 분수령 동쪽 기슭이 토문색금(土門色禽)이며, 물줄기는 두 개의 발원지로 나뉘는데, 남쪽은 석을수이고, 북쪽은 하을수(下乙水)라고 했는데, 대체로 '석을'은 '석일하(石逸河)', '하을'은 '대랑하'를 말하는 것으로 홍토구는 도문강의 발원지가 아니다.[200]

홍토수와 석을수에서 벗어나기 위해 얼마나 잔재주를 부렸는지 알 수 있는 대목이다. 나중에 더 보겠지만 두 강은 이름만 바뀐 것이 아니라 청나라 조정 선조의 발상지로 변하고, 상류가 아닌 지류로 변해버린다. 결국 도문강의 정류는 대랑하(大浪河)로 만들어 홍토수와 석을수가 만나서 내려오는 물줄기는 두만강 상류가 아니고 청나라 땅에서 두만강으로 흘러 들어오는 지류로 만드는 작업을 하였다는 것을 알 수 있다.

여기서 나오는 ⑤ 홍단하 ⑦ 반성구 ⑧ 규운수가 모두 대랑하에 흘러들어가 도문강을 이룬다. 앞에서 나온 포도산(포태산) 설명에서 두만강 설명을 보면 그것이 분명하게 나타난다.

〈동쪽 도문강〉

북포태의 물 → 동쪽으로 흘러 3강(홍단하, 규운수, 반교수) → 대랑하(大浪河) → 도문강

---

200) 劉建封(天池釣叟), 『長白山江崗志略』, 「長白山記」, 1908 (국립중앙도서관 朝 68-81) 98쪽

따라서 두만강쪽 국경은 남강산맥의 포도산(포태산)에 있는 분수령 → 대량하 → 홍단하 → 두만강이 된다. 결론적으로 목극등이 말하는 〈동위토문(東爲土門)〉이란 바로 홍단하부터 시작되었다는 것이다. 이것으로 조사 전에 했던 주의사항에 들어맞는 결과를 정확하게 만들어냈던 것이다.

6) 한·청 국경회담에서 대립된 '홍토수가 청의 발상지(發祥地)'라는 날조

1908년 조사에서 한 가지 특이한 것은 1887년 최고의 논쟁 대상이었던 홍토수와 석을수 근방에는 홍토산과 원지(元池)를 청나라 황제 조상이 태어난 발상지로 만들었다는 것이다.

① 살펴보면, 오늘날 이름 홍토산(紅土山)은 바로 옛날 장백산 동쪽에 있는 포고리산(布庫里山)이다. 오늘날의 이름 원지(元池)는 바로 옛날 포고리산 아래 있던 포이호리(布爾湖里)이다. 우리 조정의 조상이 처음 태어난(發祥) 곳은 바로 여기다. 지금 한국에서는 홍토수를 토문강이라고 우기고 있는데, 이것은 우리의 근거지를 몰래 침략하려는 것이다. (이전에 한국의 왕이 사람을 보내 이 산을 조사하여 지도를 만들고 이곳에 무덤을 쓰려고 사람을 데리고 와 천막을 친 것을 두 번이나 막아 돌아가게 했다.) 한국 사람들은 싸우고, 일본 사람들은 도우니 실로 무리한 난동의 극치라고 하지 않을 수 없다.

살펴보면, 포고리산 아래 포고호리(布庫湖里)는 나라를 세운 황제의 조상이 처음 태어난 곳(發祥地)이다. 그 산천 형세가 신령하고 빼어나 국내외에 널리 알려져 있다. 특이한 물건이 나고 확실한 증거가 있다. 대개 붉은 과일이 나는데 다른 곳에서는 나지 않는 것이다. 이와 같은 전설은 오래된 것이며, 또한 내가 직접 보고 직접 맛본 것으로 실제 파악한 부분이다.[201]

---

201) 劉建封(天池釣叟) , 『長白山江崗志略』, 「長白山記」, 1908 (국립중앙도서관 朝 68-81) 95쪽.

원지와 홍토산이 있는 물줄기는 홍토산이 있다고 해서 홍토수였다. 그런데 갑자기 그 이름이 전혀 새로운 이름으로 바뀐 것이다. 그리고 오히려 한국 측이 사람을 보내 무덤을 쓰려고 했다는 등 억지 이야기를 만들어내고 있다는 것을 알 수 있다. 새로 작명한 이름에 대한 설명을 더 자세히 보자.

② **포고리산(布庫里山)** : 본디 이름은 홍토산인데, 산에 붉은 흙[紅土]이 많기 때문이다. 서북쪽 80리 떨어진 곳이 장백산이고, 높이는 2리 남짓 된다.

③ **포이호리(布爾湖里)** : 만주어. 본디 이름은 원지(元池)다.[202] 장백산 동쪽에서 첫 번째 이름이 붙은 호수이기 때문이다. 면적은 2리 남짓 되고, 많은 소나무로 둘러싸여 있어 항상 해를 가리고 있다. 물은 맑고 얕으며, 1년 내내 마르지 않는다.

전해 내려오는 바에 따르면 천녀(天女)가 호수가에 내려왔는데, 붉은 과일을 삼키고 성자(聖子)를 낳았는데, 나중에 삼성패륵(三姓貝勒)이 된다. 이 사실이 우리 조종의 발상(發祥) 시초이다(자세한 내용은 『팔기통지(八旗通志)』 참조).[203]

본디 이름이 분명히 있는데, 어떤 뚜렷한 목적을 가지고 그 이름을 바꿔 다른 이름을 붙인 것이다.

홍토산(紅土山) → 포고리산

원지(元池) → 포이호리

새로 만든 두 산과 지명의 본디 이름은 모두 분명한 뜻과 유래를 지니고 있다. 붉은 흙이 많아 홍토산이고, 백두산에서 첫 번째 못이라 원지가 된 것이다. 그런데 고

---

202) 1887년 공동조사 때는 원지(圓池)라고 하였다. 원래 元池라고 했는데 으뜸 원(元)자를 쓰면 그 자체가 두만강의 원 줄기라는 뜻이 되기 때문에 둥글 원(圓)자로 바꾼 것이다.

203) 劉建封(天池釣叟) , 『長白山江崗志略』, 「長白山記」, 1908 (국립중앙도서관 朝 68-81) 54~55쪽.

고학적으로 아무런 유물도 나오지 않았고, 더구나 그 주변에는 사람이 살지 않았던 터라 예부터 내려온 전설도 없는데 이처럼 아무런 증거도 없이 무작정 이름을 붙인 것은 국경 분쟁에 유리한 고지를 점하기 위해 조작한 선택일 뿐이다.

청나라는 1616년에 나라를 세워 1912년 296년 만에 멸망한다. 1644년 북경에 수도를 세워 전 중국을 지배 아래 두고, 그 뒤 33년이 지난 1677년 처음으로 무묵눌(武默訥)을 보내 백두산을 찾게 한다. 비로소 뿌리를 찾기 시작하였던 것이다. 그러나 무묵눌은 백두산에 하루밖에 머물지 못하고 돌아갔다. 그 뒤 백두산에 제사를 지내기 시작하였으나 백두산을 직접 가지 않고 현재 길림시에서 망제(望祭)를 지냈다.

그리고 청나라가 선 지 100년이 다 되어가는 1712년 목극등이 처음으로 백두산을 남쪽으로 올라 두만강 지역을 답사하면서 바로 이 지역을 지나간다. 만일 이 원지와 홍토산이 정말 청나라의 발상지라면 목극등은 반드시 그곳에서 제사라도 올리고 갔어야 한다. 그러나 그는 바로 원지 옆을 지나가면서 그냥 지나쳤다. 그때까지 원지는 청나라 발상지와 아무 상관이 없었다는 결정적인 증거이다. 1908년 보고서에는 자주 목극등이 등장하는데, 바로 이 발상지 문제에서도 빠지지 않고 언급된다.

> 무릇 약류하는 포이호리 동쪽에 있다. 만일 이것을 국경 강으로 한다면 황제의 조
> 상이 태어난 곳(發祥地)이 우리 것이 못된다. 당시 목극등이 아무리 어리석다고 해
> 도 어찌 감히 개국한 땅(肇基重地)을 다른 나라 사람에게 팔짱끼고 바치지는 않았
> 을 것이다. 만일 그랬다면 천고의 못된(不肖) 신하가 되는 것이다.[204]

목극등은 어리석어서 청나라 발상지를 무시하고 다른 나라에 팔장 끼고 바친 것은 아니다. 자기 마음대로 분수령도 만들고 강도 만드는 무소불위의 권력을 휘저었던 목극등이 무엇이 무서워서 자기 조정의 발상지를 다른 나라에 바치겠는가? 목극

---

204) 劉建封(天池釣叟), 『長白山江崗志略』, 「長白山記」, 1908 (국립중앙도서관 朝 (68-81) 96쪽

등에게 홍토산이나 원지는 청나라 조정의 발상지가 아니었던 게 분명하다.

1716년에도 청나라 조정에서 백두산을 왔고, 처음으로 달문을 보게 되었으나 원지나 홍토산에는 왔다는 기록이 전혀 없다. 그들은 원지를 발상지로 보지 않았기 때문이다.

청나라가 누루하치의 전사(前史)를 기록한 것은 1774년(건륭 39년) 아계(阿桂), 양국치(梁國治), 화곤(和坤) 같은 사람들이 『황청개국방략(皇淸開國方略)』이란 책을 편찬하기 시작하면서부터이다. 그리고 1785년 장백산(長白山)을 청조(淸朝)의 발상지라며 묘당을 세웠고, 1786년(건륭 51년) 『황청개국방략(皇淸開國方略)』이 완성된다. 이 책의 머리글에 「발상세기(發祥世紀)」가 있는데, 비로소 청국 황제 시조의 신화가 완성된다.

장백산은 높이가 200리 남짓 되고, 1000리 남짓 뻗쳐 있다. 산꼭대기에 연못이 있어 이름을 달문(闥門)이라고 하는데, 주위가 80리다.

하루는 천녀(天女) 3명이 내려와 못에서 목욕을 했는데, 맏이는 은고륜(恩古倫), 다음은 정고륜(正古倫), 막내는 불고륜(佛古倫)이라 하였다. 갑자기 신작(神鵲)이 붉은 과일을 물어다가 떨어뜨렸는데 막내가 주워서 삼켰다. 목욕을 마치고 옷을 챙기다가 문득 몸이 무거워진 것을 느껴 날아서 하늘에 오를 수가 없었다. 두 언니가 말하기를, "네가 이미 임신을 한 것이니, 이는 천명(天命)과 관계된다. 분만하기를 기다려서 기른 뒤에 비로소 돌아와야 한다"라고 하고는 마침내 구름 속으로 솟구쳐 올라갔다.

불고륜은 바위 굴 속으로 들어가서 조용히 거처하다가 때가 되어 한 남자 아이를 낳았는데, 귀가 크고 이마가 넓었다. 겨우 10살 지났으나 보통 사람과 다르게 장대하였다. 천녀가 작은 배 하나를 얻어서 모자가 함께 타고 물을 따라 삼성계(三姓界) 물가에 이르러 아이를 언덕에 두고 말하기를, "네 성(姓)은 애신각라(愛新覺羅)이고, 이름은 포고묵옹순(布庫默雍順)이다"는 말을 마치고 가볍게 날아 하늘로 올라가 버렸다.

이때 삼성(三姓)에서는 서로 어른이라고 다투어 결정하지 못하고 있었는데, 이 아이가 단정히 앉아 있는 것을 보고는 그 까닭을 묻고 서로 전하여 말하기를 신(神)이라고 하면서 맞이하여 삼성(三姓)의 어른을 삼았으니, 이이가 청나라 사람의 시조가 되었으며, 추존하여 조조 원황제(肇祖原皇帝)라고 한다.[205]

나라가 선 지 160년 만에 백두산에 묘당을 세우고 시조의 신화까지 완성되었으나 어디에도 그 정확한 위치가 나와 있지 않는다. 이때까지도 시조의 탄생지를 찾지도 못했고, 그럴 계획도 없었던 것이다. 여기서 우리는 유건봉이 이곳을 발상지라고 보는 유일한 증거를 보게 된다. 바로 신작이 물고 왔다는 붉은 열매가 난다는 점이다. 그러나 붉은 열매가 어찌 이곳에서만 나겠는가? 이곳에 나는 열매라면 백두산 어디서나 볼 수 있는 열매를 가지고 증거라 하니, 황당하기 그지없는 논리이다. 마치 산에 올라가 진달래 피는 곳이 우리 선조 무덤이라 하는 것과 같은 이치이다.

그리고 또 100년, 1885년과 1887년 한중 국경회담이 열리고 철저하게 측량까지 했으나 어디에도 원지와 홍토수가 청국의 발상지라는 기록이 없다. 그것은 유건봉의 책에서도 잘 나와 있다.

⑦ 살펴보면 대랑하와 성수거 두 강이 나누어 흐르는 물줄기는 실제 중·한의 국경이다. 그런데 광서 11년(1885) 파견원이 합동으로 조사한 뒤 지금까지 20년이 넘었지만 아직 판결이 나지 않았다. 한인(韓人)의 마음을 살펴보면, 중국의 조종 선조의 발상지라는 것을 분명히 알면서도 고의로 생떼를 써서 장차 이곳을 양국의 간전(間田)으로 혼작(混作)하려는 것이다. 우리나라 정부도 경계가 아직 결정되지 않았기 때문에 행정상 설치를 할 생각을 않고 지금까지 황무지로 놔 누고 아무것도 배치하지 않았다.[206]

---

205) 『정조실록』 23권, 11년(1787) 2월 25일, 「동지 서장관 이면긍이 황제의 근황 등에 대해 별단을 올리다.」
206) 劉建封(天池釣叟), 『長白山江崗志略』, 「長白山記」, 1908 (국립중앙도서관 朝 68-81) 100-101쪽.

회담이 결렬되자 청나라 정부도 아무 조치를 취하지 않았다는 것이다. 만일 정말 이 조사에서 청나라 발상지라는 것이 밝혀졌다면 20년 동안 아무 조치를 취하지 않고 버려두지는 않았을 것이다.

이 문제가 심각하게 등장한 것은 1907년 일본이 간도는 조선 땅이었다는 주장을 하면서 원래 간도 땅은 조선 건국자의 발상지이고, 청나라 땅이 아니라고 주장했기 때문이다. 당시 청국에 보낸 일본 측 주장 13점 가운데 10점의 내용을 보면 다음과 같다.

제10점. 한국의 조선조가 경원(慶源)의 대안(對岸) 지방에서 발상(發祥)한 것은 역사상 사실이다. 나중에 점차로 남하했다고 하지만 그 강북 일대의 땅은 그 이전에 이미 조선조의 판도에 들어있던 것은 명백하다.

청조(淸朝)가 일어나서 실제로 여진부락을 정복한 일은 있지만 그 목적은 그 인민을 수용하여 이들을 흥경(興京) 지방으로 옮기려는 데 지나지 않았고, 그 땅을 버리고 돌보지 않은 것은 사서(史乘)에 명확히 기록되어 있다. 그러므로 청 정부가 이를 정복했다고 해서 두만강 북쪽이 모두 그 판도에 들어간다는 것은 부당하다.[207]

이때 청나라 정부의 대답을 보자.

제10점. 조선조의 기원지는 고려의 전주이고 목조(穆朝)가 잠시 알동(斡洞)으로 옮겨 산 사실이 있으나, 알동은 지금의 포시에트로, 간도와는 풍마우불상급(風馬牛不相及)으로 서로 미치지 못하는 지방이다. 또 도문강 북쪽인 혼춘 등은 원나라 영토였고, 명나라 땅은 조선과 강을 구획하여 경계를 이루고 있던 사실이 있다.

청조(淸朝)의 기원지는 악다리(顎多哩), 즉 지금의 돈화현이고, 간도에서 떨어

---

207) 篠田治策, 『白頭山定界碑』, 樂浪書院, 1930. (2000년 경인문화사 영인) ; 시노다 지사쿠 저, 신영길 역, 『간도는 조선 땅이다. 백두산정계비와 국경』, 지선당, 2005, 258~259쪽.

지기가 서쪽으로 약 200 청리(淸里)에 지나지 않아 간도가 청국 전래의 영토라는 것은 의심할 여지가 없다. 또 청조가 와이객(瓦爾喀) 등지를 정복한 것은 갑국이 을국을 강제 합병하는 예에 합당한 것으로 간도가 청국 영토임은 한 점도 의심할 여지가 없고, 그 정복의 목적이 백성을 수득(收得)하는 데 있었지 땅을 점령하는 데 있지 않았다고 말하는 것은 전혀 억측이다.[208]

바로 이것이 1908년 유건봉 일행이 백두산 근방을 조사하기 직전에 청나라 정부가 일본에 보낸 공문이다. "청조(淸朝)의 기원지는 악다리(顎多哩), 즉 지금의 돈화현이다"고 한 것이 당시까지의 진실이다. 물론 이것도 무엇을 근거로 하는지 분명하지 않다. 사실 돈화현도 봉금이 풀리기 전까지는 무인지경이었기 때문에 무슨 근거가 남아 있을 수 없다. 분명한 것은 유건봉 일행이 1908년 포고리산과 포이호리를 청나라 발상지라고 날조할 때까지 이곳은 절대 발상지가 아니었다는 것이고, 결론적으로 유건봉은 이 거짓 사실을 날조했다는 것이 분명해진다.

청나라가 나라를 세운 지 292년 만에, 청나라가 멸망하기 4년 전에야 갑자기 청나라 건국자 시조의 발상지가 아무 근거도 없이 지정되는 희한한 일이 일어났다. 국가적 차원에서 벌인 조사에서 이처럼 아무렇지도 않게 역사를 조작하고, 사실과 전혀 다른 것을 마음대로 만들어내는 사례는 세계사에 매우 드문 일이 아닐 수 없다.

3. 청국의 백두산 국경 날조와 역사 왜곡의 계승

이상에서 보는 바와 같이 1908년의 조사는, 당시 청나라와 일본 간에 벌어지던 간도 문제를 청나라가 새로운 대안을 만들기 위해 분명한 목적을 가지고 진행했던 작

---

208) 篠田治策, 『白頭山定界碑』, 樂浪書院, 1930. (2000년 경인문화사 영인) ; 시노다 지사쿠 저, 신영길 역, 『간도는 조선 땅이다. 백두산정계비와 국경』, 지선당, 2005, 263~264쪽.

업이라는 사실을 알 수 있다.

첫째, 목극등의 백두산 정계비는 소백산에 있던 것을 옮긴 것이고, 소백산에서 훨씬 더 내려간 포태산 분수령을 중심으로 압록강에서 두만강까지 10개의 십자국경비(十字界碑)가 따로 있었다는 주장이다. 그러나 이런 주장을 뒷받침할 증거를 단한 가지도 대지 못하였으며, 결국은 청국이 원하는 대로 선을 백두산에서 포태산으로 끌어내려 긋고, 거기에 맞는 이야기를 거짓으로 만들어낸 것이다.

두 번째, 백두산 정계비에서 토문강으로 이어지는 흙무지·돌무지를 목극등 이전에 이미 각라오목눌(覺羅吳木訥)이 쌓았다는 주장은 너무 황당하여 웃음이 나올 정도이다. 각라오목눌의 '봉장백산기(封長白山記)'를 한 번만 읽어 보면 바로 거짓말이라는 것이 드러나는데, 이를 태연하게 주장하는 청국 조사관들의 태도가 참 안쓰럽기까지 하다.

세 번째, 차령산맥 주변의 산과 강 이름을 새로 짓고, 이름의 유래에 대한 역사를 왜곡하는 것은 청나라가 주변 국가의 영토를 침범하는 전형적인 방법이다. 즉 이미 한국 땅에서 불려오던 한국 이름을 〈연지봉 → 학정봉〉, 〈삼지연 → 칠성호〉, 〈포태산 → 포도산〉, 〈검천 → 포도하〉, 〈애호강(愛滹江) → 애강(曖江)〉, 〈천산 → 장군봉〉. 〈대각봉 → 용산〉 따위로 바꾸고 이어서 청나라 사람들을 그 땅으로 옮기는 것이다. 이 문제는 1907년 처음 국경 조사를 시작할 때의 주의사항 "⑥ 국경비 터를 조사하는 것은 백성을 옮기고 경비를 늘려 속히 설치하는 것이 가장 중요하다"고 한 설정과 딱 들어맞는 수순인 것이다.[209]

아울러 지명 두 곳(천산, 검산)에 1000년도 훨씬 넘은 당나라의 설인귀 전설을 덧

---

209) 대체로 성수거 남쪽 40리 밖에는 한국민들이 적지 않고, 성수거 북쪽과 서쪽 50리 밖에는 사냥꾼 두 집 뿐인데, 한 집은 신민둔(新民屯)에 사는 서영순(徐永順) - 별명은 서단자(徐單子)이다-, 한 집은 소백산에 사는 서(徐) 씨 성을 가진 사람(서단자의 종가)이다. 현재 소백산에 사는 한 집은 일본 사람들이 한국 사람들을 쫓아내려고 여러 차례 집에 불을 지르는 등 몰래 돕고 있다. 포도산 아래 있는 십자정계비(十字界碑)가 한국인들에 의해 훼손되어 없어진 것은 사실 중국인들이 적기 때문에 생긴 일이므로, 백성을 옮기고 경계를 늘리는 것은 변경에서 가장 먼저 해야 할 일이고 절대 미룰 수 없는 일이다.

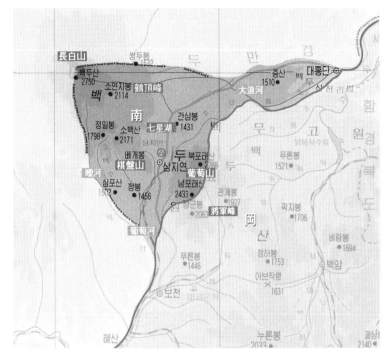

〈그림 13〉 현재 북한에서 사용하는 지도에 유건봉 일행이 날조한 지명과 국경을 대입해 본 것이다. 백두산은 물론 현재의 삼지연군이 통째로 중국 영토가 된다.

붙인 것도 전형적인 수법이다. 만주를 다니다 보면 이런 설인귀의 전설이 수없이 많다. 장백현의 발해 영광탑 앞, 대련 대흑산산성 등 설인귀는 도저히 갈 수 없는 곳에 고구려를 무찌르는 설인귀의 무용담이 버젓이 살아 있다. 설인귀가 백두산을 왔다는 이야기는 스스로 역사를 희극으로 만드는 저급한 역사왜곡이다.

네 번째, 1885년과 1887년 국경회담에서 첨예하게 대립되었던 홍토산과 원지(元池, 나중에 圓池)가 청나라 황제의 조상이 태어난 땅(發祥地)이란 날조는 어떻게 보면 이해가 가는 부분이 있다. 나라를 세우고 300년이 지나 멸망을 4년 앞둔 당시까지 아직도 발상지를 찾아내지 못한 청나라가 늦었지만 황제 조상이 태어난 땅을 찾는 노력은 참으로 가상하다. 그러나 아무런 증거도 없는 호수와 산을 영토를 빼앗기 위해 발상지라고 황제의 선조까지 팔아먹는 일은 아무리 생각해도 씁쓸하다.

이상에서 본 1907년 청나라가 그린 시나리오의 핵심은 분수령을 포태산으로 하고, 그곳에서 "서위압록(西爲鴨綠) 동위토문(東爲土門)"을 만들어 내는 것이었다. 그렇게 되면 서위압록은 '남포태산의 물 → 서남쪽으로 흘러 3강(포태하·남계수·북계수) → 검천강 → 압록강'이 되고, 동위토문은 '북포태산의 물 → 동쪽으로 흘러 3강(홍단하, 규운수, 반교수) → 대랑하(大浪河) → 도문강'이 된다. 그렇게 되면 당시 가장 큰 문제였던 토문강 문제도 해결되고, 한 발 더 나아가 '압록강-백두산-두만강'이었던 국경은 '압록강-포태산-두만강' 국경이 되어 백두산을 한국 영토에서 완전히 제외시킬 수 있었기 때문이다. 좀 더 정확하게 현재의 지도를 가지고 확인해 보면 백두산은 물론 연지봉(鶴頂峰), 소백산, 삼지연(七星湖)을 포함한 현재의 양강도 삼지연군이 몽땅 청나라 땅으로 넘어가 버리는 무서운 시나리오였던 것이다.

이 장의 목적은 청나라가 날조한 당시 시나리오를 밝히고, 그 잘못을 지적하는 데 그치는 게 아니라, 현재 중국이 이처럼 저급한 청나라 관리들의 시나리오를 다시 꺼내 한중 국경 문제를 해결하는 교과서로 사용하려는 중국의 의도를 밝혀, 한국 학계가 이에 대비해야 한다는 우리 학계의 자각을 촉구하는 데 있다.

2002년 7월 24일, 「길림성 2차 장백산문화 연구토론회」 총결산 발언에서 바로 이 1907년 조사를 담당한 유건봉(劉建封)에 대한 새로운 역사적 가치부여 작업을 시작한다. 다시 말해, 유건봉이 장백산을 답사한 정신과 역사적 의의가 무엇인지, 유건봉 정신의 시대적 의의는 어디에 있는지를 명확히 하는 것이 현재 중국 학자들의 사명이라며, 다음과 같이 6가지 정신을 제출한다.[210]

① 박학다재(博學多才)의 학문적 의지
② 어려운 일을 몸소 부지런히 하는 태도
③ 변경 정세에 정통하고 두루 조사하는 자세
④ 백성을 걱정하고 바른 정치를 하는 관리의 인품
⑤ 한 치 땅이라도 반드시 싸우는 애국정신

---

210) 『社會科學戰線』(161期), 2008.

⑥ 옛 것을 거울삼아 오늘을 바라보며, 옛 것을 바탕으로 새 것을 세우는 기백

마치 고대의 신라 화랑들이 받았던 화랑 5계처럼 대단한 각오를 하고 있다는 것을 알 수 있다. 그리고 2008년 유건봉이 '인류 발생 이래 최초로 전면적이고 과학적으로 장백산을 답사한' 100주년을 기념하는 대대적인 기념사업을 펼친다. 유건봉이 후세에 남긴 귀중한 문화유산과 정신적 재산을 이어받기 위해 유건봉이 조사했던 루트를 답사하는 것이다.

▶ **기　간** : 2008년 5월 28일 ~ 6월 28일(7일 간)
▶ **참가자** : 길림성장백산문화연구회(吉林省長白山文化研究會) 회장 장복유(張福有) 인솔, 부회장 조보명(曹保明), 비서장 양금(梁琴), 부비서장 주장경(周長慶)
▶ **행　사** : 유건봉이 당시 장백산 노선을 따라가며 역사와 조사 상황을 회고한다. '유건봉 장백산 답사 100주년 기념 연구토론회'를 준비한다.

이처럼 현재 중화인민공화국에서는 1908년 백두산을 전면적으로 조사한 유건봉을 영웅으로 만들며, 집체적인 연구에 총력을 기울이고 있는데, 그 중심에는 길림성장백산문화연구회(吉林省長白山文化研究會)가 있다.

목극등 → 유건봉 → 장복유[211]로 이어지는 맹목적 애국심을 바라보며, 한국 학계와 한국 정부는 백두산과 북방 국경 문제를 어떻게 해야 할 것인지 심중히 논의하고 대비해야 할 것이다.

---

211) 회장인 장복유는 길림성 선전부 부부장이고, 동북공정 전문가위원회 위원이고, 길림성사회과학원 부원자이고, 『동북사지』 사장이다. 자세한 것은 서길수, 「중화인민공화국 동북공정 5년의 성과와 전망」『고구려연구』(29), 2007, 27~29쪽 참조

4. 1909년 간도협약 체결 과정과 내용

1) 간도협약 체결 과정

19세기 말에서 20세기에 들어서면서 동아시아는 제국주의 침략과정에서 큰 변화가 일어난다. 1894~1895년 청(清)나라와 일본이 조선의 지배권을 둘러싸고 벌인 청일전쟁 결과 일본이 승리하면서 일본의 대륙침략이 본격적으로 시작된다. 1897년 조선은 대한제국을 선포하고 고종이 황제로 즉위한다. 그러나 1904년 일본과 러시아가 한국을 놓고 각축을 벌이다가 일어난 러일전쟁에서 승리한 일본은 드디어 1905년 을사늑약을 체결하여 한국의 외교권을 완전히 빼앗아가버렸다.

이런 상황에서 1906년 10월에 대한제국 정부는 공문으로 통감 이토 히로부미(伊藤博文)에게 간도에 사는 한인을 보호해 달라고 요청했다. 이런 의뢰를 받은 일본은 1907년 8월 간도에 통감부 간도파출소를 설치하는 한편, 북경 주재 일본 공사를 통하여 청국 정부에 간도 영유권 문제가 오랫동안 해결을 보지 못하고 있으나 이 지역 한인의 생명과 재산을 보호하기 위하여 일본이 관리를 파견한다는 취지의 성명을 발표하였다. 이렇게 하여 일본이 대한제국을 대신하여 간도 영유권 문제에 개입하게 되었다.[212] 간도파출소 설치 때부터 간도협약을 체결할 때까지의 과정은 모두 3기로 구분할 수 있다.

1기 : 간도파출소 설치를 청나라에 통고한 날(1907년 8월 19일)부터 일본 정부가 청나라에 주재한 일본 공사에게 정책 전환을 훈령한 1908년 4월 7일 이전.

2기 : 정책전환을 훈령한 이후부터 일본이 청나라에 동삼성육안(東三省六案)을 제시한 1909년 2월 6일 이전.

3기 : 동삼성육안을 제시한 때부터 간도협약을 체결한 1909년 9월 4일까지.[213]

---

212) 노영돈, 「간도 문제와 국제법」, 『한국의 북방 영토』, 백산자료원, 1998, 160쪽.
213) 이일걸, 「간도협약과 간도 영유권 문제」, 『한국의 북방 영토』, 백산자료원, 1998, 68쪽.

첫 시기 간도 문제에 대한 일본의 교섭 원칙은 간도가 한국의 영토임을 강력히 주장하였다. 그 내용을 요약해 보면 다음과 같다.[214)

① 목극등이 세운 것은 정계비다.

② 토문과 도문강은 다른 강이다.

③ 200년 동안 도문강이 국경이라는 것에 대해 다툰 일이 없었던 것은 천총(天聰)의 화약(和約)을 잘 지킨 것이지, 간도가 청국의 땅이기 때문은 아니다.

④ 광서 8년(1882) 조선 국왕의 문서를 근거로 한국도 토문과 두만이 1강임을 인정했다고 하는데, 두만강은 평안도에 속하지 않고 토문은 한국 측 주장이 맞다. 따라서 토문과 두문은 같은 강이 아니다.

⑤ 1885년 조선 국왕 공문에 토문 이남을 비웠다는 것을 빌미로 삼는데, 한국은 당시부터 계속 간도는 자기 영토라고 주장했다.

⑥ 1885년 지도를 가지고 토문=도문이라고 주장하지만, 이중하는 토문 경계설을 강경하게 주장했다.

⑦ 전요지(全遼志)에 토문은 송화강으로 흘러들어간다고 되어 있어 두만강과는 전혀 다르고, 한국 측 주장이 맞다.

⑧ 1885년 회담 때 이중하의 주장은 시정 변하지 않았으며, 1887년 회담은 중단되었기 때문에 아무런 효력도 없다.

⑨ 1903년 두 번에 걸쳐 한국 측에서는 국경 재조사를 요구했다. 이것은 1987년 회담이 성사된 것이 아니라 다시 조사를 하자는 증거이다.

⑩ 조선조가 방상한 곳은 두만강 강북 일대이다. 청조가 여진부락을 정복하여 인구를 옮긴 적은 있지만 그 판도가 청나라에 들어간 것은 아니다.

⑪ 혼춘과 영고탑 같은 곳에 청국 군관을 두었다고 하지만, 그곳에는 한인들이

214) 篠田治策, 『白頭山定界碑』, 樂浪書院, 1930. (2000년 경인문화사 영인) ; 시노다 지사쿠 저, 신영길 역, 『간도는 조선 땅이다. 백두산정계비와 국경』, 지선당, 2005, 256~588쪽.

많이 살았고 청국 치하에 있지 않았다.

⑫ 청국이 두만강 근처에 둔장을 설치했지만 한국의 항의에 따라 강 근처에서는 건축과 경작을 엄금한 것은 한국의 권리를 중시했기 때문이다.

⑬ 돈화현에 월간(越墾)하는 지명을 조사할 때 모두 한자 이름이 없고 모두 한국인 지명으로 하였다. 청나라는 간도에는 지명조차 없는 통치가 미치지 못한 땅이었다.

이상에서 본 바와 같이 일본 측은 종래 한국 측 주장을 철저하게 관철시키겠다는 의지가 분명했다는 것을 알 수 있다.

두 번째 시기는 1908년 4월 7일 일본이 종래 방침을 바꾸면서 시작된다. 일본은 ① 간도에서 일본인과 한국인이 함께 살도록 인정하고, ② 국자가에 일본 영사관을 설치하고, ③ 기타 지점에 영사관 분관 및 출장소를 설치하며 한국인 재판은 일본 영사관이 맡는 3가지 조건에 대한 인정, ④ 길림-장춘 철도를 회령까지 연장, ⑤ 천보산 채굴과 일본인이 착수한 기타 사업에 대한 이권 승인 같은 5가지 문제를 해결하는 한편, 한국과 청나라 국경은 두만강으로 정하며, '홍토·석을수' 논쟁은 양국 위원회가 조사한 뒤 정한다는 것이다. 5가지 이권을 대가로 간도 문제는 1887년 조선-청국 사이에 벌어진 홍토수·석을수 논쟁 상태로 완전히 양보한다는 계산이었다.

세 번째 시기는 1909년 2월 6일 일본이 청나라에 동삼성6안(東三省六案)을 제출하면서부터이다. 동삼성6안이란 ① 법고문(法庫門)철도, ② 대석교·영구(大石橋營口) 철도 철거, ③ 경봉(京奉)철도 연장, ④ 무순(撫順)·연대(煙臺) 탄갱, ⑤ 안(동)-봉(천)선 같은 철도 연변 광산, ⑥ 간도 문제[215]이다. 철도와 광산 같은 이권과 간도 문제를 맞바꾸겠다는 의도였다.

그 뒤 담판과 회담을 수차례 거쳐, 1909년 9월 4일 소위 '청·일 간도협약'과 '청

215) 「일본외교사 연표 및 주요 문서」 309~312쪽 (이일걸, 「간도협약과 간도 영유권 문제」, 『한국의 북방 영토』, 백산자료원, 1998, 71쪽 재인용).

일 만주협약 을 체결하였다. 이 가운데 간도협약은 '동삼성육안' 에서 마지막 1안 ⑥을 주약으로 만든 것이다. 만주협약은 앞의 ①~⑤안을 조약으로 만든 것이다.

2) 간도협약의 내용

간도협약은 모두 7가지로 다음과 같다.

1조 : 청·일 두 나라 정부는 도문강을 청·일 두 나라의 국경으로 하며, (도문)강이 발원하는 지역에서는 정계비를 기점으로 하여 석을수를 두 나라의 경계로 할 것을 성명한다.

2조 : 청나라 정부는 이 협약을 조인한 뒤 되도록 빨리 다음 여러 곳을 외국인의 거주 및 무역을 위해서 개방하고, 일본 정부는 이런 곳에 영사관이나 영사관 분관을 설치한다. 개방하는 날짜는 따로 정한다. 용정촌(龍井村), 국자가(局子街), 두도구(頭道溝), 백초구(百草溝).

3조 : 청나라 정부는 이전과 같이 도문강(圖們江) 북쪽의 개간지(墾地)에 한국 백성(韓民)의 거주하는 것을 승인한다. 그 지역의 경계는 따로 표시한다.

4조 : 도문강 북쪽에 섞여 사는 구역 안 개간지에서 사는 한국 국민은 청나라의 재판권에 복종하고, 청나라 지방관의 관할 재판에 귀속된다. 청나라 관헌은 이 한국 국민을 청나라 국민과 마찬가지로 대우하고, 납세 같은 모든 행정상의 처분도 청나라 국민과 마찬가지로 한다. 한국 국민과 관계되는 민·사 일체의 소송사건은 청나라 관헌이 청나라 법률에 비추어 공평하게 재판하고, 일본국 영사관 또는 그 위임을 받은 관리는 자유로이 법정에 입회할 수 있다. 다만, 임명에 관한 중대 사안에 대해서는 반드시 먼저 일본 영사관에 공문을 보내 알려야 한다. 만일 일본국 영사관에서 법률에 비추어보지 않고 판단한 점이 있다고 인정했을 때는 공정한 재판을 기약하기 위해서 따로 관리를 파견하여 청나라에 복심(覆審)을 청구할 수 있다.

5조 : 도문강 북쪽 섞어 사는(雜居) 구역 안의 한국 국민 소유 땅과 집에 대해 청나라 정부는 청나라 인민의 재산과 마찬가지로 완전히 보호해야 한다. 또 그 강기슭에 장소를 택해 나루터를 마련하여 지방 인민이 오가는 것을 자유롭게 해야 한다. 다만, 무기를 가진 자는 공문이나 여행권이 없으면 경계를 넘지 못한다. 한국 국민이 섞여 사는 구역에서 나는 쌀을 반출하는 것을 허락한다. 그러나 흉년 때는 금지할 수 있고 땔나무(柴草)는 이전 같이 그대로 한다.

6조 : 청나라 정부는 앞으로 길(림) 장(춘)철도를 연길(延吉) 남쪽 경계까지 연장하여 한국 회령에서 한국 철도와 이어지도록 하고, 그 모든 변법(辨法)은 길장철도와 같게 한다. 개변(開辨) 시기는 청국 정부에서 정황을 헤아려 일본국 정부와 상의한 다음 정한다.

7조 : 본 협약은 조약이 끝난 뒤 즉시 효력이 발생하며, 통감부파출소 및 문무(文武) 각 관원은 되도록 빨리 철수를 시작하여 두 달 안에 끝낸다. 일본국 정부는 두 달 안에 2조에서 정한 통상지에 영사관을 세운다.

5. '간도 문제' 발생과 간도협약에 관한 국제법적 논의

1) '간도 문제' 발생

간도협약에서 일본이 만주에서 경제적인 이권을 취하기 위해 청나라에 양보한 것은 다음과 같다.

① 간도 영유권을 완전히 포기하였다.
② 두만강의 역사적 명칭을 청나라의 주장대로 도문강으로 했다.
③ 도문강을 국경으로 한 결과 백두산 정계비와 그 상류지방을 연결하는 석을수를 국경으로 하였다.
④ 종래의 한청조약에 따라 한국 국민은 청나라 영토 안에서 치외법권을 가졌으나, 이 협약으로 간도의 한국 국민은 청나라 법에 복종하고 청나라 지방관의

재판 관할에 귀속되었다.

⑤ 한국 국민은 납세와 기타 일체의 행정상 처분을 청나라 관헌에게 받은 결과, 땔감을 제외한 이전부터 내려오던 관습인 벌목도 금지되고, 한국 측에서 소금 수입도 금지되었다.

⑥ 병기를 가진 자는 공문이나 여행권 없이는 경계를 넘지 못하게 되었다.

⑦ 흉년에는 곡물의 수출을 금지시켰다.

⑧ 종세 세금이 없던 간도 수입품에 청나라 관세를 부과하였다.

즉 영토권 문제 및 재판 관할 문제 같은 근본 문제를 모두 양보한 결과 세세한 것에서 여러 가지 불이익을 가져오게 되었다. 예부터 내려온 두만강이라는 이름도 청나라의 주장에 따라 도문강이라 했고, 그 강 원류 지방에 대해 지난날 이중하가 극력 항행하여, 끝내 정해 담판을 결렬시켰던 홍토수마저도 유지하지 못하여 한국 측의 면목은 완전히 유린당하고 말았다.[216]

간도협약 결과 형식적으로는 중국의 영토가 되었으나 그곳에는 여전히 전체 인구의 80% 이상을 조선인이 차지하고 있었다. 그리고 일본은 조선인을 보호한다는 명목으로 4곳에 영사관을 설치하는 권리를 얻었다. 이러한 경위를 거쳐 간도에는 정치 사회적으로 매우 독특한 구조를 형성하게 되었으며, 이러한 간도 상황은 당시 만주, 나아가서는 한·중·일 3자 관계가 지닌 모순을 상징적으로 보여 주고 있다.

구체적으로 간도의 영토적 주권은 중국에 귀속되었으나, 그 지역에 살고 있는 지배의 객체는 '일본' 국적을 가진 조선인이었으며, 그들에 대한 지배권은 중·일 양국 사이에 불분명한 상태로 있었다. 그 결과 간도는 조선인, 중국인, 일본인이 혼재하고 있지만, 그들을 지배하는 통일적 지배체제가 형성되지 못했다. 특히 조선인에 대해서는 중일 양국이 각자의 편의대로 지배력을 행사하는 동의 혼란상을 보이고 있

---

216) 篠田治策, 『白頭山定界碑』, 樂浪書院, 1930. (2000년 경인문화사 영인) ; 시노다 지사쿠 저, 신영길 역, 『간도는 조선 땅이다. 백두산정계비와 국경』, 지선당, 2005, 279쪽.

었다. 이를 일반적으로 '간도 문제' 라 한다.[217]

2) 간도협약의 국제법적 논의

끝으로 한국의 의지와는 무관하게 이루어진 간도협약에 관한 국제법적 논의에 대해서 보기로 한다. 간도협약 1조를 보면 다음과 같이 되어 있다.

> 청·일 두 나라 정부는 도문강(圖們江)을 청·한 두 나라의 국경으로 하며, 강원(江源) 지역에서는 정계비를 기점으로 하여 석을수(石乙水)를 두 나라의 경계로 할 것을 성명한다.

이 조문을 보면 그 동안 조선과 청나라가 200년 가까이 논의해 오던 토문강설을 완전히 버리고 도문강을 국경으로 하였으며, 도문강 발원지 문제도 1887년 2차 국경회담 때 첨예하게 대립되었던 석을수와 홍토수의 논의는 완전히 무시하고, 모든 문제가 100% 중국 측 주장대로 끝나버렸다. 한국과 청나라의 국경 문제를 일본이 다루면서 만주에서 경제적인 이권과 일본의 세력을 얻기 위해 간도를 희생물로 해서 완전히 포기해버린 것이다.

이와 같은 간도협약은 국제법적 법리상 무효라는 주장이 상당히 많이 논의되고 있다. 글쓴이는 국제법 전문가가 아니기 때문에 간단히 그 개요만 간추려 보기로 한다.

첫째, 분쟁 당사국이 아닌 일본이 청나라와 맺은 간도협약은 법적 근거인 을사늑약(乙巳勒約)이 국제법상 원천적으로 조작된 무효조약이기 때문에 간도협약 역시 무효이다. 을사늑약은 ① 강박에 의한 조약이기 때문에 무효이며, 따라서 간도협약도 무효이며, ② 보호조약 상의 보호권 범위를 넘을 넘었기 때문에 간도협약은

---

217) 이성환, 「간도의 지배체제 형성을 둘러싼 중·일의 대립」, 백산학회 편 『간도 영토에 관한 연구』, 백산자료원, 2006.

무효이다.[218]

둘째, 이처럼 국제법상 무효인 간도협약이 지금까지 존재하여 1909년 이전 상태로 회복되지 아니한 것은 2차 세계대전 전후 처리에 나타난 조치인 1943년의 카이로선언, 1945년의 포츠담선언에 위배된다. 일본은 1945년 항복문서에 두 선언을 수락하였기 때문에 이 두 선언의 구속을 받게 된다. 그러므로 일본은 폭력과 강욕으로 탈취한 지역에서 구축되어야 하고, 이것은 1895년 청일전쟁 이전의 상태를 의미하며, 일본이 이 모든 지역을 탈취하기 위하여 제물로 바친 간도도 1909년 이전 상태로 반환되어야 한다.

셋째, 간도협약은 법적 권원(權原)이 없는 제3국에 의한 영토처리이므로 무효이다. 이것은 조약의 제3국에 대한 효력 문제로, 국제법상 조약은 당사국에만 효력이 있을 뿐 제3국에는 영향을 미치지 않는다는 원칙이다.

이 문제는 다음 마당에서 다루는 1960년대 북한과 중국의 국경조약과 맞물려 앞으로도 계속 논의될 문제이기 때문에 여기서는 문제의 제기를 소개하는 선에서 그치기로 한다.

---

218) 노영돈, 「간도 문제와 국제법」, 『한국의 북방 영토』, 백산자료원, 1998, 165~172쪽.

둘째 마당 ─ 1960 년대 조·중 국경조약에 대한 분석 연구

Ⅰ. 조·중 국경조약의 체결 배경과 과정

1. 조·중 국경조약 체결 배경

북한과 중국의 국경은 주로 압록강, 두만강을 따라, 북한 측의 함경도, 자강도, 양강도, 평안북도와 중국 측의 길림성, 요령성이 마주하는 모두 1369km의 국경을 접하고 있다. 두 나라는 1949년 10월 수교한 이래 국경 통행, 하천 이용, 교역에 관련된 협정과 의정서를 체결하여 상호 이익과 접경지역의 안정을 도모해 왔다. 수교 이후 1962년 조·중 국경조약을 맺을 때까지 두 나라가 맺은 조약들은 〈표1〉과 같다.

국경 통행을 위한 조약으로는 압록강 철교 보수나 안전 문제, 해상 조난 때 협력 관계, 하천 운항에 관한 것들이고, 발전소, 양어사업, 상품교역, 뗏목운송 같은 경제활동도 중요하게 다루어지고 있다는 사실을 알 수 있다.

압록강과 두만강은 비교적 강을 경계로 뚜렷하게 경계가 아우러지기 때문에 서로 협력하여 서로 큰 문제가 없었다. 그러나 강 중간에 위치한 섬이나 모래섬들의 소유, 강과 바다의 국경, 특히 경계가 없는 백두산 천지 같은 문제는 간단히 해결될 문제가 아니고, 정치적 결단이 필요한 부분이었기 때문에 1962년에 들어와서야 본격적으로 논의가 시작되었다.

〈표 2〉 조·중 국경조약 체결 이전 양국의 국경업무 조약(1954~1960)

	체결 일자	발효 일자	조약 내용	조선측 대표	중국측 대표	비고
1	1954.6.7	1954.7.7	조·중 간 국경 철도·교량 유지사업에 관한 임시 의정서	교통성 대표	철도부 대표	
2	1955.4.7	1955.7.1	조·중 간 압록강 수풍 수력발전소에 관한 협정	정부 전권대표	정부 전권대표	
3	1955.5.7	1955.5.7	조·중 간 압록강 수풍 수력발전회사에 관한 의정서			
4	1955.6.8	현재 실효	조·중 간 국경지역의 몇 가지 사무처리에 관한 연석회의 기록	내무성 수석대표	공안부 수석대표	
5	1955.6.8	1955.6.8	중 安東·북 신의주 간 압록강 철교의 안전보호를 위한 임시 의정서	내무성 수석대표	공안부 수석대표	
6	1956.1.14	1956.1.14	조·중간 압록강·두만강에서의 목재운송에 관한 의정서	정부 전권대표	정부 전권대표	
7	1961.11.24	1961.11.24	「조·중 간 압록강과 두만강에서의 목재 운송에 관한 의정서」에 대한 보충의정서	정부 전권대표	정부 전권대표	
8	1956.7.3	1967.1.1	조·중·소 간 해상조난 인명구호 및 해상조난 선박·비행기 구조에 관한 협력 협정	정부 전권대표	정부 전권대표	소련정부 전권대표
9		1959.3.14	「조·중·소 간 해상조난 인명구호 및 해상조난 선박·비행기 구조에 관한 협력 협정」 제3조 개정에 관한 교환문서			주소련 대사관
10	1956.12.20	1959.12.20	조·중 간 두만강 유역의 중국 측 甩灣子村·西崴子村 간 북한측 훈융리·승량리 간 치수공사에 관한 의정서	농업성 대표	수리부 대표	
11	1957.10.8	1957.10.8	조·중 간 두만강 치수공사에 관한 의정서	농업성 대표	수리부 대표	
12	1958.12.16	1958.12.16	조·중 간 국경지역 상품교역에 관한 의정서	소비협동조합 중앙연맹	요령·길림성 인민위원회	
13	1959.6.29		조·중 간 수풍호 양어사업에 관한 의정서	평안북도 인민위원회	요령성인민 위원회	
14	1960.2.12	1960.4.1	중국 길림성과 함경북도·양강도·자강도 간 지방관계 설정에 관한 의정서	길림성위원회 대표	함경북도· 양강도·자강도 인민위원회	
15	1960.5.23	1960.5.23	조·중 간 국경 하천 운항협력에 관한 협정			

자료 : 국가정보원, 『北·中 간 국경업무 조약집』

중국이 주변 국가와 국경선 획정에 관심을 갖게 된 계기는 중국·인도 국경분쟁 때문이다. 중국은 1959년 8월과 10월 두 차례에 걸쳐 발생한 중국·인도 국경 무력 충돌 사태에 대해 소련 정부가 엄격 중립을 표방하며 내용적으로 인도 측을 두둔하자 상당한 충격을 받았다. 중국은 중·인 국경분쟁이 시작되자 1960년대 초에 아프가니스탄, 몽골, 북한 등과 역사적 과제로 내려오던 국경 문제를 해결하려고 적극 나섰다. 북한 역시 국경 문제가 향후 양국 관계의 불씨로 작용하는 것을 막으려면 국경선을 확정할 필요가 있다고 판단했다. 더욱이 북한으로서는 1960년대 초반이 중소 분쟁으로 인해서 북한의 전략적 가치가 중요시되고, 북·중 관계도 긴밀한 상태였기 때문에 국경선 협상을 유리하게 끌고 갈 수 있다고 판단했을 것이다.[219]

2. 조·중 국경조약 체결 과정

1) 조·중 국경 문제에 대한 회담기요(會談紀要)

1962년 9월 26일부터 10월 2일까지 평양에서 조·중 양국 국경 문제를 전면 해결하는 구체적인 문제와 기술적인 문제에 대하여 회담을 가졌다. 중화인민공화국 외교부 부부장 지펑페이(姬鵬飛)를 단장으로 외교부 제2 아주사(亞洲司) 사장(司長) 조우치우예(周秋野), 외교부 조약법률사(條約法律司) 부사장(副司長) 샤오티엔런(邵天任)을 단원으로 하는 중화인민공화국 정부대표단과 조선민주주의인민공화국 외무성 부상 류장식(柳章植)을 단장으로 외무성 3국 국장 허석신(許錫信), 외무성 조약법규국 부국장 백일곤(白日坤)을 단원으로 하는 조선민주주의인민공화국 정부 대표단은 일 주일 간 회담을 통해 모두 7가지 문제에 합의를 이룬다. 대체적인 내용을 간추려 보면 다음과 같다.[220]

---

219) 이종석, 『북한-중국관계 1945~2000』, 중심, 2000, 231쪽.
220) 「회담기요」

1) 압록강 어귀 강과 바다의 분계선 : 조선의 소다사도(小多獅島) 남쪽 맨 끝에서 시작하여, 신도(薪島) 북쪽 끝을 거쳐, 중국 대동구(大東溝) 남쪽 돌출한 부분의 가장 남쪽 끝을 이은 직선으로 한다.

2) 압록강 어귀 밖의 조·중 두 나라 해역에 대한 구분은 강과 바다 분계선상 $E124°10'6''$ 지점에서 시작하여 대략 남쪽으로 곧게 가서 공해에 이르러 끝나는 한 선을 두 나라의 해상 분계선으로 해서, 서쪽 해역은 중국에 속하고 동쪽 해역은 조선에 속한다.

3) 압록강 어귀 강과 바다의 분계선 밖 $E123°59'$ 에서 $E124°26'$ 사이 해역은 두 나라 모든 선박이 자유롭게 항행할 수 있으며 제한을 받지 않는다.

4) 국경선 강안에 있는 섬과 모래섬의 귀속 문제에서 조·중 국경조약을 체결하기 전 이미 한쪽의 공민(公民)이 살고 있거나 농사를 짓고 있는 섬과 모래섬은 그 국가의 영토가 되며 다시 고쳐 바꾸지 않는다.

5) 압록강과 두만강 상의 국경 너비는 해당 국경 강의 수면 너비로 하며, 한나라의 경내에서 발원하여 국경 강으로 흘러드는 지류는 포함하지 않는다.

6) 조·중 국경의정서가 효력을 발생한 뒤, 두 나라는 각자 출판한 지도에 조·중 국경에 대한 아래와 같은 규정에 따라 그려 넣어야 한다.

7) 조·중 국경연합위원회는 외교부 사장(司長)이나 부사장(副司長)급 수석대표 한 사람과 대표 약간 명으로 구성한다.

1962년 10월 3일 : 합의를 본 "조·중 국경 문제에 대한 회담기요(會談紀要)"에 두 나라 대표 지펑페이(姬鵬飛)와 류장식(柳章植)이 서명한다.

2) 조·중 국경조약

9일 뒤인 10월 12일 : "조·중 국경 문제에 대한 회담기요(會談紀要)"를 바탕으로 평양에서 '조·중 국경조약'을 체결하는데, 이때는 조선민주주의인민공화국 전권 대표 김일성과 중화인민공화국 전권대표 주언라이(朱恩來)가 조약에 서명하였다. 조약은 모두 5조인데, 간추려 보면 다음과 같다.

(1) 1조에서는 두 나라의 국경을 정하는데, ① 천지 위 국경선, ② 천지에서 압록 강과 이어지는 곳까지의 국경선, ③ 압록강 상류에서 압록강이 바다로 나가는 끝까지의 국경선, ④ 천지에서 홍토수와 약류하가 만나 두만강이 시작되는 지점까지의 국경선, ⑤ 두만강 시작점에서 조·중 국경이 끝나는 두만강까지의 국경선처럼 5가지로 나누어 전체 국경 라인을 표시하였다.

(2) 2조에서는 국경선 강안에 있는 섬과 모래섬(沙洲)은 나누는 규정이다. ① 조약 을 체결하기 전에 이미 한쪽의 공민(公民)이 살고 있거나 농사를 짓고 있는 섬 과 모래섬은 그 국가의 영토가 된다. ② 1항에서 말한 이외의 섬과 모래섬은 중국 쪽 기슭과 가까운 곳은 중국에 속하고 조선 쪽 기슭과 가까운 곳은 조선 에 속하며, 두 기슭의 한가운데 있는 섬은 두 나라가 협상을 통해서 그 귀속을 확정한다. ③ 한쪽 강기슭과 그 소속된 섬 사이에 있는 섬과 모래섬은 비록 다 른 한쪽의 강기슭에 가깝거나 두 기슭의 한가운데 있다고 하더라도 해당국의 소유이다. ④ 조약을 체결한 뒤 새로 나타난 섬과 모래섬은 2항과 3항의 규정 에 따라 그 귀속을 확정한다.

(3) 3조에서는 3가지 사항을 양국이 동의하는 것이다. ① 압록강과 두만강 국경의 너비는 언제나 모두 수면의 너비를 기준으로 한다. 두 나라 국경 강은 두 나라 가 공유하여 두 나라가 공동으로 관리하고 공동으로 사용하는데, 항행(航行), 고기잡이, 강물의 사용 같은 것도 마찬가지다. ② 압록강 어귀 밖의 조·중 두 나라 해역에 대한 구분은 강과 바다 분계선상인 E124°10′6″의 한 지점에서 시작하여, 대략 남쪽으로 곧추가서 공해에 이르러 끝나는 한 선을 두 나라의 해상 분계선으로 해서, 서쪽 해역은 중국에 속하고 동쪽 해역은 조선에 속한 다. ③ 압록강 어귀 강과 바다의 분계선 밖 E123°59′에서 E124°26′ 사이의 해역은 두 나라의 모든 선박이 자유롭게 항행할 수 있으며 제한받지 않는다.

(4) 4조에서는 조약을 체결한 뒤 바로 양국국경연합위원회(兩國邊界聯合委員會)

를 구성하여, 이 조약의 규정에 따라 국경을 답사하고 경계 푯말을 세우고, 국
경 강안의 섬과 모래섬의 귀속을 확정한 뒤, 의정서 초안을 작성하고 국경지도
를 그릴 것을 합의한다.

(5) 5조는 이 조약이 비준을 받아 효력이 발생할 때 조약을 체결하기 전 두 나라
국경에 관한 모든 문건은 효력을 잃게 된다〔1962년 10월 3일 체결한 조·중 국
경 문제에 대한 회담기요(會談紀要)는 제외〕는 것이다.

3) 조·중 국경에 관한 의정서

이 국경조약이 끝난 뒤 바로 조약 4조에서 규정한 조·중 국경연합위원회를 만들어
조·중 국경조약의 규정을 바탕으로 두 나라 국경에 대한 실지조사, 국경 푯말 설치,
국경선이 있는 강안의 섬과 모래섬의 귀속에 대한 업무를 수행하였으며, 두 나라의
국경을 명확하게 하고 위치를 자세히 조사하여 결정하였다. 두 나라는 1963년 3월
부터 약 6개월 정도의 현지 탐측 조사를 거쳐 백두산을 포함한 1334km에 달하는
모든 국경 지역의 경계선을 확정하였다.[221] 그 결과를 「조·중 국경에 관한 의정서」
라는 문서로 공식화하여, 1964년 3월 20일 북경에서 정식으로 조인하게 되는데,
두 나라의 전권 대표로 박성철과 첸이(陳毅)가 서명하였다. 의정서 1조를 보면 1년
반 동안 활동한 내용이 자세하게 나온다.

조·중 두 나라의 국경은 조·중 국경연합위원회에서 이미 합의한 조·중 국경조약
(이하 국경조약이라 줄여서 부른다) 4조의 규정을 바탕으로 현지답사를 통해 결정
하였다. 두 나라는 국경조약 1조 1항, 2항, 4항에서 말한 백두산 지구 국경선을 답
사 측량하고 경계 푯말을 세워 정식으로 표(標)를 정하였다. 국경조약 1조 3항과 5
항에서 말한 압록강과 두만강 국경 강을 답사하고 국경 강안에 있는 섬과 모래섬의

---

221) "주덕해 동지에 들씌운 루명을 벗겨 주며 그의 명예를 회복시켜 줄 데 관한 중국공산당 연변조선족 자
치주위원회의 결정" 7쪽, "연변 당내의 자본주의 길로 나가는 가장 큰 집권과 주덕해의 매국 죄상" 1쪽.
(이종석, 『북한 – 중국관계 1945~2000』, 233쪽 재인용)

귀속을 확정하였고, 압록강 어귀 강과 바다 분계선을 답사·결정하여 강과 바다의 분계선 표지(標識) 3개를 세웠다. 국경조약 3조 2항의 규정을 바탕으로 압록강 어귀 밖에 조·중 두 나라의 해상 분계선을 명확히 구분하였으며, 국경조약 3조 3항에서 말한 압록강 어귀 강과 바다 분계선 밖에서 두 나라의 자유항행구역을 구체적으로 확정하였다.

위에서 말한 각 항은 이 의정서에서 구체적으로 서술을 하였고, 자유항행구역을 빼놓고는 모두 '조·중 국경조약에 덧붙인 지도'(앞으로 '덧붙인 지도'라고 줄여 부른다)에 명확히 표시하였다. 앞으로는 이 의정서의 규정과 위에서 말한 덧붙인 지도로 기준을 삼는다. 이 의정서는 모두 21조로 구성되어 있는데 간추리면 다음과 같다.

(1) 총칙(1~6조)
1조에서는 조·중 국경연합위원회가 국경조약 이후 1년 반의 활동에 대한 일, 2조에서는 백두산, 압록강, 두만강에 세운 국경 푯말에 관한 일, 3조에는 국경 너비에 관한 일, 4조에는 압록강과 두만강 속에 있는 섬과 모래섬의 귀속에 관한 일, 5조에는 현지 실제조사와 측량에 관한 일, 6조에는 덧붙인 지도에 관한 일을 기술하였다.

(2) 백두산 지역 국경선의 흐름과 경계 푯말의 위치(7~8조)
7조에서는 압록강에서 천지를 지나 두만강까지의 백두산 국경 흐름을 자세히 규정하고, 8조에서는 그 국경에 설치한 28개 국경 푯말 위치를 소상히 기술하였다.

(3) 두 나라 강의 분계선과 강과 바다의 분계선 표지 위치(9~11조)
9조에서는 압록강과 두만강에 있는 451개 섬과 모래섬 귀속에 관한 것인데, 모든 섬은 압록강 입구부터 번호를 매겨 일람표를 싣고 있다. 10조에는 압록강과 서해 바다의 경계에 대한 일인데, 경계선을 이루는 3개의 국경 푯말에 대한 자세한 위치를 기록하였다. 11조는 덧붙이는 지도의 동쪽 끝에 관한 일인데, 북한과 러시아와 관계가 있기 때문에 지형만 그리고 표시는 하지 않는다는 규정이다.

(4) 해상 분계선과 자유항행구역(12~13조)

12조에서는 해상 분계선에 대해, 13조에서는 자유항행구역에 대해 자세하게 규정하고 있다.

(5) 국경의 유지 보호와 관리(14~19조)

14조는 두 나라는 경계 푯말과 강·바다 분계선 표지를 보호하고 관리에 관한 일, 15조는 보호하고 관리하기 위하여 두 나라가 구체적으로 임무를 나눈다. 16조는 백두산 지구의 경계 푯말을 쉽게 분별하기 위해 나무를 벤 길(通視道)을 만들어 유지 보호하는 일, 17조에는 국경을 이루는 강을 공사할 때 양국이 해야 할 일을, 18조에는 조약 발효 뒤 정기적인 연합 검사를 하는 일, 19조에는 연합검사 때는 두 나라가 조·중 국경연합검사위원회를 구성한다는 것을 규정하고 있다.

(6) 마지막 조항(20~21조)

국경조약 제5조의 규정에 따라 이 의정서가 효력이 발생한 날부터 1962년 10월 3일 조·중 양국 정부대표단이 만든 조·중 국경 문제에 대한 회담기록을 빼고는 국경조약이 체결되기 이전 두 나라 국경에 관계된 모든 문건은 효력을 잃는다는 내용이다.

이 의정서에 나타난 결과는 모두 현장에서 직접 조사하여 나온 결과이고, 그 내용도 아주 구체적이기 때문에 우리나라 북방 국경을 분석하는 데 가장 중요한 자료라고 할 수 있다. 다음 Ⅱ장과 Ⅲ장에서 그 내용을 차례로 분석해 보고자 한다.

Ⅱ. 조·중 국경조약 분석(1) - 백두산 국경

조·중 국경조약 가운데 가장 민감한 것이 바로 백두산 국경이었다. 1960년대 조·중 국경조약은 이 백두산 국경을 확정하는 데서 시작되었다고 해도 지나치지 않다. 2006년 11월 23일 전 북한 최고인민회의 의장 황장엽 씨가 조약 내막을 공개했다.

> 김일성 주석의 서기로 일하던 1958년, 그는 김 주석과 함께 중국을 방문한다. 이 때 벽에 걸린 지도를 보게 되는데 거기에 백두산이 중국의 영토로 표시되어 있었다는 것. 화가 난 황씨는 당시 이 사실을 김일성에게 보고했고, 김일성은 저우언라이를 만나 이 사실을 강하게 따졌다고 한다. 김일성은 저우언라이에게 "백두산이 자꾸 당신네 땅이라고 하는데, 계속 그러면 북한 인민들의 감정이 나빠질 수밖에 없다"고 하면서 "백두산은 예부터 우리 땅이다. 이러면 곤란하다"고 말했다고 황 씨는 전했다. 이에 저우언라이는 한참을 생각하더니 "두만강도 한복판을 나눴고, 압록강도 한복판을 나눠서 국경을 정했으니, 천지도 절반을 가르는 게 어떠냐?"고 제안했고, 이를 김일성이 받아들여 조·중 국경조약이 체결됐다고 황씨는 밝혔다.[222]

백두산 지역의 국경은 고도의 정치적 결정에 의해 이루어졌다는 것을 알 수 있다. 김일성과 주은래가 서명한 1962년 10월 체결한 조·중 국경조약 1조가 바로 백두산 국경 문제였다는 것은 우연한 일이 아니다. 의정서에는 7조와 8조에서 백두산 지역의 국경선을 자세히 다루었는데, 압록강 상류와 2071고지(새로 잰 높이는 2152m) 동쪽에서 가장 가까운 작은 지류가 합쳐지는 곳에서 시작하여 백두산 천지를 지나 홍토수(紅土水)와 약류하(弱流河)가 만나는 곳까지 이어지는 4만 5092.8m 이다. 7조에서는 백두산 지역 국경선의 흐름을 정의하였고, 8조에서는 28개 국경 푯말 위치를 자세히 표시했는데 두 조를 합쳐 알기 쉽게 표로 만든 것이 〈표 2〉이다.

---

222) 인터넷 신문 고뉴스 2006년 11월 23일(www.gonews.co.kr)

<표 3> 백두산 지역 국경선의 흐름과 경계 푯말의 위치

번호	국경선의 흐름	푯말 수	푯말 위치	앞 푯말과 거리
1호	압록강 상류와 2071(2152)m고지 동쪽에 흐르는 지류의 합수머리	큰 푯말 3개	1(1)호 : 중국 경내 E125°05′49.9″, N41°56′44.3″ 합수머리까지 86.0m, 자북 74°01.2′ 1(2)호 : 조선 경내 합수머리까지 85.0m, 자북 162°49.9′ 1(3)호 : 조선 경내 합수머리까지 82.7m, 자북 298°36.2′	
2호	합수머리에서 2071m고지 동쪽 지류를 따라 서북 방향으로 거슬러 올라가서 양쪽 산비탈 덕땅 위.	큰 푯말 2개	2(1)호 : 중국 경내 E128°04′21.6″, N41°57′54.0″ 지류 중심에서 55.9m, 자방위각 66°41.7′ 2(2)호 : 조선 경내. 지류 중심에서 50m, 자방위각 246°41.7′	3050m
3호	2호에서 자(磁)방위각 322°57.1′ 직선으로 가다 2469(2457.4)m고지 동남 비탈과 낭떠러지 지나,	큰 푯말 1개	2469(2457.4)m고지 꼭대기 위 E128°04′09.1″ N41°58′05.7″	472.3m
4호	3호에서 진(眞)방위각 314°40′20.8″ 직선. 2469(2457)m고지 서북 비탈 → 두 곳의 마른 골짜기와 하나의 낭떠러지 → 백두산 산등성이에서 가장 남쪽 끝 안장(鞍裝) 부분 서쪽에서 가장 가까운 곳	큰 푯말 1개	백두산 천지 산등성이 서남단 위 2525.8m고지 꼭대기 위 E128°03′16.9″ N41°58′44.2″	1691.1m
5호	4호 진방위각 311°16′48.6″ 천지를 둘러싼 산등성이를 서북쪽으로 따라가다가 → 2520(2543)m고지 지나 → 청석봉 가기 이전	큰 푯말 1개	2520(2543)m 고지와 2664m고지(靑石峰) 사이, 안장(鞍裝) 부분 가운데 지점 E128°01′40.9″ N41°59′47.1″	3100m (지도에서 잰 수치)
6호	5호에서 직선으로 자방위각 67°58.3′ 방향을 따라가다가 백두산 천지를 가로질러 건너편 백두산 천지 산등성이 위	큰 푯말 1개	2628m고지와 2680m고지(天文峰) 사이 안장(鞍裝)부분의 가운뎃점 E128°05′01.5″ N42°01′11.8″	5305.6m
7호	6호에서 진방위각 93°10′41.6′. 직선으로 가다가 빗물로 갈라진 곳과 내두하(奶頭河) 서쪽 지류를 가로질러, 2114m고지에 이른다.	큰 푯말 1개	2114m고지 위 E128°07′21.5″ N42°01′06.0″	3226.3m
8호	7호에서 자방위각 82°57.9′. 2114m고지 동북 산비탈을 따라 내려가면 1992m고지이다.	큰 푯말 1개	2114고지 동쪽 산비탈 위 1992m고지 위 E 128°08′30.6″ N42°01′19.4″	1646.8m

번호	국경선의 흐름	푯말 수	푯말 위치	앞 푯말과 거리
9호	8호에서 자방위각 96°07.1′ → 800m → 1992m고지와 1956(1951.8)m고지 사이의 내두하(奶頭河) → 1956(1951.8)m고지	큰 푯말 1개	대각봉(大角峰) 북쪽 산비탈 1956(1951.8)m고지 위 　E 128°09′44.4″ 　N 42°01′20.9″	1696.7m
10호	9호에서 자방위각 96°45.5′ 직선. 흑석구〔黑石溝(土門江)〕를 가로지르면 10호. 흑석구에서 80m.	작은 푯말 1개	9호에서 동쪽으로 1229m 지점. 서면 비탈을 따라 80m쯤 가면 흑석구(토문강)	1229m
11호	10호에서 자방위각 96°45.5′ 직선. 비탈 따라 내려가다가 빗물로 갈라진 곳 치나면 11호.	작은 푯말 1개	10호에서 동쪽으로 2218m 지점 서면 비탈을 따라 80m쯤 되는 곳에 빗물과 갈라진 곳	2218m
12호	11호에서 자방위각 96°45.5′ 직선. 비탈 따라 내려가다가 → 빗물로 갈라진 곳 → 12호	작은 푯말 1개	11호에 동쪽으로 3182.8m 떨어진 지점 동쪽 빗물로 갈라진 곳에서 약 80m	3182.8m
13호	12호에서 자방위각 96°45.5′ 직선. 비탈 따라 내려가다 → 빗물로 갈라진 곳 → 안도(安圖)-신무성(新武城) 도로 → 13호	작은 푯말 1개	12호에서 동쪽으로 2135m 떨어진 지점 서쪽 안도-신무성 도로에서 약 15m	2135m
14호	13호에서 자방위각 96°45.5′ 직선. 작은 개울 →쌍목봉〔雙目峰(雙頭峰)〕 서북 비탈 오르면 14호	큰 푯말 1개	쌍목봉(쌍두봉) 북쪽 봉우리, 즉 1562(1532.1)m고지 　E 128°17′00.8″ 　N 42°01′25.7″	1276m
15호	14호에서 자방위각 102°58.5′ 직선. 동남쪽으로 비탈을 따라 내려가다가 평탄한 곳	작은 푯말 1개	14호에서 2002m 떨어진 지점	2002m
16호	15호에서 자방위각 102°58.5′ 직선. 다시 완만한 비탈 내려가면 16호	작은 푯말 1개	15호에서 3602.9m 떨어진 지점 동쪽 도로에서 10m	3602.9m
17호	16호에서 자방위각 102°58.5′ 직선. 다시 평평하고 완만한 산지를 따라가다가 17호.	작은 푯말 1개	16호에서 2,361m 떨어진 지점 서쪽 신무성 - 적봉 도로에서 30m	2361m
18호	17호에서 자방위각 102°58.5′ 직선. 다시 평평하고 완만한 산지를 내려가면 18호.	큰 푯말 1개	1332(1300.8)m고지. 　E 128°23′55.4″ 　N 42°00′58.6″	1609m
19호	18호에서 자방위각 91°11.5′ 직선으로 완만한 비탈을 내려가다 → 작은 개울 → 완만한 비탈을 따라 올라가면 19호.	작은 푯말 1개	18호에서 1658.7m 떨어진 지점	1658.7m

번호	국경선의 흐름	푯말 수	푯말 위치	앞 푯말과 거리
	19호에서 자방위각 91° 11.5′ 직선으로 완만한 비탈을 계속 내려가면 홍토수와 북쪽의 한 지류(母樹林河)가 만나는 합수머리에 다다른다.		20(1)호 : 조선 경내 　E 128° 25′51.8″, N 42° 01′08.7″ 합수머리 남→서쪽으로 치우친 언덕 합수머리까지 103.02m, 자북 11° 26.0′ 20(2)호 : 중국 경내 합수머리 동북 언덕 남쪽 비탈 합수머리까지 126.89m, 자북 239° 54.2′ 20(3)호 : 중국 경내 합수머리 서→북쪽으로 치우친 언덕 합수머리까지 135.45m, 자북 103° 21′	2713.3m
21호	20호 합수머리에서 홍토수 흐름 중심선을 따라 내려가 → 적봉(赤峰) 남쪽 산기슭을 감싸돌아 → 먼저 동남쪽으로 굽어 내려가다가 → 조선 경내에서 흘러 내려오는 작은 계절강과 홍토수가 만나는 곳에서 다시 동북쪽으로 돌아가다가가 → 홍토수(紅土水)와 약류하(弱流河)가 만나는 지점	큰 푯말 3개	21(1)호 : 조선 경내 　E 128° 27′19.1″, N 42° 01′06.9″ 합수머리 남→서쪽으로 치우친 언덕 위 합수머리까지 71.40m, 자북 25° 28.8′ 21(2)호 : 중국 경내 합수머리 동→북쪽으로 치우친 언덕 위 합수머리까지 90.77m, 자북 263° 54.4′ 21(3)호 : 중국 경내 합수머리 서북 언덕 위 합수머리까지 74.74m, 자북 142° 42′	2575m (지도에서 잰 거리)
모두	1~21호 국경 경계 푯말	모두 28개 (큰 것 20개, 작은 것 8개)	21개 번호, 28개 경계 푯말 1개만 세운 곳 - 17곳(17개) 2개를 세운 곳 - 1곳(2개) 3개를 세운 곳 - 3곳(9개)	45,092.8m

자료 :「중화인민공화국과 조선민주주의인민공화국 국경조약」7조와 8조를 바탕으로 작성함(2008. 3. 30)

주 1 : 고지를 표시하는 고도에서 ( ) 안에 들어간 숫자는 국경을 답사할 때 다시 측량한 수치임.

주 2 : 조약문에 덧붙인 지도에는 주로 새로 측량한 높이(표에서 괄호 안에 넣은 수치)를 표시.

주 3 : 8호 대형 푯말에서 20호 대형 푯말 사이의 국경선 위에는 너비 4~8m쯤 되는 숲 사이를 볼 수 있는 길(林間通視道)을 만들었다.

1. 백두산 국경지도 제작

백두산 국경을 분석하기 위해 먼저 앞 표에 나온 좌표값으로 정확한 국경지도를 만들어보기로 하였다. 지도는 다음과 같은 과정을 거쳐서 만들었다.

1) 정확한 좌표값 산출

백두산에는 모두 28개의 국경 푯말을 설치했다. 의정서 2조에 보면 그 푯말에 대한 것이 자세히 나오는데, 다음과 같다.

> (1) 이 의정서 1조에서 말한 백두산 지구에 세운 경계 푯말은 큰 것과 작은 것 두 가지로 나누고, 모두 철근 콘크리트로 만들었으며, 경계 푯말의 중심에 철심(鐵釬)을 넣어 묻었다. 큰 것과 작은 경계 푯말이 땅거죽에 드러난 부분 높이는 각각 155cm와 129cm로 다르게 했다. 경계 푯말 설치는 상황에 따라 하나를 세우는 것, 같은 번호를 2개 세우는 것, 같은 번호를 3개 세우는 세 가지로 나누었다.
>
> 경계 푯말 4면에는 글자를 새겼다. 중국 경내의 한 면에는 '中國'이라고 새겨져 있고, 조선 경내의 한 면에는 '조선'이라고 새겨져 있다. 나라 이름 아랫면에는 경계 푯말을 세운 연대가 새겨져 있고, 경계 푯말 양쪽에는 경계 푯말 번호가 새겨져 있다. 같은 번호를 2개 세운 것과 같은 번호를 3개 세운 경계 푯말은 같은 번호 아래 면에 보조 번호 (1), (2) 또는 (1), (2), (3)을 새겼다.

위에서 말한 경계 푯말은 백두산에 모두 28개가 설치되었는데, 큰 경계 푯말이 20개, 작은 경계 푯말이 8개이다. 큰 경계 푯말 가운데 1(1)호, 2(1)호, 3호, 4호, 5호, 6호, 7호, 8호, 9호, 14호, 18호, 20(1)호, 21(1)호 경계 푯말들의 위치는 모두 현지답사를 하고 날줄(經度)과 씨줄(緯度)을 쟀다. 나머지 7개, 다시 말해 1(2)호, 1(3)호, 2(2)호, 20(2)호, 20(3)호, 21(2)호, 21(3)호 경계 푯말 및 작은 경계 푯말 8, 10호, 11호, 12호, 13호, 15호, 16호, 17호, 19호 경계 푯말들은 모두 날줄(經

〈그림 14〉 국경 푯말4 중국 쪽　　　　　〈그림 15〉 국경 푯말4 조선 쪽

度)과 씨줄(緯度)을 재지 않았다.[223)

　　결국 조약문에 좌표가 들어간 것은 13개이고 그보다 더 많은 15개(큰 푯말 7개, 작은 푯말 8개)가 좌표가 없는 것이다. 정확한 지도를 만들기 위해서는 먼저 28개 푯말의 모든 좌표를 정확하게 산출해 내야 한다. 조약문에는 좌표가 없는 푯말은 좌표 대신 기준이 되는 푯말에서 진방향각이나 자방향각을 제시하고, 그 방향으로 몇 미터 떨어져 있다고 설명하고 있기 때문에 이 데이터를 가지고 계산해서 좌표를 만들 수가 있다. 그래서 설명을 계량화해서 좌표로 만들어 본 것이 〈표 4〉이다.

2) GPS와 관련 소프트웨어를 이용하여 지도에 표시

이렇게 만들어진 28개의 좌표를 정확하게 지도에 표시해야 한다. 필자는 지도를 제작하는 큰 회사나 연구소가 아니기 때문에 평소 개인이 소유하고 있는 장비나 소프트웨어를 가지고 가능한 접근을 하였다.

　　먼저 Mapsauce라는 프로그램으로 좌표 데이터를 입력하였다. Mapsauce는 원

---

223) 의정서 8조 마지막 절.

〈표 4〉백두산 국경 푯말 좌표

정리번호	푯말번호	위도			경도			만든 좌표
		도	분	초	도	분	초	
1	1-1호	41	56	44.3	128	05	49.9	
2	1-2호	41	56	42.9	128	05	54.9	새 좌표
3	1-3호	41	56	46.4	128	05	56.7	새 좌표
4	2-1호	41	57	54	128	04	21.6	
5	2-2호	41	57	54.1	128	04	25.6	새 좌표
6	3호	41	58	05.7	128	04	09.1	
7	4호	41	58	44.2	128	03	16.9	
8	5호	41	59	47.1	128	01	40.9	
9	6호	42	01	11.8	128	05	01.5	
10	7호	42	01	06	128	07	21.5	
11	8호	42	01	19.4	128	08	30.6	
12	9호	42	01	20.9	128	09	44.4	
13	10호	42	01	21.5	128	10	38	새 좌표
14	11호	42	01	22.6	128	12	14.6	새 좌표
15	12호	42	01	24.1	128	14	33.3	새 좌표
16	13호	42	01	25.1	128	16	06.34	새 좌표
17	14호	42	01	25.7	128	17	00.8	
18	15호	42	01	19.6	128	18	27.7	새 좌표
19	16호	42	01	08.72	128	21	03.99	새 좌표
20	17호	42	01	01.56	128	22	46.4	새 좌표
21	18호	42	00	58.6	128	23	55.4	
22	19호	42	01	04.6	128	25	07.23	새 좌표
23	20-1호	42	01	08.7	128	25	51.8	
24	20-2호	42	01	09.51	128	25	56.5	새 좌표
25	20-3호	42	01	11.6	128	25	58	새 좌표
26	21-1호	42	01	06.9	128	27	19.1	
27	21-2호	42	01	08.4	128	27	23.9	새 좌표
28	21-3호	42	01	07.39	128	27	22.4	새 좌표

주) 새 좌표는 지은이가 산출해낸 것이기 때문에 실제 상당한 오차가 있을 수 있다.

래 GPS(Global Positioning System)로 얻은 좌표값을 받아 지도에 표시하는 작업을 하는 프로그램으로, 아주 간단히 그 결과를 얻을 수 있다. 그러나 이 프로그램에는 전 세계의 지도가 들어 있기 때문에 그 정밀도가 아주 낮아 대강의 위치는 알 수 있지만 우리가 원하는 결과를 얻을 수는 없다.

우리가 원하는 결과는 적어도 1/50,000 지도 정도의 정밀도인데, 그러기 위해서는 먼저 그 프로그램에 1/50,000 지도를 입력해야 한다. 이처럼 우리가 원하는 정밀한 지도를 입력하여 그 지도 위에서 우리가 원하는 결과를 얻을 수 있도록 지원하는 프로그램이 Fugawi라는 GPS Mapping Software다. Fugawi라는 프로그램을 쓸 때는 GPS 안에 이미 들어 있는 지도보다 더 자세한 지도를 입력해야 하기 때문에 무엇보다 먼저 좋은 지도를 선택해야 한다. 지금까지 나온 압록강을 비롯한 북한 지도 가운데 가장 정밀한 것은 1980년대 소련에서 항공촬영을 하여 만든 1/50,000 지도이기 때문에 이 책에서는 주로 이 지도를 사용하였다. 한국에서는 원본이 명지대학교에 소장되어 있고, 1997년 9월 경인문화사가 한국어로 옮겨 발행하였는데, 현대지도문화사에서 제작한 것이다.[224] 디지털화한 1/50,000 지도 4장[225]을 정밀하게 Fugawi 프로그램에 입력시키고, GPS에 이미 입력된 좌표들을 Fugawi 프로그램에서 불러들이면 지도 위에 좌표가 표시된다. 후가위 프로그램은 GPS에 딸린 프로그램이기 때문에 프로그램 자체에서 좌표를 직접 만드는 작업이 안된다. 그렇기 때문에 Mapsauce에서 좌표 작업을 하여, GPS로 옮긴 뒤, GPS에서 다시 Fugawi 프로그램으로 옮기는 복잡한 과정을 거쳐야 한다. 이렇게 1/50,000 지도에 좌표를 표시하여 연결하면 1차적인 국경이 그려진다.[226]

---

224) 이 지도는 1987년의 지역 상태이며, 1990년에 제작된 지도이다.
225) 백두산(도엽번호 NK52-8-01), 천지(도엽번호 NK52-5-41), 삼장면(도엽번호 NK52-5-42), 신무성.
226) 이 작업은 GPS 전문 업체인 네베상사(www.neve.co.kr)의 기술 지원을 받았으며, 구체적인 작업을 하는 데 서상원의 도움이 컸다.

3) 오차 수정 및 지도 작성

이 작업을 하는 과정에서 많은 오차가 발생할 수 있다. 계산과정에서 나올 수도 있고, GPS나 각 프로그램이 지닌 한계성도 오차를 발생시킨다. 그렇기 때문에 지도에 그려진 국경선에서 오차를 수정해야 한다. 오차를 수정하는 데는 위성사진을 활용한다. 1차적으로 Mapsauce를 이용하여 좌표를 Google Earth에 올려서 좌표와 영상을 비교하여 보았다. Google은 해상도가 낮아 푯말을 하나하나 확인할 수는 없지만 6호에서 21호까지 이어지는 라인을 확인할 수 있었다. 국경을 분명히 하기 위해 나무를 베어낸 벨트가 나타나 있기 때문이다.[227] 좀 더 해상도가 높은 위성영상을 구입할 수 있다면 오차를 거의 없애는 수준으로 수정을 할 수 있을 것이다.

다음은 지도를 그리는 작업인데, 이렇게 지도를 제작하여 분석하면 전체적인 국경이 한 눈에 들어와 분석하기가 쉽다.

2. 천지를 양분하는 국경 분석

가장 먼저 논의했던 「회담기요」에는 백두산 천지의 국경에 대해서는 빠져 있다. 그러나 「국경조약」에는 1조 1항 맨 첫머리에 이 문제가 언급되어 있다. 백두산 천지 국경선은 5호 큰 경계 푯말에서부터 직선으로 자방위각 67° 58.3′ 방향을 따라가다가 백두산 천지를 가로질러 백두산 천지 산등성이 위 2628m고지와 2680m고지(天文峰) 사이 안장(鞍裝) 부분의 가운뎃점에 가까운 6호 큰 경계 푯말에 이르는 선이다. 이 구간의 국경선 길이는 5305.6m이다.[228]

5호 경계 푯말은 백두산 천지를 에워싼 산등성마루 서남쪽 끝 2520m(새로 잰 높

---

227) 의정서 16조 "조약을 맺은 두 나라는 이 의정서 7조에서 말한 백두산 지구 산림지 구간의 국경선을 명확히하고 쉽게 분별하기 위하여 6년에 한 번씩 경계 푯말 사이 나무를 벤 길(通視道)을 정리해야 한다."
228) 「의정서」7조.

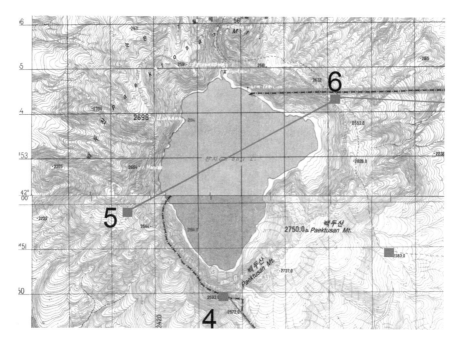

〈그림 16〉 5호, 6호 경계 푯말과 백두산 천지를 가르는 국경선

이는 2543m)와 2664m고지(靑石峰) 사이 안장 부분 충심점, E 128° 01′40.9″, N 41° 59′47.1″에 자리하고 있다. 여기가 백두산 서쪽에서 가장 북쪽에 있는 국경 경계선이다. 이 푯말이 서 있는 곳은 현재 중국에서 관광지로 개발하여 개방한 소위 백두산 서파(西坡)의 최종 목적지인데, 산등성마루에 상당히 넓은 고지가 있어 많은 관광객을 수용할 수 있다. 여기서 백운봉을 거쳐 북파(北坡)로 가는 등반 코스가 시작되고, 천지 쪽으로 내려와 달문으로 갈 수도 있다. 최근에는 남파(南坡)로 가는 등반 코스도 개발이 되었다고 한다.

6호 큰 경계 푯말은 백두산 천지를 에워싼 산등성마루 2628m고지와 2680m고지(天文峰) 사이 안장부분 중심 가까이서 쑥 불거진 곳, E 128° 05′01.5″, N 42° 01′11.8″에 자리하고 있다. 5호와 6호를 직선으로 그은 선을 기준으로 천지 전체 면적의 54.5%를 북한이 차지하였으며, 중국은 45.5%를 소유하게 되었다.[229]

〈그림 17〉 5호 국경 푯말(중국측)
〈그림 18〉 청석봉 오르기 전 산등성마루 5호 푯말(오른쪽)

3. 천지에서 압록강까지의 국경 분석

국경조약을 보면 먼저 천지를 기준으로 남쪽 압록강까지의 국경을 정의하였다.

천지 이남의 국경선은 위에서 말한 산등성마루 2520m고지와 2664m고지 사이 안장 부분의 대략적인 중심점에서 시작하여, 그 산등성마루를 끼고 대략 동남쪽으로 가 산등성마루 맨 남쪽 끝 한 지점까지 이어지고, 그 뒤 산등성마루를 떠나 직선으로 동남쪽으로 가다 2469m고지를 지나, 2071m고지에 이르러 동쪽 압록강 상류와 이 고지에서 가장 가까운 작은 지류 상의 한 지점에 이른다. 이 국경선은 작은

---

229) 「연변 당내의 자본주의 길로 나가는 가장 큰 집권파 주덕해의 매국 죄상」 1쪽 (이종석, 『북-중국관계 1945~2000』, 233쪽 재인용)

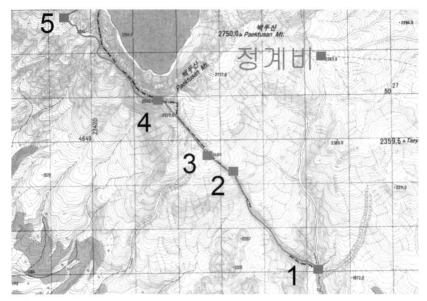

〈그림 19〉 천지에서 압록강까지의 국경(푯말1~5)

　　지류에서 흐르는 물의 가운데 선을 따라 내려가다가 작은 지류가 압록강으로 흘러

　　들어가는 곳까지이다.[230]

　　그러나 1년 반에 걸친 현지 작업을 마치고 체결한 의정서에는 압록강 상류부터 1
호 푯말을 설치해 올라가면서, 국경 설치를 설명하고 있다. 따라서 여기서는 1호 국
경 푯말부터 설명을 시작하려고 한다.

1) 1호 국경 푯말

「조·중 국경의정서」를 보면 압록강 1호 국경 푯말의 위치는 다음과 같다.

　　백두산 지역의 국경선 시작점은 압록강 상류 2071m고지(새로 잰 높이는 2152m)
　　동쪽에서 가장 가까운 작은 한 지류(계절강)와 압록강이 만나는 곳 주위에 큰 경계

---

230) 「국경조약」 1조 2항.

푯말 1호를 3개 세웠다.

1호 큰 경계 푯말 : 1(1), 1(2), 1(3) 번호가 새겨져 있는 3개의 큰 경계 푯말로 구성되었다. 이 경계 푯말들은 모두 압록강 상류와 2071m고지(새로 잰 높이는 2152m) 동쪽에서 가장 가까운 작은 지류가 만나는 곳 주위에 자리하고 있다.

1(1)호 경계 푯말은 중국 경내, 위에서 말한 합수머리 서쪽 산비탈 덕땅 위, E 128° 05′ 49.9″, N 41° 56′ 44.3″에 자리하고 있다. 위에서 말한 합수머리까지 자방위각 74° 01.2′이고 거리는 86m이다.

1(2)호 경계 푯말은 조선 경내, 위에서 말한 합수머리 북쪽 산비탈 덕땅 위에 자리하고 있다. 위에서 말한 합수머리까지 자방위각 162° 49.9′이고, 거리는 85m이다.

1(3)호 경계 푯말은 조선 경내, 위에서 말한 합수머리 동쪽 산비탈 위 덕땅에 자리하고 있다. 위에서 말한 합수머리까지 자북방위각 298° 36.2′이고, 거리는 82.7m이며, 뾰족한 바위까지는 자북방위각은 187° 39.4′, 거리는 332.2m이다.

〈그림 20〉에서 보는 바와 같이 물줄기 3개가 합쳐지는 합수머리이다. 그렇기 때문에 국경을 이루는 중국 쪽에 한 개를 세우고, 물줄기가 2개가 합쳐지는 조선 쪽에는 2개의 푯말을 세웠다.

1번 푯말에서 가운데 물줄기를 타고 북쪽으로 계속 올라가면 1712년 청나라 때 세운 정계비가 서 있던 곳이다. 이 지점에서는 세 갈래 물길이 합쳐지는 곳이기 때문에 어느 물줄기를 선택하느냐에 따라 국경에 변화가 크다. 압록강이 백두산 천지에서 내려온다고 할 때 천지 가까이 가는 물줄기는 왼쪽

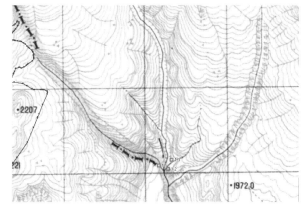

〈그림 20〉 국경 푯말 1호(1개–중국 측, 2개–조선측)

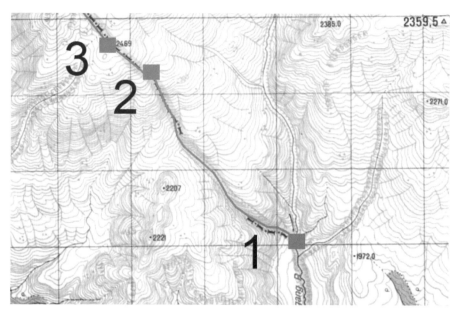

〈그림 21〉 국경 푯말 1~2호 사이의 국경(강 중강선)

물줄기 밖에 없다. 그렇기 때문에 1712년 청나라 차사 목극등도 바로 이 물줄기를 따라 천지까지 올라갔지만 결국은 가운데 물줄기를 선택한 것이다. 더 북쪽으로 압록강 물줄기가 있다는 것을 알고 있었기 때문에 당연히 이 물줄기로 국경선을 만들어야 했는데, 자의적으로 분수령을 찾는다는 명분을 내세워 천지에서 내려오는 물줄기를 모른 체하고 국경이 훨씬 축소되는 곳을 선택한 것이다. 이 당시 한국의 접반사는 올라오지 못하게 하고 혼자 마음대로 한 결정이지, 양국이 협의한 국경이 아니라는 것을 말해 주는 것이다. 이런 측면에서 보면 1964년 국경의정서에는 왼쪽 물줄기를 따라 올라가므로 해서 천지와 연결된 가장 북쪽 압록강을 선택하였고, 청나라 정계비보다는 우리나라에 더 많은 영역이 돌아왔다고 할 수 있다.

2) 2호 국경 푯말

「조·중 국경의정서」를 보면 압록강 2호 국경 푯말의 위치는 다음과 같다.

국경선은 위에서 말한 합수머리부터 2071m고지(새로 잰 높이 2152m) 동쪽 가장 가까운 작은 지류의 물이 흐르는 가운데 선(中間線)을 대략 서북쪽으로 위로 거슬러 올라가면 2개의 큰 경계 푯말 2호 사이의 직선과 만나는 지점에 다다른다. 이 구간의 국경선 길이는 3050m(덧붙인 지도에서 잰 것)이다.

2호 큰 경계 푯말 : 2(1), 2(2) 번호가 새겨져 있는 2개의 큰 경계 푯말로 구성되어 있다. 이 2개의 경계 푯말은 2071m고지(새로 잰 높이 2152m) 동쪽으로 가장 가까운 작은 지류의 상류 양쪽 산비탈에 자리하고 있다.

2(1)호 경계 푯말은 중국 경내, 위에서 말한 작은 지류 물이 흐르는 중심선과 2개의 2호 경계 푯말 사이 직선이 서로 엇갈리는 점에서 서쪽 산비탈 덕땅 위, E 128° 04′ 21.6″, N 41° 57′ 54″에 자리하고 있다. 2(1)호 경계 푯말과 2(2)호 경계 푯말 사이의 직선과 위에서 말한 지류의 물 흐름 중심선이 서로 엇갈리는 지점의 자방위

〈그림 22〉 2(1)호와 간헐천 건너 2(2)호 푯말

〈그림 23〉 2(1)호와 2(2)호 사이의 간헐천

〈그림 24〉 2(2)호 푯말. 오른쪽 위 산꼭대기 2457.4m 고지에 3호 푯말이 있다.

각은 66° 41.7′이고 거리는 55.9m이다.

2(2)호 경계 푯말은 조선 경내에 있고, 위에서 말한 엇갈리는 지점 동쪽 산비탈에 자리하고 있으며, 위에 말한 엇갈리는 지점의 자방위각은 246° 41.7′이고 거리는 50m이다.

압록강 원류 가운데 가장 서쪽에 있는 지류를 따라 올라가는 물줄기 중간선이 국경이 된다. 2(1)호 푯말은 중국 측에 있고, 2(2) 푯말은 계곡 건너편 조선 땅에 있다. 계곡은 평소에는 물이 흐르지 않지만 비가 올 때는 물이 흐른다. 이런 개울을 보통 간헐천(間歇川)이라고 하는데, 중국에서는 시령하(時令河)라고 한다. 현재 포장된 백두산 남파(南坡) 등반 차로 바로 가에 있어 쉽게 찾을 수 있고, 2(1)호에서 간헐천을 건너다 보면 조선 땅에 2(2)호가 바로 보인다. 이 구간은 간헐천 중간을 따라 이어지는 선이 국경이 되기 때문에 지도에서 거리를 측정하였다. 측정한 값은 3050m인데, 경사가 심해 찾아 내려가기가 쉽지 않다.

3) 3호 국경 푯말

「조·중 국경의정서」를 보면 압록강 3호 국경 푯말의 위치는 다음과 같다.

국경선은 위에서 말한 2개의 큰 2호 경계 푯말 사이의 만나는 점에서 직선으로 자 방위각(磁方位角) 322° 57.1′ 방향으로 가다가, 2469m고지(새로 잰 높이는 2457.4m이고 덧붙인 지도에는 새로 잰 높이를 기준으로 한다) 동남 비탈과 낭떠러지를 지나, 2469m고지(새로 잰 높이 2457.4m) 꼭대기에 있는 3호 큰 경계 푯말에 이른다. 이 구간의 국경선 길이는 472.3m이다.

3호 큰 경계 푯말 : 2469m고지(새로 잰 높이는 2457.4m)의 꼭대기, E 128° 04′ 09.1″, N 41° 58′ 05.7″에 자리하고 있다.

3호 큰 경계 푯말에서 4호 큰 경계 푯말까지의 진방위각은 314° 40′ 20.8″이다.

2개의 2호 푯말을 직선으로 이은 선상에서 간헐천의 한 중간에서 시작하여 2469m(새로 잰 높이 2457.4m)고지까지 직선으로 이은 선이 국경이 된다. 그렇기 때문에 이 구간의 간헐천과 산 동쪽은 모두 조선으로 들어간다.

4) 4호 국경 푯말

「조·중 국경의정서」를 보면 압록강 4호 국경 푯말의 위치는 다음과 같다.

국경선은 3호 큰 경계 푯말에서부터 위에서 말한 직선을 따라 계속 가다가, 2469m고지(새로 잰 높이 2457.4m) 서북 비탈을 지나, 두 곳의 마른 골짜기(乾溝)와 하나의 낭떠러지를 가로질러, 백두산 천지를 에워싼 산등성이에서 가장 남쪽 끝에 있는 안장(鞍裝) 부분 서쪽에서 가장 가까운 2525.8m 고지 꼭대기에 있는 4호 큰 경계 푯말에 다다른다. 이 구간의 국경선 길이는 1691.1m이다.

4호 큰 경계 푯말 : 백두산 천지를 에워싼 산등성이마루 가장 남쪽 끝 안장 부분 서쪽에서 가장 가까운 2525.8m 고지의 꼭대기, E 128° 03′ 16.9″, N 41° 58′ 44.2″에

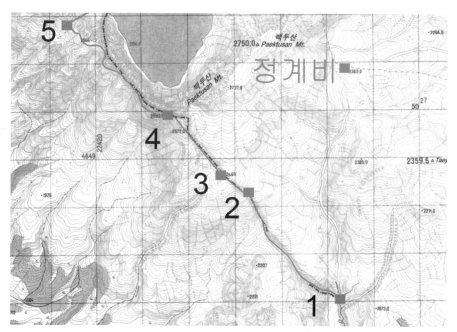

〈그림 25〉 3호(2469m 고지) → 4 호, 4호 → 5호의 국경선

　자리하고 있다.

　　4호 큰 경계 푯말에서 5호 큰 경계 푯말까지의 진방위각은 311° 16′ 48.6″이다.

　　3호에서 4호까지는 직선으로 1691.1m이다. 현재 남파로 올라가는 포장도로는 상
당부분 이 국경선을 지나가며, 꼭대기에서 천지를 보기 위해서는 북한 땅을 밟아야
하는 경우가 많다. 바로 이 부분이 문화혁명 동안 연변조선족자치주 주장인 주덕해를
박해하면서 "백두산 정상으로 올라가는 공로마저도 북한 측에 팔아 넘긴 매국노"[231]
라고 비판한 곳이다. 최근 대대적인 관광지 개발을 통해 정상까지 포장을 하고 주차
장까지 만들었으나, 가끔 북한 병사들이 정상 등정을 막아 천지를 보기가 어려워지
자, 푯말 서쪽에 옹색하지만 몇 사람이 올라가 볼 수 있는 시설을 만들었다.

───

231) 이종석, 『북한 – 중국관계 1945~2000』, 중심, 2000, 235쪽.

〈그림 26〉 사진 중간쯤 사람이 있는 곳에 푯말이 있다.

5) 5호 국경 푯말까지의 국경

앞에서 천지를 가로지르는 국경선을 보면서 서쪽 기점인 5호 국경 푯
말에 대해서 살펴보았다. 여기서는 4호에서 어떻게 연결하는 것인가
에 대해서만 보기로 한다. 「조·중 국경의정서」를 보면 압록강 5호 국
경 푯말의 위치는 다음과 같다.

〈그림 27〉 4호 푯말

> 국경선은 4호 큰 경계 푯말에서부터 시작하여, 백두산 천지를 에워싼
> 산등성이를 대체로 서북쪽으로 따라가다가, 2520m고지(새로 잰 높이
> 는 2543m이다. 덧붙인 지도에는 새로 잰 높이를 기준으로 한다)를 지나,
> 2520m고지(새로 잰 높이는 2543m)와 2664m 고지(靑石峰) 사이의 안장(鞍裝) 부
> 분 가운데 지점에 있는 5호 큰 경계 푯말에 다다른다. 이 구간의 길이는 3100m(덧
> 붙인 지도에서 잰 것)이다.

〈그림 28〉 5호 국경 푯말 중국쪽.

여기서는 분화구가 타원형으로 되어 있기 때문에 국경선을 직선으로 확정하지 못하고 등고선을 따라갔다. 그렇기 때문에 4호 푯말과 같은 위치의 등고선을 따라 돌아가다 2520m고지(새로 잰 높이는 2543m)와 만나게 되고, 그 2520m고지와 청석봉 사이 말 안장처럼 생긴 곳에 푯말을 세웠다. 이 구간도 직접 거리를 재서 확정하지 않고, 지도에서 재가지고 수치를 얻었는데, 3100m라고 기록하였다.

4. 천지에서 두만강까지의 국경 분석

천지 동쪽의 국경선은 앞에서 본 6호 푯말이 서 있는 산등성마루 2628m고지와 2680m고지 안장 부분의 대략적인 중심점에서 시작하여 동쪽을 향해 직선으로 2114m고지에 이르고, 다시 직선으로 1992m고지에 이르고, 다시 직선으로 1956m고지를 거쳐 1562m고지에 이르고, 다시 직선으로 1332m고지에 이르고,

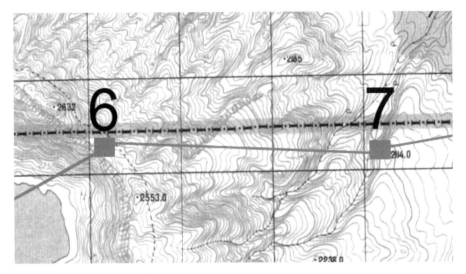

〈그림 29〉 6 → 7호 국경 경계 푯말

다시 직선으로 두만강(圖們江) 상류의 지류인 홍토수(紅土水)와 북면의 한 지류가

만나는 합수머리(1283m고지 북쪽)에 이른다. 이 국경선은 홍토수의 물 흐름 가운데

선을 따라 내려가면 홍토수(紅土水)[232]와 약류하(弱流河)가 만나는 합수머리에 이

른다.[233]

1) 7호 국경 푯말

「조·중 국경의정서」에 따르면 압록강 7호 국경 푯말의 위치는 다음과 같다.

국경선은 6호 큰 경계 푯말에서부터 직선으로 진방위각(眞方位角) 93° 10′41.6″

방향을 따라가다가 빗물로 갈라진 곳(雨裂)과 내두하(奶頭河) 서쪽 지류를 가로질

---

232) 「옮긴이 주」 양강도 삼지연군 무봉로동자구 서쪽에 있는 냇물. 바닥이 붉게 보인다 하여 '홍토수'라 하

였다고 한다.

233) 「국경조약」 1조 4항

러, 2114m고지에 있는 7호 큰 경계 푯말에 다다른다. 이 구간의 국경선 길이는 3226.3m이다.

7호 큰 경계 푯말 : 2114m고지, E 128° 07′ 21.5″, N 42° 01′ 06에 자리한다.

6호에서 7호로 이어지는 국경선은 정 동쪽이 아니고 남쪽으로 약간 치우친 93° 10′ 41.6″ 방향으로 했다. 그것은 천지를 내려다보는 6호 푯말에서 밑으로 내려오면서 2114m고지를 목표로 삼았기 때문이다.

이 국경선에는 백두산 밑에서 발원하여 북쪽으로 흐르는 내두하(內頭河) 서쪽 지류가 지나간다. 이 내두하는 북으로 흘러 삼도백하(三道白河)로 흘러 들어가 송화강을 이룬다. 백두산에 지역에서 발원하여 북쪽으로 흐르는 강은 모두 5개의 강(白河)이 있는데, 4개의 강(2도백하, 3도백하, 4도백하, 5도백하) 지류가 합하여 서쪽으로 흐르다가, 목단령(牧丹嶺)에서 남으로 흘러내리는 고동하(古洞河)와 양강진(兩江鎭)에서 만나 계속 서쪽으로 흐른다. 그리고 얼마 가지 않아 다시 백두산에 근원을 둔 두도백하(頭道白河)와 만나 송화강이 된다.

2) 8호 국경 푯말

「조·중 국경의정서」에 따르면 압록강 8호 국경 푯말의 위치는 다음과 같다.

국경선은 7호 큰 경계 푯말로부터 직선으로 자방위각 82° 57.9′ 방향으로 2114m 고지 동북 산비탈을 따라 내려가면 1992m고지 위에 있는 8호 큰 경계 푯말에 다다른다. 이 구간의 국경선 길이는 1646.8m이다.

8호 큰 경계 푯말 : 2114m고지 동쪽 산비탈 위 1992m고지, E 128° 08′ 30.6″, N 42° 01′ 19.4″에 자리하고 있다.

8호 큰 경계 푯말에서 9호 큰 경계 푯말까지의 자방위각은 96° 07.1′ 이다.

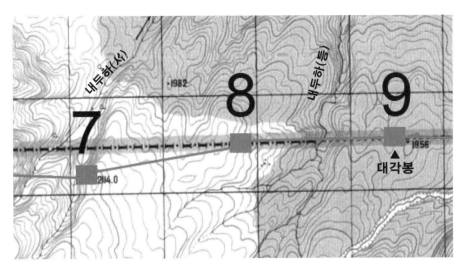

〈그림 30〉 7 → 8→ 9호 국경 경계 푯말

8호 국경은 7호 국경보다 약간 북쪽으로 이동하여, 6호 국경보다 조금 북쪽에 위치한다.

3) 9호 국경 푯말

「조·중 국경의정서」에 따르면 압록강 9호 국경 푯말의 위치는 다음과 같다.

국경선은 8호 큰 경계 푯말에서부터 직선으로 자방위각 96° 07.1′ 방향으로 따라가
다가, 800m 떨어진 1992m고지와 1956m고지(새로 잰 높이는 1951.8m이고, 덧붙
인 지도에는 새로 잰 높이를 기준으로 한다) 사이에 있는 내두하(奶頭河)를 가로질
러, 1956m고지(새로 잰 높이 1951.8m) 위에 있는 9호 큰 경계 푯말에 다다른다.
이 구간의 국경선 길이는 1696.7m이다.
9호 큰 경계 푯말 : 대각봉(大角峰) 북쪽 산비탈 1956m 고지(새로 잰 높이는
1951.8m), E 128° 09′ 44.″, N 42° 01′ 20.9″에 자리하고 있다.

8호에서 9호 국경 사이에는 앞에서 본 6~7호와 마찬가지로 내두하 동쪽 지류가

흐른다. 9호 푯말 대각봉(大角峰) 북쪽 비탈에 서 있다. 화산 분출로 생긴 대각봉은 다공질 현무암으로 되어 있으며, 그 위에 속돌(浮石)이 두텁게 덮여 있다. 상대적 높이가 70m밖에 안되어 언덕(丘陵)처럼 보인다. 서쪽과 남쪽 경사면의 물매는 8° 정도. 북쪽과 동쪽 경사면에는 20° 정도이다. 북쪽과 동쪽 경사면에는 규모가 큰 빗물 골들이 있다. 해발 1900m 계선의 산림 한계선 지역에서는 이깔나무들이 센 북서풍의 영향으로 높이 자라지 못하고 떨기나무 모양으로 누워 자란다. 그 위에 바위구절초, 백산차, 만병초 같은 높은 산에서만 자라는 식물들이 자란다. 김일성이 1930년대 후반기에 창설하였다는 대각봉 밀영이 있어 숙영지가 있다.[234]

4) 10~13호 국경 푯말

「조·중 국경 의정서」에 따르면 압록강 10~13호 국경 푯말의 위치는 다음과 같다.

국경선은 9호 큰 경계 푯말에서 직선으로 자북방위각 96°45.5′ 방향으로 직선으로 따라가다가, 이 직선 위에 자리잡은 작은 경계 푯말 10호, 11호, 12호, 13호 4개를 지나, 1만 40.8m 떨어진 곳에 있는 14호 큰 경계 푯말에 다다른다. 국경선이 9호 큰 경계 푯말을 떠나 흑석구[黑石溝(土門江)]를 가로질러 10호 작은 경계 푯말에 이르고 ; 다시 비탈을 따라 아래로 내려가다 빗물로 갈라진 곳을 지나면 11호 작은 경계 푯말에 이르고 ; 국경선은 11호 작은 경계 푯말에서 비탈을 따라 계속 내려가면 빗물로 갈라진 곳을 지나 12호 작은 경계 푯말에 이른다. 그 다음 비탈을 따라 내려가면 작은 빗물로 갈라진 곳과 안도(安圖)에서 신무성(新武城)으로 가는 도로를 지나 13호 작은 경계 푯말에 이르고 ; 국경선은 그 경계 푯말에서부터 작은 개울을 지나고, 다시 쌍목봉[雙目峰(雙頭峰)] 서북 비탈을 따라 오르면 쌍목봉(쌍두봉) 북쪽 봉우리, 다시 말해 1562m고지(새로 잰 높이는 1532.1m이고, 덧붙인 지도에는 새로 잰 높이를 기준으로 한다)에 있는 14호 큰 경계 푯말에 다다른다.

---

234) 『조선향토문화대백과』, 량강도 / 백두산 / 산과 내 / 대각봉, 63쪽.

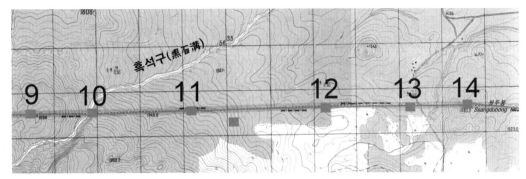

〈그림 31〉 9 → 10→ 11 → 12 → 13 → 14호 국경 경계 푯말

10호 작은 경계 푯말 : 9호 경계 푯말에서 동쪽으로 1229m 떨어진 곳에 자리하
고 있고, 서쪽 비탈을 따라 80m쯤 가면 흑석구〔黑石溝(토문강)〕에 다다른다.

11호 작은 경계 푯말 : 10호 경계 푯말에서 2218m 떨어진 곳에 자리하고 있고,
서쪽 비탈을 따라 80m쯤 가면 빗물에 크게 패인 곳에 다다른다.

12호 작은 경계 푯말 : 11호 경계 푯말에서 3182.8m 떨어진 곳에 자리하고 있
고 동쪽으로 80m쯤 가면 빗물에 패인 곳이 있다.

13호 작은 경계 푯말 : 12호 경계 푯말에서 2135m 떨어진 곳에 자리하고 있고,
서쪽 15m쯤 떨어진 곳에 안도(安圖)에서 신무성(新武城)으로 가는 도로가 있다.

9호에서 14호까지는 직선으로 이어져 있고 그 사이에 작은 푯말 4개가 세워져
있다.

9호 -(1229m) → 10호 -(2218m) → 11호 -(3182.8m) → 12호 -(2135m) 13
호 -(1276m) → 14호

① 국경을 가로지르는 토문강(土門江)
9호에서 10호 사이에 백두산에서 발원해 북쪽으로 흐르는 강이 하나 흐른다. 의
정서에는 이 강을 黑石溝(土門江)라고 했다. 흑석구(黑石溝)는 5도백하로 흘러들

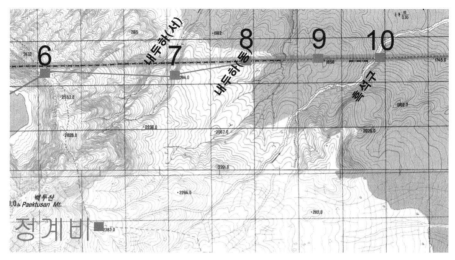

〈그림 32〉 정계비와 토문강 개념도

어가는 지류 가운데 하나로 중국식 이름이다. 괄호 안에 토문강(土門江)이란 이름을 덧붙인 것은 북한 측 이름으로 넣었을 가능성이 크다. 이 토문강은 바로 숙종(1712) 때 청나라 목극등이 분수령에 세운 백두산 정계비에서 말한 국경은 "서쪽으로는 압록(鴨綠)이요, 동쪽으로는 토문(土門)이다(西爲鴨綠, 東爲土門)"고 한 토문과 관련이 있다. 목극등이 정계비를 세운 뒤 토문강에 대한 해석에서 청나라와 조선 사이에 큰 의견 차이가 생겨 논쟁거리가 된다. 문제의 핵심은 청나라에서는 토문강이 바로 두만강과 같다는 것이고, 조선에서는 토문은 북으로 흘러 송화강으로 흘러 들어간다는 것이다. 1885년과 1887년의 조선－청나라 국경 담판을 거치면서 청나라는 '도문강'＝두만강＝토문강이라고 주장하고, 조선은 '도문강(두만강)'과 토문강은 다른 강이라고 주장하며 간도 문제를 둘러싼 양국의 논쟁이 심화되었다.

그 뒤 이 문제는 1909년 청나라와 일본이 간도조약을 맺으면서 조선과 청나라의 논쟁이 중단된 뒤 오늘날에 이르렀다. 그런 측면에서 조약문에 토문강의 존재를 양국이 인정하였다는 것은 아주 흥미로운 일이다. 이 문제는 뒤에 국경조약을 평가하면서 다시 다루기로 하겠다.

② 안도(安圖) - 신무성(新武城) 도로

13호 국경 푯말 동쪽 15m쯤 떨어진 곳에 안도(安圖)에서 신무성(新武城)으로 가는 도로가 있다. 이곳 국경에는 출입국관리소가 있다. 2001년 11월 24일 체결하여 2002년 5월 30일 발효한 "조·중 국경 출입지점 및 그 관리제도에 관한 협정"의 부록 '조·중 국경 출입지점의 위치·종류 및 기능'에 다음같이 규정되어 있다.

15. 쌍목봉(雙目峰) - 쌍두봉(雙頭峰)

이 공무통로는 중화인민공화국 길림성 안도현(安圖縣)과 조선민주주의공화국 양강도 삼지연군에 각각 위치하고 있다.

이 공무통도로는 쌍방의 해당부서가 합의한 기간에 쌍방 공무인원들을 통과시킨다. 필요할 때는 쌍방이 해당 부서 간 합의한 기간에 쌍방의 화물·수송수단을 통과시킨다.[235]

북한과 중국의 국경 출입국 관리사무소가 있는 곳이 모두 15곳인데, 국내외 국민과 수송수단이 모두 다닐 수 있는 곳, 북한·중국 국민과 수송수단이 다닐 수 있는 곳 등, 몇 가지로 나눌 수 있는, 쌍목봉-쌍두봉의 출입국사무소에는 일반인들은 통과할 수 없고, 양국이 서로 합의한 공무 인원과 화물수송 수단만 통과하게 되어 있다. 앞으로 북한에서도 백두산 관광이 활성화되어 중국 쪽 백두산에 온 관광객들이 남쪽 백두산을 관광하게 되면 이 출입국사무소가 크게 붐빌 것이다. 현재도 중국에서 남쪽 백두산 관광을 할 수 있고, 관광상품도 있는데, 모두 장백-혜산 출입국관리소를 통해 북한으로 입국, 삼지연을 통해서 가야 하기 때문에 거리가 멀어 1박 또는 2박을 해야만 가능하다. 앞으로 쌍목봉-쌍두봉 구간을 이용한다면, 하루 관광권에 들 것이다.

---

235) 국가정보원, 『북·중간 국경업무 조약집』, 2006, 19쪽.

5) 14호 국경 푯말

「조·중 국경의정서」에 따르면 압록강 14호 국경 푯말의 위치는 다음과 같다.

> **14호 큰 경계 푯말**: 13호 경계 푯말에서 1276m 떨어진 쌍목봉〔雙目峰(雙頭峰)〕
> 북쪽 봉우리, 다시 말해 1562m고지(새로 잰 높이는 1532.1m), E 128° 17′00.8″,
> N 42°01′25.7″에 자리하고 있으며, 서남쪽으로 500m쯤 떨어진 곳에 산봉우리가
> 하나 있다.
>
> 　14호 큰 경계 푯말에서 직선으로 15호, 16호, 17호 작은 경계 푯말을 지나, 18
> 호 큰 경계 푯말까지의 자방위각은 102°58.5′이다.

　14호 푯말이 서 있는 쌍두봉(雙頭峰)은 중국에서는 쌍목봉(雙目峰)이라고 한다.
해발 1532.1m. 양강도 삼지연군 신무성노동자구와 중국의 경계에 위치하고 있다.
백두산에서 동쪽으로 뻗는 지맥에 솟아 있는 화산체이다. 상대적 높이는 60m밖에
안된다. 기반암은 신생대 제4기 현무암이며 그 뒤에 속돌(浮石)이 덮여 있다. 하나
의 산체 위에 봉우리가 두 개 있어 쌍두봉이라 하였다. 봉우리 경사면의 물매는 10°
미만으로 매우 느리다. 쌍두봉에는 주로 이깔나무가 덮여 있으며, 기슭에는 분비나
무, 가문비나무, 뜰쭉나무, 댕댕이나무, 월귤, 백산차 등이 분포되어 있다.[236]

6) 15호~18호 국경 푯말

「조·중 국경의정서」에 따르면 압록강 15~18호 국경 푯말의 위치는 다음과 같다.

> 　국경선은 14호 큰 경계 푯말로부터 자방위각 102°58.5′ 방향을 따라 직선으로 가
> 면, 그 직선 위에 자리잡은 15호, 16호, 17호 3개의 작은 경계 푯말을 지나
> 9574.9m 떨어진 18호 큰 경계 푯말에 다다른다. 국경선은 14호 큰 경계 푯말에서

---

236)『조선향토대백과사전』 량강도 / 백두산 / 산과 내 / 쌍두봉

동남쪽으로 비탈을 따라 내려가 평탄한 곳에 자리잡은 15호 작은 경계 푯말을 지나, 다시 완만한 비탈을 따라 내려가서 16호 작은 경계 푯말에 이른다. 국경선은 이 경계 푯말에서 평형하고 완만한 산지를 따라가다가 17호 작은 경계 푯말을 지나고, 평평하고 완만한 산지를 따라가다가 1332m고지(새로 잰 높이는 1300.8m이고, 덧붙인 지도에는 새로 잰 높이를 기준으로 한다)에 있는 18호 큰 경계 푯말에 이른다.

15호 큰 경계 푯말:14호 경계 푯말에서 2002m 떨어진 곳에 자리하고 있다.

16호 큰 경계 푯말:15호 경계 푯말에서 3602.9m 떨어진 곳에 자리하고 있고, 동쪽 길에서 10m쯤 떨어져 있다.

17호 큰 경계 푯말:16호 경계 푯말에서 2361m 떨어진 곳에 자리하고 있고, 신무성(新武城)에서 적봉(赤峰)으로 가는 도로가 서쪽으로 30m쯤 떨어져 있다.

18호 큰 경계 푯말:17호 경계 푯말에서 1609m 떨어진 1332m고지(새로 잰 높이는 1300.8m), E 128° 23′ 55.4″, N 42° 00′ 58.6″에 자리하고 있다.

〈그림 33〉 국경 지시 표말18(2)
〈그림 34〉 15 → 16 → 17 → 18호 국경 경계 푯말(아래)

16호에서 17호 푯말 사이에 장백산맥이 시작되며, 이 산맥이 서북쪽으로 흐르는 송화강과 동남쪽으로 흐르는 두만강의 분수령이 된다. 상대적 높이가 높은 산맥은 아니지만 두 강의 물줄기는 이 라인에서 확연하게 달라진다. 따라서 두만강 지류 가운데 가장 서북쪽에서 흐르는 곳은 바로 17호 푯말 바로 서쪽으로 흐르는 지류가 된다. 조약문에서는 이 지류를 모수림하(母樹林河)라는 중국 이름을 사용하였는데, 북한에서 나온 지도들에서는 이 지류가 두만강에서 가장 서북쪽에서 발원하는 지류로 표기하고 있다.

바로 이 강 옆으로 신무성에서 적봉(赤峰)으로 가는 도로가 지나간다. 조약문에서도 17호 서쪽 30m 지점에 이 도로가 지나간다는 사실을 명기하고 있다. 그러나 이 도로는 북한과 중국 사이에 맺은 조·중 국경 출입국 지점 및 그 관리제도에 관한 협정에는 나와 있지 않기 때문에 출입국관리소가 없어 양국이 평소 사용하는 도로는 아니다. 이 지역은 앞에서 13호 푯말에서 가까운 쌍두봉 출입국사무소가 있기 때문에 그곳을 이용하고 있다.

7) 19~20호 국경 푯말

「조·중 국경의정서」에 따르면 압록강 19호 국경 푯말의 위치는 다음과 같다.

국경선은 18호 큰 경계 푯말에서부터 자방위각 91° 11.5′ 방향을 따라 직선으로 가면, 완만한 비탈을 내려가고, 작은 개울을 지난 뒤 완만한 비탈을 따라 올라가면 19호 작은 경계 푯말에 다다른다. 국경선은 그 경계 푯말에서부터 위에서 말한 직선을 따라 완만한 비탈을 계속 내려가면 20호 큰 경계 푯말이 3개 서 있는 홍토수와 북쪽의 한 지류(母樹林河)가 만나는 곳에 다다른다. 이 구간의 국경선 길이는 2713.3m이다.

19호 작은 경계 푯말 : 18호 경계 푯말에서 홍토수(紅土水)와 북쪽 한 지류(母樹林河)의 합수머리까지 직선으로 이어진 국경선에 자리하고 있는데, 홍토수와 북쪽 지류(母樹林河)의 합수머리에서 1054.6m, 18호 경계 푯말에서는 1658.7m 떨어

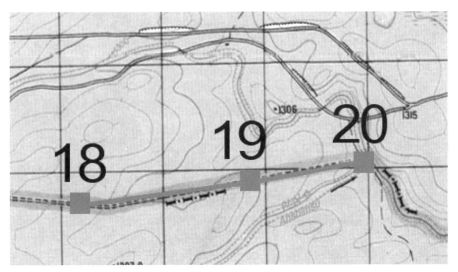

〈그림 35〉 조·중 국경 푯말 18 → 19 → 20호 위치

져 있다.

20호 큰 경계 푯말 : 20(1), 20(2), 20(3) 번호가 새겨져 있는 3개의 큰 경계 푯말로 구성되었다. 이 경계 푯말들은 홍토수와 북쪽의 한 지류(母樹林河)가 만나는 합수머리 주위에 자리하고 있다.

20(1)호 경계 푯말은 조선 경내, 위에서 말한 합수머리 남쪽 조금 서쪽으로 치우친 언덕 위, E 128°25′51.8″, N 42°01′08.7″에 자리하고 있다. 위에서 말한 합수머리까지의 자방위각은 11°26′이고 103.02m 떨어져 있다.

20(2)호 경계 푯말은 중국 경내, 위에서 말한 합수머리 동북 언덕 남쪽 비탈 위에 자리하고 있다. 위에서 말한 합수머리까지의 자방위각은 239°54.2′이고 126.89m 떨어져 있다.

20(3)호 경계 푯말은 중국 경내, 위에서 말한 합수머리 서쪽에서 북쪽으로 조금 치우친 언덕 위에 자리하고 있다. 위에서 말한 합수머리까지의 자방위각은 103°21′이고 거리는 135.45m 떨어져 있다.

〈그림 36〉 조·중 국경 푯말 20 → 21호 위치도(왼쪽)　　　　　　〈그림 37〉 21(2)호와 푯말(중국측)

19호 푯말은 18호와 20호의 직선 위에 있기 때문에 지형에 따라 중간에 하나 세운 것 빼놓고는 특기할 만한 사항이 없다.[237] 20호 푯말은 두 강줄기가 만나는 지점이고 두만강의 원류이기 때문에 큰 푯말을 3개나 설치하였다. 하나는 조선 영토에, 2개는 중국 영토 안에 세웠다. 의정서 조약문에는 홍토수(紅土水)와 모수림하(母樹林河)가 만나는 지점이라고 했다. 조선쪽에서 흘러 들어오는 강이 홍토수이고 조선에서 시작하여 중국 영토를 지나 흘러 들어오는 강이 모수림하이다. 그런데 1990년 러시아에서 발행된 지도에는 홍토수가 안심수(Anshimsu)라고 표기되어 있다. 아마 현지에서는 이 지류를 안심수라고 부르는 모양이다.

8) 21호 국경 푯말

「조·중 국경의정서」에 따르면 압록강 21호 국경 푯말의 위치는 다음과 같다.

국경선은 위에서 말한 20호 큰 경계 푯말이 3개 서 있는 합수머리에서 홍토수 물

---

237) 8호 큰 경계 푯말부터 20호 큰 경계 푯말 사이의 국경선에는 너비 4~8m짜리 숲 사이를 볼 수 있는 길(林間通視道)을 만들었다.

〈그림 38〉 21(1)호와 푯말(조선측)

이 흐르는 중심선을 따라 내려가다, 적봉(赤峰) 남쪽 산기슭을 감싸고 돌아, 먼저
동남쪽으로 굽어 내려가다가 조선 경내에서 흘러 내려오는 작은 간헐천(間歇川)과
홍토수가 만나는 곳에서 다시 동북쪽으로 돌아가다가 2575m(덧붙인 지도에서 잰
것) 떨어진 홍토수(紅土水)와 약류하(弱流河)[238]가 만나는 지점에 다다른다. 이
합수머리 주위에 21호 큰 경계 푯말 3개를 세웠다.

21호 큰 경계 푯말 : 21(1), 21(2), 21(3) 번호가 새겨진 3개의 큰 경계 푯말로
구성되어 있다. 이 경계 푯말들은 홍토수(紅土水)와 약류하(弱流河)의 합수머리
주위에 자리하고 있다.

21(1)호 경계 푯말은 조선 경내, 위에서 말한 합수머리 남쪽에서 서쪽으로 조금
치우친 언덕 위, E 128° 27′ 19.1″, N 42° 01′ 06.9″에 자리하고 있다. 위에서 말한
합수머리까지의 자방위각은 25° 28.8′이고 거리를 71.40m 이다.

21(2)호 경계 푯말은 중국 경내, 위에서 말한 합수머리 동쪽에서 북쪽으로 조금

---

238) 간도조약 이전에는 약류하 = 홍토수, 홍토수 = 석을수였는데, 1908년 청나라가 임의대로 바꾼 것이다.
    이 조약문에는 완전히 중국의 주장대로만 되어 있으니, 앞으로 반드시 고쳐야 한다(자세한 내용은 첫째 마
    당 V장 참조).

〈그림 39〉 중국 측에 있는 21(2)호와 적봉(오른쪽 위, 멀리 보이는 산)

치우친 언덕 위에 자리하고 있고, 위에서 말한 합수머리까지의 자방위각은 263°
54.4′이고 거리는 90.77m이다.

21(3)호 경계 푯말은 중국 경내, 위에서 말한 합수머리 서북 언덕 위에 자리하
고 있으며, 위에서 말한 합수머리까지 자방위각은 142° 42′이고 거리는 74.74m
이다.

20호 푯말에서 홍토수를 따라 적봉(赤峰) 남쪽을 돌아 2575m 가면 북쪽에서 내
려오는 약류하(弱流河)와 만나는 합수머리에 21호 푯말 3개가 서 있다. 약류하는 원
지(圓池, 원래 이곳은 원지(元池)였으나, 청나라가 조사하면서 원지(圓池)로 바꾸었다. 원
지(元池)는 두만강의 원류라는 뜻이고, 그렇게 되면 이곳이 국경이 되어야 하기 때문이다)
라는 호수에서 발원하는데, 중국 영토에서 처음 시작되는 두만강 원류이다.

Ⅲ. 조·중 국경조약 분석 (2) - 압록강과 두만강의 국경

1. 압록강과 두만강 국경 안에 있는 섬과 모래섬의 귀속

1) 국경 강 안에 있는 섬과 모래섬에 대한 「국경조약」과 「의정서」의 규정

1962년 체결된 「국경조약」 2조에서 압록강과 두만강 국경 안에 있는 섬과 모래섬 (沙洲)를 어떻게 나눌 것인지 원칙을 규정하는 데 다음 4개 조항을 합의한다.

(1) 이 조약을 체결하기 전에 이미 한쪽의 공민(公民)이 살고 있거나 농사를 짓고 있는 섬과 모래섬은 그 국가의 영토가 되며, 다시 고쳐 바꾸지 않는다.

(2) 이 조 1항에서 말한 이외의 섬과 모래섬은 중국 쪽 기슭과 가까운 곳은 중국에 속하고, 조선쪽 기슭과 가까운 곳은 조선에 속하며, 두 기슭의 한가운데 있는 것은 두 나라가 협상을 통해서 그 귀속을 확정한다.

(3) 한쪽 강기슭과 그 소속된 섬 사이에 있는 섬과 모래섬은 비록 다른 한쪽 강기슭에 가깝거나 두 기슭의 한가운데 있다고 하더라도 해당국의 소유이다.

(4) 이 조약을 체결한 뒤 국경 강에서 새로 나타난 섬과 모래섬은 이 조의 제2항과 제3항의 규정에 따라 그 귀속을 확정한다.

조약 체결 뒤 두 나라 위원들이 압록강과 두만강(圖們江)을 현지 답사 하고 1964년 「의정서」에 기록한 섬과 모래섬은 모두 451개이다. 그 가운데 "187개는 중국에 속하고 264개는 조선에 속한다"고 되어 있는데, 그 구체적인 내용은 다음과 같다.

(1) 압록강 어귀 강과 바다 분계선에서부터 시작하여 압록강 상류와 2071m고지 (새로 잰 높이는 2152m) 동쪽에서 가장 가까운 지류와 만나는 합수머리까지, 압록강을 가지고 경계를 삼은 이 구간에서 현지 답사를 거친 섬과 모래섬은

모두 205개이며, 그 가운데 78개는 중국에 속하고 127개는 조선에 속한다.

(2) 홍토수(紅土水)와 약류하(弱流河)가 만나는 합수머리에서부터 조·중 국경선 동쪽 끝 마지막 지점까지 두만강을 가지고 경계를 삼은 이 구간에서 현지 답사를 거친 섬과 모래섬은 모두 246개이며, 그 가운데 109개는 중국에 속하고 137개는 조선에 속한다.

「의정서」에는 이 섬과 모래섬은 압록강 어귀 강과 바다의 분계선에서부터 두만강 하류 조·중 국경선 동쪽 끝 지점까지 순서대로 번호를 매기고, 섬 위치, 면적 및 귀속 같은 상황들은 일람표로 만들어 덧붙였다. 한편 섬과 모래섬이 홍수, 물 흐름의 변동 같은 이유로 위치나 형태가 변하거나, 기슭의 땅이 떠내려가 섬이 되거나 상대방 육지에 붙더라도, 이 「의정서」에 규정한 귀속은 변하지 않는다는 것도 규정하고 있다.

의정서에 자세한 기록이 없어 조사 시기를 알 수 없으나, 두만강 쪽은 "중화인민공화국 성립 이후 1963년 5월 13일부터 11월 15일까지 중·조 국경에 대한 전면 조사가 실시되었다. 두 나라는 두만강 246개 섬과 모래서의 귀속을 확정하였고, 백두산 지구의 육지 경계를 수립하여 푯말을 세우고 수풀 사이에 훤히 보이는 길을 하나 냈다"[239]고 한 것을 보면 백두산 동쪽만 조사하는 데 6개월이 걸렸음을 알 수 있다.

2) 압록강과 두만강의 섬과 모래섬에 대한 계량 분석

「의정서」에 부록으로 덧붙인 압록강과 두만강의 모래섬은 모두 451개인데 그 가운데 압록강 섬이 205개이고 두만강 섬이 246개로 수적으로는 두만강에 39개의 섬이 더 많다. 그러나 면적으로 보면 압록강이 7830만 1403m²로 76.27%이고, 두만강은 2436만 437m²로 23.73%밖에 되지 않는다. 압록강은 두만강에 비해 규모가 크고,

---

239) 『延邊朝鮮族自治州志·政務·外事』, 第四章 外事, 第二節 邊界事務, 二. 邊界聯勘

<표 5> 주민이 거주하는 압록강 섬 상황

	개수(개)	면적(㎡)	비율(%)	경작 섬	경작면적(㎡)
모든 섬	451	102,661,840		111	64,498,699
압록강 섬	205	78,301,403	76.27	52	55,428,591
두만강 섬	246	24,360,437	23.73	59	9,070,108
북한 소유 섬	264	87,730,052	85.46	68	59,868,835
중국 소유 섬	187	14,931,788	14.54	43	4,629,864
북한 소유 압록강 섬	127	74,237,095	94.81	33	54,526,175
중국 소유 압록강 섬	78	4,064,308	5.19	19	902,416
북한 소유 두만강 섬	137	13,492,957	55.39	35	5,342,660
중국 소유 두만강 섬	109	10,867,480	44.61	24	3,727,448

자료 : 「의정서」 부록 '섬과 모래섬 귀속 일람표'를 바탕으로 작성함(2008. 04. 17))

상대적으로 면적이 넓은 섬이 많기 때문이다. 예를 들면 압록강의 비단섬은 넓이가 2650만㎡로 두만강 섬 246개를 모두 합친 것보다 크다. 이것은 두만강의 섬들이 개수는 많지만 규모가 작은 섬이라는 것을 보여주는 것이다.

경작면적을 보아도 그런 현상은 더욱 뚜렷하다. 전체 섬 가운데 경작지가 있는 섬은 모두 111개인데, 그 가운데 압록강에 52개, 두만강에 59개로 두만강이 7개 더 많다. 그러나 면적으로 보면 경작 총면적 6449만 8699㎡ 가운데 압록강의 섬이 5542만 8591㎡로 85.94%를 차지하고, 두만강 섬은 907만 108㎡로 14.06%밖에 되지 않는다. 비단섬 하나의 경작면적이 2600만㎡로 두만강 섬 전체 경작면적의 3배 가까이 되는 것을 보면 알 수 있다.

전체 섬 451개 가운데, 북한이 264개를 소유하고, 중국이 187개를 소유하여 북한 소유가 77개 더 많다. 이 섬을 압록강과 두만강으로 나누어 보면, 압록강 섬 205개 가운데 127개가 북한 소유, 두만강 섬 246개 가운데 137개가 북한 소유, 109개가 중국 소유이다. 섬의 개수로 보면 중국에서도 상당한 섬과 모래섬을 차지하였다.

그러나 섬의 크기를 보면 북한이 압도적으로 많은 섬을 차지하였다. 북한의 소유 면적이 8773만 52㎡(85.46%)로 중국의 소유 면적 1493만 1788㎡(14.54%)보다 무려 6배 가까이 넓다는 것을 알 수 있다(〈그림 40〉). 이러한 비율은 압록강과 두만

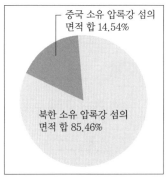

〈그림 40〉 조·중 국경 섬의 면적 비율　　〈그림 41〉 압록강 섬의 조·중 소유 비율

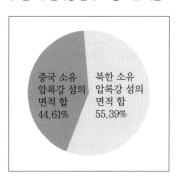

〈그림 42〉 두만강 섬의 조·중 소유 비율

강을 비교해 보면 압록강이 훨씬 높다. 압록강은 북한이 7423만 7095㎡(94.81%), 중국이 406만 4308㎡(5.19%)를 소유했고, 두만강은 북한이 1349만 2957㎡ (55.39%), 중국이 1086만 7480㎡(44.61%)를 소유해 압록강에서는 북한이 월등하게 많은 면적을 차지한 것에 비해 두만강에서는 상대적으로 그 차이가 크지 않다.

　이와 같은 결과를 가지고 서론에서 보았듯이 "백두산을 다 주지 않은 대신 압록강 섬 126개를 다 북한에 주었다"[240]는 식으로 국경조약에서 중국이 북한에 일방적으로 유리하게 양보하였다는 설이 나오고 있다. 그러나 필자가 이 논문을 쓰면서 자세히 분석해 본 결과, 그것은 조약 내용을 모르고 눈에 보이는 현상만으로 말할 뿐이지, 두 나라 국경조약은 분명한 원칙을 두고 정확하게 결정한 결과라는 것을 알

240) 당시 들었던 섬이 126개였는데, 실제 조약문에는 127개이다. 이런 정도면 수치가 거의 일치한다.

〈표 6〉 주민이 거주하는 압록강 섬 상황

	섬 번호(조약)	섬 이름	주소	면적(m²)	경작 면적(m²)
1	2	비단섬	신도군 비단섬구	26,500,000	26,000,000
2	17	위화도	신의주시 상단리 · 하단리	15,500,000	13,000,000
3	18	다지도	신의주시 다지리	13,400,000	12,900,000
4	10	황금평	신도군 황금평리	10,400,000	9,200,000
5	11	류초도	신의주시 류초도	5,250,000	4,000,000
6	31	어적도	의주군 어적리	5,151,000	4,000,000
7	16	임도	신의주시 하단리	3,375,000	3,010,000
8	15	신도	신의주시 하단리	3,000,000	2,000,000
9	57	삼강도	만포시 삼강리	632,243	180,000
				56,708,243	48,290,000

자료 :「의정서」부록 '섬과 모래섬 귀속 일람표'를 바탕으로 작성함(2008. 04. 17))

수 있다. 문제 검토를 위해 앞에서 국경조약 2조 1항을 다시 보기로 한다.

(1) 이 조약을 체결하기 전에 이미 한쪽의 공민(公民)이 살고 있거나 농사를 짓고
있는 섬과 모래섬은 그 국가의 영토가 되며, 다시 고쳐 바꾸지 않는다.

이 조약은 당시 실재 거주하고 농사짓고 있는 상황을 인정하였다는 점에서 아주
당연하고 합리적인 규정이라고 할 수 있다. 그러면 당시 조사 결과에서 살고 있거나
농사를 짓고 있는 섬을 분석해 보기로 한다. 1960년대 조사 당시 주민이 살고 있는
섬은 9개였는데, 모두 압록강에 있는 섬이었고, 북한 주민들이 살고 있었다. 자연히
주민이 살고 있는 모든 섬은 북한에 귀속하게 되었다(〈표 6 참조〉).

한편 경작지가 있는 섬, 다시 말해 농사를 짓고 있는 섬을 분석해 보아도 같은 결
과가 나온다. 〈표 5〉를 보면, 북한이 48개 5986만 8835m²를 경작하고 있었던 것에
비해 중국은 43개 462만 9864m²를 경작하고 있어 중국의 경작 면적은 북한의 1/13
정도밖에 되지 않는다. 만일 압록강만 본다면 그 비율은 더욱 낮아진다. 두만강에서
북한이 35개 534만 2660m²를 경작하고 있고, 중국에서 24개 372만 7448m²를 경

작하고 있어 큰 차이가 없는 반면, 압록강에서는 북한이 33개 5452만 6175㎡이고, 중국이 19개 90만 2416㎡로 불과 1.6%밖에 되지 않는다. 압록강의 섬 가운데 중요한 경작지는 대부분 북한이 경작하고 있었다는 것이다. 압록강에서 경작하고 있는 토지 전체 5542만 8591㎡가운데서 앞에서 본 북한 사람들이 거주하고 있는 9개 섬의 경작지 4829만㎡만 가지고도 87%가 넘는 경지다.

〈표 7〉에서 보는 30개 섬을 보면 더욱 명확해진다. 30개 섬 가운데 20개가 북한 섬이고, 대부분 경작을 하고 있는 섬들이다. 바로 이런 섬들이 조약 2조 1항과 들어맞았기 때문에 북한 소유 섬들이 많을 수밖에 없는 것이다.

이처럼 압록강과 두만강의 섬에 북한 사람들이 많이 살고, 또 경작하는 곳이 많은 것은 역사적인 측면에서 쉽게 설명할 수 있다. 청나라 때 압록강과 두만강 북쪽은 봉금 지역으로 무인지경이었다가 나중에 봉금이 해제되면서 비로소 사람이 살게 되었다.

이에 반해 두 강의 남쪽에는 조선 사람들이 계속해서 살고 있었기 때문에 자연히 섬도 그들의 생활 근거였고 터전이었던 것이다. 그렇기 때문에 압록강과 두만강, 특히 압록강의 섬들이 대부분 북한에 귀속되는 것은 당연한 결과이지, 특별히 정치적인 담합에 의해서 이루어진 결과가 아니라고 본다.

지금까지 1964년 의정서에 나온 일람표를 바탕으로 압록강과 두만강의 섬과 모래섬을 분석해 보았다. 그러나 현재의 실상은 44년 전과 많이 변해 있다. 압록강에 수력발전소가 새로 건설되면서 많은 섬이 물에 잠겨버렸고, 압록강 입구의 마안도, 신도, 장도, 말도 같은 여러 섬은 간척사업을 통해 비단섬이라는 섬 하나가 만들어졌다. 뿐만 아니라 많은 작은 섬과 모래섬들이 떠내려가거나 지형이 변했으리라고 본다.

실제 이 조약 이후 1972년 다시 조사했던 기록이 있다.

1972년, 중·조 쌍방 공동 파견원은 (도문강 21호 국경 푯말에서 광평(廣平)구역까지를 제외한) 모든 중·조 국경선에 대한 연합조사를 진행하였다. 중조변경연합검사위원회를 구성하여, 백두산지구의 육지 국경(陸界)과 두만강의 강 국경(水界)을 연합검사하고, 국경 푯말의 유지와 보수를 검사하고, 국경선의 임간 통시도(通視道)를

자료 : [의정서]부록 '섬과 모래섬 귀속 일람표'를 바탕으로 작성함(200

〈표 7〉 압록강과 두만강 30대 섬의 현황

	섬 번호(조약)	섬 이름	강 이름	소유국	넓이(㎡)	경작 면적(㎡)
1	2	비단섬	압록강	조선	26,500,000	26,000,000
2	17	위화도	압록강	조선	15,500,000	13,000,000
3	18	다지도	압록강	조선	13,400,000	12,900,000
4	10	황금평	압록강	조선	10,400,000	9,200,000
5	33	구리도	압록강	조선	7,200,000	4,500,000
6	11	류초도	압록강	조선	5,250,000	4,000,000
7	31	어적도	압록강	조선	5,151,000	4,000,000
8	16	임도	압록강	조선	3,375,000	3,010,000
9	15	신도	압록강	조선	3,000,000	2,000,000
10	417	유다도	압록강	조선	1,850,000	1,640,000
11	448	사회도	압록강	조선	1,825,000	420,000
12	393	온성도	압록강	조선	1,610,000	1,400,000
13	38	수구도	압록강	조선	1,315,000	430,000
14	405	奉天島	두만강	中國	1,118,000	520,000
15	441	玉泉島	두만강	中國	1,020,000	800,000
16	13	북유초도	압록강	조선	937,500	없음
17	382	남양도	두만강	조선	875,000	500,000
18	36	궁마도	압록강	조선	830,000	350,000
19	9	좌초도	압록강	조선	758,500	없음
20	449	防川島	두만강	中國	750,000	없음
21	416	高力城下島	두만강	中國	687,500	없음
22	23	추상도	압록강	조선	662,475	400,000
23	57	삼강도	압록강	조선	632,243	180,000
24	411	八連城大島	두만강	中國	630,000	240,000
25	368	白龍島	두만강	中國	624,000	150,000
26	42	長島	압록강	中國	593,750	5,000
27	49	용암도	압록강	조선	576,570	96,000
28	30	馬市夾心子	압록강	中國	546,875	130,000
29	402	密江島	두만강	中國	525,000	360,000
30	331	上南湖島	두만강	中國	500,000	300,000

자료 : [의정서]부록 '섬과 모래섬 귀속 일람표'를 바탕으로 작성함(2008. 04. 17))

〈그림 43〉 72년 국경 푯말(중국쪽) 　　　　　　　　　〈그림 44〉 72년 국경 푯말(조선쪽)

정리하였으며, 새로 나타난 섬과 모래섬의 귀속을 확정하였으며, 국경과 연접한 섬과 모래섬을 조정하거나 국경선 표지를 세웠다. 20호에서 21호 국경 푯말 사이의 물줄기 양쪽 기슭에는 서로 마주보는 곳에 소형 지시 국경 푯말 15개를 세웠다.[241]

좀 더 자세한 상황을 보기로 한다.

두만강 줄기는 500.4km이고, 21호 국경 푯말부터 중·러 '土자비'까지 485.8km는 강이 국경이다. 두만강 상류는 산 구역에 모래가 흘러 강길(河道) 형태가 바르고 변동이 없다. 중하류, 특히 하류는 하천 바닥이 모래 성분의 토질이라 흘러가기 쉽고, 강 길의 변동도 많고, 주류의 좌우가 변화하여 강여울 길이 아주 심하게 바뀐다. 두만강에는 많은 섬과 모래섬이 생긴다. 1963년 두만강에 섬과 모래섬이 모두 248개인데, 그 가운데 109개가 중국에, 137개가 조선에 속했다. 1972년에는 두만강의

---

241) 『延邊朝鮮族自治州志·政務·外事』, 第四章 外事, 第二節 邊界事務, 二, 邊界聯勘

섬과 모래섬이 361개로 중국에 173개 조선에 188개가 속했다. 꽤 고정적이고 이용가치가 있는 섬과 모래섬이 없어지는 현상을 막기 위해 중·조 쌍방의 협상을 거쳐 1976년 중국 혼춘 옥천도(玉泉島)에 호안둑(護岸堤) 2250m를 건설하였고, 1981년 6월 조선 유다도(柳多島)에 제방 5865m, 사회도(四會島)에 호안 2300m를 건설하였다.

중·조 두 나라는 또 협의하여 5년마다 한 번씩 연합조사를 하기로 했으나 1972년 이후 아직 진행되지 않았다. 중국에서만 원칙적으로 매년 한 번씩 변경을 현지조사한다.[242]

1963년 이후 1972년까지 10년 동안 섬이 무려 113개나 늘어났다는 것을 알 수 있다. 한편 압록강에는 3개의 대형 댐이 만들어져 많은 섬이 잠겼다. 두 나라가 1972년 이후 37년 동안 조사하지 않았기 때문에 지금 다시 조사하면 조약체결 당시에 비해 많은 차이가 날 것으로 본다.

2. 압록강·바다 국경선

압록강은 어디서 끝나고, 서해는 어디서 시작되는가? 이 문제에 대해 「의정서」 10조에서 다음과 같이 규정하고 있다.

> 압록강 어귀 강과 바다의 분계선은 조선의 소다사도(小多獅島) 가장 남쪽 끝에 있는 강과 바다 분계선 표지 1호에서 시작하여, 직선으로 조선 신도(薪島) 북쪽 끝에 있는 강과 바다 분계선 표지 2호를 거쳐, 중국 대동구(大東溝) 남쪽 돌출부 가장 남쪽에 있는 강과 바다 분계선 표지 3호까지이다. 강과 바다 분계선의 길이는 2만 2249.2m이다. 강과 바다의 분계선 표지의 위치는 다음과 같다 :

---

242) 『延邊朝鮮族自治州志·政務·外事』, 第四章 外事, 第三節 邊界管理, 一, 島嶼沙洲管理

〈그림 45〉 인공위성 사진으로 보는 압록강과 서해의 경계선 푯말(1~3호)

1호 강·바다 분계선 표지 : 조선 경내 소다사도(小多獅島) 가장 남쪽 끝, E 124° 24′ 31.25″, N 39° 48′ 22.64″에 자리하고 있으며, 자방위각 145° 38′ 18″, 1290m 떨어진 곳이 조선 경내 대다사도(大多獅島)의 삼각점이다.

2호 강·바다 분계선 표지 : 조선 경내 신도(薪島) 북쪽 끝, E 124° 13′ 43.59″, N 39° 49′ 21.30″에 자리하고 있으며, 진방위각 95° 51′ 47.2″, 거리 1만 5512.9m 떨어진 곳이 위에서 말한 1호 강·바다 분계선 표지이다.

3호 강·바다 분계선 표지 : 중국 경내 대동구(大東溝) 남쪽 돌출한 부분에서 가장 남쪽 끝에 자리하고 있는 E 124° 09′ 02.25″, N 39° 49′ 46.49″에 자리하고 있다. 진방위각 95° 51′ 47.2″, 거리 6736.3m 되는 곳에 위에서 말한 2호 강·바다 분계선 표지가 있다.

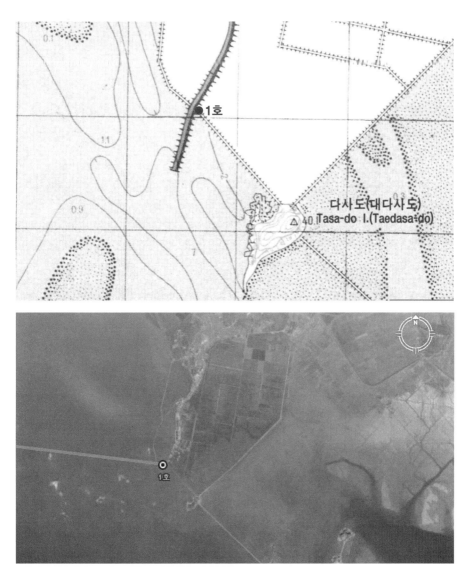

〈그림 46〉 현재 푯말이 있는 곳은 대다사도 서북쪽 제방 모서리다(위).
〈그림 47〉 위성 사진으로 보는 1호 푯말(아래).

「의정서」 2조 2항에 압록강 어귀 강과 바다 분계 푯말을 세운 결과에 대해, "철근 콘크리트로 만들었고, 동서 양쪽에 글을 새겼는데, 서쪽 면에는 '江海分界', 동쪽 면에는 '하구계선'이라고 새겼으며, 새긴 글자 아래는 번호가 새겨져 있다고 했다. 이런 푯말을 조선 영토에 2개, 중국 영토에 1개를 세운 것이다.

1호 푯말은 조선 경내 소다사도에 세웠다고 했는데, 현재는 섬이 아니다. 다사도는 평안북도 염주군 다사로동자구에 있던 섬이다. 본래 소다사도와 대다사도로 나뉘어 있었다. 그러다가 소다사도가 먼저 육지와 연결되었고, 대다사도는 다사도 간척지 개발사업과 더불어 가차도, 대연동도를 비롯한 섬들과 청산군의 대계도, 등곶이 연결되어 하나의 큰 간척지 벌이 되었다.[243]

2호가 서 있는 신도 북쪽 끝도 이미 섬이 아니다. 현재는 평안북도 신도군 비단섬 로동자구에 속해 있다. 비단섬은 압록강 어귀의 무명평 영문강 등 간척지였던 충적섬과 신도(薪島), 마안도(馬鞍島), 양도(洋島), 장도(長島), 말도(末島) 같은 뭍섬을 제방으로 연결하여 만든 인공 섬이다. 면적은 64.368km², 둘레는 49.07km, 제일 높은 곳은 89m이다. 화학섬유공업의 원료기지로 꾸려진 비단섬에서 기본 산업이 되는 것은 갈대 재배업인데, 갈대는 남부 일부지역을 제외한 비단섬 대부분 지역에서 산출된다. 이밖에 곡물과 채소류가 재배되며, 수산업도 행해지고 있다. 교통은 비단항-신의주 간, 비단항-용암포 간 수상 통로가 개설되어 있다. 도로는 비단항-신도 간 도로가 개설되어 있다. 군 소재지인 신도읍까지는 16km이다. 군소재지 신도에서 신의주까지는 48km, 용암포까지는 6km이지만 중국 요령성 동항시(東港市)는 조그마한 강줄기 바로 건너편이다.[244]

이처럼 신도가 간척사업으로 육지가 되고, 도시와 농지로 개발되면서 2호 푯말은 신도 섬 북쪽이 아니라 육지에 서 있게 된다.

마안도는 한반도에서 가장 서북쪽 영토이다. 그러나 간척사업을 통해 마안도가 비단섬으로 들어가고, 마안도 서북으로 달리는 제방을 쌓고 영토를 넓혀서 서북 기점이 마안도 서쪽보다 더 서북쪽으로 늘어났다. 마안도 서쪽 끝이 N 39°48′55″ E 124°10′51″인데, 새로운 기점은 N 39°48′06″ E 124°11′06″이다(Google에서 잰 거리라 오차가 있을 수 있다).

---

243) 『조선향토대백과』 평안북도, 염주군 다사로동자구 다사도.
244) 『조선향토대백과』 평안북 신도군.

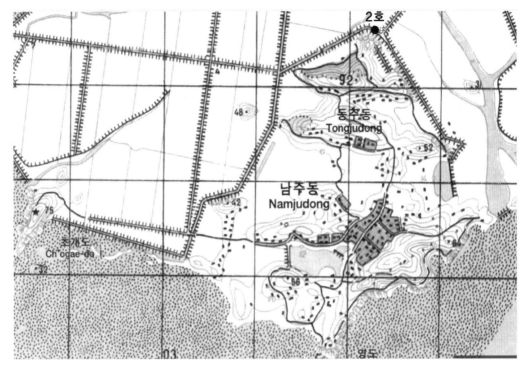

〈그림 48〉 신도 북쪽은 이제 섬이 아니다. 동주동 북쪽인데, 현재 동주동이라는 지명은 없어졌다.

〈그림 49〉 간척 이전의 신도(왼쪽).
〈그림 50〉 간척 이후의 신도 주변에 간척지가 생겨 밭이 되었다(오른쪽).

〈그림 51〉 중국 영토 안에 서 있는 3호 푯말 위치.

3호 푯말은 중국 요령성 동항시(東港市) '대동구(大東溝) 남쪽 돌출한 부분에서 가장 남쪽 끝'이라 했는데, 여기도 바다 쪽으로 많이 확장하여 육지 안으로 들어가 있다.

3. 서해의 해상 분계선과 자유항행구역

압록강을 벗어나면 바로 서해가 되고 이 서해는 중국과 국경이 된다. 그러기 때문에 두 나라는 바다에 대해서도 조약이 필요했다. 이에 따라 「국경조약」 3조에서 이 부분을 규정하였고, 「의정서」 12조와 13조에서 구체화시켰다.

1) 해상분계선
「국경조약」 3조 2항에서 해상 분계선은 다음과 같이 규정하고 있다.

압록강 어귀 밖의 조·중 두 나라 해역 구분은, 강과 바다 분계선상인 E 124° 10′ 6″
의 한 지점에서 시작하여, 대략 남쪽으로 곧게 가서 공해에 이르러 끝나는 한 선을
두 나라의 해상 분계선으로 해서 서쪽 해역은 중국에 속하고 동쪽 해역은 조선에
속한다.

「의정서」 12조에서는 이 내용을 좀 더 구체화한다.

조약을 맺은 두 나라는 국경조약 3조 2항의 규정에 따라 두 나라 해상 분계선을 아
래와 같이 확정한다.
   압록강 어귀 강·바다 분계선 위 E 124° 10′ 06″, N 39° 49′ 41″ 지점에서 시작하
여 직선으로 E 124° 09′ 18″, N 39° 43′ 39″ 지점까지 잇고, 다시 E 124° 09′ 18″,
N 39° 43′ 39″ 지점에서 시작하여 직선으로 E 124° 06′ 31″, N 39° 31′ 51″ 지점을
지나 공해에서 마친다. 위에서 말한 해상 분계선은 덧붙인 지도에 분명하게 표시
한다.

「국경조약」에서 강·바다 분계선 위 한 점을 E 124° 10′ 6″만 지정하였는데, 「의정
서」에서는 실측을 통해서 그 한 점의 좌표를 분명하게 하였다. 그리고 「국경조약」에
서는 '강·바다 분계섬 한 점에서 대략 남쪽으로 곧게 공해까지'라고 한 것을 구체화
한다. 그 선은 〔E 124° 10′ 06″, N 39° 49′ 41″〕 → 〔E 124° 09′ 18″, N 39° 43′ 39″〕 →
〔E 124° 06′ 31″, N 39° 31′ 51″〕 같은 세 좌표로 이어진다. 북한의 신도와 중국의 대
동구 중간지점에서 출발하여, 3점을 이어놓고 보면 〈그림 45〉에서 보는 바와 같은
선이 나오는데, 직선이 아니고 약간 북한 쪽으로 굽어 들어왔다는 것을 알 수 있다.

2) 자유항행구역과 영해

압록강 입구의 섬들이 대부분 북한에 속하기 때문에 해상 분계선은 자연히 중국 쪽
으로 치우치게 된다. 따라서 단동을 비롯한 압록강 안쪽 도시로 항해하는 중국의 선

박들은 모두 북한의 해역을 통과해야 강으로 들어갈 수가 있다. 이런 상황을 감안하여 두 나라는 자유항행구역을 설정하였다. 「국경조약」 3조 3항에서는 다음과 같이 규정하고 있다.

압록강 어귀 강과 바다의 분계선 밖 E 123°59′ 에서 E 124°26′ 사이의 해역은 두 나라의 모든 선박이 자유롭게 항행할 수 있으며 제한을 받지 않는다.

한편 「회담기요」에서는 같은 내용을 기록하고, 이어서 "이 항과 조·중 국경조약 제 3조 3항에서 말한 '두 나라의 모든 선박'에는 군사용 잠수함도 포함된다"고 하여 바다 표면뿐 아니라 바닷속에도 적용된다는 것을 확인하였다. 자유항행지역은 〈그림 52〉에서 보는 바와 같이 북한 해역이 대부분을 차지하고 중국 해역은 상대적으로 넓지 않다는 사실을 알 수 있다.

국경조약 3조 3항에서 말한 압록강 어귀 강·바다 분계선 밖에 있는 두 나라 모든 선박의 자유항행구역은 E 123°59′ 동쪽에서 E 124°26′ 서쪽까지이며, 강·바다 분계선에서 시작하여 N 39°30′ 까지는 각각 중국 영해와 조선 영해의 해역에 속한다.

이 「의정서」에서는 「회담기요」와 「국경조약」에 없는 두 나라의 영해에 관한 규정이 포함되어 있어 눈길을 끈다.

영해란 1930년 국제법전편찬회의에서 협의(狹義)로 규정한 이래 일반적으로 내수(內水)를 제외한 연안해를 가리킨다. 제1, 2차 UN해양법회의(1958, 60) 및 제3차 UN해양법회의(73~82)에서도 이 용어를 채택하였다. 영해는 연안국의 주권에 복종한다. 연안국의 주권은 영해의 상공, 영해의 해저 및 그 지하에 미친다(UN해양법조약 2조 2). 말하자면 연안국은 원칙적으로 그 영토에 대한 것과 같은 권능을 행사할 수 있다. 이리하여 연안국은 영해 안에서 어업 기타의 자원개발을 배타적으로 독점할 수 있음은 물론이다. 1982년 제3차 해양법회의에서 채택된 국제연합해양법

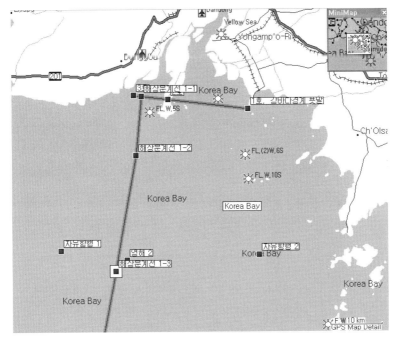

〈그림 52〉 간척 이후의 신도 주변에 간척지가 생겨 밭이 되었다(오른쪽).

조약에서는 영해 바깥쪽에 200해리의 배타적 경제수역을 설정하는 것과, 국제해협에서 모든 선박·항공기의 통과통항권을 조건으로 연안국은 기선(基線)에서부터 12해리 범위 안에서 영해의 폭을 결정할 권리를 갖는 데 합의하였다.

북한과 중국이 체결한 이 「의정서」에서 영해의 폭은 강·바다 분계선에서 N 39° 30′ 까지인데, Google과 Mapsouce로 그 폭을 재 본 결과 약 16.8해리(31km)였다.

4. 압록강과 두만강의 공유와 공동 관리

대개 강이나 호수를 국경으로 하는 나라는 강이나 호수의 중앙이 국경이 된다. 또한 국제법에 공유수면 관할권이 있어, 강이나 하천은 공동으로 사용한다. 조·중 국경조약도 이 문제를 분명히하였다.

우선 「회담기요」 6항을 보면 국경의 너비에 대해서 규정한다.

압록강과 두만강 상의 국경 너비는 해당 국경 강의 수면 너비로 이해해야 하고, 한 나라의 경내에서 발원하여 국경 강으로 흘러드는 지류는 포함하지 않으며, 한 쪽이 국경 강과 이어져 있지만 한 나라의 영토 안에 있는 호수 수역으로 흘러드는 것도 포함하지 않는다.

「국경조약」 3조 1항에서는 「회담기요」에서 규정한 '국경 너비 = 강의 수면 너비' 라는 것을 재확인하면서 동시에 강은 두 나라가 공유한다는 내용을 추가하였다.

압록강과 두만강 국경의 너비는 언제나 모두 수면의 너비를 기준으로 한다. 두 나라 국경 강은 두 나라가 공유하여, 두 나라가 공동으로 관리하고, 공동으로 사용하는데, 항행(航行), 고기잡이, 강물의 사용 같은 것도 마찬가지다.

강은 두 나라가 공유하고, 공동으로 관리하면서, 항행, 고기잡이, 강물의 사용 같은 모든 것을 두 나라가 모두 이용할 수 있게 하였다. 강에 섬이 있어 섬은 어느 한 쪽의 소유가 되더라도 그 섬과 상대국 사이에 흐르는 강은 공유하게 되어 있고, 따라서 그 강에서도 항행이나 고기잡이를 마음대로 할 수 있는 것이다. 예를 들어 〈그림 53〉을 보면 압록강에 많은 섬들이 있고 대부분은 북한에 속한 섬들이라는 것을 알 수 있다. 이때 어적도, 구리도, 금동도와 의주 사이의 압록강은 중국 측에서 마음대로 쓸 수 있다는 것을 뜻하며, 섬 북쪽과 중국 사이에 흐르는 강을 조선도 마음대로 항행하고 고기를 잡을 수 있다는 것을 뜻한다.

「의정서」 3조 2항의 규정에 보면 두 나라에서 흘러내리는 강과 호수에서 흘러내리는 강에 대한 규정도 분명히하였다.

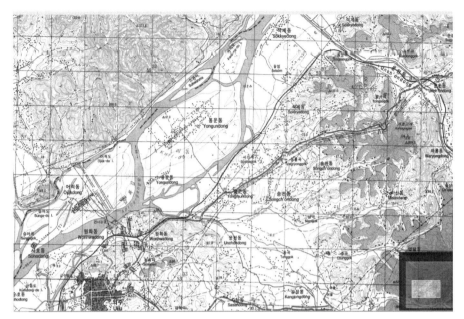

〈그림 53〉 압록강 지역의 섬들. 양국은 강을 자유롭게 항행할 수 있다.

두 나라는 1962년 10월 3일 조·중 두 나라 정부 대표단이 작성한 조·중 국경 문제에 대한 「회담기요」 6항의 규정에 따라, 국경 강 지역의 국경 너비 안에는 들어가지 않지만, 한쪽 경내에서 발원하여 국경 강으로 흘러드는 지류 가운데 1/50,000 지도에서 너비가 1mm가 넘는 지류와, 한쪽만 국경 강으로 이어지고 다른 한쪽은 (자기 나라) 경내로 흘러드는 호수 수역은 강 국경선의 분계선과 마찬가지로 덧붙인 지도에 분명하게 표시한다.

국경 강인 압록강과 두만강은 공유하지만, 두 강으로 흘러 들어오는 지류는 공유가 아니기 때문에 지류와 국경 강을 가르는 선이 국경을 가르는 중요한 선이 된다. 특히 지류 가운데 규모가 큰 것은 강 어귀가 크기 때문에 혼란이 있을 수 있다. 그렇기 때문에 1/50,000 지도에서 너비가 1mm가 넘는 것은 지도에 명기하게 하였다.

5. 국경의 유지 보호와 관리에 관한 협정

「의정서」는 국경조약에 비해 국경을 유지·보호하고 관리하는 문제에 대하여 많은 조문을 할애했는데, 몇 가지로 나누어 보기로 한다.

1) 덧붙인 지도에 대한 규정

「의정서」 6조에 보면 국경을 관리할 때 양국이 서로 보면서 사용할 지도에 관해 규정하고 있다. 지도는 모두 1/50,000 47장인데, 특별히 백두산과 두 강이 이어지는 첫머리에는 모두 더 상세한 1/25,000 지도로 그리도록 하였다. 즉 백두산 국경 푯말 1, 2호(〈32호 지도〉)[245]와 압록강이 이어지는 곳, 백두산 국경 푯말 20, 21호(〈33호 지도〉)와 두만강이 이어지는 곳은 중요한 곳이어서 자세한 지도인 1/25,000 지도로 국경선을 분명히하였다. 이 두 지역은 모두 물이 흐르는 중심선으로 국경선을 만들었는데, 나중에 "물 흐름이 바뀌더라도 그 경계선은 변하지 않는다"라고 하였기 때문에 아주 자세한 표시가 필요했던 것이다.

이 「의정서」 1조에서 말한 덧붙인 지도의 비례척은 1/50,000이고, 조·중문과 중·조문 두 가지로 나뉘며, 각각 47장이다. 이 덧붙인 지도는 압록강 어귀 밖에서 시작하여 서남쪽에서 동북쪽으로 순서대로 번호를 매겼다. 그 가운데 32호 지도에는 1~2호 경계 푯말 지역을 1/25,000 상세 지도로 그려 덧붙였고, 33호 지도에는 20~21호 경계 푯말 지역을 1/25,000 상세 지도로 그려 덧붙었다. 앞으로 물의 흐름(水流) 중심선으로 국경선을 만든 지역에서 물 흐름의 길이 바뀌더라도 위에서 말한 1/25,000 상세 지도에서 분명하게 표시한 경계선은 변하지 않는다.

2) 국경 경계 푯말의 관리에 관한 규정

14조에서 국경 경계 푯말을 두 나라가 보호 관리해야 하며, 한 나라가 따로 새로운

---

245) 의정서에 덧붙여진 지도의 쪽수를 말하는 것임.

푯말을 세울 수 없다고 규정하고, 15조에서 경계 푯말을 관리하기 위한 구체적인 일이 규정된다.

(가) 먼저 15조 1항에서 두 나라가 서로 나눈 임무는 다음과 같다.

① 하나씩 세운 경계 푯말 가운데, 번호를 하나만 쓴 것은 중국에서 책임지고, 번호를 두 개 쓴 것은 조선에서 책임진다.

② 같은 번호를 두 개 세운 것과 같은 번호를 3개 세운 경계 푯말은 경계 푯말이 서 있는 장소를 따져 그 나라에서 책임을 진다.

③ 압록강 어귀에 있는 강·바다 분계선 푯말은 푯말이 서 있는 나라가 책임진다.

④ 중국 왕가타자도(王家垞子島)와 조선의 매기섬(每基島)의 분계선에 서 있는 경계 푯말 2개 가운데 동남쪽 1개(E 130° 15′ 15.96″, N 42° 51′ 57.91″)는 중국이 책임지고, 서북쪽 한 개(E 130° 15′ 13.62″, N 42° 52′ 02.08″)는 조선이 책임진다.

푯말을 하나 세웠는가, 2개를 세웠는가, 같은 번호를 2개 세웠는가, 3개 세웠는가에 따라 두 나라가 관리를 맡아서 했고, 압록강 어귀의 강·바다 분계선 푯말은 각각 서 있는 나라에서 책임을 지는 것으로 되어 있다. 그런데 4항에서 유독 두 개의 섬에만 2개의 푯말을 세우고 그 푯말의 관리 책임을 나누었는지 그 이유를 알 수가 없다. 매기섬[246]은 두만강 동북쪽에 있는 새별군과 건너편 중국의 혼춘(琿春) 사이에 있는 섬으로 그 주변에는 매기섬 말고도 류다섬 같은 여러 섬이 있는데, 왜 특별히 이 두 섬에만 푯말을 세웠는지는 이해가 가지 않는다.

---

246) 『조선향토대백과』 함경북도 / 새별군 지도에는 매기섬을 중국 섬으로 표시했는데, 착오인지, 아니면 조약 체결 이후 변화가 있었는지 알 수 없다.

(나) 푯말이 이동, 파괴, 없어졌을 때의 조치에 관한 규정은 다음과 같다.

만일 한 나라에서 경계 푯말이나 강·바다 분계선 표지가 이동, 파괴, 없어졌다는 것을 발견하면 바로 상대국에게 알려야 한다. 그 경계 푯말이나 강·바다 분계선 표지의 유지와 보호를 책임지는 나라에서는 상대국이 참여한 상황에서 원래 있던 곳에 원래 정한 규격으로 회복, 수리하거나 다시 세워야 한다.

만약 이동, 파괴, 없어진 경계 푯말이나 강·바다 분계선 표지가 자연적인 원인 때문에 원래 있던 지리에 회복, 수리, 다시 세울 수 없으면, 두 나리기 협의히여 적당한 지점을 택해 세울 수 있다. 그러나 그것 때문에 국경선이나 강·바다 분계선은 바뀌지 않는다.

(다) 유실된 푯말을 새로 세웠을 때의 조치에 대한 규정은 다음과 같다.

경계 푯말이나 강·바다 분계선 표지를 회복, 수리, 다시 세운 것에 대하여 두 나라는 공동으로 기록을 하여야 한다. 만약 다른 지점을 골라 경계 푯말이나 강·바다 분계선 표지를 세운 경우, 두 나라는 문건으로 체결해야 하며, 아울러 약도를 만들어, 이 「의정서」 8조, 10조와 이 조 1항 4항에서 말한 경계 푯말이나 강·바다 분계선 표지의 위치와 새로운 경계 푯말이나 강·바다 분계선 표지의 위치를 설명한다. 위에서 말한 문건과 약도는 서명한 뒤 이 「의정서」의 덧붙인 문건이 된다.

이상의 규정에 따라 1963년 백두산 지구 중·조 국경에 지면 높이 155cm짜리 대형 국경 푯말 12개, 지면 높이 129cm짜리 소형 국경 푯말 10개를 세웠다. 1972년 다시 지면 노출 80cm짜리 소형 지시 국경 푯말 15개를 세웠고, 1977년과 1982년 두 차례에 걸쳐 중·조 공동으로 일부 국경 푯말에 대한 수리가 있었다.

한편 1972년 중국 미사주(尾沙洲)와 조선 종성(鐘城) 상도(上島)을 서로 잇는 국경선 770m 구역 안에 모두 154주의 나무를 심었는데, 나무 너비 5cm, 나무 간의 거리 5m였다. 1978년 현지조사에서 102주가 이미 말라 죽은 것을 발견하고 다시 추가해서 심었다. 1984년 125주가 홍수 때문에 떠내려가 다시 추가해서 심었다. 1988년 답사할 때 겨우 41주 남았다.[247]

3) 백두산 동쪽 산림지역에 관한 특별 시설

압록강과 두만강은 강물이 자연히 국경을 이루기 때문에 따로 조치를 할 필요가 없다. 백두산에서도 서쪽은 별 문제가 없지만, 동쪽은 산림이 많이 우거져 있어 푯말을 세워도 보이지 않고, 쉽게 수풀 속에 묻혀버릴 수가 있다. 그래서 「의정서」 16조에 특별히 이 구간에는 나무를 베어 보이게 하는 길을 내도록 하였다.

> 조약을 맺은 두 나라는 이 「의정서」 7조에서 말한 백두산 지구 산림지 구간의 국경선을 명확히하고 쉽게 분별하기 위하여 6년에 한 번씩 경계 푯말 사이 나무를 벤 길(通視道)을 정리해야 한다. 다만 두 나라가 협의하여 동의하면, 정리 시간은 변동할 수 있으며 일부 지역만 정리할 수 있다. 정리 방법은 작업을 시작할 때 양쪽 관계 인원들이 상의하여 결정한다.

> 동시도(通視道)는 1963년 중국 연변 관할구역의 6~20호 국경 푯말 사이에 4~8m 너비를 나무 뿌리를 베고, 높이 0.4m 이하의 임간(林間) 통시도 23.9km를 열었다. 6년마다 한 번씩 정리하기로 하고, 중·조 두 나라가 1979년과 1985년 두 차례 정리하였다.[248]

4) 「의정서」 17조 : 강에 길을 고치거나 설치를 할 때의 조치.

조약을 맺은 두 나라는 될 수 있는 대로 국경 강의 길을 고치는 것을 막아야 한다.

---

247) 『延邊朝鮮族自治州志·政務·外事』, 第四章·外事, 第三節 邊界管理, 三, 邊界標志管理
248) 『延邊朝鮮族自治州志·政務·外事』, 第四章·外事, 第三節 邊界管理, 三, 邊界標志管理

어느 나라든 항로를 바꾸거나 국경 강에 설치한 것이 물 흐름(水流)을 바꾸어 상대국 기슭의 건축물에 충격을 가할 될 경우 반드시 먼저 상대국의 동의를 얻어야 한다.

5) 「의정서」18조 : 연합검사에 관한 규정.

조약을 맺은 두 나라는 이 「의정서」가 효력을 발휘한 뒤 3년마다 백두산 지구의 국경에 대하여 5년마다 국경 강에 대하여 한 차례씩 연합검사를 실시해야 한다. 다만 두 나라가 협상을 거쳐 검사 시간을 변동하거나 국경의 일부 구간만 검사할 수 있다. 한 나라의 요구가 있으면, 두 나라는 국경의 일정 구간에 대하여 임시 연합검사를 해야 한다. 연합검사를 할 때마다 공동으로 기록을 작성해야 하고, 두 나라의 서명을 거쳐 두 나라가 각기 보존해야 한다.

연합검사 도중 만일 경계 푯말이나 강·바다 분계선 표지가 이동, 파괴, 없어진 것을 발견되거나, 이 「의정서」에 덧붙여진 일람표에 실린 섬이나 모래섬이 휩쓸려 없어지거나, 한 나라에 소속된 섬이나 모래섬이 상대국 육지로 이어진 것과 같은 상황이 벌어지면 공동 기록에 상세하게 밝혀 실어야 한다. 경계 푯말이나 강·바다 분계선 표지가 이동, 파괴, 없어진 상황에서는 두 나라가 공동으로 조사한 뒤, 본 「의정서」제 15조 2항의 규정에 따라 회복, 수리, 또는 다시 세워야 한다.

만약 한 나라에 섬 또는 모래섬이 생겨나거나, 떠밀려간 강기슭의 토지가 상대국의 육지로 이어진 때는 그 분계선을 명확하게 하기 위해 두 나라가 공동으로 혹은 한쪽이 상대국의 동의와 참가를 얻은 상태에서 위에서 말한 국경선을 준설(浚渫)하거나 표지를 세워야 한다. 연합검사를 할 때 만약 새로 나타난 섬이나 모래섬이 있을 경우 두 나라는 국경조약 2조 4항의 규정에 따라 그 귀속을 확정해야 하고, 일람표에서 번호에 따라 연속으로 번호를 매겨야 하며, 문건에 함께 서명하고 약도를 만들어 위에서 말한 섬이나 모래섬의 위치, 면적과 귀속 같은 상황을 설명해 준다. 위에서 말한 문건과 약도는 두 나라가 서명한 뒤 이 「의정서」의 덧붙인 문건이 된다.

Ⅳ. 1964년 「의정서」 이후(1964~2003) 체결된 국경 업무 조약 분석

1964년 국경에 관한 의정서를 확정한 뒤에도, 당시 국경조약에서 빠진 두만강 국경 수역 경계선이나 압록강 철교 경계선 같은 중요한 문제를 계속 협의하여 정했고, 국경을 왕래하거나 강을 공동으로 이용하기 위한 협정들도 계속되었다. 2003년까지 입수가 가능한 협정들은 모두 16개였는데(〈표 7〉 참조), 크게 다음 4가지로 나누어서 보기로 한다.

1. 두만강 국경수역 경계선 획정 협정

1) 조·중·러 간 두만강 국경수역 경계선 획정 협정

1998년 11월 3일 체결, 1999년 6월 19일 발효한 협정으로 북한, 중국, 러시아가 두만강에서 공동 국경수역과 수역의 경계선('3개국 국경수역 경계선'이라 줄인다)을 획정할 목적으로 협정을 맺은 것이다.

1조에서 세 나라의 국경수역 경계선을 다음과 같이 정했다.

(1) 두만강에서 3개국 국경수역 경계선은 중·러 국경 제 423호 푯말부터 두만강 주류 중심선과 수직이 되게 양쪽 강변 사이에 놓여 있는 직선이다. 이 선은 조·중 공동 국경수역이 끝나는 곳이다.

(2) 두만강에서 중화인민공화국·조선민주주의공화국·러시아연방 국경 교차지점 (이하 '3개국 국경 교차지점'이라 한다)은 3개국 국경수역 경계선이 두만강 주류 의 중심선과 교차되는 곳에 있다. 이 점은 동시에 북·러 국경의 시작점이다.

국경수역 경계선은 중·러 국경 423호 푯말에서 두만강 주류 중심선과 수직을 이

〈표 8〉 조 · 중 국경조약 체결 이전 양국의 국경업무 조약(1954~1960)

	체결 일자	발효 일자	조약 내용	조선측 대표	중국측 대표	러시아측 대표
1	1964 5. 5	1964 5. 5	조·중 간 국경 하천 공동 이용 및 관리에 관한 협력 협정	정부 전권 대표	정부 전권 대표	
2	1966 4. 8	1966 4. 8	조·중 간 압록강·두만강 수문 설치에 관한 의정서	임업부 대표	입업성 대표	
3	1972 12.19	1972 12.19	조·중 간 수풍호 어족자원 공동 보호증식 및 이용에 관한 의정서	정부대표	정부대표	
4	1973 10. 9	1974 1. 1	조·중 간 국경철도에 관한 협정	철도부 대표	철도부 수권 대표	
5	1976 12. 8	1977 1. 1	조·중 간 압록강 철교 경계선 획정 및 유지보수에 관한 의정서	철도부 대표단 단장	철도부 수권 대표	
6	1979 10. 8	1979 10. 8	조·중 간 압록강 하저(河底) 케이블 안전 보호대책에 관한 의정서	우전부 대표단	체신부 대표단	
7	1979 10. 8	1979 10. 8	조·중 간 압록강 단동-신의주 원거리 대칭케이블에 관한 의정서	우전부 대표단	체신부 대표단	
8	1978 6. 30	1978 6. 30	조·중 간 압록강 및 두만강 수문사업 협력에 관한 협정	수리전력부 대표	기상수문국 대표	
9	1990 5. 24	1990 5. 24	조·중 간 압록강 및 두만강 수문사업 협력에 관한 협정	수리부 대표	기상수문국 대표	
10	1995 12.06	1996 2. 6	두만강경제개발구 및 동북아개발협상위원회 설립에 관한 협정	조선·대한민국 대표	중화인민공화국 대표	러시아·몽골 대표
11	1995 12. 6	1995 12. 6	두만강지역개발협력위원회 설립에 관한 협정	정부대표	정부대표	정부대표
12	1995 12. 6	1995 12. 6	두만강 경제개발구 및 동북아 환경준칙 양해 비망록	조선·대한민국 대표,	중화인민공화국 대표	러시아·몽골 대표
13	1998 7. 8	1998 8. 28	조·중 간 국경지역 안전 및 사회질서 유지에 관한 상호협력 의정서	국가안전보위부 대표	공안부 대표	
14	1998 11. 3	19996 . 19	조·중·러 간 두만강 국경수역 경계선 획정 협정	정부대표	정부대표	정부대표
15	2001 11.24	2002 5. 30	조·중 간 국경 통과지점 및 그 관리제도에 관한 협정	정부대표	정부대표	정부대표
16	2002 6. 20	2003 3. 29	조·중·러 간 두만강 국경 교차지점에 관한 의정서	정부대표	정부대표	정부대표

자료 : 국가정보원, {北 · 中간 국경업무 조약집}

루면서 양쪽 강변 사이를 잇는 직선이 되는데, 3조 1항에서 이 국경수역 경계선과 국경 교차지점을 표시하기 위하여 3개의 푯말을 세우기로 하였다.

- 1호 푯말 : 중·러 국경 423호 푯말 이용. N 42° 25′ 10.2″, E 130° 38′ 17.7″
- 2호 푯말 : 두만강 우측 북한 영토. N 42° 24′ 59.5″, E 130° 38′ 06.5″
- 3호 푯말 : 앞으로 현지 측정하여 결정한다.
- 3개국 국경 교차지점 : 두만강 수면 위에 놓이므로 푯말을 세우지 않는다.

3조 2항에서는 푯말의 자제, 새겨질 내용들을 구체적으로 규정하였다.

4조에서는 푯말이 이동·훼손·분실되지 않도록 세 나라가 서로 협조한다는 것과 그러한 일이 일어났을 때의 통지 의무, 그리고 1호=중국, 2호=북한, 3호=러시아 측이 각각 책임지고 보호·수리하는 것을 규정하였다.

5조에서는 앞으로 푯말과 국경 교차지점을 확정하여 푯말을 설치하고, 의정서를 작성하고 지역도를 만들 것을 규정하였다.

2) 조·중·러 간 두만강 국경 교차지점에 관한 의정서

위에서 본 「조·중·러 간 두만강 국경수역 경계선 획정 협정」 5조의 규정에 따라 두만강에서 3개국 국경 교차지점을 확정하고, 1, 2, 3호 푯말을 설치한 뒤, 2002년 6월 20일 의정서에 서명한 뒤 2003년 3월 29일 발효한다. 이 의정서에서 결정된 내용을 간추려 보면 다음과 같다.

- 3개국 국경 교차지점 : N 42° 25′ 04.7″, E 130° 38′ 11.9″
  2001년 8월 수위 1.14m 때 확정.
- 1호 푯말 : 중·러 국경 423호 푯말 이용. N 42° 25′ 10.2″, E 130° 38′ 17.7″
  높이는 6.0m, 3개국 국경 교차지점까지 거리 215.7m.
- 2호 푯말 : 두만강 오른쪽 북한 영토. N 42° 24′ 59.5″, E 130° 38′ 06.5″

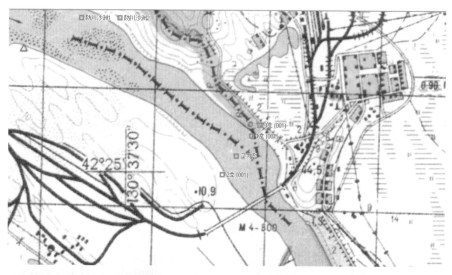

〈그림 54〉 조·중·러 간 두만강 국경 교차지점과 1, 2, 3호 국경 경계 푯말(위)
〈그림 55〉 조·중·러 간 두만강 국경 교차지점과 1, 2, 3호 국경 경계 푯말(아래)

높이는 6.7m, 3개국 교차지점까지 거리 200m.

• 3호 푯말 : 두만강 왼쪽 러시아연방 영토. N 42° 25′ 13.2″, E 130° 38′ 20.9″

높이는 10.6m, 3개국 교차지점까지 거리 334.7m

〈그림 56〉 두만강 국경 수역과 국경 교차지점이 있는 지역(위쪽).
〈그림 57〉 중·러 국경 422호 푯말(오른쪽).

여기서 국경 교차지점은 3개국 국경수역 경계선이 '강 중심선'과 교차되는 곳이라고 했다. 그런데 협정서에서는 '강 주류 중심선'과 교차되는 곳이라고 했다. 그렇기 때문에 의정서에서는 이 문제를 분명히하기 위해 다음과 같은 조항을 덧붙인다.

중·러, 북·러 간 국경에 관한 현행 조약에 근거하고, 두만강의 3개국 국경 교차지점에서 생긴 자연적인 변화를 감안하여 본 서술의정서가 효력을 발행한 날부터 본 서술의정서의 '강 중심선'이란 표현은 경계선 협정 1조의 '강 주류 중심선'이란 표현을 대신한다.

간단히 줄여보면 '강 주류 중심선' → '강 중심선'으로 한다는 것이다. '강 주류 중심선'이라는 것은 물이 흐르는 한가운데에 그은 선을 말하는 것이고, '강 중심선'이란 강 전체의 가운데 선이라는 뜻이기 때문에 크게 차이가 난다. 1980년대 상황인 〈그림 54〉의 지도와 2008년도 현장을 찍은 위성사진을 보면 표지판을 세운 국경 교차지점이 크게 변해 있다는 것을 알 수 있다. 위성사진을 보면 두만강 주류는 북한 쪽으로 쏠려 있는 반면, 중국은 섬이 하나 생겨나고, 러시아 쪽은 모래가 넓게 차지하고 있다는 것을 알 수 있다. 20~30년 사이에 땅의 생김새(地貌)가 크게 변한 것이다. 그래서 협정서에서는 관례대로 '강 주류 중심선'이라고 했으나 의정서에서는 '강 중심선'으로 하여 양쪽 대안의 중간지점에 국경 교차지점을 설정한 것이다. 이 지역은 이처럼 지모가 쉽게 변하기 때문에 의정서 4조에 "두만강에서 그 어떤 자연변화가 발생하더라도 3개국 국경 교차지점의 취치는 체약국들이 별도 합의하지 않는 한 변하지 않는다"고 규정하고, 공동위원회를 구성하여 10년에 한 번 국경 교차지점 위치에 대하여 공동조사를 실시한다고 규정하였다. 다만 국경 교차지점에는 물이 흐르는 곳이기 때문에 국경 표지를 설치하지 않기로 하였다.

2. 상호 왕래 및 보안에 관한 협정

1) 조·중 간 국경철도에 관한 협정(1976 체결, 1977년 발효)

북한과 중국의 철도는 한국전쟁이 끝난 다음 해인 1954년 두 나라가 체결한 「조·중간 국경 철도·교량 유지 사업에 관한 임시 의정서」를 바탕으로 대대적인 수리 공사를 벌인다. 당시 「의정서」 8조에는 이 대수리 공사와 기본 건설 복구공사의 계획, 설계 및 시공은 중국 철도가 책임지고 당해 연도 안에 완성하는 것으로 되어 있다. 9조에 1954년 시행할 복구공사 항목이 자세히 나와 있는데 다음과 같다.

1. 안동(옮긴이 주 : 현재의 단동)-신의주 간 교량 : 교각 1개 수리, 교량 도료 2000t, 목재 난간 945m 신설 - 합계 대 수리비 14.9억 위안

2. 집안-만포 간 교량 : 교각 5개 수리, 다리받침(橋臺)·교각 각 1개 복구, 칸(連) 3개, 상판(鈑梁) 1개 복구, 상판 1개 신설, 다리 면(橋面) 19m 수리, 교량 도료 742t, 교량 인도 난간 190m - 합계 기본 건설비 56억 위안

3. 도문-남양 간 교량 : 교량 도료 452t, 다리 면(橋面) 218.5m 교환, 다리받침

　기반 보호 440㎥, 방수 제방 석재 - 합계 대수리비 9.3억 위안

전체 공사비가 대략 80.2억 위안인데, 집안-만포 간 철교 공사비가 가장 많이 들었다는 것을 알 수 있다. 준공한 뒤 공사비는 두 나라가 똑같이 나누되, 북한에서 지불해야 하는 비용은 1955년도 중국의 대북 원조비에 포함하는 것으로 되어 있다.

이 당시 두 나라는 교량을 유지하는 사업 경계선도 분명히 하였다.

① 안동역과 신의주역 : 정교(正橋) 12개를 반으로 나누어 각국이 6개씩 관리.

② 집안역과 만포역 : 중국 측에서 11번째 교각, 북한 측에서 9번째 교각을 중심으로 나누어, 중국이 상판 11개, 북한이 트러스(桁梁) 3개, 상판 6개를 관리한다.

③ 도문역과 남양역 : 중국이 교각 11개, 북한이 10개 관리한다.

1955년 다리를 복구하고 나서 20년이 지난 뒤 1976년 열차 운행에 대한 구체적인 사항을 체결한다. 전체적인 내용을 간추리면 다음과 같다.

1조 : 두 나라의 국경역과 국경산의 거리

2조 : 국경역 및 열차운행 시간(주야 24시간제)

3조 : 열차운행 편성

4조 : 국경역 또는 국경 역간 사고처리 및 책임 구분

5조 : 국제 연계 운송 규정의 적용

6조 : 철도 종사자의 상대국 영내 체류

7조 : 화물운송계획의 협의

8조 : 통신설비 및 그 사용

9조 : 철도 공무 용품의 운송

10조 : 문자의 사용과 번역

11조 : 조·중 국경철도회의 소집 방법

한편 1976년 12월 8일 체결하고, 1977년 1월 1일부터 발효한 「조·중 간 압록강 철교 경계선 획정 및 유지보수에 관한 의정서」에서 앞에서 본 3구간을 제외한 4번째 구간, 중국 쪽 상하구역(上河口驛)-조선 쪽 청수역(淸水驛) 사이 압록강 철교에 관한 관리 규정을 확정한다. 청수역은 수풍발전소와 중국을 연결해 주는 역이다. 현재는 운행하지 않는 것으로 알고 있다.

2) 조·중 간 국경 통과지점 및 그 관리제도에 관한 협정

북한과 중국은 1998년 「조·중 간 국경지역 안전 및 사회질서 유지에 관한 상호협력 의정서」를 체결, 두 나라 국경에서 일어날 수 있는 여러 문제를 포괄적으로 규정한다. 이 의정서에 두 나라 국민이 서로 오갈 때 출입국 업무에 대한 자세한 규정이 있다.

2001년에 체결하여 2002년 5월 30일 발효한 「조·중 간 국경 통과지점 및 그 관리제도에 관한 협정」은 두 나라 국경에서 서로 통과하는 지점의 종류, 위치, 기능에 대한 구체적인 규정이다. 이 협정 1조에서 국경 통과지점을 4가지로 나누고 있다.

(가) 국제 여객·화물 수송 통과지점 : 두 나라 및 제3국 국민과 수송수단·화물·물품 통과

　(1-1) 단동(丹東) - 신의주 국제 여객·화물 철도 수송 통과지점

　(1-2) 단동(丹東) - 신의주 국제 여객·화물 도로 수송 통과지점

　(2-1) 도문(圖們) - 남양(南陽) 국제화물 철도 수송 통과지점

　(2-2) 도문(圖們) - 남양(南陽) 국제 여객·화물 도로 수송 통과지점

　(3) 권하(圈河) - 원정(元汀) 국제 여객·화물 도로 수송 통과지점

(나) 쌍방 여객·화물 수송 통과지점 : 두 나라 국민과 수송수단·화물·물품 통과

　(4) 단지(丹紙)부두-신의주항 쌍방 화물선 수송 통과지점

　(5) 집안(集安) - 만포(滿浦) 쌍방 여객·화물 철도 수송 통과지점

　(6) 임강(臨江) - 중강(中江) 쌍방 여객·화물 도로 수송 통과지점

(7) 남평(南坪) - 무산(茂山) 쌍방 여객·화물 도로 수송 통과지점

(8) 삼합(三合) - 회령(會寧) 쌍방 여객·화물 도로 수송 통과지점

(9) 개산둔(開山屯) - 삼봉(三峰) 쌍방 여객·화물 도로 수송 통과지점

(10) 태평만(太平灣) - 삭주(朔州) 쌍방 여객·화물선 수송 통과지점

(11) 노호초(老虎哨) - 위원(渭原) 쌍방 여객·화물선 수송 통과지점

(12) 장백(長白) - 혜산(惠山) 쌍방 여객·화물 도로 수송 통과지점

(13) 고성리(古城里) - 삼장(三長) 쌍방 여객·화물 도로 수송 통과지점

(14) 사타자(沙垞子) - 새별리 쌍방 여객·화물 도로 수송 통과지점

(다) 공무 통과지점 : 국경출입 및 국경관리 회담, 회합, 친선교류 같은 공무 인원 통과

(15) 쌍목봉(雙目峰) - 쌍두봉(雙頭峰) 공무 통과지점

(라) 임시 통과지점 : 두 나라 해당 부서가 합의한 기간 동안 두 나라의 화물과 관련 인원·수송수단 통과

외국인도 통과할 수 있는 국제 여객·화물 수송 통과지점이 도로 3지점, 철도 2지점으로 모두 5지점이며, 도시로 보았을 때는 3지점이다. 나머지는 대부분 쌍방 여객·화물 수송 통과지점인데, 수송 수단은 도로, 철도, 화물선 3가지이다. 공무 통과지점은 쌍목봉-쌍두봉 한 곳이다.

15지역 17곳 국경 통과지점 가운데, 신의주와 도문은 철도와 도로 두 가지 수단을 통해서 통과가 가능하다. 이 가운데 압록강 지역에 있는 통과지점이 단동-신의주, 단지부부-신의주항, 집안-만포, 임강-중강, 태평만-삭주, 노호초-위원, 장백-혜산 같은 7지점에 8곳(신의주 철도 1지점 포함)이고, 두만강 지역에 도문-남양, 권하-원정, 남평-무산, 삼합-회령, 개산둔-삼봉, 고성리-삼장, 사타자-새별, 쌍목봉-쌍두봉 같은 8지점 9곳(남양 철도 1지점 포함)이다.

3. 압록강과 두만강의 공동 이용에 관한 협정

북한과 중국은 1964년 5월 5일 「조·중 간 국경 하천 공동이용 및 관리에 관한 협력 협정」을 맺어 두 나라가 압록강과 두만강을 이용하는 도중에 생긴 문제를 해결하는 노력을 하였다. 이 협정에 따라 공동위원회를 설치하는데, 위의 협정 6조에 이렇게 규정하고 있다.

> 조·중 국경 하천 이용 공동위원회의 양측 수석대표 사이에 세기되는 연락·통보 및 실무 문제를 시속하게 처리하기 위하여 중국 측은 안동에 북한 측은 신의주에 연락 처를 두고 연락 책임자를 상주시킨다.

물론 이 협정 앞에도 여러 가지 협정을 통해서 국경 하천을 공동으로 이용했지만 이때부터 이 문제를 다루는 상주 위원회를 가동시킨 것이다. 두 나라는 여러 가지로 압록강과 두만강을 이용하겠지만 여기서는 3가지 정도로 나누어 살펴보기로 한다.

1) 수력발전소 – 조·중 압록강 수풍 수력발전공사(中朝鴨綠江水豊水電公司)

압록강과 두만강에서 가장 경제적으로 크게 활용되는 용도는 수력발전소이다. 압록 강에는 상류부터 운봉(雲峰)댐, 노호초(老虎哨)댐, 수풍댐, 태평만(太平灣)댐의 4개 발전소가 있고 두만강에도 작은 발전소가 하나 있다. 이 가운데 노호초댐과 수풍댐 은 북한 측에서 관할하고, 운봉댐과 태평만 댐은 중국 측에서 관할한다. 두만강 발 전소는 중국이 관할한다.

모든 발전소들이 두 나라 간에 협정을 맺었겠지만 협정서나 의정서를 아직 입수 를 못했기 때문에 협정 내용을 알 수 없다. 발전소에 관한 두 나라의 전반적인 협약 내용을 파악하기는 어렵다. 다만 수풍발전소에 관한 협정과 의정서가 일부 있기 때 문에, 그것을 바탕으로 그 내용을 어느 정도 파악해 보기로 한다.

1955년 4월 17일 북경에서 체결하고, 같은 해 7월 1일 발효한 「조·중 간 압록강 수풍 수력발전소에 관한 협정」을 보면, 1조에 "압록강 수풍 수력발전소의 모든 재산은 조·중 양국의 공동소유이다"라고 규정하고 있다. 그리고 두 나라는 3조에 공동소유의 수풍 발전소를 공동으로 경영하기 위해 조·중 압록강 수풍 수력발전공사(中朝鴨綠江水豊水電公司)를 설립하기로 한다. 4조에서는 "수풍발전소의 모든 재산은 수풍 수력발전공사의 자금으로 하는데, 1945년 8월 15일 이전의 재산은 조·중 양국의 공동 투자로 인정하며, 1945년 8월 16일 이후 북한 측이 단독으로 투자한 일체의 재산은 북한 측 자금으로 한다"라고 규정하였다.

1955년 5월 7일에는 1955년 4월 17일 체결한 협정을 바탕으로 「조·중 간 압록강 수풍 수력발전공사에 관한 의정서」를 체결했는데, 주된 내용은 다음과 같은 3가지 부록에 담긴다.

부록 1호 : 조·중 간 압록강 수풍 수력발전공사 정관
부록 2호 : 조·중 간 압록강 수풍 수력발전공사 재산 실사 평가 및 기타 재정 문제
　　　　　에 관한 합의서
부록 3호 : 수풍발전소 복구공사에 대한 몇 가지 문제에 관한 합의서

부록 1호는 회사 명칭, 업무 범위, 회사 자금, 이사회, 감사회 같은 것을 내용으로 하는 모두 24조의 정관이다. 이사회는 한 나라에 3명씩 6명으로 하고, 이사장과 부이사장은 양국 이사가 교대로 맡도록 했다. 이 이사회는 회사의 경영관리에서 회사의 편제, 자금의 증감, 부속기구 설치 같은 모든 중요한 업무를 처리하도록 하였다. 끝으로 18조에서 규정한 전력요금 결산 방법을 보면 다음과 같다.

회사에서 생산하는 전력은 이사회가 조·중 쌍방이 제출한 연간 전력 구매 수치에 근거하여 평균지표를 만들고, 송전 계획을 작성하여 양국 전력사용 부서에 판매한다. 전력 사용 부서는 회사와 직접 전력 수급 기술계약을 체결하며, 전력 요금은 전력 사용 부서에서 월별로 회사에 결산·지불한다.

부록 2호는 ① 재산 실사 및 평가에 관하여, ② 일반 재정회계 사항, ③ 기본 건설 자금 교부 및 결산, ④ 쌍방 투자 차액의 보상 같은 다양한 문제를 규정하였다. 그 가운데 전력요금 산정방법만 보기로 한다. 부록 2호, 13조에서 다음과 같이 규정하고 있다.

쌍방이 구매하는 전력요금은 실사 평가 뒤 감가상각률에 의하여 계산한 상품·생산품 계획 단위 판매원가에 6%의 이윤을 더한 것으로 한다.

부록 3호에서는 복구공사의 설계와 공사 시공에 관한 규정이다. 중국에서는 설계 과제에 대한 의견을 북한에 제출하고, 기술 설계는 북한에 위임한다. 그리고 시공 기관을 조식하는 것은 수풍 수력발전공사가 한다. 공사 시공은 중국 측이 예비 배수로 공사를 책임지며, 북한 측이 주된 댐과 발전소의 건물, 전기기계 설치, 배관 계통 같은 전반적인 공사의 책임을 진다.

2) 양어사업 – 조·중 간 수풍호 어족자원 공동 보호증식 및 이용에 관한 의정서

수풍호에 양어사업에 관한 의정서는 1959년에 이미 체결되었다. 양어는 양국에 경제적 이익을 주는 사업이기 때문에 장기적인 전망을 가지고 아주 구체적으로 규정한다.

1조 : 쌍방은 잉어·붕어의 산란조건을 조성해 주기 위하여 1960년부터 매년 5월 ~8월 중 각각 저수지 내 적당한 장소를 선택하여 인공산란장을 설치하고, 그 에 적합한 식물을 적기에 파종한다. 잉어·붕어 자원을 보호하기 위하여 1960년부터 매년 5월 15일~7월 5일까지는 어미 잉어·붕어 포획을 금지한다.

2조 : 저수지 내 풍부한 자연먹이를 충분히 이용하여 어류의 생장률과 어획량을 높이기 위하여 쌍방은 1960년에 저수지 양 기슭에 종어장을 각각 건설하여 각종 어종을 계획적으로 양식하며, 1961년부터 중국 측은 길이 10cm 이상의 연어·농어·잉어 같은 총 200만 마리를, 북한 측은 길이 10cm 이상의 칠

색송어 200만 마리를 매년 방류한다.

3조 : 쌍방은 매년 7~8월 중 댐 밑에 몰려 있는 뱀장어를 잡아 저수지에 흘려보내며, 적합한 시기에 은어·빙어의 채란·부화 및 방류사업을 시험적으로 실시한다.

4조 : 저수지에 많은 쏘가리는 기타 경제성 있는 어족 자원 증식에 유해하므로 서로 각종 어구를 적극 이용, 포획하여 쏘가리를 점차 감소시켜 나간다.

의정서에는 그 밖에도 수풍호 주변의 조림, 연구기관의 설치, 치어를 잡는 그물 사용 금지 같은 치밀한 규정을 하고 있다.

1972년 12월 19일 두 나라는 「조·중 간 수풍호 어족자원 공동 보로증식 및 이용에 관한 의정서」에서도 몇 가지 구체적인 내용을 협의하여 정했다.

1조 : 쌍방은 잉어와 붕어의 산란조건을 조성해 주기 위하여 매년 5월 15일부터 6월 30일까지 각각 호수 내 적당한 장소를 선택하여 인공 고기 집 3만 개를 설치한다.

2조 : E 125° 25′, N 40° 40′ 28″와 E 125° 25′ 20″, N 40° 40′ 06″를 연결하는 선을 경계선으로 하여 상류를 어로구역으로 하고 하류를 보호 기간으로 한다. 보호 기간은 1973년 1월 1일부터 1975년 12월 31일까지 어로행위를 금한다.

그 밖에도 그물코의 제한, 각종 치어 100만 마리 방류, 환경 보호, 어선 척수의 제한 같은 내용들이 8조에 나누어 규정되어 있다. 양어사업은 두 나라가 과학적으로 연구하여 어족자원을 계획적으로 증식하고 있다는 것을 알 수 있다.

3) 뗏목을 이용한 목재 운송에 관한 협정

1966년 4월 8일 체결하여 발효한 「조·중 간 압록강·두만강 수문 설치에 관한 의정서」에는 압록강과 두만강에 각각 하나씩 수문(水門)을 설치하는 문제를 협의한 의정서이다.

① 콘크리트 수문 1개 :

　중국 길림성 장백현 원농산(原農山) 국경 초소 상류 1.6km

　북한 양강도 보천군 농산 목조 수문에서 농산역에 이르는 구간

② 목조 수문 1개 :

　중국 길림성 화룡현 숭선(崇善)대대

　북한 양강도 삼지연군 삼장리

　이 수문은 압록강과 두만강의 최상류 부분에 설치하는 것으로, 모두 다 뗏목을 출발시키기 위한 시설이다. 이 지역 강은 뗏목을 출발시키기에 수량이 부족하기 때문에 수문을 막아 물을 가두었다가 수문을 열어 한꺼번에 물을 쏟아내 뗏목이 출발할 수 있도록 한 것이다. 이 수문 2개에 대한 투자·자재·설계·시공 같은 모든 일을 북한에서 책임지는 것으로 보아 북한 측에서 이용하는 뗏목 출발지점을 만드는 공사이다. 공사를 하려면 중국 측에서도 일해야 하기 때문에 공사 기간 동안 공사 인력이 중국 쪽에서 기거할 임시 가옥 15채를 사용하는 것도 규정하고 있다.

　국경에서 뗏목 운송에 관한 자세한 협정은 이미 1958년 1월 14일 「압록강과 두만강에서 목재 운송에 관한 의정서」를 체결하였는데, 1961년 11월 24일 「조·중 간 압록강과 두만강에서의 목재운송에 관한 의정서에 대한 보충의정서」를 체결한다.

　보충의정서에 따르면, 1조에서 뗏목의 규격을 압록강에서는 장백현 대교(혜산교)를 통과할 때는 최대 길이 5m, 그 뒤는 25m로 하고, 두만강에서는 아동교(亞東橋)를 통과할 때는 뗏목의 최대 길이를 8m까지로 하고 삼장리-산봉(중국은 古城里-開山屯) 사이는 20m로 한다고 하였다. 이것은 주로 다리 밑을 통과할 때 교각 간의 너비와 강폭을 따져서 계산한 것이다.

　그 밖에도 3조에서는 강에서 뗏목을 운행할 때의 준수 사항을 구체적으로 규정하였고, 5조에서는 중국 지역 안에 있는 북한의 뗏목 계류장 5 지점을 규정하였다. 그러나 압록강에 댐을 설치하면서 현재는 가장 상류에 있는 댐인 운봉댐까지만 운행하고 있다. 중국은 백두산 지역의 환경을 살리기 위해 채벌을 중단해 몇 년 전부터

뗏목을 완전히 중단했으나 북한 측에서는 아직도 계속하고 있다.

4. 두만강 경제개발

한국도 두만강 국경 문제에 관련해서 협정을 맺은 내용이 있다. 비록 두만강 주변 6개국이 공동으로 참여한 협정이지만 한국이 북방 국경과 관계되는 협정에 조인했다는 점에서 의의가 있다고 할 수 있다.

1991년 UNDP(United Nations Development Program : 국제연합개발계획)는 '두만강지역 개발'을 제안하였고, 10월 북한 평양에서 두만강 지역 개발회의를 개최하였다. 이듬해인 1992년 2월 UNDP의 주관 아래 '두만강지역 개발관리위원회(PMC)' 제 1차 회담을 가졌는데, 중국, 한국, 북한, 몽골, 러시아, 일본 6개국이 참석했다. 그 뒤 UNDP는 두만강 지역 개발을 통해 중국, 러시아, 북한 3개국의 접경지역을 동북아의 홍콩으로 건설하기 위해 개발면적을 7만km²로 확정했다. 1995년 12월 6일, PMC는 6차 회담까지 마치고 중국, 한국, 러시아, 북한, 몽골 5개국은 다음과 같은 3개의 협정을 체결하였다.

두만강 경제개발구 및 동북아 개발 협상위원회 설립에 관한 협정
두만강지역 개발협력위원회 설립에 관한 협정
두만강 경제개발구 및 동북아 환경준칙 양해 비망록

두만강지역 개발협력위원회 설립에 관한 협정 부록에 나온 두만강 경제개발구의 범위를 보면, "북한의 나진-선봉 자유경제무역구, 중국의 연변조선족자치주(연길·혼춘특별경제구 포함), 러시아 연방의 블르다보스톡·나호트카 자유경제구(Vostochay, Primosky Krai 및 남부 일대 항구도시 포함)를 지칭한다"고 되어 있다.

이 협정들은 다음해인 1996년 2월 6일 발효했지만 아직도 지지부진한 상태이다.

V. 국경조약에 대한 논의와 역사적 의미

1. 한국의 '6·25 참전 대가, 백두산 천지 할양설' 발생과 전개 과정

1962년 국경조약을 맺고, 1964년 의정서가 나온 뒤 북한과 중국은 이 조약에 바탕을 두고 실제 국경을 운영하였다. 그러나 두 나라 모두 조약의 내용을 전혀 발표하지 않아 주변국은 물론 두 나라 학자들도 거의 이 문제를 다루는 사람이 없었다. 그래서 이 조약을 '비밀조약', '6·25 참전 대가 할양(割讓)' 같은 설만 난무했다.

1) 교과서에 나온 백두산의 국경

한국 사람들은 이미 신라시대부터 백두산은 우리나라 조종산(祖宗山)이라는 생각을 가졌으며, 이러한 생각은 고려, 조선에서도 이어졌다. 1945년 해방이 되고 남북이 나뉜 뒤에도 남북 모두 그런 생각에는 변함이 없었다. 그렇기 때문에 한국의 국가인 애국가는 "동해물과 백두산이 마르고 닳도록……"으로 시작된다. 이점은 북한에서도 마찬가지였다. 북한에서 나온 〈백두산의 노래〉에 "백두산은 조선의 제일 높은 산, 구름 위에 솟아 있는 제일 높은 산, 다시 찾은 백두산 우리나라 산, 잃지 말고 지키자 우리나라 산"[249]이라고 해서 백두산을 민족의 영산으로 취급하기는 마찬가지다.

백두산에 대한 한국인의 인식은 현재 고등학교에서 가르치는 지리부도를 보면 확실하게 나타난다. 〈그림 58〉은 지우사에서 나온 고등학교 『지리부도』[250]의 백두산 지도이고, 〈그림 59〉는 (주)천재교육에서 나온 고등학교 『지리부도』[251]의 백두산

---

249) 김기찬, 『백두산을 팔아먹은 김일성』, 도서출판 눈과 마음, 2004, 10쪽.
250) 조창연 외 4인, 『지리부도』, 2001年 7. 26. 교육인적자원부 검정, 2002년 3월 1일 초판, 2008년 3월 1일 6판.
251) 장재훈 외 2인, 『지리부도』, 2001年 7. 26. 교육인적자원부 검정, 2002년 3월 1일 초판, 2008년 3월 1일 6판.

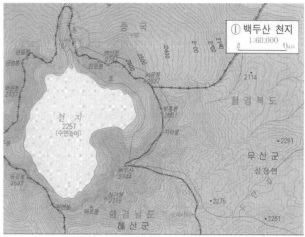

〈그림 58〉 지리부도. 지우사, 2008..
〈그림 59〉 고등학교 지리부도. (주)천재교육, 2008..

지도다. 이 두 지리부도는 모두 2001년 7월 26일 교육인적자원부에서 공식적으로 검정을 받아 다음해 2002년 3월 1일 새 학기부터 판매한 책이고, 그 뒤 매년 새로 찍어내, 2008년 기준으로 6판을 발행한 책이다. 그러니까 현재 한국 고등학생에게 가르치고 있는 지리부도인 것이다.

지리부도를 보면, 두 책 모두 국경이 백두산을 둘러싸여 있어 백두산 전체가 한국 영토로 되어 있다. 행정구역도 모두 함경남도 혜산군과 함경북도 무산군으로 되어 있고, 지우사 지리부도는 '대한민국'이라고 나라 이름까지 명기해 놓았다. 현재 북한에서는 이곳을 양강도 삼지연군이라 부르는데, 한국은 북한을 국가로 인정하지 않는다는 전제 아래 옛날 행정구역을 그대로 쓰고 있는 것이다. 이처럼 감수성이 풍부한 고등학교 때 백두산은 모두 우리 영토라고 배우기 때문에 자연스럽게 한국인의 사고에는 그대로 자리잡게 되는 것이다.

2) 1980년대 백두산 문제의 대두

한국 국민들에게 백두산의 영토에 관한 관심이 크게 불어난 시점은 1980년대 들어서이다. 특히 1981년 양태진이 펴낸 『한국의 국경 연구』가 가장 큰 영향을 주었는데, 양태진은 이 책에서 "1965년 7월 14일자 인도 신문 나구타 타임즈는 동베를린에 체류 중인 북한 외교관이, 중국 당국이 백두산 주변의 영토 100평방 마일을 6·25전쟁 참전과 지원의 대가로 할양하라고 강하게 요구하고 있다"[252]고 기록하였다.

사실 이 신문 기사는 ① 동베를린에 있는 외교관의 말을 인도에서 기사로 쓴 첩보성 기사였고, ② 신문 기사가 나온 지 15년이나 지난 뒤 자세한 내용을 확인하지 않고 단순하게 인용하였다. 지금 와서 그 기사를 자세히 분석해 보면, 외교관이 말했다는 1965년 7월은 이미 1962년 조·중 국경회담이 끝나고 1964년 의정서까지 체결을 마친 다음 해이다. 그렇기 때문에 "강하게 요구하고 있다"고 진행형으로 쓴 기사는 상당히 신빙성이 떨어지는 어법이다. 이처럼 추측성 기사였지만 한국에서는 크게 활용될 만한 가치가 있었다. 국경회담의 전말을 전혀 알 수가 없는 상황이었고, 한국전에서 중국이 도와준 데 대한 중국의 요구사항이 있을 법하기 때문이다. 이런 정황은 당시 강하게 부각되고 있던 '반공' 사상과 맞물려 쉽게 일반화될 수 있었다.

1983년 8월 16일 〈조선일보〉는 '중공, 백두산 천지 영유권 행사'라는 홍콩특파원 기사에서 "1970년대에 북한과 중공 간에 분쟁이 있었던 것으로 전해졌던 백두산과 천지의 영유권 문제는 중공 측이 백두산과 천지의 상당 부분을 차지한 가운데 결말이 지어진 듯하다"라고 보도하였다. 이 뉴스에서는 주로 홍콩에서 구입할 수 있는 중국에서 발행된 지도들을 분석한 것인데, 중국 지도에서 백두산 천지를 만주 쪽에 표시하고, 장백산 자연보호구를 설치하였다는 등 중국이 백두산을 마치 자기 나라 산처럼 표시했다는 것이다.

지금 보면 아주 초보적인 정보에 불과하지만 당시 이 기사는 큰 반향을 일으켰다. 다음날(8월 17일) 〈조선일보〉는 '중공의 「천지」 영유설, 민족의 이름으로 추궁한다'는 사설과 '기자수첩' 난에 '또 하나의 죄'라는 글을 실었다. 사설에서는 "대한

---

252) 양태진, 『한국의 국경연구』, 동화출판공사, 1981.

민국 헌법에는 물론 우리의 영토를 전 한반도와 그 부속 도서로 명기하고 있다. 이러한 규정이 아니더라도 우리의 국토 개념은 당연히 제주도에서 압록강-두만강까지이다. 이는 법 이전의 누천 년에 걸쳐 이 땅에서 살아온 한국 사람의 상식이다"라고 전제하고, "몇 가지 객관적 자료와 조짐은 백두산 천지 지역의 상당 부분이 이미 중공 영유로 넘어갔음을 명백히 입증하는 것으로 유추하기에 족하다 할 밖에 없을 것 같다"고 확인한 뒤, "민족이 모르는 사이에 민족의 터전이 북한의 소수 통치 집단의 자의에 의해 타국에 할양됐다면 그 이상의 매국적 행위가 있을 수 없다"고 분노를 표시하였다.

그 다음날(8월 18일)도 이어서 〈이규태 코너〉에 '백두산 정계비'를 싣고 역사적으로 조명하였으며, 8월 21일에는 당시 백산학회 회장 유봉영이 기고한 "백두산을 생각한다. 너무도 분명한 우리 땅 ……중공의 영유는 언어도단"이라는 강한 논조의 글을 실어 연일 북한을 성토하였다.

3) 1983년 한국 국회의 백두산 영유권에 관한 결의안 제출과 백두산 할양설의 일반화

백두산 문제가 전 국민의 관심사로 떠올라 큰 논란에 휩싸이자 다음 달인 9월 14일 국회 외무위원에서 이에 대한 정부의 견해와 대책을 묻는 대정부 질문이 있었고, 이어서 16일에는 김영광 의원을 비롯한 54명의 의원들이 정기국회에 '백두산 영유권에 관한 결의안'[253]을 제출하면서 정치적 쟁점이 되었다. 국토의 영유권을 확인하는 결의문으로서는 국회법상 처음 있는 일이었기 때문에 당시 매스컴이나 국민들은 커다란 관심을 가지고 지켜 보았다. 중요한 부분이기 때문에 당시 결의안을 간추려 보면 다음과 같다.

우리 국토는 북으로는 백두산을 중심으로 압록강·두만강에서부터 남으로는 한라산을 비롯 마라도까지 망라하고 있다. 백두산이야말로 단군신화가 깃든 한국 민족

---

253) 김영광, 「백두산 영유권에 관한 결의안」, 『국회보』 207, 1984. 1

사의 발상지라는 것은 모든 사람이 알고 있는 사실이다. 까닭에 애국과 관련된 모든 가사에는 으레이 백두산이 민족 기상의 상징으로 등장해 오고 있는 터이다. 따라서 반만 년 유구한 역사 속에 백두산은 늘 우리 것으로 인식되어 왔고, 또한 우리나라 헌법 제3조에도 "대한민국의 영토는 한반도와 그 부속 도서로 한다"고 명시되어 있다.

그러나 1950년대 북한과 중공 간의 국경 분규가 있은 이후, 우리도 모르는 사이에 백두산 천지의 수면이 남북으로 양분되어 있음이 확인되었을 뿐만 아니라……(중략)

이에 민족적 통감을 금치 못하는 바이다. 이에 우리는 민족 주권이 여지없이 침해당하고 있는 국가적 중대사로 단정하고, 여기 남북한 6000만 민족의 이름으로 대한민국의 영유권을 분명히 밝히고자 한다.

(1) 북한 당국과 중공 간에 영토(하천, 호수, 산림, 해양 등)의 변경을 초래하는 여하한 협정이 맺어졌더라도 이는 원천적으로 전적 불법 무효임을 선언한다.
(2) UN 승인 하에 수립된 한반도 내의 유일한 합법정부인 대한민국은 한민족 전체의 이름으로 백두산 전체가 대한민국의 영토임을 국내외에 거듭 천명한다.
(3) 북한의 김일성 집단은 더 이상 우리의 신성한 영토를 임의로 할양 또는 변경해서 이후 영토 분쟁의 요인이 될 일체의 반민족적 매국행위를 즉각 중단할 것을 엄숙히 경고하면서, 국경선을 포함한 모든 영토의 변경에 대하여 그 원상회복을 촉구한다.

국회에서 결의안이 제출되자 국내 매스컴에서는 대서특필하기 시작하였다. 9월 17일 〈조선일보〉만 보더라도 1면에 "백두산은 엄연한 대한민국 영토, 북괴는 즉각 원상회복하라. 의원55명 결의안 제출"이라는 7단 기사를 실었고, 이를 해설하는 글은 3면에 9단 기사로 실었는데, "북괴 천지절반 중공에 바쳤다. 중공 참전 대가 백두산 할양요구, 70년대 초 합의……"라는 제목을 크게 뽑았다. 이 기사는 우선 백두산 천지를 모두 한국의 영토로 하고 있는 한국의 국정교과서(1982년 문교부 발행)와 천지를 둘로 나눈 북한(1977년 교육도서 발행)과 중국(1978년 길림성 발행)의 지도를 대비해서 현황을 쉽게 설명하고 내용을 이렇게 썼다.

> 61년 초 중공이 인민화보의 장백산맥 지도에서 중공 영토를 백두산 이남 16.7km까지로 하여 백두산 전부를 중공령으로 했다. 이에 자극을 받았음인지 북한은 이해 11월에 만주 일부까지 포함하는 국경선 표시 지도를 발간, 분쟁이 시작되었음을 보여 주었다.
>
> 65년 경 중공은 6·25 참전 및 군원(軍援) 대가로 백두산 일대의 100평방마일의 할양을 북한에 요구하고 있다는 사실이 북괴 소식통을 인용, 인도 신문이 보도했다. 이러한 분쟁은 60년대 말에서부터 70년대 전반에 걸친 「조선-중공 국경 하천 협조위원회」 등의 회의를 통해 백두산과 천지의 양분에 합의한 것으로 추측된다(지도 참조).

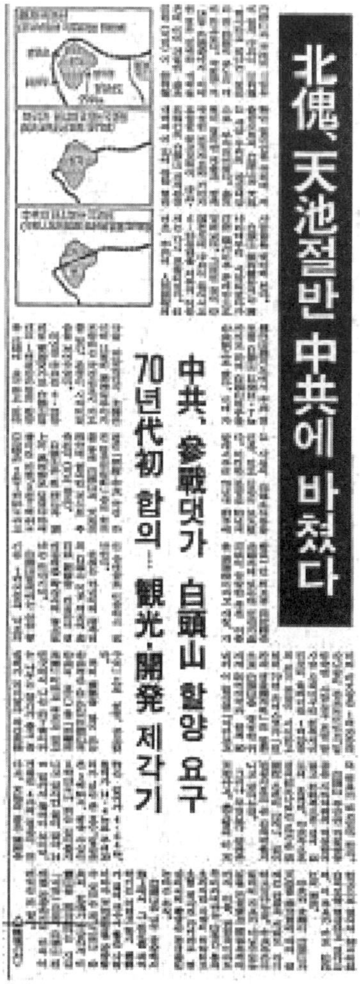
北傀, 天池절반 中共에 바쳤다

中共, 參戰댓가 白頭山 할양 요구

70년代初 합의…觀光·開発 제각기

〈그림 60〉 조선일보 관련 기사

여기서 백두산 천지가 양분된 원인을 1981년 양태진의 『한국의 국경연구』에서 밝힌 인도의 신문기사에서 찾고 있다는 것을 알 수 있다. 소위 '6·25 참전 대가로 백두산 천지 할양' 이란 설은 이렇게 해서 모든 국민들에게 알려지게 된다.

다음해인 1984년 3월 13일자 〈조선일보〉에 보면 다시 '중공 행정지도에도 백두산 천지를 양분, 82년 발행 「길림성 지도」에 국경선 표시. 북괴의 할양설 입증' 이란 제목 아래 백두산 천지의 할양설을 재확인한다. 그 내용에서도 앞에서 본 인도 신문 내용을 인용하고, 그 사실이 입증되었다고 한 걸음 더 나아간다.

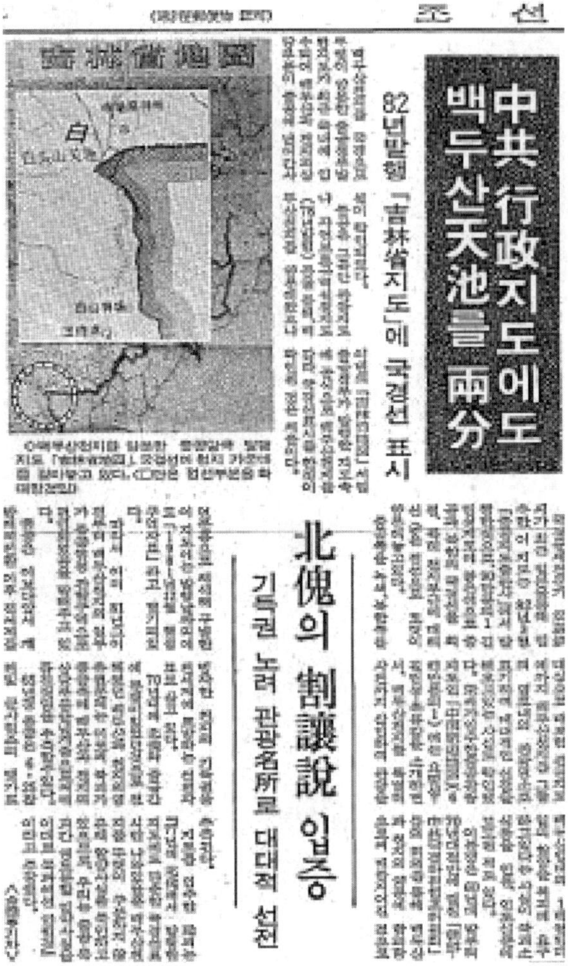
조 선

中共行政지도에도 백두산天池를兩分

82년발행「吉林省지도」에 국경선 표시

北傀의 割讓說 입증

길권 노려 관광名所로 대대적 선전

〈그림 61〉 조선일보 관련 기사

중공은 그 동안 관광지도나 자연보호 구역 설정 지도(1978년 발행) 등을 통해 백두산 천지를 양분해 왔으나 이번의 「길림성 지도」처럼 중공 정부가 발행한 지도 속에 공식으로 백두산 천지를 잘라 국경선 표시를 한 것이 확인된 것은 처음이다 …….

1970년대에 북괴와 중공 긴에 분쟁이 있었던 것으로 전해졌던 백두산과 천지의 영유권 문제는 이로써 북괴가 중공 측에 백두산과 천지의 상당 부분을 넘겨줌으로써 매듭진 것임을 추측할 수 있다.

1965년 무렵 중공은 6·25 참전 및 군사원조 대가로 백두산 일대의 100평방마일의 할양을 북괴에 요구하고 있다는 사실이 북괴 소식통을 인용, 인도 신문에 보도된 적도 있다. 이 분쟁은 1960년대 말부터 1970년대 전반에 걸친 「조선-중공 국경 하천 협조위원회」 등의 회의를 통해 백두산과 천지 양분에 합의한 것으로 추측된다.

여기서도 6·25 참전 대가로 백두산을 떼어 주었다는 설의 근원은 인도 신문의 기사라는 사실을 알 수 있다. 이렇게 해서 인도의 한 신문이 동베를린의 한 북한 외교관의 말을 인용하여 보도했던 설이 한국 사회에 완전히 기정사실로 굳어져 갔다. 1984년 12월 1일자 〈조선일보〉 「북한소식」에서 '백두산 분할 김일성이 결정' 이란 제목 아래 쓴 기사를 보면 "북괴의 중공에 대한 백두산 분할은 이제는 거의 움직일 수 없는 기정사실화되어 있으며, 이는 길일성의 최종 결정에 의해 이루어진 것으로 밝혀졌다. 지난 10월 이른바 수재물자 제공을 위해 인천항에 입항했던 한 북적 고위 인물은 "백두산은 현재 북괴와 중공이 절반으로 나누어 관장하고 있는데 중공에 절반을 분할해 준 것은 '전적으로 김일성의 정치적 용단에 의해 이루어진 것"이라고 전했다"고 하였다.

백두산 영유권 확인 결의안 토론은 공전만 할 뿐, 결국 채택되지 않고 끝났다. 당시 정부 답변은 중국과의 관계 개선을 진행하고 있는 상황에서 중국에게 필요 이상의 자극을 주는 것은 좋은 계책이 아니라는 판단이었다. 또한 북한과의 대화에도 영향이 있다고 판단하여 적극적인 태도를 보이지 않았다.

그러나 이 결의안의 국회 제출은 당시 매스컴이 크게 반응하여 국민들이 영토에 대한 높은 관심을 갖게 했고, 이런 과정에서 '6·25 참전 대가로 백두산 천지 할양'이라는 설은 일반화되었던 것이다.

4) 학계의 백두산 천지 할양설

한·중 국경회담의 자세한 내용이 밝혀지지 않으면서 학계에서도 중국과 북한 간의 영토 분쟁설이 꾸준히 제기되었다. 1969년 국토통일원에서는 백두산 영유권 분쟁설에 대해서 다음과 같이 각종 설들을 정리하였다.[254]

① 중국이 한국전쟁에 참전한 대가를 요구하고 있다는 설

② 백두산 지역은 북한의 이른바 방위 제3단계선의 마지막 부분이며, 북한의 국비 군사시설이 충만하고 있을 뿐만 아니라 소련의 단거리 미사일 로켓 시설이 되어 있기 때문에 야기되는 북한과 중국의 정치적 분쟁이라는 설

③ 압록강의 침식작용에 따라 생기는 사주(沙州)의 모래로 인한 분쟁이라는 설.

④ 북한과 중국 간에 이 새로운 국경정책이 정식으로 이루어졌을 것이며, 최근의

254) 국토통일원, 「백두산 및 간도지역의 영유권 문제」, 1969, 1~2쪽 주.

분쟁 보도는 하나의 '애드벌룬'이라는 설.

여기서 가장 처음 제기된 백두산 천지 할양설은 학계의 연구 논문에서도 받아들여지고 있었다. 1990년 노영돈 교수의 논문에서 다음과 같이 쓰고 있다.

> 1965년 중국은 북한에 대하여 한국전쟁에의 참전 및 원조의 대가로 백두산 지역 약 250km²을 할양해 줄 것을 요구하고 있다는 소위 할양 요구설이 전해지기 시작하였다. 이것은 1965년 7월 14일 인도의 『Nav Bharat Times』지가 동베를린에 파견되어 있는 북한 외교관의 말을 인용한 보도였다. 또 이보다 조금 앞선 동년 5월 25일 일본의 NHK방송이 영국의 『Sunday Times』지 홍콩 특파원 기사를 인용하여 북한에 대한 중국의 백두산 영지 할양요구 사실을 보도했으며, 인도의 『New Delhi India Espress』지가 주 뉴델리 북한 대사관원의 전기와 같은 말을 인용 보도함으로써 국내 신문 또한 이 같은 사실을 보도한 바 있다. 그런데 1970년 11월 23일에는 중국이 북한에 요구했던 백두산 영유의 주장을 철회했다는 보도가 있었다. 이로써 소위 할양 요구설은 종결된 듯하다.[255]

노영돈이 '백두산 할양설'을 제시한 근거는 역시 양태진과 마찬가지로 인도 및 일본 신문에 난 기사에 있었다는 것을 알 수 있다.

5) '6·25 참전 대가, 백두산 천지 할양설'의 현황

2000년 이후 조·중 국경조약의 중국어 조약문이 발견되어 이를 소개하는 논문이 몇 편 발표되었지만 '6·25 참전 대가로 백두산 천지 할양설'은 그다지 수그러들지 않고 있다. 그것은 널리 일반화되어 있는 '6·25 참전 대가로 백두산 천지 할양설'에 비해 새로 발굴된 조·중 국경조약에 대한 연구는 아직 소개 단계에 있기 때문이

---

255) 노영돈, 「백두산 지역에 있어서 북한과 중국의 국경분쟁과 국제법」, 『국제법학회논총』 35-2, 1990, 169쪽.

다. 조·중 국경조약의 연구 현황은 다음 장에 나오기 때문에 여기서는 '6·25 참전 대가로 백두산 천지 할양설'이 아직도 얼마나 광범위하게 국민들 의식 속을 차지하고 있는지를 보기 위해 2004년 출판된 책과 네티즌의 의견을 분석해 보기로 한다.

가) 책으로 출판된 '6·25 참전 대가, 백두산 천지 할양설'

2004년 한국에 『백두산을 팔아먹은 김일성』[256]이란 책이 발간되었다. 이 책은 '6·25 참전 대가로 백두산 천지 할양설'을 책 제목으로 썼다는 점과 2004년에 한국에서 출판되었다는 사실 자체가 한국에서는 아직도 백두산 할양설이 크게 주목받고 있다는 점을 알 수 있다.

이 책을 쓴 사람은 수십 년 동안 조총련에서 활동하다가 1986년 조총련을 탈퇴해 북한 인권 문제를 위해 활동하는 재일동포로, 북한에 대해 비판적인 시각으로 이 책을 썼다.

이 책에서 지은이는 압록강과 두만강을 북한과 중국의 국경선으로 한 것은 "조선왕조의 청나라 시대 이래, 수백 년에 걸쳐 다투어왔던 두만강 측의 국경선 문제, 즉 간도의 귀속 문제에 대하여 북한이 정식으로 포기한 것이다"고 했고, "이것은 민족에 대한 중대한 배신행위이다. 중국과의 관계 속에서 오랫동안 현안이었던 국경 문제를, 동포에게 꾸민 6·25전쟁이라는 범죄에 대한 보답으로, 혹은 스스로 살아남기 위해 중국과의 관계를 긴밀히하고 싶다는 이유로 아무도 모르게 마음대로 양보해 버렸다는 것은 용서할 수 없는 일이다"[257]고 강력하게 규탄한다.

이 책에서 특히 격분한 부분은 압록강과 두만강을 국경으로 한 것보다 백두산을 절반 양보한 사실이다.

특히 문제가 되는 것은, 이 「조·중 국경조약」에서 북한이 간도뿐만 아니라 백두산

---

256) 김기찬 지음, 정유진 옮김, 『백두산을 팔아먹은 김일성』, 눈과 마음, 2004.
257) 김기찬 지음, 정유진 옮김, 『백두산을 팔아먹은 김일성』, 눈과 마음, 2004, 98쪽.

의 절반마저도 중국에 넘겨줬다는 데 있다.

간도에 관해서는 앞으로 언젠가 한국이 교섭하는 과정에서 100보 양보해서 "두 만강을 국경으로 한다"는 선택을 할 수도 있다. 그러나 백두산이라는 '민족의 성스 러운 산'을 마음대로 중국에게 넘겨 주다니, 이야말로 매국노의 소행이다.[258]

2004년에 출판된 이 책에서도 이른바 '6·25 참전 대가로 백두산 천지 할양설' 근거는 역시 양태진의 『한국의 국경연구』에 나온 인도 신문 기사이다. 조·중 국경조 약이 체결된 지 40년이 지났지만, 아직도 한국 사회에서는 조약 내용을 정확히 파 악하고 분석하여 그에 대한 비판을 하지 못하고, 신문기사에 난 설을 가지고 책을 출판하고 있는 것이다.

나) 아직도 계속되는 일반 여론 – 네티즌이 말하는 '할양설'

현재 한국 국민들이 소위 '6·25 참전 대가로 백두산 천지 할양설'에 대해 어떻게 생각하는지 알아보기 위해 최근 국민들의 여론을 가장 현실적으로 대변하는 네티즌 의 의견을 보기로 한다.

포털사이트 가운데 많이 사용되는 네이버에서 검색해 보면 가장 쉽게 이용하는 '지식in'에 이미 이 문제가 제기되어 있다. 2008년 4월 21일 기준, 네이버 지식인 에 떠 있는 내용을 간추려 보면 다음과 같다(문장에서 틀린 맞춤법은 좀 고쳤다).

① 〈Naver.com〉 지식인 질문(babobo1 2007.01.30 11:21)

『태극기 휘날리며』에서 맥아더 장군이 인천상륙작전 성공하고 UN군이랑 국군이 압록강 쪽까지 쭉~~~~~ 밀고 들어갔다가 중공군이 개떼로 몰려와서 38선에 서 조금 밀려난 지금 휴전선까지 왔잖아요. 중공군 처음부터는 전쟁에 참전 안했다 가 갑자기 밀려나니깐 참전했잖아요. 왜 이랬을까요? 북한이 백두산 반쪽 팔아먹

---

258) 김기찬 지음, 정유진 옮김, 『백두산을 팔아먹은 김일성』, 눈과 마음, 2004, 98쪽.

고 중공군을 전쟁에 참전시켰다고 들은 적도 있고 ㅋㅋㅋㅋㅋ 그때 중공군이 참전 안했다면 지금 우리나라는 통일되었을 텐데 ㅋ

〈답 1〉 백두산 반쪽은 압록강 변 섬들 영토 분쟁으로 인한 대가입니다. 김일성 이 백두산 반을 중국에 넘긴 이유는 160여개에 달하는 크고 작은 압록강 강변과 그 하구에 대한 중국과의 영토분쟁이 이유였고 이를 마무리짓고 모든 섬을 북한 영토로 돌리면서 대가로 제시한 것이 백두산 반쪽입니다. 중국은 이를 좋아라 승 낙했고요……. (apace0, 2007.01.30 11:35)

〈답 2〉 백두산을 왜 팔아먹은지 앞으로 몇 천 년의 역사는 가도 욕 얻어먹습니 다. (msho1029, 2007.01.30 21:35)

〈답 3〉 중국은 백두산을 1965년 북한에게 받았습니다. 명목은 6·25 전쟁 참가 의 대가였습니다. 그 사이에 돈이 얼마나 오고갔는지는 모르겠으나 거의 공짜가 아니었나 싶습니다. 하지만 이 조약은 국제법상 엄연히 무효입니다. 우선 북한을 1965년까지는 정식 국가로 인정하지 않았을 뿐더러 중국과 북한의 조약은 밀약 이어서 국제적으로 공신력을 가질 수 없기 때문입니다. (현재 헌법 제 3조에 의하 면 북한은 여전히 국가로서 인정받지 못합니다.) 따라서 통일이 된다면 이를 돌려받 을 수 있습니다. (간도협약도 이와 비슷한 이유로 돌려받을 수 있으나, 현재 북한은 중국에게 아무런 요구도 할 수 없는 상황이라 여전히 중국 땅으로 되어 있습니다.) ……(비공개, 2007.02.04 23:59)

〈답 4〉 그때 UN이 북진하니까 중국한테는 위협적이었습니다. 그래서 전쟁에 참전 북한은 참전 대신에 백두산 반을 중국에 넘겨줌……(thseotjd1234, 2007.03.24 11:32)

② 〈블로그〉 (블러그 주소)

중국의 이러한 한반도 역사에 대한 침탈과 병행하여 추진하고 있는 영토침해를 위 한 동북공정의 근본적 원인은 1962년 북한과 중국 사이에 비밀리에 체결한 「조·중 국경조약」에 따라 백두산 천지의 절반을 중국에 내 준 이후 이를 지난 45여 년이나 침묵만 지키고 있는 북한 당국에 전적인 책임이 있는 것은 말 할 것도 없는 것……

③〈블로그〉(블러그 주소)

동계 아시안게임에 참가한 우리 쇼트트랙 선수들이 '백두산은 우리 땅'이라는 세리머니를 하였다. 너무나도 당연한 것이 아닌가. 물론 외교적인 문제가 있긴 하지만. 그건 전적으로 김일성 부자의 매국적 행위에서 비롯된 것이 아닌가 모르겠다. 오늘의 사태 시발점은 중국 정부의 동북공정이 아닌가. 왜 노무현과 김정일은 중국의 동북공정에 대하여 언급하지 않는가. 그것도 민족공조인가.

민족의 성산인 백두산의 절반이 중국의 6·25 참전 대가로 김일성 김정일 부자에 의해 중국에 할양되었다는 것은 널리 알려진 얘기이다. 북한은 '우리 민족끼리'로 남남분열을 책동하면서도 백두산의 절반은 중국에, 중요 지하자원의 개발권은 중국기업에 넘겨줬다고 한다. 무엇이 어떻게 하는 것이 '우리 민족끼리'인가. 미사일을 발사하고 핵실험을 하여 대한민국 경제에 번번이 큰 피해를 입히면서도 단 한 번도 사전 의논은 없었다. (이하 생략)

네티즌들의 글은 책임이 뒤따르는 의견이 아니어서 학술 논문에서는 인용하기 거북할 정도로 거침이 없다. 그러나 한국 사회에 이 문제가 어떻게 받아들여지고 있는지를 보는 데는 가장 가까운 길이기도 한다. 블로그에 나온 글을 보면, 동북공정이 문제가 될 때나, 동계 아시안 게임에서 백두산이 문제가 되었을 때, 다시 말해 국경 문제나 백두산 문제가 일어나면 항상 뒤따르는 것이 '6·25 참전 대가 백두산 할양설'이라는 것을 알 수 있다. 이런 네티즌의 의견은 매우 추상적이고, 근거를 제시하지도 않으면서, 마치 교과서에 나온 이야기를 말하듯이 단언하고 있다. 이것이 북방 국경에 대한 현재 한국인의 기본 인식이라고 할 수 있다.

2. 한국에서의 조·중 국경조약 연구와 인식

앞에서 본 바와 같이 1983년과 1984년 전국을 들끓었던 '백두산 할양설' 때문에 이에 대한 국민들의 관심이 높아졌으며, 그러한 설은 지금까지도 이어지고 있다는 것을 알 수 있다. 1980년대 중반쯤부터 한국인들이 중국을 방문하기 시작하면서 길림성과 백두산을 방문하게 된다. 그러나 1980년대에는 백두산을 가 본 감격을 전하는 기행문은 나왔지만[259] 국경에 대한 문제의식이 없었다. 대체로 1990년대에 중국의 국경 푯말이나 지도, 러시아의 북한 지도 같은 간접 자료를 통해서 조·중 국경조약의 결과를 확인하는 작업이 이루어졌으며, 2000년대에 들어와 조·중 국경조약 중국어 원문이 발굴되면서, 본격적인 연구가 시작되었다.

1) 간접자료(다른 나라 지도와 현장 답사)를 통해서 알려진 조·중 국경조약

가) 1991년 필자가 처음 발견·소개한 조·중 국경 푯말

1990년 10월 필자는 처음으로 백두산 등정을 하였다. 그러나 북쪽으로 올라갔기 때문에 처음으로 민족의 영산을 올라갔다는 감격에서 끝나고 국경에 대한 관심을 갖지는 못했다. 필자가 압록강, 백두산, 두만강의 국경에 대해 관심을 갖게 된 시점은 1991년부터이다. 당시 단동-환인-집안-임강-장백으로 이어지는 압록강을 거슬러 올라가면서 고구려와 발해의 유적을 답사하고 있었다. 단동을 떠나 압록강을 거슬러 올라가고 있을 때, 안내를 맡은 이가 다음과 같은 이야기를 하였다.

> 1962년 조선과 중국이 국경조약을 맺을 때 조선이 백두산을 모두 북한에 줄 것을 요청하였다. 김일성 주석이 항일 독립운동을 한 산실이기 때문이다. 당시 조·중 관

---

259) 진태하 교수는 1984년 7월, 국토분단 이후 한국 국적으로서는 최초로 백두산을 등정한 감격을 『아 백두산』이란 이름으로 펴냈다.

계 상태에서는 백두산을 다 줄 수도 있었다. 그러나 만일 백두산을 다 조선에 주면, 백두산을 민족 근원의 성지로 여기는 만주족이 들고 일어날 것이다. 그래서 백두산을 반반으로 나누고, 그 대신 압록강에 있는 섬 126개를 모두 조선에 주었다.

북한과 중국의 국경조약에 대한 이 구체적인 언급은 매우 흥미 있는 이야기지만 당시로서는 확인할 길이 없었다. 압록강을 계속 거슬러올라가 1991년 8월 21일 뜻밖에 백두산에서 국경 푯말을 확인하게 되었다. 1991년 7월 14일 대외적으로 개방해 한 달밖에 안된 장백(長白)조선족자치현에 도착한 필자는 그곳에서 백두산 남쪽을 오를 수 있다는 말을 듣고, 백두산 남파(南坡)를 등정하는 행운을 얻었다.

강폭이 4~5m밖에 안 되는 압록강을 거슬러 올라가 정상 기슭에 다다르니 바로 길가에 국경 푯말 2(1)호 푯말이 서 있었고, 꼭대기에 올라가니 4호 푯말이 있었다. 모두 1년 전인 1990년에 세운 것인데, 중국 쪽에는 한자로 '中國'이라고 새기고 조선 쪽에는 한글로 '조선'이라고 새겨져 있었다. 당시 예정에 없던 백두산 남벽 등정을 할 수 있었던 것도 뜻밖의 행운이었지만 국경 표지판을 만난 것은 국경에 대한 관심을 갖게 되는 중요한 계기가 되었다.[260]

장백에서 국경 푯말을 확인하고 다음 목적지인 송강하로 이동하였다. 지금은 장백에서 송강하(松江河)로 찻길이 개통되어 2시간이면 갈 수 있지만, 당시는 아직 공사중이라 걸어서 장백산맥을 넘어야 했다. 송강하에 갔더니 서쪽에서도 백두산을 오르는 길이 있다는 새 소식을 들었다. 현지 주민을 도움을 받아 바로 준비하여, 다음날 서쪽 등정 길에 올랐다. 입구에서 입장료를 내자 무송현(撫松縣) 공안국 국경 공작참(邊境工作站)에서 발행하는 '장백산 국경 수책(手冊)'이라는 증명서를 주었다. 이 수첩에는 "국경 지구에 들어가는 사람은 반드시 이 수첩을 휴대해야 들어갈 수 있다"는 것과 "국경을 넘어가거나 조선 쪽으로 사진 촬영, 비디오 촬영을 할 수 없고, 높은 배율을 가진 망원경으로 볼 수 없다"는 것 같은 7가지 주의사항이 적혀

260) 당시 올랐던 백두산 등정기와 국경 푯말에 관한 이야기는 1993년 〈토요신문〉에 8회로 나누어 연재하였다.

〈그림 62〉 백두산 국경 푯말 2(1) 조선측(왼쪽 위).
〈그림 63〉 백두산 국경 푯말 2(1) 중국측(왼쪽 아래).
〈그림 64〉 백두산 국경 푯말-4, 중국쪽. 모두 1990년에 세운 것이다. 1991년 촬영.

있었으며, 이어서 '국경 안내도(示意圖)'라는 백두산 지도가 붙어 있었다. 비록 자세한 지도는 아니었지만 지금 돌이켜 보면 현재의 국경을 상당히 정확하게 표시한 것이었다. 한 가지 특이한 것은 이때까지만 해도 중국에서도 장백산이라고 하지 않고 백두산이라고 했다는 것이다.

국경 안내도에 따르면, 당시 오르고 있던 서쪽 봉우리에서 천지를 가르는 선이 시작되고 있었다. 국경 푯말 5호를 볼 수 있다는 기대에 부풀어 올라갔으나 마지막 정상에서 1km를 앞두고 변방부대의 입경 불허로 뜻을 이루지 못했다. 군부대에서 3시간 기다리는 동안 다녀온 현지인들이 내 사진기를 가지고 올라가 사진을 찍어다

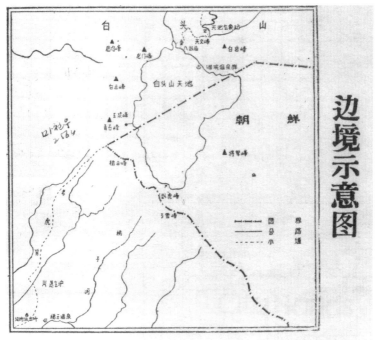

〈그림 65〉 1991년도 국경 수첩에 붙은 국경 안내도.

주었다. 비록 직접 보지는 못했지만, 사진에 5호 국경 푯말이 뚜렷하게 나타나 있었다. 그 뒤 1999년에야 5호 국경 푯말을 정식으로 확인했지만, 이때 본 국경지도와 국경 푯말은 그 뒤 필자가 국경에 대해 깊이 연구하게 된 결정적인 계기가 되었다. 그 뒤 1992년 3월 국경 푯말 이야기는 먼저 국내 월간지 『신동아』에 발표하고, 이어서 9월에는 〈토요신문〉 '세계의 여로' 라는 고정란에 8회로 나누어 압록강과 백두산 탐방기를 연재하면서 자세하게 다루었다.

나) 1991년 『최신 북한지도』

1991년 10월 우진지도문화사에서 1/350,000 축적의 『최신 북한지도』[261]를 발행하였다. 이 지도책에 특별히 1쪽을 백두산에 할애하였는데, 꽤 상세한 백두산 지도를

---

261) 이영택 편집, 『최신 북한지도』, 우진지도문화사, 1991년 10월 1일 초판발행, 1992년 5월 1일 재판 발행.

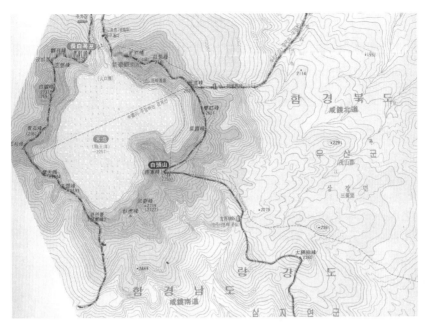

〈그림 66〉 최신 북한 지도에 나타난 국경.

그려 넣었다. 이 지도책은 다른 한국의 지리부도와 마찬가지로 국경을 백두산 북쪽까지 표시하였지만 천지를 가로 지르는 국경선을 그려 넣었다는 점이 특기할 만하다. 그 국경선은 빨간색 작은 선으로 백두산 천지를 반분하도록 그렸고, '중국이 주장하는 경계선'이라는 표기를 하였다. 이 지도에서 조·중 국경조약에 의해 만들어진 국경이라 표시하지 않고 '중국이 주장하는 경계선'이라고 한 것은 아직 자세한 조약 사항이 알려지지 않았고, 중국 지도에서 파악한 국경선이기 때문일 것이다.

이 지도에 나타난 백두산 천지 국경선은 조·중 국경조약의 결과와 상당히 접근된 표기였다. 그러나 백두산 동쪽 국경을 송화강 지류와 연결하면서 조·중 국경회담과는 다른 '토문강'을 국경으로 하고 있다.

다) 1997년 출판된 구소련 북한지도의 백두산 국경

1997년 명지대학교가 입수한 구소련 제작 북한지도를 경인문화사가 번역 출판하면서 그 동안 작은 지도책이나 관광안내 책자에 나온 지도와는 전혀 차원이 다른

1/50,000 지도를 볼 수 있게 되었다.[262] 이 논문에서 조·중 국경조약을 자세히 분석해 본 결과와 대조해 보면 조·중 국경조약에 나온 좌표와 약간의 차이는 나지만, 백두산을 비롯하여 압록강과 두만강의 국경선을 거의 정확하게 표시하고 있다.

이 지도의 좌표체계를 1942년을 기준으로 한 것으로 보아 일본 유지측량부가 1937~1979년까지 실측한 자료를 토대로 하여 만들어진 것으로 생각된다. 이 지형도는 1949년 처음 시판되기 시작하였으며, 그 후 1976~1979년 자료를 보완하여 1981년에 다시 구소련군 참모본부에서 항공 촬영법을 이용하여 원색으로 보강하였다. 이 지도는 1987년의 지역상황을 1990에 출판한 것이다.[263]

이 자료는 소련과 북한이 협력한 것으로 보이며, 1976년 자료를 바탕으로 1987년의 상황을 표시한 것이기 때문에 1960년대 국경조약에 따른 국경의 변화를 정확하게 표시했다고 보아야 한다. 그렇기 때문에 이 지도가 나오면서 관계 기관이나 학자들은 백두산 지역의 국경을 제대로 확인할 수 있는 자료를 갖게 되었다. 필자도 현장 답사할 때 이 지도가 크게 도움이 되었다. 다만 이 지도는 500질이라는 제한된 수량만 찍었기 때문에 일반화되기는 어렵다는 단점이 있었다.

라) 1999년 이형석의 백두산 국경 발표

이형석 박사는 1991년 처음으로 연변, 백두산, 압록강, 두만강을 답사하고, 현지에서 수집한 자료를 바탕으로, 1992년 2월 15일 「백두산의 명칭과 신 정계비」라는 논문을 발표한다.[264]

이 논문에서 이 박사는 중국에서 발간된 지도와 북한의 백과전서에 나온 지도에서 표시한 국경선을 참고하고, 연변과 백두산에서 모은 정보를 바탕으로 조·중 국경조약에 따라 세운 국경비의 위치를 대체적으로 확인하였다.

---

262) 명지대학교 원본 소장, 경인문화사 발행, 『최근 북한 5만분의 1 지형도』, 1997.
263) 1997년 정장호(鄭璋鎬), 「'최근 북한 5만분의 1 지형도' 발간에 즈음하여」와 도엽에 기록된 사항.
264) 한국땅이름학회 15차 학술발표회(한글학회 강당)

1962년 새로운 국경선이 획정됨에 따라 새 정계비를 세웠는데, 백두산 천지 동쪽은 6호 정계비, 천지 서쪽은 5호 정계비를 새로 건립하였다. 그리고 천지의 동쪽 6호 정계비에서부터 거의 일직선으로 산 정상이나 능선상으로 적봉의 동쪽, 무루린하와 홍토수의 합류점(N 42° 11′ E 128° 26′ 50″ 지점)에 20호 정계비를 차례로 건립하였다.

옛날 석을수가 국경선일 경우 두만강 유역만이 우리 영토였으나 6호 정계비에서부터 20호 정계비 사이의 송화강 유역 상류-내두하 서쪽 지류, 내두하, 혹석구하, 이도강 상류의 세 물줄기 등이 우리 영토로 편입되었다. 이와 같이 국경선이 획정됨에 따라 중국 측에서 개설하였던 도로, 산림 벌채, 관리 시설물 등을 북한 측에 넘겨주고, 이를 관리하던 중국인들은 철수하였다고 한다 …….

한편 백두산 천지 서쪽에 건립된 5호 정계비에서부터 압록강 상류까지(1~4호) 4개의 정계비를 세웠는데, 이에 따라 백두산 최고봉인 병사봉(백두봉, 장군봉, 대정봉)이 우리 국토 안에 편입, 백두산은 우리의 산이 되었으며, 천지를 비롯, 천지 남쪽 압록강 상류 일대가 중국령에서 우리 영토로 편입되었다.[265]

당시 조약문을 보지 않은 상태에서, 현지를 모두 답사하지 않은 상태에서, 오로지 수집한 정보만으로 종합한 결과지만 지금 조약문과 비교하면 상당히 근접한 설명이라고 평가할 수 있다.

이 당시 이 발표는 크게 주목을 받지 못했다. 그러나 이 박사는 1993년 처음으로 백두산 국경 푯말 6호와 21호를 답사하는 등 끊임없이 현장을 답사하고 자료를 수집한 뒤 1999년 백두산 지역 국경과 경계 푯말, 조·중 국경조약 이후 우리나라가 더 얻은 영토 같은 좀 더 구체화한 내용을 발표하였다. 1999년 10월 21일자 일간

---

265) 이형석, 「백두산 명칭과 신정계비」, 『압록강과 두만강, 백두산 천지』, (재)가천문화재단, 1993, 22쪽. 이 책에는 「백두산 천지 분할」, 「백두산 천지 빼앗긴 것인가 찾은 것인가」, 「우리나라 제2위의 강 두만강」, 「압록강의 명칭과 하계망 분석」(석사학위 논문) 들이 실려 있다.

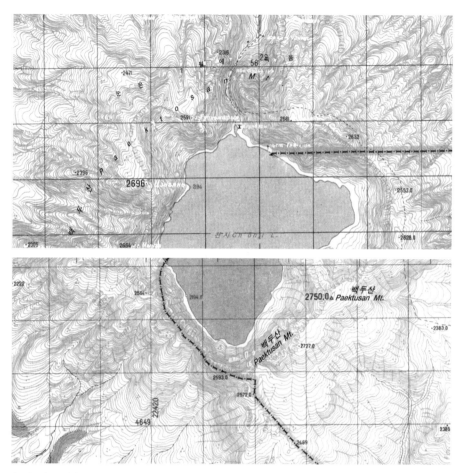

〈그림 67〉 도엽번호 NK52-5-41 천지-두만강 국경.
〈그림 68〉 도엽번호 NK52-8-01 천지-압록강 국경.

지는 대부분 이 주장을 중요 기사로 취급하였다. 조선, 한국, 동아, 경향, 문화, 국민, 중앙, 인천 같은 주요 신문이 이처럼 크게 보도한 것은 지금까지 조그마한 지도로만 국경을 확인했던 정황에 비해, 새로운 국경과 그 성과에 대해 몇 가지 확실한 정보를 제공해 주기 때문이다.

당시 신문기사에 따르면, 이형석 박사의 주장은 다음 두 가지로 간추릴 수 있다.

① 백두산의 국경에 21개의 국경 표지석이 서 있다. 5호, 6호, 21호 같은 푯말을 확인하고 그 사진을 공개했다.

② 조·중 국경조약이 체결되면서 1909년 청·일 간 맺은 간도협약 때 획정된 것보다 백두산 일대를 포함, 280km²를 더 확보하게 되었다. 아울러 지도를 통해서 1, 4, 5, 6, 21호의 국경 표지석을 표시하고 간도협약 때 규정한 국경선을 표시하여 새로 맺은 조약을 통해서 확보한 영토를 표시해 관심을 끌었다. 아직 조·중 국경조약 원문이 알려지지 않는 상태에서 간접 자료만으로 이 정도 결과를 낸 것은 괄목할 만한 성과라고 할 수 있다. 그렇기 때문에 조약문을 직접 인용하지 못했지만 그처럼 큰 반향을 일으킬 수 있었다. 이 발표가 갖는 의의는 지금까지는 대부분 '백두산 할양설'이 주를 이루고 있었는데, 이 주장을 통해 처음으로 조·중 국경조약에 대한 긍정적 시각이 나왔다는 것이다.

신문도 지난 1983년과는 완전히 다른 논조를 내놓고 있었다.

〈동아일보〉 그동안 1962년 저우언라이 중국 총리와 김일성 북한 수상 사이에 체결된 비밀 조약의 내용이 알려지지 않아 북한이 중국의 6·25 참전 대가로 중국 측에 백두산 천지를 양보했다는 가설이 제기돼 왔었다. 백두문화연구소 이형석 대표는 20일 "……이는 북한이 오히려 더 많은 땅을 얻어냈다는 증거이며, 북한이 중국에 백두산 천지를 양보했다는 설은 잘못된 것이라"고 말했다.

〈조선일보〉 이 때문에 국내 학계에선 북한이 중국의 6·25 참전 대가로 백두산 일부를 양보했을 것이란 추정과 중국 측이 양보한 것으로 보는 견해가 엇갈려 왔다. ……1962년 조약에서는 중국이 양보하는 자세를 취한 것으로 보인다.

〈한국일보〉 이 국경조약에 따라 천지의 54.5%가 북한 영토에 속하게 됐으며, 두만강 상류 지역의 국경선이 천지와 두만강 지류인 홍토수 부근을 선으로 획정됐다. 이로써 1721년(조선 숙종 38년) 5월에 세워진 백두산 정계비의 "동쪽은 토문강을 경계로 한다"는 대목을 놓고 중국과 조선 사이에 마찰을 빚었던 두만강 상류지역의 국경 문제는 일단락지어진 셈이다. 조·중 국경조약에 따른 국경선은 토문강을 송화강 지류로 해석한 당초 우리 측 주장에는 미치지 못하나 중국 측이 주장했던 두만강 남쪽 지류인 홍단수, 청·일의 간도협정에 규정된 석을수보다는 훨씬 북쪽이어서 상당한 면적의 영토가 중국에서 북한쪽으로 넘어오는 효과를 냈다.

〈문화일보〉 지금까지 조·중 국경조약과 관련해선 북한이 백두산 천지를 중국 측에 양보했다거나 지금도 국경선 문제를 놓고 중국과 대립하고 있다는 등의 설이 제기돼 왔다. ……이 대표는 "중국 측은 당초 한국전쟁 당시 중공군 참전 대가로 삼지연까지 할애할 것을 요구했으나, 북 측은 "천지 일대를 넘겨주면 사회주의 국가들이 대국인 중국이 형제국의 영토를 빼앗았다고 비난할 것"이라고 반박해 중국 측 양보를 이끌어낸 것으로 안다"고 설명했다.

이형석 박사는 정식으로 '6·25 참전 대가 할양설'을 부인하고, 신문들도 "중국이 양보한 것으로 보인다(〈조선일보〉)"라던가, "두만강 상류의 국경 문제는 일단락지어진 셈이다(〈한국일보〉)" 같은 논조를 보여, 이때 북방 국경에 대한 새로운 시각을 갖는 계기가 주어졌다고 할 수 있다.

2) 조·중 국경조약의 발굴과 직접자료를 통한 새로운 연구의 시작

가) 2000년 – 조·중 국경조약 전문 최초 확인(〈중앙일보〉)

2000년 들어서면서 이 방면의 연구는 완전히 새로운 국면에 들어선다. 2000년 10월 16일 〈중앙일보〉가 '조·중 국경조약 전문 최초 확인. 공개 안 된 극비문서 ……본지 단독 입수'라는 제목에서 〈중앙일보〉 취재팀은 최근 "74년 6월 중국 지린(吉林)성 혁명위원회 외사판공실 편인(編印)의 『중조·중소·중몽 유관조약·협정·의정서 회편(中朝·中蘇·中蒙·有關條約·協定·議定書匯編)』이라는 중국어 소책자에서 이 문건 전체를 찾아냈다"고 보도하고, 같은 날짜 다른 면에 '북·중 국경조약서 내용 요약', 〈중앙일보〉 입수 「조·중 국경조약서」 의미' 같은 제목으로 해설을 싣는 등 대서특필하였다. 당시까지는 간접 자료를 통해서만 접할 수 있던 내용을 비교적 잘 간추려서 설명하였다.

조약문에 따르면 백두산 천지의 경계선은 "백두산 위 천지를 둘러싸고 있는 산마루 서남단 위에 있는 2520m고지와 2664m고지 사이의 안부(鞍部, 안장처럼 들어간 부분)의 중심을 기점으로, 동북 방향 직선으로 천지를 가로질러 대안(對岸)의 산마루인 2628m고지와 2680m고지 사이의 안부 중심까지다. 그 서북부는 중국에 속하고 동남부는 조선에 속한다"고 되어 있다. 이럴 경우 천지의 55%는 북한에, 45%는 중국에 속한다.

조약은 이밖에 백두산, 압록강·두만강의 섬과 사주(砂洲, 모래섬)의 귀속에 대해서도 상세히 적었다.

이 조약 의정서에서는 압록강·두만강의 총 451개 섬과 사주 가운데 북한이 264개, 중국이 187개를 소유한다고 적혀 있다.[266]

이어서 10월 18일, 국경탐사에 참가했던 가톨릭대 안병욱 교수가 '북·중 국경조약 문서 발견하기까지'라는 글을 기고하였다. 안 교수가 "그토록 의아스러웠던 북한과 중국의 국경조약을 옌지(延吉)시의 헌책방에서 구하리라고는 상상도 못했다. 그곳에서 우연히 국경자료집을 집어 펼치는 순간 온몸이 굳어지는 긴장감을 느꼈다. 헐값 15위안(약 1300원)을 지불하고 부랴부랴 책방을 나섰다. 찬찬히 눈을 비비고 들여다보니 국내 어디에서도 구할 수 없는 북한과 중국의 국경조약이었다"고 한 것을 보면 아주 우연히 이 귀중한 자료를 발견했다는 사실을 알 수 있다.

안 교수는 이 기사에서 따라서 "오늘날 한반도라고 여기는 국토는 이 조약에 의거해 비로소 처음으로 그 실체가 정해진 것이다. 백두산과 천지의 절반 이상이 우리 민족의 영토가 된 것은 이 조·중 국경조약이 처음이다. 우리 민족이 갖는 최초의 국경 조약문인 셈이다. 그 결과 정계비 건립 당시보다 우리는 더 많은 부분을 확보하게 됐다"고 해서 조선시대 백두산 정계비보다 더 많은 영토를 확보했다고 긍정적인 평가를 하였다.

---

266) [조·중 국경조약 전문 최초 확인, 공개 안 된 극비문서 … 본지 단독 입수], 〈중앙일보〉 2000. 10. 16.

이 자료가 국내에 들어온 것은 56년 간 정확한 정체를 모르고 여러 설만 만들어 내던 학계로서는 획기적인 사실이라고 할 수 있다. 그런 의미에서 2000년은 한·중 국경사 연구에서는 하나의 전환점이라고 할 수 있다.

나) 2000년 – 이종석 조·중 국경 조약문 최초 활용

2000년에 입수된 자료를 가장 먼저 활용한 학자는 세종연구소 이종석 박사이다. 이 박사는 이미 1999년 11월 초 발간된『전략연구』11월호에 실린 연구논문에『주은래연보』같은 주요 자료를 분석하여 조·중 국경조약에 관한 학술적 접근을 시도했기 때문에, 2000년 11월에 펴내는『북한-중국 관계』라는 저서에 발 빠르게 활용할 수 있었다.

이종석 박사는 이 책에서 조·중 국경조약을 북한에 유리한 분할이었다고 긍정적인 평가를 하였다.

> 앞서 설명한 천지 경계를 나누는 양쪽의 기점에서 각각 시작하여 압록강과 두만강 상류와 만나는 지점을 연결하여 백두산 일대의 국경을 확정하였다. 이러한 백두산 국경선 (분할은) 중국의 자세에 비추어 볼 때 북한에 상당히 유리한 분할이었다. 만약 정계비 기준이라면 천지는 완전히 중국 소유가 될 수밖에 없었지만, 북한은 나름대로 외교력을 발휘하여 천지를 중국과 유리하게 나눌 수 있었던 것이다.[267]

이러한 주장은 '6·25 참전 대가 할양설'과는 정반대되는 학술적 연구 성과인데, 주로『주은래연보(周恩來年譜)』,『진의연보(陳毅年譜)』를 사용하였고, 새로 발견된 조약문이나 의정서는 거의 인용을 하지 않고 있다. 아마 시간이 없어 새로운 자료를 제대로 분석할 여유가 없었던 것으로 보인다. 그러나 책 뒤에 조약문과 의정서를 재빨리 한글로 옮겨 실었던 것은 이 방면 학문의 발전을 위해 큰 도움이 되었다.

---

267) 이종석,『북한-중국관계 1945~2000』, 중심, 2000, 235~236쪽.

이 박사는 결론적으로 조·중 국경조약은 중국이 양보한 것이라는 주장이다.

그렇다면 북한과 중국은 왜 국경조약 체결 사실을 비공개로 했는가? 이 문제에 대해서는 당시 국경조약 체결 과정에 중국 측 관리로 참여했던 한 인사는 북한 측에서 남북이 분단되어 있는 상황에서 조약체결 사실을 공개하는 것은 곤란하다며 통일될 때까지 비공개로 할 것을 요구했다고 증언했다.

그러나 중국 측도 공개할 의향이 별로 없었던 것으로 보인다. 왜냐하면 국경선을 획정하는 과정에서 중국 측이 상당한 양보를 했기 때문이다. 사실 홍위병들의 주덕해 비판을 보거나 실제 의정서를 보면 압록강과 두만강 섬들의 영유권을 두고 중국이 적지 않은 양보를 했던 것으로 추측된다. 아마 중국은 중·소 분쟁이 격화되는 가운데 친중국 노선을 걸고 있던 북한에 대한 배려로 중국 외교에서 좀처럼 보기 드문 양보를 했던 것으로 짐작된다.

이와 관련하여 『주은래 연보』에는 1962년 10월 11~13일에 평양을 방문해 김일성과 '중·인', '중·몽' 국경 문제를 논의했다고 기술하면서도 정작 북한과 '국경조약'을 체결했다는 사실은 언급하고 있지 않다. 이러한 의도적인 누락은 당시의 국경조약과 국경선 획정과정에서 중국이 지나치게 양보했다는 비판이 내부에서 있었거나 사후로라도 그런 비판의 가능성을 염두에 둔 정치적 고려로 보인다.[268]

당시 중소분쟁 과정에서 친중국 노선을 걷는 북한에 대해 보기 드문 양보를 했고, 그 동안 조약 체결 자체를 비밀로 한 것은 ① 북한 측의 비공개 요구, ② 지나친 양보에 대한 중국 국내의 비판에 대한 대처였다고 파악한 것이다. 이러한 연구는 외국의 신문기사나 출판물에 나온 지도를 가지고 간접적으로 판단하는 수준에서 확실히 한 걸음 앞서가는 학문적 성과라고 할 수 있다.

---

268) 이종석, 『북한 - 중국관계 1945~2000』, 중심, 2000, 235~236쪽.

다) 2005년, 박선영의 연구

박선영의[269] 논문에서 조약의 내용을 간결하게 간추려 소개하여 5년 만에 어느 정도 진전된 연구 성과를 냈다.

박 교수는 먼저 조약을 체결할 당시 북한과 중국의 정치 경제적 현황을 파악하여 조약체결의 배경을 밝히고, 이어서 조약문을 간추리거나 표로 만들어 잘 소개하였다. 박 교수는 조약 자체에 대한 평가는 하지 않았지만, 두 가지 용어 사용에 한정하여 그 의의를 찾고 있다.

> 본고에서 특기할 만한 사항은, 조선과 중국의 국경 「의정서」에서 양국 사이에 수백 년 간 논란이 되어왔던 토문강과 간도라는 명칭을 사용하고 또 인정하였다는 점이다. 토문강의 규명이 중요한 이유는 중국은 외교적으로나 학문적으로 토문강과 '도문강'(두만강)은 같은 강이라고 하면서 조선과 논쟁을 벌였음에도 불구하고 국경 「의정서」에서 '도문강'이라는 명칭 외에 흑석구(토문강)를 따로 사용함으로써 조선이 주장한 대로 토문강과 '도문강'(두만강)이 별개의 강임을 인정하였기 때문이다.
>
> 간도라는 섬 명칭도 마찬가지이다. 중국은 간도라는 섬이 없고 단지 조선인과 일본인이 영토적 야심으로 조작된 것이라고 주장하여 왔으나 국경 「의정서」에서는 간도라는 섬의 명칭을 사용하여 간도가 역사적 사실임을 인정하였기 때문이다.[270]

비록 괄호 안에 넣었지만 조문에 토문강이란 문구를 사용하였다는 것과 두만강 섬 리스트 가운데 간도라는 섬이 있다는 점을 중요시한 것이다. 다만 흑석구가 곧 토문강이라는 것을 분명히한 것은 이 조약에서는 그 토문강을 기준으로 국경으로 하지 않는다는 분명한 규정이라고 볼 수 있고, 종성 건너편 중국 소유로 된 두 개의 섬을 '간도'라고 명기한 것은 간도를 이 섬으로 한정지어 간도를 확대해석하는 것

---

269) 박선영, 「秘密의 解剖 – 朝鮮과 中國의 國境 條約을 中心으로 –」, 『중국사연구』 38, 2005.
270) 박선영, 「秘密의 解剖 – 朝鮮과 中國의 國境 條約을 中心으로 –」, 『중국사연구』 38, 2005, 218쪽 이하.

을 차단했다는 점을 고려한다면, 이 두 가지가 갖는 의의를 다시 생각하게 한다.

라) 2005년, 중국 동포 학자 손춘일의 관점

현재 중국에서는 조·중 국경조약에 대해 공식적인 발표가 없다. 그래서 조·중 국경조약에 대해 가장 먼저 깊이 있는 연구를 한 길림성 조선한국연구소의 자료집에나 연구결과[271]에도 나오지 않고, 앞에서 이종석 박사가 분석한 『주은래연보(周恩來年譜)』에도 조약을 맺었다는 기록이 빠져 있다. 〈동아일보〉가 입수한 자료는 1974년 6월 중국 지린(吉林)성 혁명위원회 외사판공실 편집 인쇄한 것인데, 중국 안에서도 아직 일반화되지 않고 극히 제한된 인원만 이 자료에 접근이 가능하다고 볼 수 있다. 이는 중국에서 이 분야를 연구하는 동포 학자의 다음 이야기에서 알 수 있다.

> 이런 점에서 이종석 저 『북한-중국 관계』에 실린 조·중 국경조약에 대해 약간 의구심을 갖게 된다. 왜냐하면 2004년 11월, 중국의 세계지식출판사에서 외교부조약법률사(外交部條約法律司)가 편집한 『중화인민공화국국경사무조약집(中華人民共和國邊界事務條約集)』「중·조권(中朝卷)」을 공개 발행하였는데, 여기에 「조·중 국경조약」과 「조·중 국경의정서」의 원문이 실려 있지 않다. 권위성을 인정받는 중국외교부조약법률사가 편집한 조약집에 이와 같이 중요한 국경조약 실려 있지 않는다는 것은 납득이 잘 가지 않는다. 이런 상황에서 두 가지 의구심을 가질 수밖에 없다. 첫째는 이종석이 수집한 조·중 국경조약과 의정서는 확실한 것인지? 둘째는 이것이 확실하다면 무엇 때문에 조약집에 빠졌을까 하는 문제이다.[272]

한편, "비록 한글 번역문을 통해서 파악한 조·중 국경조약이지만, 이 조약이 사실

---

271) 楊昭全, 孫玉梅, 『中朝邊界史』, 吉林文史出版社, 1993 ; 楊昭全, 孫玉梅, 『中朝邊界沿革及界務交涉史料編』, 吉林文史出版社, 1994.

272) 손춘일, 「한국의 '간도영유권' 주장에 대한 비판적 고찰」, 한국간도학회 간도학보 2호, 『동아시아 영토 문제』, 2005. 12, 30쪽.

이라면"이라는 조건 아래 이 조약은 합법적이라는 긍정적인 평가를 하였다.

만일 조·중 국경조약이 확실하다면 이것은 더 무시 못할 존재이다. 여기서 특히 지적해야 할 것은 북한도 역시 한반도의 분단상태에서 존재하고 있는 또 하나의 정권이므로 북한과 중국이 체결한 국경조약은 여전히 합법성을 가지고 있다. 다시 말해 이런 사실들을 무시하고 조·중 국경조약을 모두 무효라고 주장한다면 어떻게 보면 또 다른 하나의 「간도조약」이 나타날 수 있으며, 이는 앞으로 심각한 조·중 국경 문제를 초래할 수 있을 것이나.[273]

북한을 한 국가로 인정해야 하고, 북한이 중국과 맺은 조·중 국경조약은 합법이기 때문에 무시할 수 없다는 것이다. 이 문제는 한국 학자로는 쉽게 단언할 수 없는 민감한 문제이지만 중국 국적의 동포로서는 당연하게 받아들이는 인식인 것이다.

3. 조·중 국경조약에 대한 평가

조·중 국경조약에 대한 연구는 아직 초기 단계이기 때문에 조·중 국경조약의 성과를 다룬 결과물은 많지 않다. 우선 조·중 국경조약에 관한 득실에 관한 지금까지의 연구 성과를 분석하고, 이에 대한 필자의 관점을 제시하여 1980년대 이후 중국의 국경 연구에 따른 앞으로 과제를 분석해 보려고 한다.

조·중 국경조약의 득실에 대해서 가장 먼저 논의한 사람은 아직 조·중 국경조약 전문이 발굴되지 않는 상황에서 논문을 발표한 이형석 박사다. 앞에서도 보았지만, 이 박사는 ① 백두산 정계비 세움(1712), ② 간도협약 – 석을수로 국경(1909), ③

273) 손춘일, 「한국의 ‘간도영유권’ 주장에 대한 비판적 고찰」, 한국간도학회 간도학보 2호, 『동아시아 영토 문제』, 2005. 12, 30쪽.

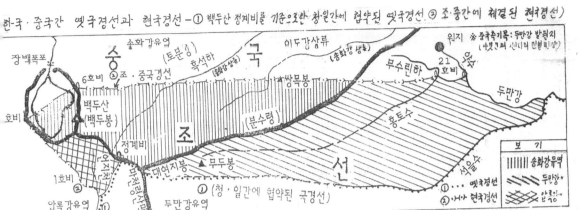

<그림 69> 이형석이 1999년에 작성한 조중 영토조약 득실 지도

북한·중국 협상(신정계비 세움) 3단계로 나누어 그 결과에 따른 영토의 득실을 계산해 냈다. 이렇게 작성한 1992년 지도[274]를 보강하여, 1999년에는 구체적으로 280km²를 되찾았다고 발표하였다.

이렇게 발표된 내용은 앞에서 보았듯이 한국의 주요 일간지에 대부분 주요 기사로 취급되었다. 그리고 발표된 신문에는 대부분 다시 각색된 지도가 덧붙여져 있었다. 〈동아일보〉의 「백두산 일대 국경도」에서는 1909년 간도협약 때의 국경과 조·중 국경조약 이후의 지도를 비교하였고, 〈한국일보〉의 발표와 지도는 「백두산 일대 국경도」는 청나라가 주장했던 홍단수를 '중국이 주장한 국경선'으로 표기하고 있다.

이 지도는 나중에 학술서적인 이종석의 『북한-중국 관계 1945~2000』에도 변함이 없다. 모든 지도들은 1909년 간도조약에서 국경으로 정한 석을수와 조·중 국경조약 사이에서 생기는 차이를 다시 되찾은 영토로 보고 있는 것이다.[275]

---

274) 이 지도에서는 백두산 국경 푯말 20호를 마지막으로 파악하였다.
275) 이종석, 『북한-중국 관계, 1945~2000』, 중심, 2000, 234쪽.

1) 1712년 청나라의 정계비와 조·중 국경조약의 영토 득실

먼저 압록강 쪽 국경에 대한 영토의 득실을 보기로 한다. 조·중 국경조약에서 백두산 부분 국경 푯말을 분석해 보면, 바로 국경 표시 1호에서 2호까지의 압록강 가를 따라서 올라가다 강 왼쪽 봉우리에서 꼭대기 4번까지 직선으로 이어진다. 이 선은 목극등이 걸어서 올라간 길과 거의 일치하며 2호 푯말부터는 많지는 않지만 압록강 근원 줄기보다 서쪽으로 선이 그어졌다.

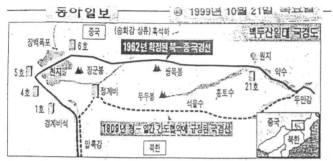

〈그림 70〉 동아일보 1995년 10월 21일

〈그림 71〉 한국일보 1995년 10월 21일

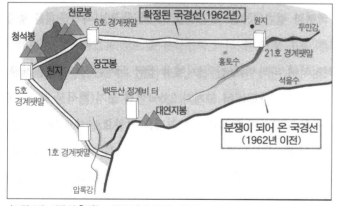

〈그림 72〉 이종석 『북한 – 중국 관계 1945~2000』

반면에 목극등이 세운 정계비는 1호 푯말에서 오른쪽 지류를 따라 올라간 선이 국경으로 되어 있다. 그런 면에서 1712년 논의되었던 가장 서쪽 지류를 북한에서 넘겨받았다고 할 수 있다. 푯말 4호에서 다시 5호까지 가는 선의 동쪽 부분 산꼭대기와 5호에서 6호로 이어지는 천지의 남쪽이 우리 영토가 된 것은 목극등의 정계비와 비교 했을 때는 더 넓어졌다고 할 수 있다.

한편 목극등이 정계비를 세울 당시 두만강 쪽은 대각봉 위 내두하를 토문강으로 보아

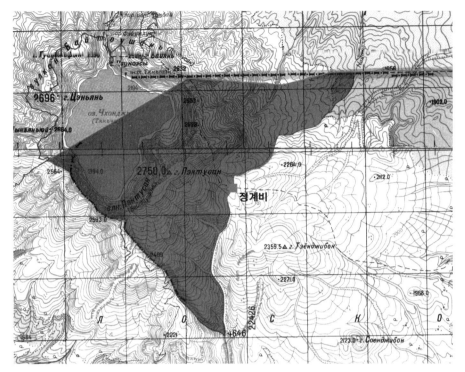

〈그림 73〉 목극등 정계비와 조·중 국경조약의 영토 비교

국경으로 표시하였으며, 이 물길을 따라 나중에 흙무지와 돌무지를 쌓았다는 것은 첫 마당에서 이미 보았다. 그렇기 때문에 정계비에서 현재의 국경 푯말 8호~9호 사이 내두하까지의 영토는 더 넓어졌다고 할 수 있다.

전체적으로 볼 때 현재의 국경 푯말 1호에서 8~9호 사이의 내두하를 잇는 선과 이 선이 정계비를 지나 다시 1호로 돌아가는 모형 안에 든 영토는 더 넓어졌다고 할 수 있다(〈그림 73〉).

2) 1909년 간도협약과 조·중 국경조약의 영토 득실

한·청 사이에 오랫동안 진행해 오던 국경 분쟁이 1909년 9월 4일 청일 사이에 간도협약을 맺으면서, 일본이 철도부설권과 무순 탄광 채굴권을 얻기 위해 양보하면서 한국과 청나라의 분쟁은 끝나지 않은 채 휴면상태에 들어가게 된다. 1909년 간도협

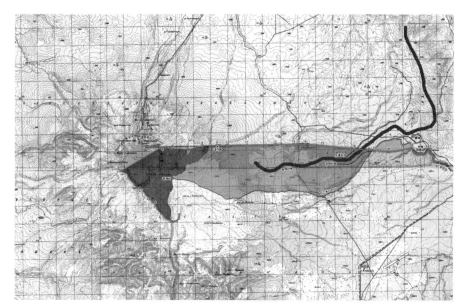

〈그림 74〉 목극등 정계비와 조·중 국경조약의 영토 비교

약에 대해서는 앞서 간단히 다루었기 때문에 여기서는 이 협약에 따라 그어진 국경선과 1960년대 조·중 국경조약을 비교하여 영토상 어떤 득실이 있었는지만 따져 보기로 한다.

앞에서도 보았지만 1909년 청나라와 일본이 맺은 간도협약 1조를 보면 "청·일 두 나라 정부는 도문강을 청·한 두 나라의 국경으로 하며, 강원(江源) 지방에서는 정계비를 기점으로 하여 석을수를 양국의 경계로 할 것을 성명한다"고 되어 있다. 그래서 정계비에서 두만강 최상류의 석을수를 잇는 선이 국경선이 되는 것이다.

〈그림 74〉에서 보는 바와 석을수를 국경으로 한 1909년 간도협약과 조·중 국경조약의 영토 득실을 보면 다음과 같다.

〈그림 74〉에서 보면 다음 두 가지 결과를 얻을 수 있다.

① 백두산 정계비 → 백두산 국경 푯말 8호와 9호 사이에 있는 내두하에서 석을 수가 지나가는 17호 → 석을수를 따라 정계비까지의 영토(검정색으로 칠한 면

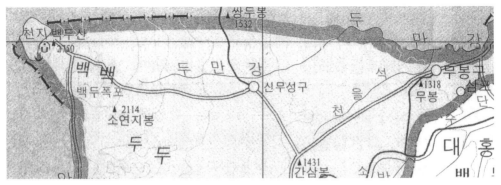

〈그림 75〉 현재 북한에서 쓰이는 지도(『조선향토대백과』)

적)는 우리 쪽으로 넘어왔다.

② 17호에서 20호까지의 국경선 북쪽으로 간 석을수 강줄기 아래쪽에 있는 부분 (옅은 검은색으로 칠한 면적)은 중국 쪽으로 더 넘어갔다.

여기서 한 가지 중요하게 짚고 넘어가야 할 일이 있다. 앞에서 본 바와 같이 이형석 박사를 비롯한 여러 국내 학자들과 많은 신문들이 석을수를 21호 국경 푯말보다 두만강을 따라 더 내려가서 있는 석을천으로 잘못 알고 있다는 것이다(〈그림 94〉 참조). 아마 이것은 북한에서 나온 지도에 석을천이라고 나오니까 이름이 같아 간단히 단순하게 일치시킨 결과로 보인다. 〈그림 75〉의 지도는 현재 북한에서 사용되는 지도이다. 이 지도에 보면 석을천은 무봉구 가까이에서 두만강으로 흘러 들어가는 작은 지류이다. 그러나 1909년 조약 당시의 석을수는 지도에 두만강이라고 표기된 강이다. 이점은 1909년 이전의 지도를 보면 분명하게 나타난다.

1887년 조·청 국경조사 당시의 석을수와 홍토수를 보면 분명하게 나타난다. 2차 국경회담 당시 조선 측은 홍토수(지도에는 홍토산수), 청나라 측은 석을수를 주장하였다. 지도에서 "조선 특파원은 이 강으로 경계를 정하자고 요구했다(朝鮮派員要此水定界)"고 표시를 한 것이 원지(圓池)에서 흐르는 홍토수이고, "길림 특파원은 이 강으로 경계를 정하자고 요구했다(吉林派員要此水定界)"고 표시를 한 강이 바로 석을수이다.

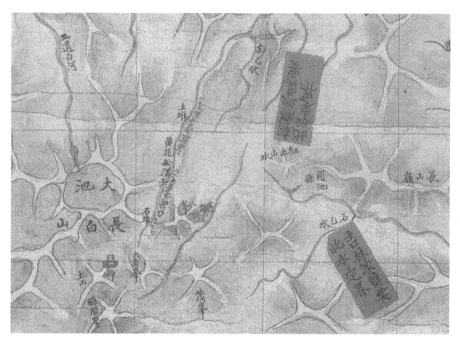

〈그림 76〉 1887년 조선·청 국경조사 당시의 석을수와 홍토수

〈그림 76〉은 당시 청나라에서 측량사까지 파견해서 만든 지도이기 때문에 아주 정확하다. 이 지도를 보면 일본은 간도협약에서 국경 문제는 100% 중국의 요구를 들어준 것을 알 수 있다. 좀 더 확실하게 하기 위해 일본에서 조약 체결 무렵 제작한 1/50,000 지도를 보아도 조약이 체결된 1909년 당시 석을수(石乙水)는 지금 석을천보다 더 상류에 있었다는 것을 알 수 있다. 〈그림 77〉의 지도를 보면 석을수가 현재 국경 푯말 21호가 서 있는 적봉 근방에서 원지(圓池)에서 흘러 들어오는 홍토수(紅土水)와 만나 두만강을 이루는 것을 볼 수 있다. 〈그림 77〉의 지도는 1895년부터 제작하기 시작한 1/50,000 지도이다. 그러나 현지 지역 주민의 반대에 부딪쳐 일시 중단되는 등 어려움을 겪으면서 1900년 최초로 1/200,000 지도를 완성한다. 1915~1918년 1/50,000 지도를 완성하였지만 청진, 종성, 명천, 갑산, 관모봉, 무산군 등의 지도와 강원도 통천군 지대는 1900년에 제작된 1/200,000 지도에 준해서 작성되고, 실측을 하지 않았다고 한다. 그렇기 때문에 북방 국경선인 압록강과

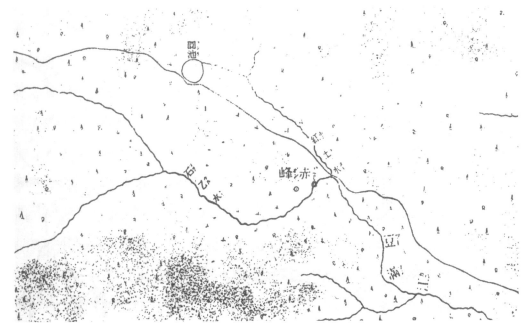

〈그림 77〉 1887년 조선·청 국경조사 당시의 석을수와 홍토수

두만강, 백두산 천지 일대에 국경선이 표시되어 있지 않은 것이다.[276] 결국 〈그림 77〉의 1/50,000 지도는 1900년 완성된 1/200,000 지도를 바탕으로 1918년에 완성된 것이다. 1909년 일본과 청나라가 간도협약을 체결한 시기도 바로 이 기간에 들어가기 때문에 일본이 청나라와 협약을 맺을 때 당연히 이 지도를 바탕으로 국경을 정했다고 봐야 한다.

　1960년대 맺은 조·중 국경조약에는 〈그림 77〉에 나온 홍토수(원지에서 흐르는 지류)는 약류하(弱流河)라는 중국 이름으로 바뀌고, 석을수는 홍토수로 바뀌었다는 사실을 알 수 있다. 다시 말해 홍토수(紅土水) → 약류하(弱流河), 석을수(石乙水) → 홍토수(紅土水)로 바뀌어 왔기 때문에 1909년의 간도협약에서 석을수로 국경을 삼았다면, 현재의 홍토수가 국경이 되는 것이고, 이 홍토수를 기준으로 영토의 득실

276) 양태진, 「서문」, 『근세 한국 5만분지1 지형도』

을 계산해야 한다. 따라서 1909년 간도협약과 조·중 국경조약의 영토 차이는 '석을수(조약문의 홍토수) 정계비'로 이어지는 선과 현재의 국경선 사이의 면적이 된다.

한 가지 궁금한 것은 해방 이후 조·중 국경조약이 맺어진 1962~1964년 이전의 두 나라 국경은 어떠했느냐 하는 것이다. 현지에서 듣기로는 조·중 국경조약이 맺어진 뒤 백두산 지역에서 중국 변방군이 북쪽으로 철수 했다고 한다.

3) 조·중 국경조약에 관한 학계의 평가
가) 긍정적인 평가

이상에서 본 바와 같이 1962~1964년까지 북한과 중화인민공화국은 새로운 국경조약을 맺어 국경을 운영하고 있었다. 그러나 국경조약의 내용이 알려지지 않은 상태에서 2000년 이전까지는 '6·25참전 대가 백두산 할양설'이 완전히 대세를 차지하고 있었고, 현재까지도 이 설은 크게 꺾이지 않고 일반화되어 있다.

2000년 조·중 국경회담 중국어 원문이 국내에 들어오면서 이 문제는 새로운 국면에 들어서게 된다. 앞서 이미 보았지만 다시 이 문제만 간추려 보면, 안병욱 교수는 "우리 민족이 갖는 최초의 국경조약문인 셈이다. 그 결과 정계비 건립 당시보다 우리는 더 많은 부분을 확보하게 됐다"[277]고 했고, 이형석 박사 "청·일의 간도협정에 규정된 석을수보다는 훨씬 북쪽이어서 상당한 면적의 영토가 중국에서 북한쪽으로 넘어오는 효과를 냈다"[278]고 긍정적인 평가를 하였다. 그러나 이런 긍정적 평가는 '정계비 건립 당시보다'라던가 '간도협약보다'라는 전제가 분명히 되어 있다. 당시 외교적인 상황을 바탕으로 볼 때 북한에 유리한 조약이었다는 정치적 관점도 있다. 이종석 박사는 "아마 중국은 중·소 분쟁이 격화되는 가운데 친중국 노선을 걷고 있던 북한에 대한 배려로 중국 외교에서 좀처럼 보기 드문 양보를 했던 것으로 짐작된다. ……이러한 백두산 국경선 (분할은) 중국의 자세에 비추어 볼 때 북한에 상당

---

277) 「중앙일보 입수 '조·중국경조약서' 의미」, 〈중앙일보〉 2000년 10월 16일자.
278) 「'조·중 백두산 일대 국경조약' 첫 확인」, 〈한국일보〉 1999년 10월 21일자.

히 유리한 분할이었다. 만약 정계비 기준이라면 천지는 완전하게 중국의 소유가 될 수밖에 없었지만, 북한은 나름대로 외교력을 발휘하여 천지를 중국과 유리하게 나눌 수 있었던 것이다"[279]라고 평가하였다. 한편 손춘일 박사는 만일 조·중 국경조약이 확실하다면 이것은 더 무시 못할 존재이다. 여기서 특히 지적해야 할 것은 북한도 역시 한반도의 분단 상태에서 존재하고 있는 또 하나의 정권이므로 북한과 중국이 체결한 국경조약은 여전히 합법성을 가지고 있다"[280]고 해 현실을 인정해야 한다는 주장도 하였다.

나) 부정적인 평가

이러한 긍정적인 평가에 반해 조·중 국경조약을 부정하는 연구도 상당히 많은데, 주로 간도 문제와 연관된 연구 성과들이다.

윤종설은 "압록강과 두만강을 연결하는 경계선을 북한과 중국의 국경선으로 한다는 내용의 「북중국 국경선 조약」(조·중 국경조약)을 체결했다. 이 조약에 따라 백두산과 천지의 일부는 물론이고 간도도 중국 영토로 법적으로 확정되고 말았다"[281]고 주장하였다.

박선영 교수도 "「간도협약」의 원천 무효와 관련하여 걸림돌이 되는 것이 있다. 바로 북한과 중국 간의 비밀국경조약이다. 미국과 소련의 적극적인 개입으로 한반도가 분단된 이후 1962년 북한은 단독으로 중국과 비밀국경조약을 맺었다. 그 내용은 양국 간의 국경을 '압록강 – 천지 양분 – 두만강'으로 결정한다는 것이었다. 그러나 이는 냉전체제의 산물이고 국제사회에 비공개된 조약이므로 한반도의 주권이 일정 정도 제약을 받은 것이므로 통일한국 차원에서 재론되어야 한다"[282]고 주장하고,

---

279) 이종석, 『북한 – 중국관계 1945~2000』, 중심, 2000, 235~236쪽.
280) 손춘일, 「한국의 '간도영유권' 주장에 대한 비판적 고찰」, 한국간도학회 간도학보 2호 『동아시아 영토문제』, 2005. 12, 30쪽.
281) 윤종설, 「간도와 북중 국경선 조약의 통일한국에 대한 효력」, 『간도연구』, 법서출판사, 1999.
282) 박선영, 『간도, 왜 논란인가?』, 아시아학회 편, 31쪽.

그런 의미에서 1964년 「의정서」에서 "조약문에 토문강과 간도를 인정하였다"[283]는 점을 강조한다.[284]

부정적인 평가를 하는 연구자들은 1909년까지 이어진 간도 문제를 포함한 조청 국경회담은 일본이 맺은 조약이기 때문에 무효이며, 주권을 다시 찾은 한국에서 다시 거론해야 하는데, 이에 대한 면죄부를 주었다는 것이다.[285] 한편 일단 북한과 중국은 조약을 통해서 국경을 확정하였다는 것은 현실이기 때문에 이미 맺은 조약이 국제법적인 측면에서 어떻게 평가해야 할 것인가 하는 논의가 진행되고 있다.

이영돈 교수는 "국가 간의 국경은 당사국 간의 유효한 합의에 의한 것일 때 비로소 그 확정성과 영속성이 법적으로 보장되는 것이다. 그러나 현재 한국과 중국의 국경은 유효한 합의에 기초한 것이 아니다. 중국이 법적 근거로 내세우는 간도협약은 무효이기 때문이다. 따라서 현재의 한·중 국경 문제는 미해결 상태라고 하는 것이 정확한 법적 표현인 것이다. 따라서 한·중 국경 문제는 지금이라도 합법적인 형식으로 양국 간에 해결되어야 하는 것이다. 그러나 이에는 국제법상의 시효제도나 북·중 간의 국경조약이 문제를 복잡하게 만들어 놓은 상태이다"고 했다. 간도협약에 따른 국경 문제는 아직도 미해결 상태이기 때문에 한국과 중국이 다시 해결해야 한다고 분명하게 주장하면서도, 조·중 국경조약의 체결이 큰 걸림돌임을 시인하고 있다.

이영돈 교수는 조·중 국경조약을 ① 미등록 조약으로서 조·중 국경조약의 효력과 ② 남북한 통일시 조·중 국경조약의 국가 승계 문제를 국제법적인 관점에서 분석하였다.[286] 그 결과 조·중 국경조약은 국제연합에 가입되기 이전에 체결된 조약이기 때문에 미등록 조약이라고 해서 효력을 부인하기 어렵다고 했다. 한편 남북한이 통

---

283) 박선영, 「秘密의 解剖 – 朝鮮과 中國의 國境 條約을 中心으로 –」, 『중국사연구』 38, 2005, 218쪽 이하.

284) 박선영, 「한·중국경획정의 과거와 현재 : 유조변, 간도협약, 북중비밀국경조약 분석을 중심으로」, 『북방사 논총』 4, 2005.

285) 간도 문제에 관한 연구사는 姜昌錫, 「日帝時期 間島問題에 대한 研究動向과 展望 및 課題」, 국사편찬위원회·한국사학회 편, 『한·중관계사 연구의 성과와 과제』, 2003.

286) 이 문제는 이미 1999년에 집중적으로 논의 되었다. 이종걸, 「북중국경선 조약의 국제연합에의 미등록의 효력」, 『간도연구』, 법서출판사, 1999 : 윤종설, 「간도와 북중 국경선 조약의 통일한국에 대한 효력」, 『간

일 되었을 때 국경조약을 승계하느냐 안하느냐 하는 문제는 "오늘날 국가승계 문제는 통일되고 획일적인 국제법 규칙이 있어 그에 따라야 하는 것이 아니고, '자발적 승계(voluntary succession)', 즉 관계국 간 협의를 통한 조약에 의하여 해결되는 것이라 하겠다. 그리고 이와 같이 조약의 국가승계에 관한 일반적인 국제법 규칙이 존재하지 않는다는 국제법 현실 말고도 남북한뿐만 아니라 중국-대만도 또 하나의 분단국이라는 특수성이 다양한 여지를 지니고 있다. 이는 한국 측과 중국 측의 관계국 간의 정책과 외교 성과에 큰 영향을 받을 것이다. 따라서 이와 관련한 연구와 이론개발이 주요하다 할 것이다"[287]고 해 단순한 문제가 아니고, 앞으로 한국과 중국의 외교 성과에 따라 가변성이 있다는 것을 시사하였다.

---

287) 노영돈, 「간도 영유권과 중국과의 국경 문제」, 해양전략연구소, 『Strategy21』 18, 2006.

새로운 국경사의 전개

— 중국의 다민족통일국가론과 역사상 강역이론

앞에서 본 바와 같이 조·중 국경조약에 대해서는 긍정적인 평가와 부정적인 평가가 동시에 존재한다. 긍정적인 평가에서 우리는 ① 현재의 북방 국경은 엄연한 현실이라는 점을 부정할 수 없고, ② 1712년 백두산 정계비와 청나라와 일본이 체결한 간도협약을 기준으로 한다면 백두산 일부를 되찾은 것이 분명하다는 것이다. 그러나 한국의 학계에서는 ① 간도협약의 무효, ② 이에 따른 통일한국에서 재론해야 할 국경 문제라는 점에서 크게 문제를 제기하고 있다.

필자는 이와 같은 긍정론과 부정론 가운데 어느 쪽이 더 옳은가 하는 논의는 하지 않겠다. 왜냐하면 1980년대 이후 한·중 국경 문제는 완전히 새로운 국면으로 접어들었고, 간도협약이나 백두산 문제보다 훨씬 큰 문제가 발생했기 때문이다. 다시 말하면 이제 한국의 국경 문제 논의는 간도 문제나 백두산 문제를 벗어나 훨씬 더 광대한 '역사상 강역' 문제를 논의하지 않으면 안 되는 시대에 접어들었다는 것이다. 국경 문제라는 것은 항상 두 나라와의 관계이기 때문에 상대국이 국경에 대한 인식, 정책과 밀접한 관계를 갖는다. 그런데 우리나라 북방 국경의 대부분을 접하고 있는 중화인민공화국은 1980년대 이후 완전히 새로운 변경이론을 정립해 가고 있다. 그것이 '다민족 통일국가'를 바탕으로 한 '역사상 강역' 논리인 것이다.

I. 1980년대 이전 중국의 강역이론과
주은래의 중국-조선 관계론

1. 현재 중국의 영토를 중심으로 한 강역이론

통일적다민족국가에 대한 논의는 중화인민공화국이 성립된 지 얼마 안되어 바로 시 삭뇌었다. 1950년대 학계는 두 가지 견해로 나뉘었다.

첫째, 백수이(白壽彝) 같은 학자들이 내놓은 것으로 "오늘날 중화인민공화국의 범위를 바탕으로 거꾸로 거슬러 올라가, 역사 이래 이 토지에서 살던 선민(先民)들을 연구해야 한다"고 하며, "황조(皇朝)의 강역이라는 관점을 가지고 역사상의 국토 문제를 처리하는 것은 잘못된 방법이다"고 보았다. 그것은 "우리의 역사 작업이 대한족주의(大漢族主義) 편향으로 빠지기 대단히 쉽다"는 점과 "우리를 국사 조대(朝代) 하나하나를 고립된 땅으로 보도록 인도할 수 있고, 역사와 우리 현재의 사회생활을 결합할 수가 없다"[288]는 것을 이유로 들었다.

둘째, 손조민(孫祚民)이 주장한 내용이다. 그는 "중국 고대사의 조국 강역과 소수민족 문제는 역사적 태도와 변증의 방법을 취해야 한다"고 보았다. 한편 "오늘날의 시각에서 보면 중화인민공화국 국토 범위 안에 사는 각 민족(과거 역사상의 민족 포함)은 모두 중국 민족 대가정의 구성원이며 그들의 역사는 모두 중국 역사의 일부분이다. 다른 한편, 과거의 역사 단계는 반드시 각 족(族) 왕조의 강역이 역대 국토의 범위가 되어야 한다. 그렇기 때문에 당시 각 해당 왕조 강역 밖에 있는 독립된 민족국가는 당시 중국의 범위 안에 포괄해서는 안된다. 다만 이러한 독립된 민족국가가 어떤 원인 때문에 점차 한족에 융합되거나 한족 왕조에 통일된 이후는 중국의 민족 성원 가운데 하나가 된다. 그리고 그들의 역사도 조국 역사의 한 부분

---

288) 白壽彝, 「論歷史上祖國國土問題的處理」, 『光明日報』, 1951. 5. 5.

이 된다"[289)고 주장하였다.

이런 논쟁은 건국 초기에는 백수이의 관점이 절대적으로 우세하여, 중화인민공화국의 국토 범위를 정하는 원칙으로 수십 년 간 유일한 표준이었다. 다음에 보겠지만 1979년 이후 이러한 관점은 완전히 새로운 국면으로 넘어간다. 다시 말해 1960년대만 해도 중국의 국경 논리는 주변 국가에 그렇게 위협적이지 않았다는 것이다.

2. 주은래의 중국 – 조선 관계론

이와 같은 상황은 주은래가 1963년 6월 28일 조선과학원 대표단을 접견할 때 말했던 중국–조선 관계에서도 분명하게 드러난다.[290)

우선 주은래는 조·중 관계를 다음 3단계로 나눈다.

① 역사적 관계 – 두 나라와 민족의 역사적 관계이다.
② 혁명적 관계 – 제국주의 침략을 당했을 때
   조선 : 일본의 식민지, 중국 : 제국주의의 반식민지, 동북 지역 식민지
③ 형제국가 – 현재(1963년), 모두 사회주의 국가, 형제당(黨), 형제국가.

첫 단계인 역사적 관계에서 주은래는 압록강 북쪽의 고구려 옛 땅이 조선 민족의 역사였다는 것을 분명히하고 있다.

---

289) 孫祚民,「中國古代史中有關祖國疆域和少數民族的問題」,『文 報』, 1961. 11. 4.
290)「周恩來總理談中朝關係」,『外事工作通報』1963-10에 실린 것. 원문과 필자가 한국말로 옮긴 번역문이 『고구려연구』27집, 2007에 실려 있다.

조선 민족은 조선반도와 동북대륙에 진출한 뒤 오랫동안 거기서 살아왔다. 요하(遼河), 송화강(松花江) 유역에는 모두 조선 민족의 발자취가 남아 있다. 이것은 요하와 송화강 유역, 도문강(圖們江) 유역에서 발굴된 유적, 비문 같은 것들이 증명하고 있으며, 수많은 조선 글에도 그 흔적이 남아 있다. 조선족이 거기서 아주 오래 전부터 살아왔다는 것은 증명할 수가 있다. 경박호(鏡泊湖) 부근은 발해(渤海)의 옛 자취가 남아 있고, 또 수도가 있다. 여기서 출토된 유물이 그곳도 조선족의 한 가지라는 것을 증명해 준다. 이 나라는 역사상 상당히 오랫동안 존재했다. 따라서 조선족이 조선반도에서 살았을 뿐만 아니라 동시에 요하, 송화강 유역에서도 오랫동안 살았다는 것이 증명된다. 조선족이 더 오래 전에도 있었는지는 일부가 아시아 남부에서 표류해 왔다고도 하지만, 이것은 또 다른 문제이다. 다만 분명한 것은 조선족 일부가 원래부터 한반도에서 거주하였다는 것이다. 도문강, 요하, 송화강 유역에서 거주한 것은 분명한 사실이며, 역사기록과 출토된 유물이 모두 증명하고 있다.

주은래는 두 나라와 두 민족의 역사에서 역사가 잘못 기술된 이유는 중국 학자들이 대국 국수주의 관점에서 역사를 썼기 때문이라고 하였다.

첫 번째 시기는 역사기록 이래 발굴된 문물에 의해 증명된다. 두 나라, 두 민족의 관계는 제국주의 침략으로 중지될 때까지 3~4000년 또는 더 긴 시간 동안 이어졌다.

이러한 역사 연대에 대한 두 나라 역사학의 일부 기록은 진실에 그다지 부합되지 않는다. 이것은 중국 역사학자나 많은 사람들이 대국주의, 대국국수주의 관점에서 역사를 서술한 것이 주요 원인이다. 그리하여 많은 문제들이 불공정하게 쓰여졌다. 먼저 양국 민족의 발전에 대한 과거 일부 중국 학자들의 관점은 그다지 정확한 것은 아니었고, 사실에 맞지도 않았다.

아울러 시대 순으로 대국주의 사관으로 서술한 역사를 하나씩 들어, 그것이 분명히 침략이었다는 것을 분명하게 한다.

진·한(秦漢) 이후 더욱 자주 관내(關內)에서 요하 유역까지 가서 정벌했는데, 비록 전쟁에 실패해서 그냥 돌아왔지만 분명한 침략이다. 당나라도 쳐들어갔다 실패했지만 여러분을 업신여기고 우롱했다. 그때, 여러분의 한 장군이 있어 우리 침략군을 쳐서 무찔렀다. 이때 바로 발해가 일어났다. 이후 동북에는 바로 요(僚)족, 금(金)족이 일어났다. 그때 중국이 부딪친 문제는 요족과 금족의 중국 본토 침입 문제였다. 다음은 몽고족이었는데, 원나라도 여러분을 침략했지만 결국 실패했다. 마지막으로 명나라는 조선과 직접 작전을 전개했으나, 만주족이 매우 빨리 일어나 장백산 동쪽에서 요하 유역에 이르는 광대한 지역을 점령했다.

이러한 시기에 한족(漢族) 또한 일부가 동북 지역으로 옮겨 살게 되었다. 만족(滿族) 통치자는 당신들을 계속 동쪽으로 밀어냈고 결국 압록강, 도문강 동쪽까지 밀리게 되었다.

만족은 중국에 대해 공헌한 바가 있는데, 바로 중국의 영토를 크게 넓힌 것이다. 융성할 때는 지금의 중국 영토보다 더 컸었다. 만주보다 먼저, 원나라도 한 번 크게 확장했지만 곧바로 사라져 버렸기 때문에 셈하지 않는다. 한족이 통치한 시기에는 그처럼 큰 적이 없었다.

이 내용은 다음 3가지로 간추릴 수 있다. ① 진·한(秦漢) 이후 당나라까지 중원이 고구려를 자주 침략했다는 것을 인정하였다. ② 그 뒤 요·금이 들어서고, 중국이 부딪친 문제는 요족과 금족의 중국 본토 침입 문제였다는 것을 솔직하게 시인하고 있다. ③ 이민족이 지배했을 때 중국의 영토가 가장 넓었고, 한족이 통치한 시기에는 그처럼 큰 적이 없었다는 사실도 인정하고 있다.

이러한 역사인식을 바탕으로 지나간 조상들의 일이지만, 인정하고 사과해야 한다고 주장하였다. 그 동안 중국은 "도문강, 압록강 서쪽은 역사 이래 중국 땅이었다거나, 심지어 예부터 조선은 중국의 속국(藩屬)이었다고 하는 것은 황당한 이야기다"고 하면서 그런 결과는 모두 봉건시대 대국 국수주의 때문이라는 진단을 내렸다. 구체적으로 "다른 나라에서 선물을 보내면 그들은 조공을 바쳤다고 했고, 다른 나라에서 사절을 보내와 얼굴을 대하고 서로 우호적으로 교류할 때도 그들은 조현(朝見)하러 왔다고 했고, 쌍방이 전쟁을 끝내고 강화할 때도 그들은 여러분이 신복(臣服)한다고 말했으며, 스스로 천자의 나라(天朝), 위나라(上邦)라고 불렀다"고 비판하고 "이것은 곧 불평등한 것이다" "모두 역사학자 붓끝에서 나온 잘못이다. 우리를 이런 것들을 바로잡아야 한다"는 철저한 자기 성찰이 배어 있다.

이어서 주은래는 "반드시 이런 현상은 인정해야만 한다. 조상을 대신해서 여러분에게 사과해야 한다"고 했다. 이점은 주은래의 연설 가운데 가장 중요한 부분이라고 할 수 있다. 사실 중국의 사가도 힘든 일인데, 정치 지도자가 이처럼 철저하게 역사에 대한 자성을 한 것은 참으로 어려운 용단이라고 할 수 있다. 이와 같은 '인정과 사과' 이전에 주은래는 "모두 역사의 흔적이고 지나간 일, 우리가 책임질 일 아니고 조상들의 일이다"고 했다. 만일 자기 역사에 대한 반성과 사과를 하지 않고 이런 발언을 했다면 그의 연설은 설득력이 없는 강자의 변이 되었을 것이다. 그는 역사와 현상에 대한 분명한 인식을 지니고 있었고, 이 문제에 대한 자신감에 차 있었다. 그렇지 않으면 이런 발언을 할 수 없었던 것이다. 그렇기 때문에 주은래의 발언을 주변국에 대한 터무니없는 양보라고 보기보다는 고도의 상생외교라는 것을 우리 모두가 인식해야 한다.

두 번째 시기는 혁명의 시기이다. 일본이 조선을 침략하여 식민지가 되었고, 모든 제국주의 국가가 중국을 침략해 반식민지 상태가 되었으며, 일본은 또 만주를 점령하여 식민지로 삼았던 시기였다. 이 시기 중국과 조선 두 나라 인민은 혁명적 동지 관계를 구축했다고 하였다.

세 번째 시기는 바로 조·중 국경조약을 맺은 당시를 말하는데, "우리는 모두 사회주의 혁명과 사회주의 건설에 깊이 들어와 있어, 서로를 더 배우고, 보다 긴밀한 협력이 필요하다. 역사에서뿐 아니라 혁명 투쟁 과정에서도 양쪽은 이미 제국주의와 현대수정주의를 반대하는 투쟁을 경험했고, 두 나라는 정확히 인식의 일치와 행동의 일치를 경험했다. 더 정확하게는 피로써 맺어진 전투 우의(友誼)와 동지 우의를 맺었다는 것이다"고 혈맹을 강조하였다.

이상에서 본 바와 같이 조·중 국경조약이 맺어진 1962~1964년은 한·중 관계사 전체로 보아 가장 좋은 관계를 유지하고 있었다는 사실을 알 수 있었고, 그런 상황 아래 맺어진 국경조약 또한 당시 북한 정권으로서는 최대한 유리한 입장에서 맺어진 조약이라고 할 수 있다. 이 문제는 만일 지금 다시 국경조약을 맺는다면 그보다 더 좋은 조건을 얻을 수 있는가 하는 점을 대입해 보면 쉽게 결론이 나온다. 다음에 보겠지만 1980년 이후 중국의 국경에 대한 입장은 엄청난 변화를 겪기 때문이다.

Ⅱ. 1980년 이후 중국의 새로운 역사 만들기와 국경 문제[291]

1. 다민족 통일국가론에 대한 새로운 해석 등장

1979년 이후, 중국이 개혁개방과 동시에 중국은 소수민족 문제에 눈을 돌리기 시작한다. 소수민족은 전체 인구의 8.41%밖에 안 되지만 그 수가 1억을 넘고 더구나 소수민족이 차지한 땅은 중국 국토의 60%를 차지한다. 그렇기 때문에 소수민족 문제는 중국의 생존 문제와 연결되는 중요한 이슈로 등장한다. 이런 현실적인 문제를 해결하는 방법으로 등장한 것이 '다민족 통일국가(多民族統一國家)' 또는 '통일된 다민족 국가(統一的多民族國家)'라는 논리에 대한 새로운 해석이다.

중국은 개혁 개방과 동시에 양건신(楊建新)이 자신의 새로운 관점을 내놓았다.[292] 그는 "중국 역사상 진, 양한, 수당, 원, 명, 청 시대는 모두 기본적으로 전국

---

291) 이 장의 내용은 서길수, 「중화인민공화국 동북공정 5년의 성과와 전망」, 『고구려연구』 29, 2007에 발표한 내용을 간추린 것임.

292) 楊建新, 「沙俄最早侵占的中國領土和歷史上中國的疆域問題」, 『中俄關系史論文集』, 甘肅人民出版社, 1979.

통일의 시대를 실현하였다. 이 시기는 중국 발전의 근간으로 이 시기의 강역도 역사상 중국의 강역 범위를 확정하는 주요 표준이 된다"고 했다. 언뜻 보면 손조민의 논리와 같아 보이지만 아주 새로운 관점이 엿보인다. 즉 한족의 왕조가 아닌 원나라나 청나라도 중국의 역사로 편입시켰다는 것이다.

1981년 열린 '중국 민족관련사 학술좌담회'에서 중국 민족과 강역 문제에 집중적인 논의가 시작된다. 여기서 담기양(潭其驤)은 "새로운 중국의 역사학자는 양수경(楊守敬)처럼 중원 왕조의 판도만 가지고 역사상 중국의 범위를 정하는 논리를 다시 흉내낼 수는 없다. ……역사상 중국의 이리한 문제를 이떻게 치리할 것인가? 우리는 청조(淸朝)가 통일을 완성한 뒤 제국주의가 중국을 침입하기 이전의 청조(淸朝) 판도, 구체적으로 말해 18세기 50년대부터 19세기 40년대 아편전쟁 이전의 중국 판도를 가지고 우리 역사 시기 중국의 범위를 잡는다. 소위 역사 시기의 중국이란 이 범위를 말한다. 몇 백 년이라고 해도 좋고 몇 천 년이라고 해도 좋다. 이 범위 안에서 활동한 민족은 중국 역사상의 정권이라고 우리 모두 인정해야 한다"[293]고 주장한다.

담기양은 오늘날 강역을 표준으로 하자는 백수이의 주장에도 역사상 중원 왕조의 강역을 표준으로 하자는 손조민의 주장에도 동의하지 않았고, 또 관할 형식이 다른 것이 당시 중국에서 시행한 주권과 관할의 표준이라는 양건신의 주장에도 동의하지 않았다. 그는 "전체 역사 시기, 몇 천 년 이래 역사 발전에 따라 자연 형성된 중국 전체가 역사상의 중국이다"라고 주장하고, 이것이 유일한 원칙이라고 말하였다. 다만 "역사상 중국이 한때 중국 범위 이외의 지방에서 통제하고 있었다면, 그 지방이 역사상 중국 범위 안에 존재하지 않았지만 몇몇 중국 왕조의 판도 안에 있었다는 것이 확실하다는 것을 승인할 수 있다"고 주장했다. 역사적으로 중국 주변에 있는 모든 국가는 중국이거나 아니면 중국의 판도 안에 들어갈 수 있다는 주장인 것이다.

---

293) 潭其驤, 「歷史上的中國和中國歷代疆域」, 『中國邊疆史地研究』, 1999-1; 瀋陽東亞研究中心, 『歷史上政權, 民族歸屬理論研究』, 1999.

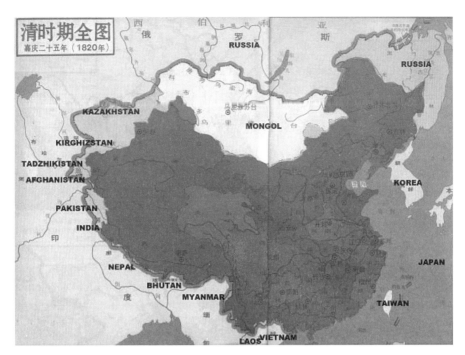

〈그림 78〉 청나라 영토(굵은 선)와 현재 중화인민공화국(음영 바탕) 영토

　　이러한 담기양의 다민족 통일국가론은 1980년대 이후 크게 각광을 받는다. 그러나 담기양의 다민족 통일국가론에 따라 '제국주의 침략 이전 청나라 영토'를 중심으로 국경을 삼는다면 러시아 연해주 지역을 비롯해서, 몽골, 투바공화국, 알타이 등 아직 통일하지 못한 곳이 수없이 많다. 이러한 다민족 통일국가는 주변의 국가들과 필연적으로 분쟁을 낳게 된다. 우선 〈그림 78〉 지도를 보자. 현재 중국의 중학생들이 배우고 있는 『중국 역사 지도책』의 청나라 시기 전도에다 현재 중국의 영토를 대비해 본 것이다. 담기양의 주장대로 청나라 때의 영토를 중국 영토로 한다면 대부분 주변의 나라들과 영토분쟁이 일어날 수밖에 없다.

2. 1980년대 국경 연구기관 및 티베트 연구기관 설립

1) 1983년 중국변강사지연구중심(中國邊疆史地研究中心) 설립

1983년 중국은 국무원 산하 중국사회과학원(CASS) 안에 중국변강사지연구중심

(中國邊疆史地研究中心, Center of China's Borderland History and Geography Research)이라는 본격적인 국경 전문 연구기관 설립을 설립하였다. 이 기구에서 다민족 통일국가를 바탕으로 한 중화민족과 국경 문제를 다루며, 이론을 정립하고 국내 모든 다른 연구기관들과 연결하여 가이드라인을 제시했다. 1996년 중국사회과학원 변강사지연구중심의 주임 마대정(馬大正)이 쓴 「20세기 중국 변경의 역사와 지리 연구」[294]라는 글을 보면, 담기양의 논리를 간추려 설명하고 "작자의 이러한 인식은 실제 이미 사학계의 대다수가 받아들였다"고 기정사실화하고 있다. 중국 변강사지연구중심 또한 그런 다민족 통일국가론을 바탕으로 연구를 진행하고 정책을 수립한다는 것을 뜻한다. 변강사지연구중심의 홈페이지[295]에 따르면 이 연구중심에서 다루는 국경 문제는 크게 5가지로 나누고 있다.

(1) 동북 국경 : ① 조선민주주의인민공화국 ② 러시아 ③ 몽골
(2) 북부 국경 : 몽골
(3) 서북 국경 : 몽골, 러시아, ④ 카자흐스탄, ⑤ 키르기스탄, ⑥ 타지키스탄, ⑦ 아프가니스탄, ⑧ 파키스탄
(4) 서남 국경 : ⑨ 인도, ⑩ 네팔, ⑪ 부탄, ⑫ 방글라데시, ⑬ 라오스, ⑭ 월남
(5) 바다 국경 : 월남, ① 말레이시아, ② 부르나이, ③ 필리핀, ④ 대만, ⑤ 일본, ⑥ 한국

이상에서 본 바와 같이 육지로 연결된 국경은 4개 지역으로 나누어 14개 국가이고, 바다에서 국경을 맞대고 있는 국가는 6개국으로 모두 20개 국과 국경 문제를 가지고 있다는 것을 알 수 있다. 한편 중국변강사지연구중심 홈페이지에 보면, 이 기관에서 가장 시급한(熱點, Hot Issue) 국경 문제로 다음 5가지 문제를 들고 있다.

---

294) 馬大正, 「20世紀的中國邊疆史地研究」『歷史研究』 1996-4.
295) http://chinaborderland.cass.cn/

(1) 고구려 문제 : 남북한과의 분쟁

(2) 탕누우랑하이(唐努烏梁海) : 러시아 투바공화국(30만)[296]

　　　몽골, 중국 신강에 살고 있는 우랑하이(오랑캐)족

(3) 동돌궐(東突) 문제 : 몽골, 알타이, 중앙아시아, 터키의 선조 문제,

(4) 남사군도(南沙群島) 문제 : 월남, 말레이시아, 필리핀과의 분쟁,

(5) 조어도(釣魚島) 문제 : 일본과 분쟁

고구려 문제는 변강사지연구중심의 5대 중점 사업 가운데 첫머리를 장식하고 있다는 것을 알 수 있다. 이는 바로 이때부터 중국은 소위 역사상 영토 문제를 다루기 시작하였고, 우리와 관계되는 문제로는 고구려 문제를 가장 먼저 다룬 것이다. 변강사지연구중심은 1996년 고구려 문제를 정식으로 '중점항목'으로 채택하여 1997년 1차 조사와 연구를 마쳤으며, 1999년 '중국 변강의 역사와 사회 연구(中國邊疆歷史與社會硏究) 동북지점(東北工作站)'을 설치한 뒤 첫 번째 포문을 연 것이 『고대 중국 고구려 역사 총론』이다. 학자가 아닌 국경 전문 연구기관이 중국에서 처음으로 고구려사 책을 낸 것이다.

2) 1986년 티베트 전문 연구기관, 중국장학연구중심(中國藏學硏究中心) 설립

중국장학연구중심은 1986년 5월 20일 북경에 설립하였다. 티베트의 역사·현상과 미래발전을 연구대상으로 하는 국가급 연구기관이다. 그 목표는 전국의 장학(藏學) 연구를 조직하고 협조하며, 연구활동을 적극 전개하고, 학술 전문서적과 간행물을 출판한다.[297] 변강사지연구중심은 1996년 '중국 변강의 역사와 사회연구(中國邊疆歷史與社會硏究) 운남지부(云南工作站)'를 설립하였다.

---

296) 중국은 "탕누우랑하이 지구는 원래 우리나라 영토의 일부분에 속하였다. 1921년에 소련의 책동 아래 독립을 선포하였고, 1944년에 소련에 겸병되어 러시아연방의 한 자치성(自治省)이 되었다"고 주장하고 있다.

297) 中國藏學網(www.tibetology.ac.cn)

3. 1990년 이후 동북 국경의 귀속에 대한 본격적인 작업

1) 1990년대 북부 국경(몽골)의 귀속에 대한 본격적인 작업

1990년 10월 『몽고족통사(蒙古族通史)』를 출간하고, 2005년 8월 『蒙古民族通史』
를 발행하여, 몽골족이 다민족 통일국가의 한 구성 부분이 되었다고 주장했다. 2005
년 몽골학 국제학술대회에서 공식적으로 "칭기즈 칸은 위대한 중화민족(中華民族)
의 선조다"라고 선언하였다.[298]

2) 중국 동북지역 국경 문제의 본격적 연구

동북 지역에서는 1990년대 들어서면서 길림성사회과학원을 중심으로 중국과 한
국·러시아 사이의 국경 문제를 본격적으로 연구하기 시작한다. 통화사범대학(通化
師範學院) 고구려연구소(1995)와 길림성사회과학원에 고구려연구중심(1997)이 생
기고 1996년에는 고구려 문제가 중국사회과학원 중점연구 과제로 정식 채택되었
다. 1999년, 중국변강지구(中國邊疆地區) 역사사회연구(歷史社會硏究) 동북공작
참(東北工作站)이 설치되고, 2001년에는 변강사지연구중심을 중심으로 연구한 『고
대 중국 고구려 역사 총론(古代中國高句麗歷史叢論)』을 발행한다.

3) 동북공정(東北邊疆歷史與現狀系列硏究工程) 실시(2002~2007)

2002년 2월부터 2007년 1월까지 5년 간 실시한 프로젝트로 중국사회과학원과 동
북 3성이 연합하여 조직하였다.

중국변강사지연구중심에서 지금까지 공개한 과제는 2002년 53개(기초연구 27,
응용연구 8, 번역 14, 문서집성 4), 2003년 33개(기초 15, 번역, 문서 4), 2004년 6개
(기초연구)로 모두 89개를 파악할 수 있었다. 이 가운데 기초연구 47개 과제를 주제
별로 분석해 보면, ① 고조선·고구려·발해 연구 : 13과제, ② 간도 및 한·중 국경 문

---

298) 박원길, 「북방공정의 논리와 전개과정 연구」, 『고구려연구』 29, 2007.

제 : 10과제, ③ 원, 명, 청, 민국 시대 연구 : 10과제, ④ 국경이론 및 민족 문제 연구 : 11과제 ⑤ 러시아에 대한 연구 주제 ; 7과제였다. 모두 한국과 러시아이 국경 및 역사에 관한 연구하는 것을 알 수 있다. 이 동북공정은 한국의 강력한 반발 때문에 2004년 이후에는 약화되었다.

4. 1990년대 이후 새로운 중국 상고사 만들기 장기계획

1) 하·상·주 단대공정(夏·商·周 斷代工程)(1996~2000, 9차 경제·사회 5개년계획)

중화인민공화국의 역사는 사마천의 『사기』에서 가장 빠른 연대인 서주(西周) 공화 원년(BC 841년)을 역사시대로 보았다. 이 프로젝트는 西周 이전의 주·상·하나라의 단대(斷代)를 확정짓는 프로젝트다. 과학기술부, 중국 과학원, 중국 사회과학원 국가 문물국 등에서 조직하고, 전문가 200명이 참가(자연과학사연구소, 생물물리연구소, 천문대, 역사연구소, 고고연구소, 박물관, 고고문물연구소, 대학 등 32개 기관)하였다. 그 결과 전설의 시기였던 서주 이전의 시대를,

하(夏) - BC 2070~1600년,

상(商) - 전기 BC 1600~1300년,

후기 - BC 1300~1046년,

서주(西周) - BC 1046~771년으로 확정하였다.[299]

2) 중국고대문명탐원공정(中國古代文明探源工程)[300]

(2000~2005, 10차 경제·사회 5개년계획)

2000년 8월 이 프로젝트를 맡은 '古代文明硏究센터'를 설립하는 대회에 240명의

---

299) 夏商周斷代工程專家組, 「夏商周斷代工程 996~2000年階段成果報告」(簡本), 世界圖書出版公司, 2000.
300) 중국에서 "중화문명탐원공정(中華文明探源工程)"이라고 쓴 논문들도 있다.

국내외 전문가가 참여하였다. 이 프로젝트는 10·5(중국 국민경제 및 사회발전 10차 5개년 계획) 중점과학기술항목으로 고고학, 역사학, 문화인류학, 예술사, 언어학, 민족학, 종교학, 천문학 같은 다양한 학계가 참여한다.

'중국고대문명탐원공정'의 기본 목표는 용산시대(BC3000~BC2000)의 고고문화와 문명의 발전과정, 그리고 고대의 역사전설 가운데 오제(五帝)시대의 역사문화를 탐색하는 것이다. 다시 말해 '용산시대 = 오제시대'라는 것을 증명해 내는 프로젝트로, 염황의 역사를 지금부터 약 5000년 전후로 인식하여, '5000년 중화 문명사'란 습관적 표현을 확실시하는 것이다.[301]

3) 2차 중화문명탐원공정과 요하문명론(遼河文明論)
(2006~2010, 11차 경제·사회5개년계획)

11·5 기간(2006~2010)에 실시되는 중화문명탐원공정 2단계에서는 장강(長江), 황하(黃河), 요하(遼河), 회하(淮河) 같은 큰 강 유역의 문명기원 연구를 탐원공정 차원에서 진행한다. 여기서 유일하게 중원에 있는 강이 아닌 요하에 대한 문명 탐원은 이미 오래 전에 시작하여 큰 성과가 나온 결과를 정리하는 것이다. 그 결과를 보면 요하문명과 중국의 오제(五帝) 전설이 접합하여 요하가 중화문화의 주요 구성체로 편입되는 것으로 하였다.[302]

① 중원의 신농씨(神農氏, 華族集團) : 앙소문화(仰韶文化)가 대표 – 조(粟) 농사가 주요 활동

② 연산(燕山) 남북지구 황제(皇帝)집단 : 홍산문화(紅山文化)가 대표 – 어로·수렵이 주요 활동

③ 동남 연해지구의 우[虞(夷)]집단 : 대문구(大汶口)·양저문화(良渚文化) – 벼농

---

301) 王先勝,「"中國古代文明探源工程" 細思量」, http://www.zgxqs.cn/data/2006/0401/article_25.htm
302) 요령성박물관,「遼河文明展」 안내판.

사(稻作)가 주요 활동

그리고 이 3대 문화권이 끊임없이 교류하면서 하(夏)·상(商)·주(周) 3대 문화의 기초를 이루었다는 것이다. 옛날 동이(東夷)로 불렸던 요하 유역이 요하문명론이 연구되면서 전설 속의 황제 자손이 되어버린 것이다.

5. 2000년대 서북 국경 귀속을 위한 신강항목(新疆項目)(2005 ~ 현재)

2005년 5월 28~29일 국가사회과학기금 특별항목인 '신강 역사와 현상에 대한 종합 연구' 1차 전문가위원회 회의가 열렸는데, 북경, 신강, 남경에서 10명 남짓 참가하였다. 이 회의에서 '신강항목 관리방법', '신강항목 경비 관리방법' 과제지침을 확정하였다. 이 항목에는 왕락림(王洛林) 사회과학원 학술위원회 주임이 영도소조 조장을 맡고, 여성(厲聲) 중국변강사지연구중심 주임이 전문가위원회 주임을 맡는 등 동북공정 팀들이 그대로 신강항목에 참여하고 있다는 것을 알 수 있다.

이상에서 본 바와 같이 1980년 이후 중국은 끊임없이 완전히 새로운 역사를 세우는 작업을 하였다. 30년 간 진행된 여러가지 프로젝트를 분석해 보면 다음과 같이 몇 가지 특색이 있다.

① 모든 프로젝트가 '다민족 통일국가론'으로 집중된다. 다민족 통일국가론을 바탕으로 한 중화인민공화국의 국가 통일은 두 가지 목표가 있다고 봐야 한다. 첫째는 담기양의 다민족통일국가론에서 주장하듯이 '제국주의 침략 이전 청나라 영토'를 중심으로 국경을 삼은 것이다. 그런 의미에서 보면 러시아 연해주 지역을 비롯해서, 몽골, 투바공화국, 알타이 등 아직 통일하지 못한 곳이 수없이 많다. 다른 하나는 55개 소수민족의 통일이다. 이 통일론이 바로 새로운

〈그림 79〉 제정러시아 중국 영토 점령도(중학교 역사부도)

'중화민족' 론이다.

② 모든 프로젝트들이 두 가지 통일을 위해서 현상을 파악하고 극복하는 데 사용할 유용한 이론(tool) 개발에 많은 힘을 기울이고 있다는 것이다. 모든 프로젝트에 '변경이론연구'를 집어넣고 있으며, 나아가 반반세기 동안 변강학(邊疆學)이라는 학문 영역을 개척하였다는 점이다. 한 가지 특징은 단순한 변경이론이 아니라 '중국 변경 이론' 연구라는 점인데, 여기는 두 가지 뜻이 들어 있다. 하나는 '중국 변경의 이론'이고 다른 하나는 '중국의 변경이론'이다. 철저하게 중화인민공화국 위주의 논리를 개발한다는 것이다. 보편타당성과는 상당히 거리가 먼 중화인민공화국적 연구가 진행되고 있다는 점이 불안한 요소이다.

③ 일반적으로 어떤 논리가 제시되면 그에 대한 찬반논리가 오래 진행되고, 그 결과 그 논리가 일반화되고 합의를 이루었을 때 실용화되는 쪽이 바람직하다. 그러나 중화인민공화국은 하나의 논리나 목표가 결정되면 연구와 실용화가 동

시에 이루어지는 경우가 많다. 물론 표면적으로 보면 논의과정을 거친다. 그러나 그 논의 과정이 관련된 당사자들이 모두 참여하는 민주적인 방법이나 자유롭게 반대 의견을 내는 순수 학술적 입장은 배제된다. 그것이 다른 나라와 관련되었을 때는 그 강도가 훨씬 심하다. 이점이 주변 국가들을 불안하게 하는 요소이다.

④ 중요한 프로젝트들이 국가에서 실시하는 경제사회5개년계획의 일환으로 실시된다는 것이다. 하·상·주 단대공정은 9차 경제·사회5개년계획(1996~2000), 중화인민공화국 고대문명탐원공정(2001~2005년)하는 식으로 국가의 커다란 계획과 맞물려가기 때문에 조직과 자금이 탄탄하고, 국가적 행정적 지원이 일사불란하게 이루어질 수 있고, 정해진 시간 안에 성과를 걸을 수 있다는 장점이 있다. 그러나 이런 프로젝트는 학문 연구가 국가의 운영과 직결되어 있어 학문의 중립성에 치명적인 타격이 될 수 있다.

Ⅲ. 중국의 한·중 국경사 연구의 새로운 잣대(paradigm) – 역사상 강역

1. 다민족 통일국가와 역사적 강역

1980년대 이전에는 중국 학자들에게 한·중 국경의 연혁이나 국경업무 교섭에 관한 연구는 금단 구역이었기 때문에 논문은 아주 적었고, 전문 서적은 거의 없었다. 그러나 앞 장에서 본 바와 같이 1980년 개혁개방과 아울러 다민족 통일국가론이 다시 해석되고, 새로운 사관과 국경이론이 개발되면서 한·중 국경사도 완전히 새로운 국면에 들어선다.

1980년까지는 '한·중 국경 관계' 하면 주로 청나라 때 세운 백두산 정계비와 간도 문제가 중심이 되었지만, 1980년 이후부터는 소위 '역사적 강역'이라는 관점에서 연구한 성과와 논문들이 봇물처럼 쏟아져 나온다. 이와 같은 연구 결과는 양적인 면에서 그 이전과는 비교할 수 없을 정도로 많지만, 그보다 중요한 것은 중국의 몇 천 년 역사에서 유례를 볼 수 없는 완전히 새로운 잣대로 국경을 연구하기 시작하였다는 것이다.

1980년대는 '중국 동북사'라는 관점에서 일부 저서들이 출판되었으나,[303] 1990년대 들어서면서 본격적으로 연구하기 시작한다. 한·중 국경사는 주로 길림성사회과학원을 중심으로 연구가 진행되지만, 소위 '역사적 강역'에 의한 강역연구에는 역사, 지리를 비롯한 모든 영역에서 연구되는 성과를 모두 망라하고 있다고 할 수 있다. 중국에서 한·중 국경사를 '역사적 강역'이란 새로운 잣대를 어떻게 적용하고 있는지는 1998년에 펴낸 『중조국경연구논문집(中朝邊界研究論文集)』[304] 차례만 봐도 쉽게 알아볼 수 있다.

1부문 : 한국 국경연구의 현상에 대한 종합연구

① 楊昭全,「중·조·한 3국의 중조 국경 연혁 및 국경업무 교섭에 관한 연구 개황」

② 楊立新,「중·조 국경 업무 논저 개술」

③ 呂一燃,「한 부의 중시해야 할 학술저작 – 양소전·손옥매 지음 『중조 국경사』」

④ 王崇時,「조선 역사 문헌과 중국 동북사 연구」

⑤ 楊昭全,「중·조 국경 연혁 및 국경업무 교섭에 관한 한국 학자 논저 소개」

2부문 : '역사상 우리나라 강역'의 개념

① 馬大正,「역사상 중국 강역에 관한 연구」

---

303) 張博泉, 『東北歷代疆域史』, 吉林人民出版社, 1981 ; 佟主編, 『中國東北史』, 吉林文史出版社, 1987.

304) 楊昭全 編, 『中朝邊界研究文集』, 吉林省社會科學院, 1998. 내부 자료로 펴낸 이 자료집은 길림성사회과학원 한국독립운동연구중심 한국학 총서로 나온 것으로 보아 한국 측에서 연구비가 지급된 것으로 보인다.

3부문 : 기씨조선의 존재 유물에 관하여

① 顧銘學, 「선진시기 중조 관계 문제 시론(試論)」

② 張碧波·喻權中, 「조선 기씨 고(朝鮮箕氏考)」

③ 劉永智, 「기씨조선을 함부로 부정해서는 안 된다」

④ 劉永智, 「'기자조선'을 가볍게 부정해서는 안 된다는 것을 다시 논함」

⑤ 楊通方, 「한(周漢)시기 중국과 고조선의 관계」

⑥ 顧銘學·南昌龍, 「전국시기 연(燕)·조(朝) 관계 재검토」

⑦ 劉子敏, 「전국·진·한 시기 요동군 동부 국경 고찰」

⑧ 孫進己, 「고조선의 서쪽 국경」

⑨ 閻忠, 「연북(燕北) 장성 고찰」

4부문 : 한사군의 위치에 관하여

① 楊昭全, 「한사군의 위치와 한(漢)의 동북 장성」

② 李建才, 「한대 요동·낙랑 2군의 지리적 위치 문제에 관한 검토」

③ 李建才, 「현도군의 건립과 이동」

④ 李建才, 「진번군 고찰 평가」

5부문 : 고구려의 귀속에 관하여

① 楊昭全, 「고구려 귀속을 논함」

② 孫進己, 「고구려의 귀속」

③ 孫進己, 「고구려 귀속에 관한 몇 가지 논쟁점」

④ 劉子敏, 「고구려 옛 땅의 귀속 문제에서 일어난 몇 가지 잘못된 설명에 대한 해석」

⑤ 張博泉, 「수·당의 고구려에 대한 전쟁의 성격」

⑥ 張博泉 외, 「수·당 시기의 동북 강역」

6부문 : 발해의 귀속에 관하여

① 楊昭全, 「발해는 우리나라 당 왕조에 속한 소수민족 지방정권이다」

② 徐德源, 「대씨(大氏) 왕실 칭호 해석을 통해서 본 발해의 당 왕조 예속 과정」

③ 王建群, 「'남북국시대론'의 오류 시정」

④ 孫泓,「서기 7세기에서 13세기의 중조 국경」

7부문 : 요(遼)와 고려의 국경 분쟁에 관하여

① 宋健,「요와 고려의 국경 분쟁」

② 薛虹·李澍田 외,「요대 여진과 고려의 갈라전(曷懶甸) 쟁탈」

③ 宋健,「연진 완안부의 남하와 9성의 수복」

8부문 : 원(元)과 고려의 영토 분쟁에 관하여

① 張博泉 외,「원대 동북 강역」

② 張博泉,「갈라로(曷懶路) 및 원과 고려의 다툼」

9부문 : 명(明)과 이조(李朝)의 영토 교섭에 관하여

① 楊暘 외,「명말 중·한 두만강 유역 국경업무 문제 근원 탐구 – 명조의 두만강 지구 위(衛)의 설치와 관할」

② 孫興常,「이조와 명의 건주여진과의 관계」

③ 王冬芳,「명대 중조 국경 형성에 관한 연구」

④ 張存武,「명말 중·한의 압록강 하류 섬 귀속권에 관한 교섭」

⑤ 王崇時,「19세기 전 중·조 동녘 국경의 변천」

⑥ 薛篁,「명 홍무(洪武) 연간 명조와 고려 왕조 관계 시론」

⑦ 楊昭全,「조선 역대 강역은 처음부터 끝까지 압록강·두만강을 넘지 못했다」

10부문 : 청(淸) 목극등(穆克登)의 국경 조사에 관하여

① 張存武,「청대 중한 국경 문제 실마리 탐구」

② 楊昭全,「청대 목극등의 변경 조사」

③ 徐德源,「목극등 비의 성격 및 설립지점과 위치 변경에 관한 고찰 – 근세 말 중·조 국경 분쟁의 초점」

④ 張存武,「목그등이 정한 중·한 국경」

⑤ 張存武,「청·한 육지 방어 정책 및 그 실시-청 말 중·한 국경 분쟁의 재해석」

⑥ 姜龍範,「청대 중·조 두 나라의 국경 문제 이론 고찰」

⑦ 張杰,「청대 압록강 유역의 봉금과 개발」

11부문 : 1885년·1887년 두 차례 중·조 국경 조사

　① 楊昭全, 「1885년 중·조 1차 국경조사」

　② 楊昭全, 「1887년 중·조 2차 국경조사」

　③ 姜龍範, 「청말 중·조 국경 고섭에 관한 연구」

　④ 徐德源, 「장백산 동남지구 돌무지·흙무지 쌓기의 진상」

　⑤ 徐德源, 「토문·두만이 두 강이라는 망설에 대한 논박」

　⑥ 楊昭全, 「'십자경계비' 고찰」

　⑦ 楊昭全, 「1904년의 '중·한 변경 사후 장정'」

12부문 : 중·일 간도한의 교섭에 관하여

　① 黃惠琴, 「중·한 '간도 문제'에 대한 연구 토론」

　② 鄭毅, 「'간도 문제' 약술」

　③ 孫玉梅, 「중·일의 '간도안' 교섭에 관하여」

　④ 吳忠亞, 「오록정(吳祿貞)과 이른바 '간도' 문제」

　⑤ 陳朝陽, 「중·한 연길 국경업무 교섭(1882~1909)」

　⑥ 田毅鵬, 「20세기 초 동쪽 강역 교섭에 대한 국제법 사상」

　⑦ 楊小全, 「연변지구 역사 고고 종합 기술」

　한국에서 국경사를 다룬 학자들이 주로 국경 분쟁사를 다루었다면, 현재 중국 학자들은 두 나라와 관계되는 모든 역사를 시대에 따라 분석하고 있다는 것을 알 수 있다. 바로 이것이 '역사상 강역'을 연구해 내는 새로운 국경학(邊疆學)이다.

2. 양소전(楊昭全)·손옥매(孫玉梅)의 『중조 국경사(中朝邊界史)』[305]와 역사적 강역

1) 『중조 국경사(中朝邊界史)』의 연구 과정과 내용

국경사를 역사 전 시대로 확대해서 연구하는 그 자체는 아주 새로운 연구 방향이 아니다. 새로운 국경학에서 드러난 가장 뚜렷한 차이는 1980년대 이후는 다민족 통일국가라는 관점에서 강역을 연구한다는 점이다. 그러한 새로운 관점이 한·중 국경사에 어느 정도 큰 영향을 미쳤는지 보기 위해 양소전(楊昭全)·손옥매(孫玉梅)의『중조 국경사(中朝邊界史)』를 통해서 그 결과를 분석해 보기로 한다.

중국 학자 가운데 한·중 국경 연구를 가장 일찍, 그리고 체계적으로 연구한 학자는 길림성 사회과학원 양소전(楊昭全)[306]이다. 1980년대 들어서면서 다민족 통일국가론에 의한 역사 연구가 시작되었을 때, 양소전은 일찍이 1982년「발해는 당 왕조에 속했던 소수민족 지방정권」[307]이라는 논문을 썼다. '다민족 통일국가론'에서는 한족을 뺀 모든 주변 민족의 국가는 '소수민족 지방정권'이라는 단어로 바꾸어 통일국가의 구성요소로 만드는 것이 핵심 이론이다. 한국어를 전공한 양소전은 일찍이 한·중 관계사에 관심이 있었으며, 고구려보다 먼저 중국화 작업에 들어갔던 발해사에 대해 관심을 두고 소위 '소수민족 지방정권론'을 폈던 것이다. 그는 1988년『중조 관계사 논문집』(세계지식출판사)을 편찬하고, 이어서 1989년「중조계무사략(中朝界務史略)」[308]이란 논문을 썼다.

이러한 양소전의 연구 성과는 인정을 받아, 1990년 국가사회과학기금위원회에서 '중점과학연구프로젝트(重點科研項目)'로 선정하여 연구비를 지급하면서 한·중 국경사를 본격적으로 연구하게 된다. 그는 같은 연구소 연구원인 손옥매(孫玉梅)[309]와 1991~1992년 2년 간 연구하여 1993년『중조 국경사(中朝邊界史)』와 1994년『중·조 국경 연혁 및 국경업무 교섭사료 모음집(中朝邊界沿革及界務交涉史料滙編)』을 펴낸다. 양소전·손옥매의『중조 국경사(中朝邊界史)』는 국경 연구의 중심인 사회과학원 중국변강사지연구중심 주임 여일연(呂一燃)이 "오록정(吳祿貞)·송교인(宋

305) 楊昭全 · 孫玉梅,『中朝邊界史』, 吉林文史出版社, 1993.
306) 1933년생, 한족, 하북(河北) 옥전(玉田) 출신. 1958년 북경대학 동방언어계 조선어 전공 졸업. 길림성사회과학원 조선 · 한국연구소 소장, 한국독립운동연구중심 주임.
307) 楊昭全,「渤海是唐王朝轄屬的少數民族地方政權」,『新華文摘』, 1982-4.
308) 楊昭全,「中朝界務史略」(上, 下),『中國邊疆史地研究報告』3, 4, 1989.
309) 1950년생, 길림성 장춘 출신. 외국어전공학교 졸업. 길림성사회과학원 조선 · 한국연구소 연구원.

教仁) 이후 사학계에서 가장 가치 있는 학술 저작이라고 할 수 있다"고 극찬할 만큼 중국 학계에서는 인정을 받고 있다. 오록정은 1908년(광서 34년)「연길변무보고(延吉邊務報告)」(奉天學務公所)를 쓴 청나라 관리이고, 송교인은 1908년「간도 문제」(『地學雜志』 46~73호)를 쓴 혁명가로 1909년 간도조약 당시 중국 측의 이론적 근거를 제시한 사람들이다.『중조 국경사』는 출판되자마자 1993년도 전국고적우수도서 3등, 북방 9성시(省市) 우수도서 3등, 길림성장백산 우수도서 2등상을 휩쓸 정도로 출판계의 돌풍을 일으켰다.

　그렇다면『중조 국경사(中朝邊界史)』는 왜 이처럼 중국 학계와 출판계의 주목을 받는지 그 내용을 파악해 볼 필요가 있다. 우선 양이 좀 많지만 차례를 보기로 한다.

1장 원고(遠古)시대 중국 동북과 조선반도의 관계

　1절 중국 옛 인류의 조선반도 이주

　2절 주(周) 초기 기자의 조선 이동과 기씨조선의 건립

2장 전국~남북조 시기의 중·조 국경

　1절 전국 연나라와 기씨조선의 국경

　2절 서한의 위씨조선 멸망과 한사군의 설치

　3절 동한~남북조 시기의 중·조 국경

3장 수~금 시기의 중·조 국경

　1절 수·당시기 중·조 국경

　2절 요·금·동하 시기의 중·조 국경

4장 원~청 초기 중·조 국경

　1절 원 시기 중·조 국경

　2절 명 시기 중·조 국경

　3절 청 시기 중·조 국경

5장 중·조 국경 강(江) 압록강·두만강 및 그 발원지 장백산

　1절 장백산

이상에서 본 바와 같이 『조·중 국경사』는 석기시대부터 한말까지 전시대를 다룬 대작이라는 것을 알 수 있다. 이 논문은 크게 1~4장과 6~12장으로 나눌 수 있다. 5장은 백두산과 압록강·두만강에 대한 일반론이기 때문에 크게 논쟁점이 없다. 이 책의 특징은 1~4장에 있다. 6장부터는 목극등의 정계비에서 간도협약까지 한·중 국경 분쟁의 문제를 다루었는데, 이에 대한 연구 성과는 우리나라에서도 이미 많이 나와 아주 새로운 것은 아니다. 그러나 1~4장은 소위 '역사상 강역'을 다룬 것으로, 중국에서도 처음 체계화한 내용이기 때문에 내용을 자세히 검토할 필요가 있다.

2) 1장 원고(遠古)시대 중국 동북과 조선반도의 관계

1절 중국 옛 인류의 조선반도 이주

2절 주(周) 초기 기자의 조선 이동과 기씨조선의 건립

중국 동북의 중추 고인류는 대거 이동하여 아시아와 아메리카 대륙 북부에서 인류 활동의 범위를 넓히고, 인류문화의 종자를 전파하였다.[310] 이때 중국의 고인류가 조선반도에 이주하였다는 것이고, 이어서 조선반도에 최초로 설립된 고대 국가가 기

---

310) 楊昭全·孫玉梅, 《中朝邊界史》, 吉林文史出版社, 1993, 3쪽.

자조선인데, 기자는 중국의 주나라 사람이 조선으로 도망가서 세운 국가라는 것이다. 이때 기자조선을 세운 곳은 평양이고, 이미 고대에 중국인이 조선반도 깊숙이 들어와서 국가를 세웠다는 점을 강조한다.[311]

3) 전국~남북조 시기의 중·조 국경

(1) 전국 연나라와 기씨조선의 국경

이 같은 논조는 진국시대 연나라와 기씨조선의 국경을 논할 때도 똑같이 이어진다. 그리하여 "옛 패수(沛水)는 오늘날 조선의 대정강(大定江)이다. 전국시대 연(燕)과 기씨조선의 국경인 만반한(滿潘汗)은 한대(漢代) 요동군 번한현(潘汗縣)이고, 아울러 오늘날 조선 대정강 가에 있는 박천성(옛날에는 博陵이라 불렀다)이다. 대정강 가의 박천성은 지금의 청천강 서북에 있어 거리가 가깝다. 그렇기 때문에 전국시대 연나라와 기씨조선은 청천강을 경계로 하여 북쪽 기슭에는 연(燕), 남쪽 기슭에는 기씨조선이라고 할 수 있다"[312]고 하여 전국시대 연나라가 청천강까지 세력을 확보하였다고 주장하였다. 이와 같은 청천강설은 담기양(譚其驤) 주편이 된 『중국역사지도집』(釋文滙編, 동북권)에서 주장한 것인데, 손진기 등이 쓴 『동북역사지리』[313]에서도 그대로 인용하는 등 중국 학자들에게 점차 일반화되고 있다.

아울러 "전국시기 연나라가 쌓은 장성이 패수(浿水) 남쪽까지 이르렀는데, 바로 오늘날 조선 평안남도 강서군 함종리이다"라고 주장하고, 동시에 "연나라 전성시대 진번과 조선은 연나라에 속해 있었다"고 하였다.[314]

한마디로 한국사에서 고조선을 위시한 상고사는 존재하지 않는다는 논조인 것이다.

---

311) 楊昭全·孫玉梅, 『中朝邊界史』, 吉林文史出版社, 1993, 4~21쪽.

312) 楊昭全·孫玉梅, 『中朝邊界史』, 吉林文史出版社, 1993, 27쪽.

313) 孫進己 외, 『東北歷史地理』, 흑룡강인민출판사, 1988.

313) 楊昭全 · 孫玉梅, 『中朝邊界史』, 吉林文史出版社, 1993, 29쪽.

314) 楊昭全·孫玉梅, 『中朝邊界史』, 吉林文史出版社, 1993, 29쪽.

(2) 서한의 위씨조선 멸망과 한사군의 설치

진(秦)과 기씨조선의 국경은 전국시대 연나라와 기씨조선의 강역과 큰 변화가 없다. 모두 조선반도 북부의 청천강 이남인 평안남도 강서군 지구이다. 다만 연북장성(燕北長城) 동쪽 끝은 현재 조선 북녘의 용강(龍岡)이 종점이고, 진(秦)장성 동쪽 끝은 조선의 갈석(碣石)에 이른다.[315]

한(漢)나라 초기에는 "요동군 치소는 양평(지금의 요령성 요양)이고, 관할 구역은 요서 서부 일부분 지구, 동남으로는 지금의 조선 청천강 남쪽 기슭 일대를 포괄한다."[316] 즉 한나라와 기씨조선의 경계는 패수(浿水)인데, 패수는 지금의 청천강이고 이 청천강이 경계가 된다.[317]

연나라 위만이 조선으로 가 위만조선을 세우고 도읍을 왕검성, 즉 지금의 평양으로 정했는데, 위씨조선과 한나라의 국경은 기씨조선 때와 마찬가지로 패수(지금의 청천강)를 경계로 삼았다.

한나라가 위씨조선을 멸하고 4군을 설치하였는데, "서력기원 108년 조선을 멸하고 낙랑, 임둔, 현토, 진번 4군을 설치하였다." 그런데 "한나라 초기 낙랑군 및 그 남부도위 동부도위가 모두 25개 현을 관할하였다. 이때 낙랑군의 영토가 가장 넓어, 북으로는 패수, 즉 지금의 청천강과 요동군이 경계였고, 남으로는 해주만에 이르러 황해도 전역을 포괄하였으며, 동·서도(東西都)는 바다에 이르러, 동쪽 경계는 지금의 동쪽 조선만에서 강릉 일대까지, 서쪽 경계는 지금의 조선만에서 해주만에 이르렀다."[318]

(3) 동한～남북조 시기의 중·조 국경

서기 25년 동한이 건립된다. 동한 때 낙랑군과 대방군은 조선반도 북부와 중부에 자리잡고 있었다. 낙랑, 대방 2군의 동북지구에는 소수민족인 예맥족이 살고 있었

315) 楊昭全·孫玉梅, 『中朝邊界史』, 吉林文史出版社, 1993, 32쪽.
316) 楊昭全·孫玉梅, 『中朝邊界史』, 吉林文史出版社, 1993, 33쪽.
317) 楊昭全·孫玉梅, 『中朝邊界史』, 吉林文史出版社, 1993, 37쪽.
318) 楊昭全·孫玉梅, 『中朝邊界史』, 吉林文史出版社, 1993, 53쪽.

는데, 모두 2군 공동 관할에 속해 있었다. 그렇기 때문에 동한 때의 중·조 국경은 한나라의 대방군과 조선반도의 마한이 서로 접하고 있었고, 한나라의 소수민족인 예맥의 거주지와 진한이 서로 접해 있었다.[319]

서기 220년 위(魏)나라가 건국되고, 이어서 촉(蜀)과 오(吳)나라가 세워지면서 삼국시대에 들어간다. 삼국시대의 중·조 국경은 동한 때와 마찬가지로, 위(魏)나라의 대방군과 마한이 서로 접하였고, 소수민족 예맥족의 거주지와 진한이 서로 접해 있었다.[320]

시기 265년 진(晉)나라기 세워졌는데, 이때의 국경은 삼국시대와 마찬가지로 진(晉)의 대방군과 마한이 서로 접하고, 소수민족 예맥족의 거주지와 진한이 서로 접해 있었다.[321]

서기 317년 동진(東晉)이 세워지는데, 이때는 중국 북방이 동진의 통제를 이탈하여 봉건 할거세력(割據勢力)이 나누어 다투는 국면에 들어가는데, 이 시기를 16국 시기라고 부른다. 이 시기의 부여는 중국 중원왕조에 속한 동북지구 소수민족 지방정권이다. 고구려는 중국 중원왕조에 속한 동북지구 소수민족 지방정권이다. 그렇기 때문에 이 당시 중·조 두 나라의 국경은 중국 소수민족 지방정권인 고구려와 백제·신라의 경계이다.[322] 고구려 세력은 한강유역 지구에 이르러 한강을 사이에 두고 백제와 경계를 이루었다. 고구려의 동남 경계는 실직(悉直), 즉 강원도 남쪽의 삼척이다. 종합하면 동진 때 중·조 국경은 서남쪽으로 한강의 북쪽 기슭(현재의 경기도)에 이르러 백제와 경계를 이루고, 동남쪽으로는 신라와 국경을 이루어 실직(오늘날의 강원도 삼척)을 경계로 한다.[323]

서기 420년 동진이 멸망하고 소위 남북조시대에 들어간다. 이 때 역대 중원왕조

319) 楊昭全·孫玉梅, 『中朝邊界史』, 吉林文史出版社, 1993, 58쪽.
320) 楊昭全·孫玉梅, 『中朝邊界史』, 吉林文史出版社, 1993, 59쪽.
321) 楊昭全·孫玉梅, 『中朝邊界史』, 吉林文史出版社, 1993, 60쪽.
322) 楊昭全·孫玉梅, 『中朝邊界史』, 吉林文史出版社, 1993, 60쪽.
323) 楊昭全·孫玉梅, 『中朝邊界史』, 吉林文史出版社, 1993, 88쪽.

에 속한 지방정권 고구려는 장수왕 시절이다. 장수왕 말년 고구려는 전성기에 이르러, 그 영역을 크게 넓혔다. 남쪽 경계는 가히 서남쪽의 아산만에서 시작하여 동쪽으로 조령·죽령을 거쳐 오늘날의 평해(平海)에 이르러, 백제·신라와 경계를 이루었다. 고구려와 백제·신라의 국경은 남북조시기 중·조의 국경이다.[324]

4) 수~금 시기의 중·조 국경

(1) 수·당 시기 중·조 국경

서기 581년, 수나라가 건립된다. 수나라 때도 고구려는 계속해서 중원 왕조에 속하였다. 그렇기 때문에 수나라 때 중·조 국경은 중국 지방정권 고구려와 신라의 국경으로 표현할 수 있다. 이때 신라는 진흥왕이 집정하여 적극적으로 영토를 넓혔다. 한강 유역을 빼앗고 또 가야를 쳐들어가, 서기 562년 마침내 낙동강 유역을 획득하였다. 이와 동시에 신라는 동해안을 따라 북쪽으로 확장해 고구려 영토를 빼앗아 점령하여 오늘날 조선의 이원(利原), 단천 등에 이르렀다. 이로 인해 고구려는 백제와 접하지 못하고 신라하고만 접하게 되었다. 조선반도에서 고구려의 영역은 서부는 한강 이북으로 물러나고 동부 바닷가 역시 지금의 이원·단천 이북까지 후퇴하였다. 수나라 때 중국 지방정권의 고구려와 신라의 국경은 또한 수나라 때 중·조 국경이다.[325]

서기 618년 당나라가 건립되는데, 당나라 때 중·조 국경은 2단계로 나뉜다.

618~734년의 중·조 국경 : 당나라가 세워진 뒤에도 고구려는 계속 중원 왕조와의 예속관계를 이어간다. 그래서 668년 고구려가 멸망할 때까지는 지방정권인 고구려와 신라의 국경이 중·조 국경이 된다. 이때 고구려와 신라의 국경은 수나라 때와 마찬가지로 서부는 한강이 경계이고, 동부는 오늘날의 이원·단천이다. 668년

---

324) 楊昭全·孫玉梅,『中朝邊界史』, 吉林文史出版社, 1993, 89쪽.
325) 楊昭全·孫玉梅,『中朝邊界史』, 吉林文史出版社, 1993, 90~91쪽.

당이 동북 지방정권을 통일하고 고구려가 멸망하였고, 드디어 당 왕조는 신라와 직접 국경을 접하게 되었다. 이 국경은 734년까지 계속되었다.[326]

735~906년의 중·조 국경 : 735년 당나라 현종이 신라에게 패강(오늘날의 대동강) 이남의 땅을 하사하였다. 이때부터 당나라와 신라는 대동강을 국경으로 삼았다.[327]

698년 동북지구 말갈족이 발해를 세웠다. 발해가 성장함에 따라 당 왕조 직할의 조선반도 영역은 줄어들고 발해가 직접 신라와 국경을 접하게 된다. 발해는 중국 고대국가로 중원 왕조에 속한 지방정권이었다. 그래서 당나라 말기 발해와 신라의 국경은 당나라 후기 중·조 국경이 된다. 발해의 남쪽 경계는 니하(泥河, 오늘날 조선 함경남도 용흥강)를 경계로 신라와 국경을 접하고 있었다.[328]

발해는 698년 세워져 926년 멸망한 반면, 당나라는 907년 멸망한다. 그렇기 때문에 907년 이전 발해와 신라의 국경은 당나라 때의 중·조 국경이 되고, 907~926년 발해와 신라의 국경은 5대 10국 시기 중국과 조선의 국경이 된다.[329]

(2) 요·금·동하(東夏) 시기의 중·조 국경

요나라 때의 중·조 국경 : 916년 요나라가 서고, 926년 요나라가 발해를 멸망시킨다. 한편 조선반도에서는 918년 고려가 세워지고 935년 전국을 통일한다. 요나라 때 요와 고려의 국경은 요나라 동경도(東京道) 동남부와 고구려의 경계이다. 요의 동경도 소속인 정주(定州)·보주(保州)·선주(宣州)·회화(懷化) 등은 모두 압록강 하류 동남 기슭, 즉 오늘날 조선 평안도 서북부에 있다. 요나라에 신속(臣屬)하고 있던 송(宋)의 중국 여진 압록강부·장백산부도 고려와의 국경이었다. 그들은 오늘날 조선의 서북부와 동북부에 살고 있었다. 그 가운데 연진장백산부와 고려의 국

---

326) 楊昭全·孫玉梅, 『中朝邊界史』, 吉林文史出版社, 1993, 91쪽.
327) 楊昭全·孫玉梅, 『中朝邊界史』, 吉林文史出版社, 1993, 90~92쪽.
328) 楊昭全·孫玉梅, 『中朝邊界史』, 吉林文史出版社, 1993, 106쪽.
329) 楊昭全·孫玉梅, 『中朝邊界史』, 吉林文史出版社, 1993, 108쪽.

경인 정주는, 남쪽은 고려 북쪽은 여진이었다. 개괄해 보면 요나라 때 중·조 국경은 당나라 때 국경이었던 패수(오늘날 대동강)에서 북쪽으로 물러나 청천강을 경계로 하였다. 고려 영토의 북쪽 경계는 전조인 신라 때의 패강(오늘날 대동강)에서 북으로 청천강까지 확장하였다.[330]

금나라 때의 중·조 국경 : 1115년 여진이 금나라를 세워 1125년 요나라를 멸하고 중국 동북지구를 통일한다. 금나라 때 중·조 국경은 대체로 요나라 때와 같아, 청천강 유역을 경계로 남쪽은 고려 북쪽은 금나라였다. 다만 하나의 큰 변화는 1130년 금나라가 압록강 하류 바다로 들어가는 입구 남쪽 기슭에 있는 보주(保州)를 고려에 하사하므로 해서 보주가 고려 소속이 되었다. 금나라 때 압록강 하류 바다로 들어가는 입구는 중·조 국경의 분계선이 된다.[331]

동하(東夏)와 고려의 국경 : 1206년 칭기즈 칸이 몽골을 세우고, 1211년 금을 쳐 약화시키고, 1271년 몽골을 원나라로 바꾸어 부른다. 1215년 금나라 요동선무사가 대진(大眞)을 건국하고, 2년 뒤 동하라고 바꾸어 부른다. 동하는 금나라 말기와 원나라 초 두 나라가 교체되는 시기에 중국 동북지구에 건립된 지방정권으로 70년 남짓 이어졌다. 동하국 남쪽 국경이 고려와 접하고 있었는데, 금나라의 갈나로(曷懶路)와 고려의 분계선에 해당한다. 구체적으로 보면 오늘날 조선의 정평(定平)이 고려의 동북 경계의 관문이 되고, 정평을 중심으로 해서 서쪽으로 큰 고개를 넘고, 동쪽으로 연포리(連浦里)에 접한 고려의 옛 장성의 동쪽 끝이 동하와 고려 두 나라의 국경이다. 여기서 남쪽이 고려 북쪽이 동하국이다.[332]

---

330) 楊昭全·孫玉梅, 『中朝邊界史』, 吉林文史出版社, 1993, 115쪽.
331) 楊昭全·孫玉梅, 『中朝邊界史』, 吉林文史出版社, 1993, 117쪽.
332) 楊昭全·孫玉梅, 『中朝邊界史』, 吉林文史出版社, 1993, 119쪽.

5) 원~청 초기 중·조 국경

(1) 원 시기 중·조 국경

1206년 칭기즈 칸이 몽고를 세운 뒤, 1234년 남송과 연합하여 금나라를 멸하고, 1271년 나라 이름을 원(元)이라고 바꾸었다. 1279년에는 남송까지 멸하여 현재 중화인민공화국 영토를 완전히 지배하게 된다. 원나라는 몽골 건국 초기 여러 차례 고려를 공격하여, 그때마다 두 나라의 국경이 변하였다.[333]

① 1234~1269년의 원과 고려의 국경

원나라 요양행성(遼陽行城) 개원로(開元路) 남부 및 쌍성총관부(雙城摠管府)와 고려가 접해 있었다. 이 단계의 원과 고려의 국경은, 압록강 하류 바다로 들어가는 지점이 중·조변경이 된다. 고려장성 서쪽 끝에서 시작하여 설한령(雪寒嶺)까지가 원과 고려의 조선반도 서북부의 국경이 되고, 쌍성총관부 남쪽 경계가 원과 고려의 조선반도 동북부의 국경이 된다. 쌍성총관부는 조선 화주(和州)에 설치했는데, 오늘날 조선 함경남도 영흥성(永興城)이다.

② 1270~1290년의 원과 고려의 국경

1269년 서북병마사 최탄(崔坦) 등이 반란을 일으켜 60성을 가지고 원나라에 항복하였다. 1271년 원나라는 서경(평양)에 동령부(東寧府)를 설치하였다. 이때부터 원나라 동령부와 고려가 국경이 되는데, 자비령(慈悲嶺)과 철령 남녘은 고려가 되고, 그 북녘은 원에 속했다.

③ 1291~1367년의 원과 고려의 국경

이 단계에서는 몇 차례 중대한 국경 변화가 일어난다.

---

333) 楊昭全·孫玉梅, 『中朝邊界史』, 吉林文史出版社, 1993, 120~127쪽.

1290년 원 세조가 동령로(東寧路)를 철수하고 서북 여러 성을 고려에 돌려준다. 이때부터는 압록강 하류 바다로 들어가는 지점이 원과 고려의 국경이 되고, 고려 장성 서쪽에서 시작하여 설한령에 이르는 선이 원과 조선의 서북부 국경이 된다. 동북부는 쌍성총관부 남단, 즉 철령 지국의 등주(登州) 남녘은 고려, 북녘은 원나라였다.

14세기 초 원나라 쇄약해지고, 1356년 명나라가 세워지면서 고려가 적극적으로 국토를 넓힌다. 1297년 고려가 원의 쌍성총관부를 점령하여 총관부 치소인 화주(오늘날의 함경남도 영흥) 남녘의 등주, 고주(高州)를 차지한다.

1356년, 쌍성총관부 관할지를 완전히 빼앗아 동북부는 정주(오늘날 정평), 함주(오늘날 함경남도 함흥), 삼살(三撒, 오늘날 함경남도 북청)을 점령하고, 서북부는 니성(泥城, 오늘날 평안북도 창성)을 차지하였다.

그 뒤 1361년과 1363년 원나라가 침입했지만 최영과 이성계가 물리쳤다. 그 뒤 고려 말까지 서북쪽은 니성(泥城)을 경계로 북녘은 원, 남녘은 고려였고, 동북쪽은 삼살을 경계로 북녘은 원, 남녘은 고려였다.

(2) 명 시기 중·조 국경

① 명초, 고려 말의 국경

1356년 주원장이 명나라를 세우고, 1362년 원나라를 멸한다. 그러나 압록강 북녘은 계속 북원(北元)으로 남아 있었고, 고려는 요동을 쳐들어가는 북진정책을 썼다. 1374년 공민왕이 죽고 우왕이 들어서고, 명나라가 요동을 점령하여 요동도사(遼東都司)를 설치하였다. 1387년 명나라가 철령까지 차지하려 하자 "철령 이북, 역문(歷文), 고주(高州), 화주(和州), 정주(定州), 함주(咸州) 같은 여러 주에서 공험진(公嶮鎭)까지는 예부터 우리나라 땅이다"고 반대하고 이성계를 시켜 요동을 치려하였다.

1388년 이성계가 위화도 회군을 하고, 친명반원 정책을 쓰면서, 이때부터 명나라와 고려는 압록강을 두 나라의 국경으로 삼았다. 그러나 이때 두만강 남북지대는 그대로 명나라 강역이었다.[334]

② 명과 조선의 국경

1392년 고려가 멸망하고 조선이 세워졌다. 명과 조선의 국경은 다음 3가지로 나누어 본다.

가) 두만강 유역의 국경

조선이 나라를 세웠을 때 두만강 유역은 남쪽 기슭엔 중국 소수민족인 여진족이 살았기 때문에 중국의 강역이었다. 그 뒤 1440년 명나라 건주좌위(建州左衛)가 조선에 밀려 두만강을 떠나고, 조선이 6진을 개척하면서 명나라는 두만강 남녘땅을 잃고, 두만강이 명과 조선의 국경이 된다.[335]

나) 압록강 유역의 양국 국경

금나라 때 압록강 상류가 국경이었는데, 원나라가 쇠약해지면서 고려가 영토를 넓혀 압록강 중상류까지 영역을 확대하였다. 1443년 조선은 압록강 중상류 남녘을 완전히 판도에 넣으면서, 이때부터 압록강은 명나라와 조선의 국경 강(河)이 되었다.[336]

다) 압록강·두만강에 있는 섬의 귀속

㉠ 압록강에 있는 섬의 귀속

원나라 때 압록강 유역 남·북녘은 모두 원나라 강역이었기 때문에, 압록강은 원

---

334) 楊昭全·孫玉梅, 『中朝邊界史』, 吉林文史出版社, 1993, 128~132쪽.
335) 楊昭全·孫玉梅, 『中朝邊界史』, 吉林文史出版社, 1993, 137쪽.
336) 楊昭全·孫玉梅, 『中朝邊界史』, 吉林文史出版社, 1993, 139쪽.

나라 영토 안의 강이고, 따라서 강 안에 있는 모래섬(沙洲)과 섬은 당연히 원나라에 속하고, 원나라의 영토이다. 명나라는 원나라를 이어받아 이룩했기 때문에, 압록강의 모래섬과 섬은 당연히 명나라 소속이고 명나라 영토이다.

16세기 말까지 위화도, 신호수(申胡水), 난자(蘭子), 체자(替子, 黔同), 초모(招募), 설함평(設陷坪), 마이산(馬耳山) 같은 섬은 모두 명나라 섬이었다. 그 뒤 조선인들이 넘어와 농사를 짓게 되고, 1599년 두 나라는 국경비를 세우는데, 위에는 '조선계(朝鮮界)'라고 새기고, 아래는 "왼쪽 난자(左蘭子)도에서 오른쪽 체자(右替子)도까지 아무 연월일(某年月日)에 끊어서 조선에 준다(斷給鮮)"고 새겼다. 이 래서 난자도는 명나라 소유가 되었는데, 제자도는 조선 소속이 되었다.[337]

ⓒ 두만강에 있는 섬의 귀속

두만강 하류와 바다로 들어가는 어귀에 섬이 몇 개 있다. 하류 경흥 부근의 적도(赤島), 경원 부근의 고이도(古耳島), 바다로 들어가는 어귀의 녹둔도(鹿屯島)는 모두 조선 소속이다.[338]

이상의 내용을 종합해 보면 명나라와 조선은 압록강과 두만강이 경계로, 북녘은 명나라, 남녘은 조선이 된다.

(3) 청 시기 중·조 국경

1616년 누루하치가 대금(大金)을 세우고 1644년 북경에 들어가 명나라를 완전히

---

337) 楊昭全·孫玉梅, 『中朝邊界史』, 吉林文史出版社, 1993, 144쪽. 여기서 양소전은 잘못 해석한 것 같다. 두 섬이 모두 조선 것이 되었다고 보아야 한다. 『선조실록』에도 「의주 부윤(義州府尹) 구의강(具義剛)이 치계하였다. "신이 도임한 후 통사(通事) 박인희(朴麟禧)에게 비석을 세우는 일로 진강성(鎭江城)의 김 유격(金遊擊)에게 가서 품의하게 했는데, 본월 7일 유격이 수보관(守堡官) 및 본 아문의 기패관(旗牌官) 1인을 체자도(替子島)에 차송하여 천사 연청(天使宴廳) 앞에 비석을 세웠습니다. 그 내용은 '좌측으로 난자도(蘭子島), 우측으로 체자도(替子島)까지는 모두 조선 땅 경계임을 비에 새긴다'고 하였습니다"고 하였다〔『선조실록』194권, 38년(1605년) 12월 14일(갑인)〕.

338) 楊昭全·孫玉梅, 〔中朝邊界史〕, 吉林文史出版社, 1993, 145쪽.

접수한 뒤 나라 이름을 대청(大淸)이라고 바꾸었다. 청과 조선의 국경은 명나라 때와 마찬가지로 압록강과 두만강이 국경이 되었다.

3. 한·중 국경사의 새 잣대 – 역사적 강역

앞 절에서 본 시대별 국경을 표로 만들어 본 것이 〈표 9〉이다. 이 표를 보면 한마디로 "조선 역대 강역은 처음부터 끝까지 한 번도 압록강·두만강을 넘지 못했다"[339]는 것이다.

중국이 '역사적 강역'이라는 새로운 잣대로 만든 한·중 국경사는 한국 입장에서 보면 황당하기 그지없다. 중국의 주장을 간단하게 간추려 보면 다음과 같다.

① 한국사에서 최초로 세운 고대국가는 기자조선이다. 그런데 기자조선을 세운 기자는 중국에서 건너간 중국인이다. 기자가 조선으로 도망을 갔으면, 이미 조선이라는 나라가 존재하였지만 이런 정황은 아예 언급조차 하지 않는다. 이 책에서는 기자조선은 한국사로 보았지만 대부분 다른 학자들은 기자조선도 주나라의 속국이고 소수민족이고 지방정권이라고 본다.[340]

② 기자조선과 위만조선 이후 한국사에는 삼국시대가 이어지고, 고구려 발해가 큰 영역을 가지게 된다. 그러나 중국이 쓴 새로운 국경사에서 고구려, 발해는 모두 중국의 소수민족 지방정권이 되어버리면서, 한국의 북방 국경은 한강, 심지어 광개토태왕이 남하할 때는 그 아래까지 내려간다.

양소전은 한·중 국경은 원래 청천강이었는데, 나중에 대동강으로 확장하고, 끝내는 압록강과 두만강으로 고정되는데 그 과정을 다음과 같이 말한다.

---

339) 이 내용은 楊昭全·孫玉梅, 『中朝邊界史』, 吉林文史出版社, 1993, 537쪽에서 작은 제목으로 사용하고 있다. (朝鮮歷代疆域始終未逾鴨綠江圖們江)

340) 자세한 내용은 박선미, 「동북공정에 나타난 고조선사 인식논리 검토」, 『고구려연구』 29, 2007, 161쪽이하 참조.

〈표 8〉 『중조 국경사』의 역사상 한·중 국경

	건국연대	중국	조선	국경	비고
1	석기시대	중국의 옛 인류	조선으로도 이주		문화 전파
2	BC 1027	주(周)	기씨조선	도읍지 평양	기자는 중국사람
3	BC 475	연(燕)	기씨조선	청천강	沛水, 大定江
4	BC 221	진(秦)	기씨조선	청천강	
5	BC 202	서한(西漢)	기씨조선	청천강	청천강=浿水
	BC 2~1세기	서한	위만조선	청천강	청천강=浿水
6	BC 108	한(漢) 낙랑군	삼한	해주 - 강릉	
7	AD 20	동한 대방군 동한 예맥	마한 진한	조선반도 북부 조선반도 중부	예맥=동한의 소수민족
8	220	위(魏) 대방군 위 예맥	마한 진한	조선반도 북부 조선반도 중부	예맥=위의 소수민족
9	265	진(晋) 대방군 진 예맥	마한 진한	조선반도 북부 조선반도 중부	예맥=진의 소수민족
10	317	동진(東晋) 고구려	백제 신라	한강 실직(실직, 오늘날 삼척)	고구려=중원왕조 소수민족 지방정권
11	420	남북조 고구려	백제 신라	아산만~조령·죽령~평해	고구려=중원 왕조 소수민족 지방정권
12	581	수(隋) 고구려	신라	서부, 한강 이북~ 동부, 이원·단천	고구려=중원왕조 소수민족 지방정권
13	618~734	당(唐) 고구려	신라	서부, 한강 이북~ 동부, 이원·단천	고구려=중원 왕조 소수민족 지방정권
14	735~906	당(唐)	신라	대동강	당이 대동강 이남 신라에 하사
15	698~926	당(唐) 발해	신라	니하(泥河, 함경남도 용흥강)	발해=중원왕조 소수민족 지방정권
16	916	요(遼)	고려	청천강	
17	1115	금(金)	고려	압록강 입구	금이 고려에 보주(保州) 하사
18	1215	동하(東夏)	고려	定平(정평)~연포리(連浦里)	연포리 - 고려장성의 동쪽 끝
19	1234~1269	원(元)	고려	고려장성 서쪽 끝- 설한령~함경남도 영흥성	원의 쌍성총관부 남쪽
20	1270~1290	원(元)	고려	자비령(慈悲嶺)과 철령	최탄(崔坦) 등 60성 가지고 원나라에 항복
21	1291~1367	원(元)	고려	평안북도 창성~ 함경남도 북청	
22	1371~1392	명(明) 초	고려	압록강	두만강 남북은 명의 강역
23	1392~	명(明)	조선	압록강~두만강	1440 유진 개척 - 두만강 차지
24	1644~	청(淸)	조선	압록강~두만강	

자료 : 楊昭全·孫玉梅, 〔中朝邊界史〕, 吉林文史出版社, 1993. (2008. 5. 29. 작성)

첫째, 신라·고려·이조 같은 역대 조선 왕조의 북방 개척정책에 따라 적극적으로 자국 영토를 확장하였다. 확장하는 방법은 두 가지가 있었는데, ① 중국의 신구 왕조가 교체할 때 빼앗아 차지한다. 고려가 넓힌 영토가 넓고, 시간도 빨랐는데, 모두 원나라 말 명나라 초의 정권 교체기를 이용한 것이다. ② 중국 왕조에게 애처롭게 구걸하거나 천조(天朝)에게 작은 은혜를 베풀 것을 요구하는데, 그런 예는 헤아릴 수가 없다.

둘째, 중국의 많은 왕조의 제왕들이 조선의 달콤한 말에 넘어갔는데, 이른바 천하의 땅은 왕의 땅의 아닌 것이 없고, 천조에 번(藩)으로 예속되어 있으며, 형동내복(形同內服)이라고 하여, 어떤 이는 그 영토를 요구에 따라 배려하고, 어떤 이는 자발적으로 내려주기도 하였다. 당나라 황제 고종은 자발적으로 패강(浿江, 오늘날의 조선의 대동강) 이남을 신라에게 하사하였고, 요나라 황제 성종은 자원하여 다스리고 있던 여진의 압록강 동쪽 수백 리 땅을 고려에 하사하였다. 또 명나라 황제 영락(永樂)의 "조선의 땅도 짐의 법도 안에 있는데, 짐이 어찌 다투겠는가!"라고 했던 것이 가장 전형적인 사례이다.[341]

IV. 한국 학계의 역사적 영토이론 정립을 통한 대응논리 개발 시급

이와 같은 중국의 새로운 연구 경향에 따라 한국의 학계도 새로운 시각의 연구방법이 요구된다. 그 동안 '국경 문제' 하면 간도, 녹둔도, 백두산정계비, 독도 문제가 주된 주제였다. 그러나 이제는 고조선과 고구려 문제를 비롯하여 우리 역사 전체에 대한 강역 문제를 명확히하는 역사적 영토에 대해 연구하여야 한다.

---

341) 楊昭全·孫玉梅, 『中朝邊界史』, 吉林文史出版社, 1993, 542쪽.

사실 고려·조선시대에도 그야말로 '역사상 강역'에 대해 논의가 많았었다. 특히 고구려 때의 광활한 영토와 고려시대의 공험진까지 개척했던 역사적 사식이 주된 논의였다.

1. 고려시대 역사적 강역에 대한 논의

고려는 고구려 땅을 이어받았다는 것을 항상 강조하였다. 『고려사』지리지에 보면 그 첫머리에 "해동(海東)은 3면이 바다로 가려지고, 한 구석이 육지와 이어져 땅의 넓이가 거의 만 리나 된다. 고려 태조가 고구려 땅에서 일어나 신라의 항복을 받고, 후백제를 없애, 개경에 도읍하고 삼한 땅을 통일하게 되었다"[342]고 하여, 고구려 땅에 일어나 삼국을 통일하였다는 것을 분명히하고 있다.

80만 대군을 이끌고 고려를 쳐들어온 소손녕과 이에 대처한 고려의 서희가 담판할 때도 두 나라의 대신이 내세운 논리는 바로 어느 나라가 고구려를 이어받았는가 하는 것이었다.

거란의 소손녕이 서희에게 "당신 나라는 신라의 땅에서 일어났고 고구려 땅은 우리가 차지했는데 당신네가 이를 조금씩 먹어들어 왔고, 또 우리나라와 땅이 이어져 있는데 바다를 건너 송나라를 섬기기 때문에 오늘 출병을 한 것이니, 만일 땅을 떼어서 바치고, 황제에게 알현하고 사신을 보내면 무사할 것이요"라고 하였다. 고구려가 멸망하여 발해가 되고, 그 발해를 요나라가 멸망시켰으니 옛 고구려 땅은 요나라 땅이라는 주장이다. 이에 대해 서희는 "그렇지 않소. 우리나라가 바로 고구려의 옛 땅이요. 그렇기 때문에 나라 이름을 고려라고 하였고, 평양에 도읍하였소. 만약 국경을 따진다면 귀국의 동경도 모두 우리 국경 안에 있던 것인데 어찌 조금씩 먹어들었다고 할 수 있습니까? 그리고 압록강 안팎도 우리 경내인데 지금 여진이 훔쳐 살

---

342) 『고려사』권58, 지 권 제10, 지리 1.

고 있습니다"라고 하였다.[343] 결국 두 나라 가운데 어느 나라가 고구려를 이어받았는가 하는 논리 싸움에서, 거란은 침략국이지만 고려는 고구려를 정통으로 이어받은 국가라는 당당한 논리로 적을 무찌른 것이다.

윤관이 여진을 무찌르고 그 땅에 6진을 세울 때도 항상 앞에 내세우는 것은 그 땅이 옛날에는 고구려의 땅이었고, 여진은 고구려에 속한 종족이었다는 점이다.[344]

> 여진은 본시 말갈(靺鞨)의 후예(遺種)로 수나라와 당나라 사이에는 고구려에 속해 있었고, 그 뒤 삶터(聚落)가 신친에 흩어져 살아 통일된 적이 없었다. ……
>
> 여진은 우리나라에 비하여 힘(强弱)과 수효에 있어 그 세력이 현격하게 차이가 남에도 불구하고 변방을 엿보아, 숙종 10년 틈을 타 난리를 일으키고, 우리 백성을 많이 죽이고 붙들어가 노예로 삼았다. 숙종이 크게 노하여 군사를 정비하고, 대의를 세워 치려다가 애석하게도 그 공을 이루지 못하고 돌아가셨다. 지금 임금이 자리를 이어 3년 상을 치르고, 대상과 담제를 겨우 마치시고는 신하들에게 말씀하기를, 여진은 본시 고구려 부락으로 개마산(盖馬山) 동쪽에 모여 살면서 대대로 공물을 바치고 우리 조종의 은택을 많이 입었는데, 갑자기 도리를 어기고 배반하니 돌아가신 왕께서 깊이 분노하시었다.
>
> 그 지방이 300리인데, 동으로는 큰 바다에 이르고, 서로는 개마산(盖馬山)에 끼었고, 남으로는 장주(長州)와 정주(定州)에 닿았으니, 산천이 수려하고 토지가 기름져 가히 우리 백성을 살게 할 만하다. 본래 고구려의 소유라 그 옛 비석 유적이 아직 남아 있으니, 대체로 고구려가 전에 잃었던 것을 지금 임금이 얻었으니 어찌 천명이 아니리요.

고려가 두만강을 건너 여진을 친 것은 이처럼 고려의 선조인 고구려의 옛 땅을

---

343) 『고려사』 권93, 열전 권 제6, 서희전.
344) 『고려사』 권93, 열전 권 제6, 윤관.

찾는다는 당당한 명분을 내세웠고, 윤관이 6진을 개척할 때 동북쪽 경계로 삼은 공험진은 그 뒤 고려가 국경을 논의할 때 언제나 기준이 되었다.

> **동쪽 경계(東界)** : 본래 고구려의 옛 땅으로, 성종 14년 경내(境內)를 나누어 10도로 삼으니, 화주(和州) 명주(溟州) 같은 군현으로 삭방도(朔方道)로 삼았다. 정종(靖宗) 2년 동쪽 경계(東界)와 북쪽 경계(北界)를 더불어 양계(兩界)라고 불렀고, 문종 원년에는 동북면이나, 동면, 동로, 동북로, 동북계라 부르기도 하였다. 뒤에 함주(咸州) 이북이 모두 동여진(東女眞)에 점령되어서 예종(睿宗) 2년(1107)에 평장사 윤관을 원수로 삼고 지추밀원사 오연총(吳延寵)을 부원수로 삼아 군사를 거느리고 여진을 쳐서 쫓아내고, 9성을 설치하고, 공험진(公嶮鎭)의 선춘령(先春嶺)에 비석을 세워 경계로 삼았다. 명종 8年에 이르러 연해명주도(沿海溟州道)라 불렀다. ……비록 연혁과 칭호는 같지 않지만, 고려 초부터 말년에 이르기까지 공험(公嶮) 이남 삼척(三陟) 이북을 두루 일컬어 동계(東界)라 하였다.[345]

> **공험진(公嶮鎭)** : 예종 3년에 성을 쌓고, 진을 두어 방어사(防禦使)로 삼았고, 6년에 산성을 쌓았다. 일설에는 공주(孔州)라 하고, 일설에는 광주(匡州)라 하고, 일설에는 선춘령(先春嶺) 동남 백두산 동북에 있다 하며, 일설에는 소하강변(蘇河江邊)에 있다고 한다.[346]

2. 조선시대 역사적 강역에 대한 논의

조선시대도 국경 문제가 생기면 역사적인 사실을 들어 논리를 설하였다. 성종 12년

---

345) 『고려사』 권58, 지 권 제12, 지리 3.
346) 『고려사』 권58, 지 권 제12, 지리 3.

(1481) 명나라가 개주(開州)에 위(衛)를 설치하려고 할 때, 양성지(梁誠之)가 임금에게 올린 글을 보면 그 곳이 우리나라 역사와 관계 있는 지역으로 만일 건주위를 설립하는 것을 막아야 한다는 주장을 다음과 같이 한다.

……지금 듣건대 중국이 장차 개주(開州)에 위(衛)를 설치하려 한다고 하는데, 신이 거듭 생각해 보니 크게 염려되는 바가 있습니다. 개주는 … 당 태종(太宗)이 주둔하여 고구려(高麗)를 정벌하였고, 또 요(遼)나라의 유민(遺民)이 여기에 근거하여 부흥(復興)을 도모하였으니, 예나 지금이나 누가 우리나라와 관계있음을 모르겠습니까? ……그러나 명나라에서 그곳에 군대를 주둔시키는 것은 영원한 근심거리입니다. ……생각건대 우리나라는 요수(遼水)의 동쪽 장백산(長白山) 남쪽에 있어서 3면이 바다와 접하고 한쪽만이 육지에 연달아 있으며 지역의 넓이가 만 리(萬里)나 됩니다. 단군(檀君)이 요(堯)와 함께 즉위한 때부터 기자조선(箕子朝鮮)·신라(新羅)가 모두 1000년을 누렸고 전조(前朝)의 왕씨(王氏) 또한 500년을 누렸습니다.

또 중국이 동쪽에 있어서 한(漢)나라·수(隋)나라·당(唐)나라는 군사를 남용하였으나 지키지 못하였고, 요(遼)나라·금(金)나라·원(元)나라는 국경을 접했으면서도 핍박하지 못하였기 때문이라고도 합니다. 신은 평양(平壤)을 점거하였던 중국 세력들의 흥폐(興廢)는 말할 것이 없다고 여깁니다. 고구려가 풍씨(馮氏)의 남은 세력을 근거로 강성해져서 수 양제(煬帝)의 100만 군이 살수(薩水)에서 대패하였고, 당나라 태종은 여섯 차례나 원정하였지만, 요좌(遼左)에서는 공이 없었으며, 한(漢)나라는 비록 평양을 얻었으나 곧 고구려에 점거당하였고, 당나라는 평정하였으나 역시 신라의 소유가 되었습니다. 약간의 굴곡이 있었습니다만, 삼한(三韓)의 법규를 지킨 것은 옛날과 같습니다. 이것은 다름 아니라 한(漢)나라·수(隋)나라·당(唐)나라 모두 관중(關中)에 도읍하여 우리와는 멀리 떨어져 있기 때문입니다. 요(遼)나라는 인국(隣國)이며 적국(敵國)이었으므로, 소손녕(蕭遜寧)의 30만 병사가 하나도 돌아가지 못하였으며, 금(金)나라는 본래 우리나라의 평주(平州) 사람이 세웠으므로 우리나라를 부모의 나라라 하였고, 윤관(尹灌)이 9성(九城)을 쌓은 선춘령(先春嶺)으로 경계를 삼아 금나라가 망할 때까지 군사력을 더하지 않았습니다. 요와 금의 두 나라는 모두 서쪽에 하국(夏國)이 있었고 남쪽에는 대송(大宋)이 있어서 서로 원수 사이였는데, 어느 틈에 말 머리를 동쪽으로 향할 수 있었겠습니까?

……지금 당장에는 무사하다 하여도 500년 후에는 무력(武力)를 남용하는 자와 공 세우기를 좋아하는 자가 없으리라는 것을 어떻게 알겠습니까?[347]

단군조선 때부터 조선조 이전 왕조인 고려 왕조까지 모두 만주 지역과 관련이 있기 때문에 명나라에서 그 땅에 개주 위를 설비하게 놔두어서는 안된다는 논리이다. 연산군 8년(1502) 당시 한치형(韓致亨) 등이 변방 문제에 관하여 논의하면서 "요동(遼東) 같은 땅은 원래 고구려(高句麗) 땅이었으므로 압록강에서 요하(遼河)까지 거주하는 사람이 모두 우리나라 사람입니다"고 주장하고, 명나라가 들어서면서 압록강으로 국경을 삼았다[348]며, 역사적으로 고구려 때는 우리 땅이었다는 것을 강조하였다.

한편 고려시대부터 동북 지역의 국경으로 생각했던 공험진 문제도 항상 중요한 논리로 제기된다. 태종 4년(1404) 계품사 김첨이 여진 지역을 조선에서 관할하기를 청하는 문서와 지도를 가지고 명나라에 갔다. 이때 내세운 논리가 "조사해 보건대, 본국의 동북지방은 공험진(公嶮鎭)에서부터 공주(孔州)·길주(吉州)·단주(端州)·영주(英州)·웅주(雄州)·함주(咸州)같은 고을이 모두 본국의 땅에 소속되어 있다"[349]는 것이었다. 이어서 "공험진 이남이 또 고황제의 '왕국유사(王國有辭)'라는 명령을 입었사오니, 그곳에 살고 있는 여진 후예인 인민들을 본국에서 전과 같이 관할하

---

347) 『성종실록』 134권, 성종 12년(1481) 10월 17일.
348) 『연산군일기』 43권, 연산군 8년(1502) 15년) 4월 30일.
349) 『태종실록』 7권, 4년(1404) 5월 19일.

게 하시면 한 나라가 다행하겠습니다"고 적극적인 외교전을 폈다. 그 결과 조선은 명나라에게 공험진을 경계로 한다는 결과를 얻어냈다.

> 고려의 윤관(尹瓘)은 17만 군사를 거느리고 여진(女眞)을 소탕하여 주진(州鎭)을 개척해 두었으므로, 여진이 지금까지 모두 우리나라의 위엄을 칭찬하니, 그 공이 진실로 적지 아니하다. 관이 주(州)를 설치할 적에 길주(吉州)가 있었는데, 지금 길주가 예전 길주와 같은가. 고황제(高皇帝)가 조선 지도(地圖)를 보고 조서(詔書) 하기를, "공험진(公嶮鎭) 이남은 조선의 경계"라고 하였으니, 경들이 참고하여 아뢰라.[350]

그 뒤 조선에서는 동북 지역의 국경 문제가 발행할 때마다 고려시대 윤관이 개척한 공험진이 기준이 되었다. 이제는 우리도 고조선에서 현재까지 모든 역사에서 우리 국경을 재조명하는 학계의 반성과 분발이 절실한 실정이다. 다시 말해 국경 문제는 우리나라만의 문제가 아니고 상대적이기 때문에 중국의 연구 성과를 면밀히 검토하고, 그에 따른 적극적인 논리 개발이 필요하다고 하겠다.

3. 한국의 국경 문제 의식과 대응 전략

지은이는 1990년 이후 50차례가 넘게 만주 지역을 답사하면서 자연스럽게 백두산, 압록강, 두만강에 대한 관심을 갖게 되었고, 고구려 역사를 연구하면서 틈틈이 국경 문제에 관심을 두고 자료를 수집하였다. 그리고 1980년대 이후 중국이 진행하고 있는 역사적 영토에 관한 연구 경향을 바라보면서 이에 대비한 한국 학계의 대응 논리 개발을 여러 번 촉구한 바 있다. 그러나 아직도 우리나라 국경과 역사 연구가나 기

---

350) 『세종실록』 59권, 15년(1433년) 3월 20일.

관들이 이 문제를 제대로 인식하고 있는 것 같지 않다.

동북공정이 크게 이슈가 되어 '고구려연구재단'을 설립할 때도 나는 "동북공정이 고구려 역사만 왜곡하는 것이 아니니 전체 역사를 아우르는 이름으로 해야 한다"고 주장하였으나, "고구려연구회 회장이 왜 고구려란 이름을 싫어하느냐?"는 어처구니없는 반론을 받아야 했다. 결국은 "국무총리가 지시한 이름이라 바꿀 수 없다"는 한심한 이유로 '고구려연구재단'이란 이름이 생겨났다. 아울러 이런 분위기에 어울리는 인물들이 책임자로 들어서면서 그동안 이 문제에 대해 관심을 두고 연구해 온 전문가들은 설 자리를 잃는 결과를 낳았다.

독도 문제가 다시 크게 이슈로 떠오르자 고구려연구재단은 동북아역사재단이란 새로운 조직에 흡수되고 만다. 그러자 북방 문제에는 전혀 문외한인 일본 전문가가 이사장으로 들어서면서 문제의식은 더욱 희박해졌다. 예산은 대폭 늘어났는데, 이에 합당한 구체적 장기 프로젝트를 마련할 능력을 갖추지 못했다.

당시 동북공정 대응논리 개발 프로젝트를 진행하고 있던 (사)고구려연구회는 동북아역사재단의 기획실장의 요청에 따라 사업계획서를 제출한 적이 있다. "될 수 있으면 많은 아이템을 올려야지 내고가 가능하다"는 실장의 충고에 따라 장기 프로젝트를 포함한 5가지를 제출했는데, 몇 달 동안 답이 없다가 단 한 가지도 지원할 수 없다는 공문이 왔다. 그리고 "턱도 없이 많은 액수를 신청했다"고 뒷소문을 냈다고 한다. 실장은 많이 신청해야 선택해서 지원해 준다더니만, 많이 신청했다고 이사장이 직접 비난하는 상식적으로 이해가 가지 않는 행동을 한 것이다.

지은이가 이런 비사를 이야기 하는 것은 막대한 국가예산을 쓰고 있는 관련 단체에서 바로 역사적 영토에 관한 체계적이고 장기적인 연구를 해야 하는데, 여기에 기대하기 어렵다는 점을 밝히기 위해서이다. 예산이 많기 때문에 엄청난 데이터를 쏟아내고 있지만, 중국의 역사적 영토에 대한 연구에 대응할 만한 장기적이고 체계적인 소프트웨어가 없기 때문이다. 당시 이 논문의 주제가 되는 조·중 국경 문제도 공동 연구를 제안하였다. 그러나 한 마디로 "우리가 이미 하고 있다"며 거절하였다. 그러나 3년이 다 되어가는 현 시점까지도 연구결과는 발표되지 않고 있다. 이처럼

전문가와 전문 단체를 철저히 외면하면서 중국의 용의주도한 국경 문제에 대처할
수 있을지 참으로 걱정이 된다.

이러한 국경과 역사에 대한 의식은 국회의원들도 마찬가지다. 사실 이 책의 주제
가 되는 국경 문제는 국회에서 통일, 외교, 국방 같은 모든 분야에서 당장 정책 대안
을 제시해야 할 시급한 문제이다. 지난 5월 이미 논문 집필을 마치고 새로 들어선
국회의 관련 연구단체인 '한국 외교와 동북아평화연구회', '동북아평화안보포럼',
'한반도 평화와 남북 공동번영을 위한 국회의원 연구모임' 같은 단체들과의 공동
발표 및 토론을 제안해 보았으나 어떤 단체도 의사가 없었다.

지은이는 이러한 연구풍토에 대한 걱정 때문에 우리나라의 '역사적 국경'에 대해
시대별로 각각 연구하여 완성된 『한국 국경사』를 쓰고 싶었다.

Ⅰ. 고조선 시대의 한·중 국경
Ⅱ. 삼국시대 고구려의 한·중 국경
Ⅲ. 고려시대의 한·중 국경
Ⅳ. 조선시대의 한·중 국경

한국 국경에 관한 논의사가 아니라 명실상부하게 각 시대의 우리나라 국경을 새
로운 시각에서 정립하는 것을 뜻한다. 그러나 이 문제는 각 시대를 담당하는 관련
학회와 학자들에게 맡기고, 여기서는 간단히 백두산을 위주로 한 시대별 약사만 첫
째 마당에서 다루었다.

비록 백두산을 중심으로 범위를 좁혀 고찰하였지만 글쓴이의 기본 시각은 충분히
적용하였다고 본다. 사실 조·중 국경조약의 내용을 분석하는 것은 내가 아니라도
능력 있는 학자들이 많다. 문제는 그 동안 그 중요성을 인식하지 못하고 있었던 데
있다. 그러나 국경 문제를 연구할 때 '역사적 강역' 문제가 중요하다는 문제 제기는
앞으로 한국 학계에서 정말 깊은 관심을 가지고 대해 주기 바란다. 이 문제는 기초
연구이면서도 현재의 국경 문제에 바로 적용할 수 있는 실용 연구이기 때문이다.

〈참고문헌〉

1. 저서

姜基碩, 『間島領有權에 관한 研究』, 探究堂, 1979.

강석화, 『조선후기 함경도와 북방영토의식』, 경세원, 2000.

姜昌錫, 『朝鮮統監府 研究』, 國學資料院, 1995.

고구려연구재단 편, 『만주 그 땅, 사람 그리고 역사』, 2005.

동북아역사재단, 『백두산정계비 자료집』, 2006.

高永一, 『中國 朝鮮民族史 研究』, 학연문화사, 1999.

國防部戰史編纂委員會, 『西征錄』, 1989.

金炅春, 『韓·淸國境紛爭史』, 삼광출판사, 1979.

金明基 編, 『間島研究』, 법서출판사, 1999.

김지남 외 저, 이상태 외 역, 『조선시대 선비들의 백두산 답사기』, 혜안, 1998.

孟森, 『滿洲開國史講義』, 北京 中華書局, 2006.

申基碩, 『간도영유권에 관한 연구』, 탐구당, 1979.

楊普景, 『奎章閣 古地圖 解題』(Ⅰ), 서울대학교 규장각, 1993.

양태진, 『한국의 국경 연구』, 동화출판공사, 1981.

梁泰鎭, 『韓國邊境史研究』, 法經出版社, 1989.

梁泰鎭, 『韓國領土史研究』, 法經出版社, 1991.

梁泰鎭, 『韓國國境史研究』, 법경출판사, 1992.

梁泰鎭, 『近世韓國疆域論考』, 京仁文化社, 1999.

양태진, 『우리나라 영토 이야기』, 예나루, 2007.

吳世昌, 金正柱 編, 『間島問題』(Ⅰ), 東京, 韓國史料研究會, 1968.

유정갑, 『북방영토론』, 법경출판사, 1991.

陸洛現 편, 『白頭山定界碑와 間島領有權』, 백산자료원, 2000.

육락현 편, 『韓民族의 間島疆界』, 白山文化, 1994.

이상태, 『한국 고지도 발달사』, 혜안, 1999.

李漢基, 『韓國의 領土』, 서울대학교 출판부, 1969.

篠田治策, 『白頭山定界碑』, 東京, 樂浪書院, 1938.(시노다 지사쿠 저, 신영길 역, 『간도
는 조선 땅이다. 백두산정계비와 국경』, 지선당, 2005.)

趙正階, 『長白山鳥類志』, 吉林科學技術出版社, 1985.

中央研究院近代史研究所 編, 『清季中日韓關係史料』第3卷, 1980.

中央研究院近代史研究所 編, 『清光緒朝中日交涉資料』, 1980.

최소자, 『淸과 朝鮮』, 혜안, 2005.

幣原坦, 『間島の國境問題』, 東洋協會調査部, 1909.

洪商杓, 『間島 獨立運動小史』, 平澤 한광高等學校, 1966.

2. 논문

姜錫和, 「白頭山 定界碑와 間島」, 『한국사연구』(95), 1996.

姜錫和, 「1712년의 朝·淸 定界와 18세기 조선의 北方 經營」, 『진단학보』(79). 1995.

강석화, 「白頭山定界碑와 間島」, 『韓國史研究』(96), 1997.

姜昌錫, 「統監府의 間島政策研究 統監府의 間島干與를 中心으로」, 東義大學校 『東義
論集』(14), 1987.

姜昌錫, 「統監府의 間島政策研究 – 統監府의 間島積極策을 中心으로__」, 東義大學校
『東義史學』(3), 1987.

姜昌錫, 「統監府의 間島政策 研究 – 間島領有權 交涉過程을 中心으로」, 東義大學校 史
學科 史學會 『東義史學』(4), 1988.

高承濟, 「間島移民史의 社會經濟史的 分析」, 『白山學報』(5), 白山學會, 1968.

國會圖書館 編, 『間島領有權關係拔萃文書』, 1975.

권구훈, 「日帝의 統監府間島派出所 設置와 性格」, 『韓國獨立運動史』(6), 1992.

金炅春, 「頭滿江 下流의 Korea Irredenta에 대한 一考」, 『백산학보』(30·31), 1985.

金炅春, 「두만강 하류지역에 있어서의 국경 분쟁」, 『동국사학』(19·20), 1986.

金炅春, 「鴨綠, 豆滿江 國境問題에 관한 研究」, 國民大 大學院 國史學科 博士學位論文,
1997.

金炅春, 「朝鮮朝 後期의 國境線에 대한 一考-無人地帶를 중심으로-」, 『백산학보』(29),
1984.

金炅春,「한청국경문제 신 연구」, 연세대학교 석사학위 논문, 1969.

金九鎭,「公嶮鎭과 先春嶺碑」,『백산학보』(21), 1976.

金聲鈞,「柵門雜考」,『백산학보』, 1972.

金龍國,「白頭山考」,『백산학보』(8), 1970.

김우준,「韓·中 및 韓·日間 外交紛爭 間島, 獨島 및 東海問題 中心으로」,『白山學報』
　　　(57), 백산학회, 2000.

김정호,「국제법상 간도영유권에 관한 연구」, 명지대 대학원 박사학위 논문, 2001.

김주용,「日帝의 間島 金融政策에 관한 硏究」, 韓國民族運動史研究會『韓國民族運動史
　　　研究』(24), 2000.

金燦奎,「間島의 領有權」,『韓國北方學會論集』創刊號, 1995.

김춘선,「鴨綠·豆滿江 국경문제에 관한 한·중 양국의 연구동향」,『韓國史學報』(12),
　　　2002.

金春善,「1900~1920年代 北間島地域 韓人의 土地所有權問題」,『歷史問題研究』(3),
　　　歷史問題研究所, 1998.

金春善,「北間島地域 韓人社會의 形成과 土地所有權問題」,『全州史學』(6),
　　　全州大學校 歷史問題研究所 1998.

金春善,「北間島地域韓人社會形成研究」, 國民大學校 大學院 國史學科 博士學位 論文.
　　　1999.

金慧子,「朝鮮後期北邊越境問題研究」,『梨大史苑』(18·19), 1982.

內藤虎次郎 編,「間島問題調査書」,『間島領有權關係拔萃文書』, 國會圖書館, 1939.

盧啓鉉,「東間島歸屬問題를 論함」, 延世大學校 大學院 碩士學位論文, 1958.

盧啓鉉,「間島協約에 관한 外交史的 考察」,『大韓國際法學會論叢』11卷 1號, 1966.

盧泳暾,「白頭山地域에 있어서 北韓과 中國의 國境紛爭과 國際法」,『國際法學會論叢』
　　　(68), 1990.

盧永暾,「北方政策과 間島領有權問題」,『如山韓昌奎博士華甲紀念現代公法의諸問題』,
　　　1993.

盧永暾,「소위 淸日間島協約의 效力과 韓國의 間島領有權」,『國際法學會論叢』(40-2),
　　　1995.

盧泳暾,「청·일 간도협약의 무효와 한국의 간도영유권」,『間島學報』(1), 韓國間島學會,
　　　2004.

노영돈, 「한국 근대의 북방영토와 국경문제」, 『한국사론』(41), 국사편찬위원회, 2004.

滿鮮東亞經濟調查局, 「間島問題의 經緯」, 『東亞』 1冊 10卷, 東京, 1931.

박동기, 「統一韓國에 있어서 北方領土에 關한 硏究」, 조선대정책대학원석사학위논문, 1999.

박선영, 「한·중 국경 획정의 과거와 현재 : 유조변, 간도협약, 북중비밀국경조약 분석을 중심으로」, 『북방사논총』(4), 2005.

박선영, 「백두산정계비와 화이질서」, 『중국학보』, 2007.

박시우, 「백두산 지역 영토분쟁에 관한 연구」, 연세대학교 석사학위 논문, 1992.

朴容玉, 「간도문제」, 『한국사론』(5), 1978.

朴容玉, 「白頭山 定界碑 建立의 再檢討와 間島領有權」, 『백산학보』(30·31), 1985.

박태근, 「1860년 북경조약과 한·로국경의 성립」, 『영토문제연구』 창간호, 1983.

裵祐晟, 「古地圖를 통해 본 18세기 北方政策」, 『奎章閣』(18), 1995. 白山學會 編, 『間島領有權問題論攷』, 白山資料院, 2000.

백충현, 「백두산 천지 양분설의 국제법적 평가」, 『북한』(152), 북한연구소, 1984.

徐炳國, 「朝鮮 前期 對女眞 關係史」, 『국사관논총』(14), 1990. 9.

孫春日, 「淸代 江北開拓과 韓人에 대한 土地政策」, 『淸溪史學』(13), 韓國精神文化硏究院 淸溪史學會 1997.

宋炳基, 「東北·西北界의 收復」, 『한국사』(9), 1979.

申基碩, 「間島歸屬問題」, 『중앙대학교30주년기념논문집』(인문사회과학편), 1955.

양태진, 「남북한의 한국 영토문제 인식에 관한 고찰 : 특히 북한 측의 국경, 영토문제에 대한 대응측면을 중심으로」, 『통일연구』(1), 서경대 통일문제연구소, 1996.

梁泰鎭, 「두만강 하류 연안의 신·구토자비와 북방삼각지대의 국경영토 문제에 관한 논고」, 『박영석교수화갑기념 한국사학논총』(하), 1995.

梁泰鎭, 「豆滿江國境河川論攷」, 『軍史』 第6號, 1985.

劉鳳榮, 「白頭山定界碑와 間島問題」, 『백산학보』(13), 1972.

윤문식, 「間島 領土問題에 관한 一硏究」, 高麗大學校 敎育大學院 碩士學位論文, 1995.

윤종설, 「간도와 북중 국경선 조약의 통일한국에 대한 효력」, 『간도연구』, 법서출판사, 1999.

李燉帥, 「18세기 서양고지도 속에 나타난 북방영토」, 『間島學報』(1), 韓國間島學會, 2004.

李瑄根,「白頭山과 間島問題」,『역사학보』(17·18), 1962.

李宣根,「白頭山과 間島問題 回想되는 우리 疆域의 歷史的 受難 」,『동빈 김상기 교수 화갑기념 사학논총』, 1962.

李日杰,「間島協約에 關한 研究」, 성균관대학교 박사학위 논문, 1990.

李日杰,「間島紛爭과 國際關係」,『政治外交史論叢』(14), 韓國政治外交史研究會, 1996.

이종걸,「북중 국경선 조약의 국제연합에의 미등록의 효력」,『간도연구』, 법서출판사, 1999.

李漢基,「間島歸屬에 관한 國際法的 考察」,『研究報告書(社會科學系)』28, 文教部, 1969.

李漢基,「領土取得에 관한 國際法 研究」,『白頭山定界碑와 間島領有權』, 白山資料院, 2000.

林正和,「間島問題에 關する日受·淸 交流經緯」,『駿台史學(10), 明治大學校 史學地理學 會,東京, 1960.

鄭全澤,「白頭山과 國境問題 Ⅰ」,『군사평론』(229), 육군대학, 1982.

鄭全澤,「白頭山과 國境問題 Ⅱ」,『군사평론』(231), 육군대학, 1983.

丁春水,「間島紛糾의 歷史的 回顧」,『新東亞』(38), 1967.

趙珖,「朝鮮 後期의 邊境意識」,『백산학보』(16), 1974.

朝鮮總督府,「統監府時代 間島 韓民族保に關する施設」, 朝鮮總督府, 1930.

篠田治策,『白頭山定界碑』, 樂浪書院, 1938. (2000년 경인문화사 영인)

시노다 지사쿠 저, 신영길 역,『간도는 조선 땅이다. 백두산정계비와 국경』, 지선당, 2005

篠田治策,「統監府間島派出所の 史的概要」,『稻葉博士 還曆記念 滿鮮史論叢』, 1938.

中井喜太郎 編,「間島問題沿革」,『間島領有權關係拔萃文書』, 國會圖書館, 1939.

車用杰,「兩江地帶의 關防體制 研究試論」,『군사』(1), 1980.

崔長根,「日帝의 韓國 ‘保護國化’ 過程에 관한 一考察 －國際關係的 側面에서 間島 政 策과 관련하여 」,『韓國學報』(89), 一志社, 1997.

崔長根,「韓國統監 伊藤博文의 間島領事政策 構想과 背景 －國際關係的 측면에서의 一 考察 －」,『白山學報』(48), 1997.

崔長根,「韓中國境問題研究 日本의 領土政策史的 考察」, 白山資料院, 1998.

추월망,「統監府 間島派出所의 設置動機」,『史叢』(26), 高麗大學校 史學會, 1982.

한철호, 「근대 한·중 국경조약과 국경문제의 연구 현황과 과제」, 『한·중관계사 연구의 성과와 과제』, 국사편찬위원회, 2003.

홍종필, 「間島地方 朝鮮人 移民의 敎育에 대한 中·日의 壓迫에 대하여」, 『귀천 원유한 교수 정년기념논총』(상), 혜안, 2000.

넷째 마당

부록

◀ 번역문 ▶ 　　　　　(一) 국경(邊境)[349]

(邊界)

조선민주주의인민공화국과 중화인민공화국 국경조약

중화인민공화국 주석과 조선민주주의인민공화국 최고인민회의 상임위원회에서는 마르크스레닌주의와 무산계급 국제주의라는 원칙을 바탕으로, 두 나라 사이에 역사적으로 남아 있는 국경 문제를 모두 해결하고, 두 나라 인민의 근본이익에 들어맞고, 아울러 두 나라의 형제 같은 우정을 굳게 하고, 강화하는 데 도움이 된다는 것을 굳게 믿는다. 이를 위해 이 조약을 맺기로 결정하여, 각각 아래와 같은 전권대표들을 파견한다.

중화인민공화국 주석은 중화인민공화국 국무원 총리 주언라이를 특파하고, 조선민주주의인민공화국 최고인민회의 상임위원회에는 조선민주주의 인민공화국 내각 수상 김일성을 특파한다.

양쪽 전권대표들은 서로 전권증서(全權證書)를 살펴보고, 합당하다고 인정한 뒤, 아래와 같은 각 조항을 협의하여 결정한다.

제1조

조약을 맺는 두 나라의 동의 아래, 두 나라 국경을 아래와 같이 확정한다.

1. 백두산 천지 위 국경선은 백두산 천지를 에워싼 산등성마루 서남 구간 2520m

---

349) [옮긴이 주] 이 조약문의 원본은 중국말로 되어 있는 것을 한글로 옮긴 것이다(2006년 5월 13일 마침). 그러나 원래 한글로 된 문서가 있기 때문에 많은 내용과 용어가 다를 수 있다. 그렇기 때문에 내용을 파악하는 데 쓸 수 있어도 조약문을 인용하는 데는 분명한 한계가 있다는 것을 밝혀 둔다.

고지와 2664m고지 사이 안장부분의 대략적인 중심점에서 시작하여 맞은편 상등성마루 2628m고지와 2680m고지 사이 안장부분의 대략적인 중심점까지 동북쪽으로 곧은 선을 그어 서북 부분은 중국에 속하고 동남 부분은 조선에 속한다.

2. 천지 이남의 국경선은 위에서 말한 산등성마루 2520m고지와 2664m고지 사이 안장 부분의 대략적인 중심점에서 시작하여, 그 산등성마루를 끼고 대략 동남쪽으로 가 산등성마루 맨 남쪽 끝 한 지점까지 이어지고, 그 뒤 산등성마루를 떠나 직선으로 동남쪽으로 가다 2469m 고지를 지나 2071m 고지에 이르러, 동쪽 압록강 상류와 이 고지에서 가장 가까운 작은 지류상의 한 지점에 이른다. 이 국경선은 작은 지류에서 흐르는 물의 가운데 선을 따라 내려가다가 작은 지류가 압록강으로 흘러 들어가는 곳까지이다.

3. 위에서 말한 2,071m고지 동쪽의 압록강 상류와 그 고지에서 가장 가까운 작은 지류가 압록강으로 흘러드는 곳에서 시작하여 압록강 어귀까지의 압록강을 경계로 한다. 압록강 어귀에 있는 조선의 소다사도(小多獅島) 남쪽 맨 끝에서 시작하여, 신도(薪島) 북쪽 끝을 거쳐 중국 대동구(大東溝) 남쪽 돌출한 부분의 가장 남쪽 끝을 이은 직선을 압록강과 황해를 나누는 경계선으로 한다.

4. 천지 동쪽의 국경선은 위에서 말한 산등성마루 2628m고지와 2680m고지 안장 부분의 대략적인 중심점에서 시작하여 동쪽을 향해 직선으로 2114m고지에 이르고, 다시 직선으로 1992m고지에 이르고, 다시 직선으로 1956m고지를 거쳐 1562m고지에 이르고, 다시 직선으로 1332m고지에 이르고, 다시 직선으로 두만강(圖們江) 상류의 지류인 홍토수(紅土水)와 북면의 한 지류가 만나는 합수머리(1283m고지 북쪽)에 이른다. 이 국경선은 홍토수 물 흐름의 가운데 선을 따라 내려가면 홍토수(紅土水)와 약류하(弱流河)가 만나는 합수머리에 이른다.

5. 홍토수와 약류하가 만나는 합수머리에서 시작하여 조·중 국경 동쪽 끝 마지막 점까지를 두만강(圖們江)의 경계로 한다.

제2조

조약을 맺은 두 나라의 동의에 따라, 국경선 강안에 있는 섬과 모래섬(沙洲)은 아래와 같은 규정에 따라 나눈다.

1. 이 조약을 체결하기 전에 이미 한쪽의 공민(公民)이 살고 있거나 농사를 짓고 있는 섬과 모래섬은 그 국가의 영토가 되며, 다시 고쳐 바꾸지 않는다.

2. 이 조 1항에서 말한 이외의 섬과 모래섬은 중국 쪽 기슭과 가까운 곳은 중국에 속하고 조선 쪽 기슭과 가까운 곳은 조선에 속하며, 두 기슭의 한가운데 있는 것은 두 나라가 협상을 통해서 그 귀속을 확정한다.

3. 한쪽 강기슭과 그 소속된 섬 사이에 있는 섬과 모래섬은 비록 다른 한쪽 강기슭에 가깝거나 두 기슭의 한 가운데 있다고 하더라도 해당국의 소유이다.

4. 이 조약을 체결한 뒤 국경 강에서 새로 나타난 섬과 모래섬은 이 조의 제2항과 제3항의 규정에 따라 그 귀속을 확정한다.

제3조

조약을 맺은 두 나라는 다음 일을 동의한다.

1. 압록강과 두만강 국경의 너비는 언제나 모두 수면의 너비를 기준으로 한다. 두

나라 국경 강은 두 나라가 공유하여, 두 나라가 공동으로 관리하고, 공동으로 사용하는데, 항행(航行), 고기잡이, 강물의 사용 같은 것도 마찬가지다.

2. 압록강 어귀 밖 조·중 두 나라 해역에 대한 구분은, 강과 바다 분계선상인 E 124° 10′ 6″의 한 지점에서 시작하여, 대략 남쪽으로 곧게 가서 공해에 이르러 끝나는 한 선을 두 나라의 해상분계선으로 해서 서쪽 해역은 중국에 속하고 동쪽 해역은 조선에 속한다.

3. 압록강 어귀 강과 바다의 분계선 밖 E 123° 59′에서 E 124° 26′ 사이의 해역은 두 나라의 모든 선박이 자유롭게 항행할 수 있으며 제한을 받지 않는다.

제 4조

조약을 맺은 두 나라는 다음 일을 동의한다.

1. 이 조약을 체결한 뒤 바로 양국국경연합위원회(兩國邊界聯合委員會)를 구성하여, 이 조약의 규정에 따라 국경을 답사하고, 경계 푯말을 세우고, 국경 강 안의 섬과 모래섬의 귀속을 확정한 뒤, 의정서 초안을 작성하고 국경지도를 그린다.

2. 이 조 1항에서 말한 의정서와 국경 지도는 두 나라 정부의 대표들이 서명하면 바로 이 조약에 덧붙인 문건이 되며, 연합회의 임무는 끝난다.

제 5조

이 조약은 반드시 비준을 거쳐야 하며, 비준서는 빠른 시일 안에 북경에서 교환한다. 이 조약은 비준서를 교환한 날부터 효력을 발생한다.

이 조약을 체결하기 전의 두 나라 국경에 관한 모든 문건은 조·중 양국 정부대표단이 1962년 10월 3일 체결한 조·중 국경 문제에 대한 회담기록(會談紀要)을 빼놓고는 모두 이 조약 4조에서 말한 의정서가 효력을 발행한 날부터 효력을 잃게 된다.

이 조약은 1962년 10월 12일 평양에서 체결하였고, 모두 2부이며, 각각 모두 중국어와 조선 말로 씌어졌으며 두 가지 원문은 모두 같은 효력을 가진다.

중화인민공화국   조선민주주의인민공화국

전권 대표   전권 대표

주언라이(朱恩來)   김일성

(서명)   (서명)

中朝、中苏、中蒙
有关条约、协定、议定书汇编

吉林省革命委員会外事办公室編印

1974．6

（一）边　　境

（边　界）

中华人民共和国和朝鲜民主主义
人民共和国边界条约

中华人民共和国主席和朝鲜民主主义人民共和国最高人民会议常任委员会，深信根据马克思列宁主义和无产阶级国际主义的原则，全面解决两国间历史上遗留下来的边界问题，符合两国人民的根本利益，也有助于巩固和加强两国间的兄弟般的友谊；为此，决定缔结本条约，并各派全权代表如下

中华人民共和国主席特派中华人民共和国国务院总理周恩来；

朝鲜民主主义人民共和国最高人民会议常任委员会特派朝鲜民主主义人民共和国内阁首相金日成。

双方全权代表互相校阅全权证书，认为妥善后，議定下列各条：

第 一 条

締約双方同意，两国的边界确定如下：

一、白头山天池上的边界綫，自白头山上围繞天池一周的山脊的西南段上的2520高地和2664高地間的鞍部的大体上的中心点起，向东北以直綫穿过天池到对岸山脊上的2628高地和2680高地間的鞍部的大体上的中心点止，其西北部分属于中国，东南部分属于朝鲜。

二、天池以南的边界綫，自上述山脊上的2520高地和2664高地間的鞍部的大体上的中心点起，沿该山脊大体东南行到該山脊最南端的一点，然后离开山脊以直綫向东南經2469高地到2071高地以东的鸭綠江上游与该高地最近的一小支流上的一点，从此界綫即順该小支流的水流中心綫而下，到该小支流流入鸭綠江处。

三、从上述2071高地以东的鸭綠江上游与該高地最近的一小支流流入鸭綠江处起到鸭綠江口止，以鸭綠江为界。鴨綠江口处，从朝鮮的小多獅島最南端起經薪島北端到中国大东沟以南的突出部最南端止所連成的直綫，作为鴨綠江和黄海的分界綫。

四、天池以东的边界綫，自上述山脊上的2628高地和2680高地間的鞍部的大体上的中心点起，向东以直綫到2114高地，再以直綫到1992高地，再以直綫經1956高地到1562高地，再以直綫到1332高地，再以直綫到图們江上游支流紅土水和北面一支流的汇合处（1283高地以北），从此界綫即順紅土水的水流中心綫而下到紅土水和弱流河汇合处。

五、从紅土水和弱流河汇合处起到中朝边界东端終点止，以图們江为界。

第 二 条

締約双方同意，界河中的島嶼和沙洲按照下列規定划分：

一、在本条約签訂前，已由一方公民定居或耕种的島嶼和沙洲，即成为該方的領土，不再改变；

二、本条第一款所述以外的島嶼和沙洲，靠近中方一岸的属于中国，靠近朝方一岸的属于朝鲜，位于两岸正中的由双方协商确定其归属；

三、位于一方河岸和其所属的島嶼之間的島嶼和沙洲，虽然靠近另一方的河岸或在两岸正中，仍然归該方所有；

四、在本条約签訂后，界河中新出現的島嶼和沙洲，根据本条第二款和第三款的规定确定其归属。

第 三 条

締約双方同意：

一、鴨綠江和图們江上边界的寬度，任何时候都以水面的寬度为准。两国間的界河为两国共有，由两国共同管理、共同使用，包括航行、漁猎和使用河水等。

二、鴨綠江口外，中朝两国海域的划分，确定从江海分界綫上的东經124度10分6秒的一点起大体向南直到公海为止的一綫为两国的海上分界綫，以西的海域属于中国，以东的海域属于朝鲜。

三、在鴨綠江口江海分界綫以外，自東經123度59分至東經124度26分間的海域， 两国的一切船舶都可以自由航行，不受限制。

第 四 条

締約双方同意：

一、本条約签訂后即成立两国边界联合委員会，根据本条約的规定勘察边界、树立界桩和确定界河中島屿和沙洲的归属，然后草拟一項議定书和繪制边界地图。

二、本条第一款所述的議定书和边界地圖經两国政府代表签字后，即成为本条約的附件，联合委員会的任务即告終止。

第 五 条

本条約須經批准，批准书应尽速在北京互換。

本条約自互換批准书之日起生效。

本条約签訂前的一切有关两国边界的文件，除1962年10月3日签訂的中朝两国政府代表团关于中朝边界問题的会談紀要以外，均自本条約第四条所述的議定书生效之日起即行失效。

　　本条約于1962年10月12日在平壤签訂，共两份，每份都用中文和朝文写成，两种文本具有同等效力。

中 华 人 民 共 和 国　　朝鮮民主主义人民共和国
　　　全权代表　　　　　　　　全权代表
　　　周 恩 来　　　　　　　　金 日 成
　　　（签字）　　　　　　　　（签字）

◀ 번역문 ▶

조선민주주의인민공화국 정부 대표단과 중화인민공화국 정부 대표단의 조·중 국경 문제에 관한 회담기록

중화인민공화국 외교부 부부장 지평페이(姬鵬飛)를 단장으로 외교부 제2 아주사(亞洲司) 사장(司長) 조우치우예(周秋野), 외교부 조약법률사(條約法律司) 부사장(副司長) 샤오티엔런(邵天任)을 단원으로 하는 중화인민공화국 정부대표단과 조선민주주의인민공화국 외무성 부상 류장식(柳章植)을 단장으로 외무성 3국 국장 허석신(許錫信), 외무성 조약법규국 부국장 백일곤(白日坤)을 단원으로 하는 조선민주주의인민공화국 정부 대표단은 두 나라 정부가 조·중 국경 문제에 대해 이룩한 기본 협의를 바탕으로 1962년 9월 26부터 10월 2일까지 평양에서 조·중 양국 국경 문제를 전면적으로 해결하는 구체적인 문제와 기술적인 문제에 대하여 회담을 가졌다. 회담은 우호적인 분위기 속에서 진행 되었으며 합의를 이룬 것은 아래와 같다.

1. 양쪽이 작성한 조·중 국경조약 초안은 양쪽의 일치된 동의를 거쳐 마지막 마무리를 지은 문건이 되며, 두 나라 총리와 수상의 서명이 있어야 한다. 서명 날짜는 앞으로 외교 경로를 통해 상의하여 결정한다. 조약 초안을 뒤에 덧붙인다.

2. 압록강 어귀 강과 바다의 분계선은 조선의 소다사도(小多獅島) 남쪽 맨 끝에서 시작하여, 신도(薪島) 북쪽 끝을 거쳐, 중국 대동구(大東溝) 남쪽 돌출한 부분의 가장 남쪽 끝을 이은 직선으로 한다.

3. 압록강 어귀 밖의 조·중 두 나라의 해역에 대한 구분은 강과 바다 분계선상 E 124° 10′ 6″ 지점에서 시작하여 대략 남쪽으로 곧게 가서 공해에 이르러 끝나는 한 선을 두 나라의 해상 분계선으로 해서 서쪽 해역은 중국에 속하고 동쪽 해역은 조선에 속한다. 위에서 말한 해상 분계선의 구체적 위치는 앞으로 조·중국경연합위원회에서 조사하여 확정한다.

4. 압록강 어귀 강과 바다의 분계선 밖 E 123° 59′ 에서 E 124° 26′ 사이의 해역은 두 나라의 모든 선박이 자유롭게 항행할 수 있으며 제한을 받지 않는다. 이 항과 조·중 국경조약 제 3조 3항에서 말한 '두 나라의 모든 선박'에는 군사용 잠수함도 포함된다.

5. 국경선 강안에 있는 섬과 모래섬의 귀속 문제에서 조·중 국경조약을 체결하기 전 이미 한쪽의 공민(公民)이 살고 있거나 농사를 짓고 있는 섬과 모래섬은 그 국가의 영토가 되며 다시 고쳐 바꾸지 않는다. 그 밖의 현재 있는 것과 앞으로 생기는 섬과 모래섬은 중국 쪽 기슭과 가까운 곳은 중국에 속하고 조선 쪽 기슭과 가까운 곳은 조선에 속하며, 두 기슭의 한가운데 있는 것은 두 나라가 협상을 통해서 그 귀속을 확정한다. 다만 한쪽 강기슭과 소속된 섬 사이에 있는 섬과 모래섬은(앞으로 나타날 섬과 모래섬을 포함하여) 비록 다른 한쪽 강기슭이나 두 기슭의 한 가운데 있다고 하더라도 해당국의 소유이다.

6. 압록강과 두만강 상의 국경 너비는 해당 국경 강의 수면 너비로 이해하여야 하고, 한 나라의 경내에서 발원하여 국경 강으로 흘러드는 지류는 포함하지 않으며, 한 쪽이 국경 강과 이어져 있지만 한 나라의 영토 안에 있는 호수 수역으로 흘러드는 것도 포함하지 않는다.

7. 조·중국경의정서가 효력을 발생한 뒤, 두 나라는 각자 출판한 지도에 조·중 국

경에 대한 아래와 같은 규정에 따라 그려 넣어야 한다.

갑 : 백두산 천지 지역의 조·중 국경선은 조·중 국경조약에 덧붙인 지도에 있는
국경선의 위치를 국경선 표시로 그려 넣어야 한다.

을 : 다른 색깔을 써서 두 나라의 영토를 구별하는 지도에서, 국경 표시가 서로
엇갈리는 곳은 반드시 국경 강의 양쪽 기슭에 표시해야 한다. 국경이 있는
강안에 있는 섬은 제각기 해당 국가의 색깔을 칠해 그 귀속을 밝혀야 한다.

병 : 비례자(比例尺)가 작은 색깔이 있는 지도에서, 국경 표시가 서로 엇갈리는
곳은 반드시 국경 강의 양쪽 기슭에 표시해야 하고, 아울러 상대국 강기슭에
색 띠를 그려 넣을 수 있으며, 국경에 있는 강안에 있는 섬은 (조), (중)으로
표시해 귀속을 분명하게 해야 한다.

정 : 단색지도와 지형도에서는 비례자가 크고 작은 것을 가리지 않고 모두 양쪽
강기슭이 엇갈리는 곳에 국경 표시를 하고, 국경에 있는 강안에 있는 섬은
(조), (중)으로 표시해 귀속을 분명하게 해야 한다.

8. 조·중국경연합위원회는 외교부 사장(司長)이나 부사장(副司長)급 수석대표 한
사람과 대표 약간 명으로 구성한다. 필요할 때는 고문 약간 명을 임명하고 그
아래 몇 개의 조사팀(小組)을 둘 수 있다. 국경연합위원회의 구성문제에 관한
것은 외교 경로를 거쳐 따로 상의한다. 조·중국경연합위원회는 조·중 국경조
약을 체결한 뒤 업무를 시작하여, 조·중 국경조약의 관련 규정에 따라 국경을
조사하고, 경계 푯말을 세우고, 국경이 있는 강안의 섬과 모래섬에 대한 귀속
을 확정한 뒤, 의정서를 초안하고 국경지도를 만든다.

위에서 말한 의정서와 국경지도는 두 나라 외교부 부장이나 부부장 또는 국경연합위원회 양쪽 수석대표가 서명하며, 서명한 뒤 그 의정서와 지도는 조·중 국경조약의 부대조건이 된다.

이 회담 기록은 1962년 10월 3일 평양에서 서명하며, 모두 2부이고, 각 부수마다 한글과 한문으로 씌어졌으며, 두 가지 번역문은 모두 같은 효력을 가진다.

본 회담 기록은 서명한 날부터 효력을 갖는다.

중화인민공화국　　　　　　　조선민주주의 인민공화국

정　　　　부　　　　　　　　정　　　　부

대표단 단장　　　　　　　　　대표단 단장

지펑페이(姬鵬飛)　　　　　　류장식

(서명)　　　　　　　　　　　(서명)

中华人民共和国政府代表团和
朝鲜民主主义人民共和国政府代表团
关于中朝边界问题的会谈纪要

以中华人民共和国外交部副部长姬鹏飞为团长，以外交部第二亚洲司司长周秋野、外交部条约法律司副司长邵天任为团员的中华人民共和国政府代表团和以朝鲜民主主义人民共和国外务省副相柳章植为团长，以外务省三局局长許錫信、外务省条约法规局副局长白日坤为团员的朝鲜民主主义人民共和国政府代表团根据两国政府关于解决中朝边界问题所达成的基本协議，自1962年9月26日至10月2日在平壤就有关全面解决中朝两国边界问题的具体問題和技术性问题进行了会談。会談是在友好气氛中进行的，幷达成协议如下：

一、双方拟定的中朝边界条約草案，业經双方一致同意，即作为最后定稿，以备两国总理和首相签字。关于签字的日期，将通过外交途径商定。条約草案附后。

二、鴨綠江口处的江海分界線是：从朝鲜的小多狮岛最南端起經薪岛北端到中国大东沟以南的突出部最南端止所連成的直線。

三、鴨綠江口外，中朝两国海域的划分，确定从江海分界線上的东經124度10分6秒的一点起大体向南直到公海为止的一線为两国的海上分界線，以西的海域属于中国，以东的海域属于朝鲜。上述海上分界線的具体位置，将由中朝边界联合委员会勘察确定。

四、在鴨綠江口的江海分界線以外，自东經123度59分至东經124度26分間的海域，两国的一切船舶都可以自由航行，不受限制。本款和中朝边界条約第三条第三款所述的"两国的一切船舶"应包括軍用舰艇在內。

五、关于界河中島屿和沙洲的归属問題，在中朝边界条約签訂前，已由一方公民定居或耕种的島屿和沙洲，即成为該方的領土，不再改变。其他现有的和以后出現的島嶼和沙洲，靠近中方一岸的属于中国，靠近朝方一岸的属于朝鮮，位于两岸正中的由双方协商确定其归属。但是，位于一方河岸和其所属的島嶼之间的島嶼和沙洲（包括以后出現的島嶼和沙洲），虽然靠近另一方的河岸或在两岸正中，仍然归該方所有。

六、鴨綠江和图們江上边界的宽度应理解为各該界河水面的宽度，不包括发源于一方境內而流入界河的支流，也不包括仅有一面与界河相連而深入一方領土的湖狀水域。

七、中朝边界議定书生效后，在两国各自出版的地图上，对于中朝边界应按下列规定繪制：

甲、白头山天池地区的中朝国界綫应按中朝边界条約附图上的界限位置以国界符号繪出。

乙、在用不同颜色区别两国領土的地图上，应将国界符号交錯地标在界河的两岸；界河中各自的島嶼，应分別按照各該国家領土的颜色着色，以表明其归属。

丙、在小比例尺的有色地图上，应将国界符号交錯地标在界河的两岸，并可在对方江岸上画出色带；界河中的島屿分别以文字（中）、（朝）注明其归属。

丁、在单色图和地形图上，不論比例尺大小，均在两方江岸交錯地标出国界符号；界河中的島屿分别以文字（中）、（朝）注明其归属。

八、中朝边界联合委員会由外交部司长或副司长级的首席代表一人和代表若干人组成，必要时可任命顾問若干人，下設若干个勘察小組。有关边界联合委員会的组成問題将通过外交途径另行商定。

中朝边界联合委員会应在中朝边界条約签訂后开始工作，根据中朝边界条約中的有关规定，勘察边界、树立界桩和确定界河中島屿和沙洲的归屬，然后草拟一项議定书和繪制边界地图。

上述議定书和边界地图可由两国外长或副外长或边界联合委員会双方首席代表签字，签字后該議定书和地图即成为中朝边界条約的附件。

本会談紀要于1962年10月3日在平壤签字，共两份，每份都用中文和朝文写成，两种文本具有同等效力。

本会談紀要自签字之日起生效。

中 华 人 民 共 和 国　　　　朝鮮民主主义人民共和国
政　　　　　　　　府　　　政　　　　　　　　府
　　代表团团长　　　　　　　　代表团团长
　　　姬 鹏 飞　　　　　　　　　柳 章 植
　　　（签字）　　　　　　　　　（签字）

중화인민공화국 정부의 조·중 국경에 관한 의정서

　　조선민주주의인민공화국 정부와 중화인민공화국 정부는 조·중 국경연합위원회에서 1962년 10월 12일 검토한 조·중 국경조약의 규정을 바탕으로 평등한 협상, 우호적인 합작을 통해 두 나라 국경에 대한 실지조사, 푯말 설치, 국경 강에 있는 섬과 모래섬의 귀속 확정에 대한 임무를 원만하게 마쳤으며, 두 나라의 국경을 명확하게 하고 구체적인 위치를 조사하여 결정하였다. 이는 두 나라의 마르크스·레닌주의와 무산계급국제주의를 바탕으로 세워진 위대한 단결을 더욱 단단하게 하고 형제 같은 우의를 만들어내는 데 공헌하였다. 이에 조·중 국경조약 4조의 규정을 바탕으로 이 의정서를 체결한다.

총　　　칙

제1조

　　조·중 두 나라의 국경은 조·중 국경연합위원회에서 이미 합의한 조·중 국경조약(이하 국경조약이라 줄여서 부른다) 4조의 규정을 바탕으로 현지답사를 통해 결정하였다. 두 나라는 국경조약 1조 1항, 2항, 4항에서 말한 백두산 지구 국경선을 답사 측량하고 경계 푯말을 세워 정식으로 표(標)를 정하였다. 국경조약 1조 3항과 5항에서 말한 압록강과 두만강 국경 강을 답사하고 국경 강안에 있는 섬과 모래섬의 귀속을 확정하였고, 압록강 어귀 강과 바다의 분계선을 답사·결정하여 강과 바다의 분계선 표지(標識) 3개를 세웠다. 국경조약 3조 2항의 규정을 바탕으로 압록강 어귀 밖에 조·중 두 나라의 해상 분계선을 명확히 구분하였으며, 국경조약 3조 3항에서 말한 압록강 어귀 강과 바다의 분계선 밖에서 두 나라의 자유항행구역을 구체적으로 확정하였다.

위에서 말한 각 항은 이 의정서에서 구체적으로 서술을 하였고, 자유항행구역을 빼놓고는 모두 "조·중 국경조약에 덧붙인 지도"(앞으로 '덧붙인 지도'라고 줄여 부른다)에 명확히 표시하였다. 앞으로는 이 의정서의 규정과 위에서 말한 덧붙인 지도로 기준을 삼는다.

제2조

1. 이 의정서 1조에서 말한 백두산 지구에 세운 경계 푯말은 큰 것과 작은 것 두 가지로 나누고, 모두 철근 콘크리트로 만들었으며, 경계 푯말의 중심에 철심(鐵釺)을 넣어 묻었다. 큰 것과 작은 경계 푯말이 땅거죽에 드러난 부분 높이는 각각 155㎝와 129㎝로 다르게 했다.

  경계 푯말 설치는 상황에 따라 하나를 세우는 것, 같은 번호를 2개 세우는 것, 같은 번호를 3개 세우는 세 가지로 나누었다.

  경계 푯말 4면에는 글자를 새겼다. 중국 경내의 한 면에는 '中國'이라고 새겨져있고, 조선 경내의 한 면에는 '조선'이라고 새겨져 있다. 나라 이름 아랫면에는 경계 푯말을 세운 연대가 새겨져 있고, 경계 푯말 양쪽에는 경계 푯말 번호가 새겨져 있다. 같은 번호를 2개 세운 것과 같은 번호를 3개 세운 경계 푯말은 같은 번호 아래 면에 보조 번호 (1), (2) 또는 (1), (2), (3)을 새겼다.

  경계 푯말 양식과 규격은 이 의정서 덧붙인 조건 1에 있다.

2. 이 의정서 1조에 말한 압록강 어귀 강과 바다 분계 표지는 철근 콘크리트로 만들었고, 동서 양쪽에 글을 새겼는데, 서쪽 면에는 "江海分界", 동쪽 면에는 "하구계선"이라고 새겼으며, 새긴 글자 아래는 번호가 새겨져 있다. 그 양식과 규격은 이 의정서 덧붙인 조건 2에 있다.

3. 두 나라는 두만강(圖們江)에 있는 중국 왕가타자도(王家坨子島)와 조선 각 섬
   의 분계선을 명확히하기 위하여 그 분계선 위에 두 개의 경계 푯말을 세웠는
   데, 그 양식과 규격은 이 의정서 덧붙인 조건 1의 작은 경계 푯말과 같지만 번
   호를 매기지 않았다.

제3조

1. 압록강과 두만강을 국경으로 하는 구역의 국경 너비는 이 조 2항에서 말한 수
   역을 빼놓고는 국경조약 제3조 1항의 규정에 따라 언제나 국경 강 수면의 너
   비를 기준으로 해야 한다.

2. 두 나라는 1962년 10월 3일 조·중 두 나라 정부 대표단이 작성한 조·중 국
   경 문제에 대한 회담기록 6항의 규정에 따라, 국경 강 지역의 국경 너비 안에
   는 들어가지 않지만, 한 쪽 경내에서 발원하여 국경 강으로 흘러드는 지류 가
   운데 1/50000 지도에서 너비가 1mm가 넘는 지류와, 한쪽만 국경 강으로 이
   어지고 다른 한쪽은 (자기 나라) 경내로 흘러드는 호수 수역은 강 국경선의 분
   계선과 마찬가지로 덧붙인 지도에 분명하게 표시한다.

제4조

국경 강 안의 섬과 모래섬은 면적이 2500㎡ 이상인 것과 총면적이 비록 2500㎡
안 되지만 두 나라가 모두 고정인 편이거나 이용 가치가 있다고 생각하면, 양쪽이
현지조사를 거쳐 국경조약 2조 규정에 따라 그 귀속을 확정한다. 상세한 것은 이 의
정서 섬과 모래섬 귀속 일람표(앞으로 '일람표'라고 줄여 부른다)와 아울러 덧붙인 지
도에 분명하게 표시되어 있다.
위에서 말한 덧붙인 지도에서 면적이 2500㎡ 이상의 섬과 모래섬은 비례척에 따

라 표시했고, 면적이 2500㎡가 안 되고 두 나라가 모두 고정적인 편이고 이용 가치가 있다고 생각하는 섬과 모래섬은 비례척에 따라 표시하지 않는다. 나머지 섬과 모래섬의 귀속은 국경조약 2조의 규정에 따른다.

제5조

본 의정서 7조, 8조, 10조에서 말한 길이와 거리는 덧붙인 지도에서 측정한 것이라고 주석을 단 것을 빼놓고는 모두 현지에서 계산해 낸 것이다. 현지에서 계산해 낸 거리는 모두 수평거리이다. 8조와 10조에서 말한 경도와 위도는 조·중 양쪽이 연합하여 측량한 평면직각좌표를 역산하는 방법으로 구한 것이다.

이 의정서에 덧붙인 일람표에 정리한 면적은 현지에서 실제 조사하여 구해낸 것이고, 경도와 위도는 덧붙인 지도에서 측정한 것이다.

제6조

이 의정서 1조에서 말한 덧붙인 지도의 비례척은 1/50,000이고, 조·중문과 중·조문 두 가지로 나뉘며, 각각 47폭이다. 이 덧붙인 지도는 압록강 어귀 밖에서 시작하여 서남쪽에서 동북쪽으로 순서대로 번호를 매겼다. 그 가운데 32호 지도에는 1~2호 경계 퐛말 지역을 1/25,000 상세 지도로 그려 덧붙였고, 33호 지도에는 20~21호 경계 퐛말 지역을 1/25,000 상세 지도로 그려 덧붙였다. 앞으로 물의 흐름(水流) 중심선을 가지고 국경선을 만든 지역에서 물 흐름의 길이 바뀌더라도 위에서 말한 1/25,000 상세 지도에서 분명하게 표시한 경계선은 변하지 않는다.

백두산 지역 국경선의 흐름과 경계 푯말의 위치

제7조

백두산 지역은 압록강 상류와 2071m고지(새로 잰 높이는 2152m이며, 덧붙인 지도에는 새로 잰 높이를 기준으로 한다) 동쪽에서 가장 가까운 작은 지류가 합쳐지는 곳에서 시작하여 백두산 천지를 지나 홍토수(紅土水)와 약류하(弱流河)가 만나는 곳까지 이어지는 국경선으로, 길이가 4만 5092.8m 이고, 그 상세한 흐름은 다음과 같다:

백두산 지역의 국경선 시작점은 압록강 상류 2071m고지(새로 잰 높이는 2152m) 동쪽에서 가장 가까운 작은 한 지류(계절강)와 압록강이 만나는 곳 주위에 큰 경계 푯말 1호를 3개 세웠다.

국경선은 위에서 말한 합수머리부터 2071m고지(새로 잰 높이 2152m) 동쪽 가장 가까운 작은 지류의 물이 흐르는 가운데 선(中間線)을 대략 서북쪽으로 위로 거슬러 올라가면 2개의 큰 경계 푯말 2호 사이의 직선과 만나는 지점에 다다른다. 이 구간의 국경선 길이는 3050m(덧붙인 지도에서 잰 것)이다.

국경선은 위에서 말한 2개의 큰 2호 경계 푯말 사이의 만나는 점에서 직선으로 자방위각(磁方位角) 322°57.1′ 방향으로 가다가, 2469m고지(새로 잰 높이는 2457.4m이고 덧붙인 지도에는 새로 잰 높이를 기준으로 한다) 동남 비탈과 낭떠러지를 지나, 2469m고지(새로 잰 높이 2457.4m) 꼭대기에 있는 3호 큰 경계 푯말에 이른다. 이 구간의 국경선 길이는 472.3m이다.

국경선은 3호 큰 경계 푯말에서부터 위에서 말한 직선을 따라 계속 가다가, 2469m고지(새로 잰 높이 2457.4m)의 서북 비탈을 지나, 두 곳의 마른 골짜기(乾溝)와 하나의 낭떠러지를 가로질러, 백두산 천지를 에워싼 산등성이에서 가장 남쪽 끝에 있는 안장(鞍裝) 부분 서쪽에서 가장 가까운 2525.8m고지 꼭대기에 있는 4호 큰 경계 푯말에 다다른다. 이 구간의 국경선 길이는 1691.1m이다.

국경선은 4호 큰 경계 푯말에서부터 시작하여, 백두산 천지를 에워싼 산등성이를 대체로 서북쪽으로 따라가다가 2520m고지(새로 잰 높이는 2543m이다 덧붙인 지도에는 새로 잰 높이를 기준으로 한다)를 지나, 2520m고지(새로 잰 높이는 2543m)와 2664m 고지(靑石峰) 사이의 안장(鞍裝) 부분 가운데 지점에 있는 5호 큰 경계 푯말에 다다른다. 이 구간의 길이는 3100m(덧붙인 지도에서 잰 것)이다.

국경선은 5호 큰 경계 푯말에서부터 직선으로 자방위각 67°58.3′ 방향을 따라가다가 백두산 천지를 가로질러 백두산 천지 산등성이 위 2628m고지와 2680m고지(天文峰) 사이 안장(鞍裝)부분의 가운뎃점에 가까운 6호 큰 경계 푯말에 다다른다. 이 구간의 국경선 길이는 5305.6m이다.

국경선은 6호 큰 경계 푯말에서부터 직선으로 진방위각(眞方位角) 93°10′41.6″ 방향을 따라가다가 빗물로 갈라진 곳(雨裂)과 내두하(奶頭河) 서쪽 지류를 가로질러, 2114m고지에 있는 7호 큰 경계 푯말에 다다른다. 이 구간의 국경선 길이는 3226.3m이다.

국경선은 7호 큰 경계 푯말에서부터 직선으로 자방위각 82°57.9′ 방향으로 2114m고지 동북 산비탈을 따라 내려가면 1992m고지 위에 있는 8호 큰 경계 푯말에 다다른다. 이 구간의 국경선 길이는 1646.8m이다.

국경선은 8호 큰 경계 푯말에서부터 직선으로 자방위각 96°07.1′ 방향으로 따라가다가, 800m 떨어진 1992m고지와 1956m고지(새로 잰 높이는 1951.8m이고, 덧붙인 지도에는 새로 잰 높이를 기준으로 한다) 사이에 있는 내두하(奶頭河)를 가로질러, 1956m고지(새로 잰 높이 1951.8m) 위에 있는 9호 큰 경계 푯말에 다다른다. 이 구간의 국경선 길이는 1696.7m이다.

국경선은 9호 큰 경계 푯말에서부터 직선으로 자북방위각 96°45.5′ 방향으로 직선으로 따라가다가, 이 직선 위에 자리잡은 작은 경계 푯말 10호, 11호, 12호, 13호 4개를 지나, 1만 40.8m 떨어진 곳에 있는 14호 큰 경계 푯말에 다다른다. 국경선이 9호 큰 경계 푯말을 떠나 흑석구[黑石溝(土門江)]를 가로질러 10호 작은 경계 푯말에 이르고; 다시 비탈을 따라 아래로 내려가다가 빗물로 갈라진 곳을 지나면 11호 작은 경계 푯말에 이르고; 국경선은 11호 작은 경계 푯말에서부터 비탈을 따라 계속 내려가면 빗물로 갈라진 곳을 지나 12호 작은 경계 푯말에 이른다. 그 다음 비탈을 따라 내려가면 작은 빗물로 갈라진 곳과 안도(安圖)에서 신무성(新武城)으로 가는 도로를 지나 13호 작은 경계 푯말에 이르고; 국경선은 그 경계 푯말에서부터 작은 개울을 지나고, 다시 쌍목봉[雙目峰 (雙頭峰)] 서북 비탈을 따라 오르면 쌍목봉(쌍두봉) 북쪽 봉우리, 다시 말해 1562m고지(새로 잰 높이는 1532.1m이고, 덧붙인 지도에는 새로 잰 높이를 기준으로 한다)에 있는 14호 큰 경계 푯말에 다다른다.

국경선은 14호 큰 경계 푯말에서부터 자방위각 102° 58.5′ 방향을 따라 직선으로 가면, 그 직선 위에 자리잡은 15호, 16호, 17호 3개의 작은 경계 푯말을 지나서 9574.9m 떨어진 18호 큰 경계 푯말에 다다른다. 국경선은 14호 큰 경계 푯말에서부터 동남쪽으로 비탈을 따라 내려가다가 평탄한 곳에 자리잡은 15호 작은 경계 푯말을 지나, 다시 완만한 비탈을 따라 내려가서 16호 작은 경계 푯말에 다다른다. 국경선은 이 경계 푯말에서부터 평형하고 완만한 산지를 따라가다가 17호 작은 경계 푯말을 지나고, 평평하고 완만한 산지를 따라가다가 1332m고지(새로 잰 높이는 1300.8m이고, 덧붙인 지도에는 새로 잰 높이를 기준으로 한다)에 있는 18호 큰 경계 푯말에 다다른다.

국경선은 18호 큰 경계 푯말에서부터 자방위각 91° 11.5′ 방향을 따라 직선으로 가면 완만한 비탈을 내려가고, 작은 개울을 지난 뒤 완만한 비탈을 따라 올라가면 19호 작은 경계 푯말에 다다른다. 국경선은 그 경계 푯말에서부터 위에서 말한 직선을 따라 완만한 비탈을 계속 내려가면 20호 큰 경계 푯말이 3개 서있는 홍토수와 북쪽의 한 지류(母樹林河)가 만나는 곳에 다다른다. 이 구간의 국경선 길이는 2713.3m이다.

국경선은 위에서 말한 20호 큰 경계 푯말이 3개 서있는 합수머리에서 홍토수 물이 흐르는 중심선을 따라 내려가다, 적봉(赤峰) 남쪽 산기슭을 감싸고 돌아, 먼저 동남쪽으로 굽어 내려가다가 조선 경내에서 흘러 내려오는 작은 계절강(時令河)과 홍토수가 만나는 곳에서 다시 동북쪽으로 돌아가다가 2575m(덧붙인 지도에서 잰 것) 떨어진 홍토수(紅土水)와 약류하(弱流河)가 만나는 지점에 다다른다. 이 합수머리 주위에 21호 큰 경계 푯말 3개를 세웠다.

8호 큰 경계 푯말부터 20호 큰 경계 푯말 사이의 국경선에는 너비 4~8m짜리 숲 사이를 볼 수 있는 길(林間通視道)을 만들었다.

제8조

본 의정서 7조에서 말한 백두산 지역의 국경선에는 모두 21개 번호, 28개의 경계 푯말을 세웠다. 그 가운데 하나만 세운 경계 푯말이 17개, 같은 번호에 2개의 경계 푯말을 세운 것이 2개, 같은 번호에 3개의 경계 푯말을 세운 것이 9개이다. 경계 푯말의 구체적 위치는 다음과 같다:

1호 큰 경계 푯말 : 1(1), 1(2), 1(3) 번호가 새겨져 있는 3개의 큰 경계 푯말로 구성되었다. 이 경계 푯말들은 모두 압록강 상류와 2071m고지(새로 잰 높이는 2152m) 동쪽에서 가장 가까운 작은 지류가 만나는 곳 주위에 자리하고 있다.

1(1)호 경계 푯말은 중국 경내, 위에서 말한 합수머리 서쪽 산비탈 덕땅 위, E 128° 05′ 49.9″, N 41° 56′ 44.3″에 자리하고 있다. 위에서 말한 합수머리까지 자방위각 74° 01.2′ 이고 거리는 86m이다.

1(2)호 경계 푯말은 조선 경내, 위에서 말한 합수머리 북쪽 산비탈 덕땅 위에 자리하고 있다. 위에서 말한 합수머리까지 자방위각 162° 49.9′ 이고, 거리는 85m 이다.

1(3)호 경계 푯말은 조선 경내, 위에서 말한 합수머리 동쪽 산비탈 위 덕땅에 자리하고 있다. 위에서 말한 합수머리까지 자북방위각 298° 36.2′ 이고, 거리는 82.7m 이며, 뾰족한 바위까지는 자북방위각은 187° 39.4′ , 거리는 332.2m이다.

2호 큰 경계 푯말 : 2(1), 2(2) 번호가 새겨져 있는 2개의 큰 경계 푯말로 구성되어 있다. 이 2개의 경계 푯말은 2071m고지(새로 잰 높이 2152m) 동쪽으로 가장 가까운 작은 지류의 상류 양쪽 산비탈에 자리하고 있다.

2(1)호 경계 푯말은 중국 경내, 위에서 말한 작은 지류 물이 흐르는 중심선과 2개의 2호 경계 푯말 사이 직선이 서로 엇갈리는 점에서 서쪽 산비탈 덕땅 위, E 128° 04′ 21.6″, N 41° 57′ 54.0″에 자리하고 있다. 2(1)호 경계 푯말과 2(2)호 경계 푯말 사이의 직선과 위에서 말한 지류의 물 흐름 중심선이 서로 엇갈리는 지점의 자방위각은 66° 41.7′이고 거리는 55.9m이다.

2(2)호 경계 푯말은 소선 경내에 있고, 위에서 말한 엇갈리는 시점 동쪽 산비탈에 자리하고 있으며, 위에 말한 엇갈리는 지점의 자방위각은 246° 41.7′이고 거리는 50m이다.

3호 큰 경계 푯말 : 2469m고지(새로 잰 높이는 2457.4m)의 꼭대기, E 128° 04′ 09.1″, 북위 41° 58′ 05.7″에 자리하고 있다.

3호 큰 경계 푯말에서 4호 큰 경계 푯말까지의 진방위각은 314° 40′ 20.8″이다.

4호 큰 경계 푯말 : 백두산 천지를 에워싼 산등성마루 가장 남쪽 끝 안장 부분 서쪽에서 가장 가까운 2525.8m고지의 꼭대기, E 128° 03′ 16.9″, N 41° 58′ 44.2″에 자리하고 있다.

4호 큰 경계 푯말에서 5호 큰 경계 푯말까지의 진방위각은 311° 16′ 48.6″이다.

5호 큰 경계 푯말 : 백두산 천지를 에워싼 산등성마루 서남쪽 끝 2520m(새로 잰 높이는 2543m)와 2664m고지(靑石峰) 사이 안장 부분 중심점, E 128° 01′ 40.9″, N 41° 59′ 47.1″에 자리하고 있다.

6호 큰 경계 푯말 : 백두산 천지를 에워싼 산등성마루 2628m고지와 2680m고지 (天文峰) 사이 안장 부분 중심 가까이서 쑥 불거진 곳, 128° 05′ 01.5″, N 42° 01′

11.8″에 자리하고 있다.

6호 큰 경계 푯말에서 7호 큰 경계 푯말까지의 진방위각은 93° 10′ 41.6″이다.

7호 큰 경계 푯말: 2114m고지, E 128° 07′ 21.5″, N 42° 01′ 06″에 자리한다.

7호 큰 경계 푯말에서 8호 큰 경계 푯말까지의 자방위각은 82° 57.9′이다.

8호 큰 경계 푯말: 2114m고지 동쪽 산비탈 위 1992m고지, E 128° 08′ 30.6″, N 42° 01′ 19.4″에 자리하고 있다.

8호 큰 경계 푯말에서 9호 큰 경계 푯말까지의 자방위각은 96° 07.1′이다.

9호 큰 경계 푯말: 대각봉(大角峰) 북쪽 산비탈 1956m고지(새로 잰 높이는 1951.8m), E128° 09′ 44″, N 42° 01′ 20.9″에 자리하고 있다.

9호 큰 경계 푯말에서 직선으로 10호, 11호, 12호, 13호 작은 경계 푯말을 지나 14호 큰 경계 푯말까지의 자북방위각은 96° 45.5′이다.

10호 작은 경계 푯말: 9호 경계 푯말에서 동쪽으로 1229m 떨어진 곳에 자리하고 있고, 서쪽 비탈을 따라 80m쯤 가면 흑석구〔黑石溝(토문강)〕에 다다른다.

11호 작은 경계 푯말: 10호 경계 푯말에서 2218m 떨어진 곳에 자리하고 있고, 서쪽 비탈을 따라 80m쯤 가면 빗물에 크게 패인 곳에 다다른다.

12호 작은 경계 푯말: 11호 경계 푯말에서 3182.8m 떨어진 곳에 자리하고 있고 동쪽으로 80m쯤 가면 빗물에 패인 곳이 있다.

13호 작은 경계 푯말: 12호 경계 푯말에서 2135m 떨어진 곳에 자리하고, 서쪽으로 15m쯤 떨어진 곳에 안도(安圖)에서 신무성(新武城)으로 가는 도로가 있다.

14호 큰 경계 푯말 : 13호 경계 푯말에서 1276m 떨어진 쌍목봉〔雙目峰(雙頭峰)〕 북쪽 봉우리, 다시 말해 1562m고지(새로 잰 높이는 1532.1m), E 128°17′ 00.8″, N 42°01′25.7″에 자리하며, 서남쪽으로 500m쯤 떨어진 곳에 산봉우리가 하나 있다.

14호 큰 경계 푯말에서 직선으로 15호, 16호, 17호 작은 경계 푯말을 지나, 18호 큰 경계 푯말까지의 자방위각은 102°58.5′이다.

15호 작은 경계 푯말 : 14호 경계 푯말에서 2002m 떨어진 곳에 자리한다.

16호 작은 경계 푯말 : 15호 경계 푯말에서 3602.9m 떨어진 곳에 자리하고 있고, 동쪽 길에서 10m쯤 떨어져 있다.

17호 작은 경계 푯말 : 16호 경계 푯말에서 2361m 떨어진 곳에 자리하고, 신무성(新武城)에서 적봉(赤峰)으로 가는 도로가 서쪽으로 30m쯤 떨어져 있다.

18호 큰 경계 푯말 : 17호 경계 푯말에서 1609m 떨어진 1332고지(새로 잰 높이는 1300.8m), E 128°23′55.4″, N 42°00′58.6″에 자리하고 있다.

18호 큰 경계 푯말에서 19호 작은 경계 푯말까지의 자방위각은 91°11.5′이다.

19호 작은 경계 푯말 : 직선으로 18호 경계 푯말에서 홍토수(紅土水)와 북쪽 한 지류(母樹林河)의 합수머리까지 이어진 국경선에 자리하고 있는데, 홍토수와 북쪽 지류(母樹林河)의 합수머리에서 1054.6m, 18호 경계 푯말에서는 1658.7m 떨어져 있다.

20호 큰 경계 푯말 : 20(1), 20(2), 20(3) 번호가 새겨져 있는 3개의 큰 경계 푯말로 구성되었다. 이 경계 푯말들은 홍토수와 북쪽의 한 지류(母樹林河)가 만나는 합수머리 주위에 자리하고 있다.

20(1)호 경계 푯말은 조선 경내, 위에서 말한 합수머리 남쪽에서 조금 서쪽으로 치우친 언덕 위, E 128° 25′ 51.8″, N 42° 01′ 08.7″에 자리하고 있다. 위에서 말한 합수머리까지의 자방위각은 11° 26.0′이고 103.02m 떨어져있다.

20(2)호 경계 푯말은 중국 경내, 위에서 말한 합수머리 동북 언덕 남쪽 비탈 위에 자리하고 있다. 위에서 말한 합수머리까지의 자방위각은 239° 54.2′이고 126.89m 떨어져 있다.

20(3)호 경계 푯말은 중국 경내, 위에서 말한 합수머리 서쪽에서 북쪽으로 조금 치우친 언덕 위에 자리하고 있다. 위에서 말한 합수머리까지의 자방위각은 103° 21′이고 거리는 135.45m 떨어져 있다.

21호 큰 경계 푯말 : 21(1), 21(2), 21(3) 번호가 새겨진 3개의 큰 경계 푯말로 구성되어 있다. 이 경계 푯말들은 홍토수(紅土水)와 약류하(弱流河)의 합수머리 주위에 자리하고 있다.

21(1)호 경계 푯말은 조선 경내, 위에서 말한 합수머리 남쪽에서 서쪽으로 조금 치우친 언덕 위, E 128° 27′ 19.1″, N 42° 01′ 06.9″에 자리하고 있다. 위에서 말한 합수머리까지의 자방위각은 25° 28.8′이고 거리를 71.40m이다.

21(2)호 경계 푯말은 중국 경내, 위에서 말한 합수머리 동쪽에서 북쪽으로 조금 치우친 언덕 위에 자리하고 있고, 위에서 말한 합수머리까지의 자방위각은 263° 54.4′이고 거리는 90.77m이다.

21(3)호 경계 푯말은 중국 경내, 위에서 말한 합수머리 서북 언덕 위에 자리하고 있으며, 위에서 말한 합수머리까지의 자방위각은 142° 42′이고 거리는 74.74m 이다.

위에서 말한 28개의 경계 푯말들은 큰 경계 푯말이 20개, 작은 경계 푯말이 8개이다. 큰 경계 푯말 가운데 1(1)호, 2(1)호, 3호, 4호, 5호, 6호, 7호, 8호, 9호, 14

호, 18호, 20(1)호, 21(1)호 경계 푯말들의 위치는 모두 현지 답사를 하고 날줄(經度)과 씨줄(緯度)을 쟀다. 나머지 7개, 다시 말해 1(2)호, 1(3)호, 2(2)호, 20(2)호, 20(3)호, 21(2)호, 21(3)호 경계 푯말 및 작은 경계 푯말 8개, 10호, 11호, 12호, 13호, 15호, 16호, 17호, 19호 경계 푯말들은 모두 날줄(經度)과 씨줄(緯度)을 재지 않았다.

두 나라 강의 분계선과 강과 바다의 분계선 표지 위치

제9조

1. 압록강과 두만강(圖們江) 가운데 현지답사를 거친 섬과 모래섬은 모두 451개이다. 그 가운데 187개는 중국에 속하고 264개는 조선에 속한다.

   (1) 압록강 어귀 강과 바다 분계선에서부터 시작하여 압록강 상류와 2071m고지(새로 잰 높이는 2152m) 동쪽에서 가장 가까운 지류와 만나는 합수머리까지, 압록강을 가지고 경계를 삼은 이 구간에서 현지를 답사한 섬과 모래섬은 모두 205개이며, 그 가운데 78개는 중국에 속하고 127개는 조선에 속한다.

   (2) 홍토수(紅土水)와 약류하(弱流河)가 만나는 합수머리에서부터 조·중 국경선 동쪽 끝 마지막 지점까지 두만강을 가지고 경계를 삼은 이 구간에서 현지답사를 거친 섬과 모래섬은 모두 246개이며, 그 가운데 109개는 중국에 속하고 137개는 조선에 속한다.

2. 이 조 1항에서 말한 섬과 모래섬은 압록강 어귀 강과 바다의 분계선에서부터 두만강 하류 조·중 국경선 동쪽 끝 지점까지 순서를 하나로 하여 번호를 매긴다.

3. 이 조에서 말한 섬과 모래섬의 위치, 면적 및 귀속 같은 상황들은 이 의정서 제 4조에서 말한 일람표에 실려 있다. 이 일람표는 이 의정서를 구성하는 한 부분 이다.

4. 앞으로 홍수, 물 흐름의 변동 및 다른 원인 때문에 이 조 1항에서 말한 섬과 모 래섬의 위치와 형태에 변동이 생기거나, 압록강, 두만강 기슭의 토지가 떠내려 가 섬이 되거나, 상대국 육지와 이어지더라도 그 귀속은 변하지 않는다.

제10조

압록강 어귀 강과 바다의 분계선은 조선의 소다사도(小多獅島) 가장 남쪽 끝에 있는 강과 바다 분계선 표지 1호에서 시작하여, 직선으로 조선 신도(薪島) 북쪽 끝 에 있는 강과 바다 분계선 표지 2호를 거쳐, 중국 대동구(大東溝) 남쪽 돌출부 가장 남쪽에 있는 강과 바다 분계선 표지 3호까지이다. 강과 바다 분계선의 길이는 22,249.2m이다. 강과 바다의 분계선 표지의 위치는 다음과 같다 :

1호 강·바다 분계선 표지 : 조선 경내 소다사도(小多獅島) 가장 남쪽 끝, E 124° 24′ 31.25″, N 39° 48′ 22.64″에 자리하고 있으며, 자방위각 145° 38′ 18″, 1290m 떨어진 곳이 조선 경내 대다사도(大多獅島)의 삼각점이다.

2호 강·바다 분계선 표지 : 조선 경내 신도(薪島) 북쪽 끝, E 124° 13′ 43.59″, N 39° 49′ 21.30″에 자리하고 있으며, 진방위각 95° 51′ 47.2″, 거리 1만 5512.9m 떨어진 곳이 위에서 말한 1호 강·바다 분계선 표지이다.

3호 강·바다 분계선 표지 : 중국 경내 대동구(大東溝) 남쪽 돌출한 부분에서 가장 남쪽 끝에 자리하고 있는 E 124° 09′ 02.25″, N 39° 49′ 46.49″에 자리하고 있다. 진방위각 95°51′47.2″, 거리 6736.3m 되는 곳에 위에서 말한 2호 강·바다 분계선 표지가 있다.

제11조

조약을 맺은 두 나라는 덧붙인 지도 가운데 47호 지도에는 국경 강을 지도의 가장자리까지만 그리고, 조·중 국경 동쪽 끝 마지막 부근은 지형만 그리고 지물과 지명을 표시하지 않는다.

해상 분계선과 자유항행구역

제12조

조약을 맺은 두 나라는 국경조약 3조 2항의 규정에 따라 두 나라 해상 분계선을 아래와 같이 확정한다.

압록강 어귀 강·바다 분계선 위 E 124°10′06″, N 39°49′41″ 지점에서 시작하여 직선으로 E 124°09′18″, N 39°43′39″ 지점까지 잇고, 다시 E 124°09′18″, N 39°43′39″ 지점에서 시작하여 직선으로 E 124°06′31″, N 39°31′51″ 지점을 지나 공해에서 마친다. 위에서 말한 해상 분계선은 덧붙인 지도에 분명하게 표시한다.

제13조

국경조약 3조 3항에서 말한 압록강 어귀 강·바다 분계선 밖의 두 나라 모든 선박의 자유항행 구역은 E 123°59′ 동쪽에서 E 124°26′ 서쪽까지이며, 강·바다 분계선에서부터 N 39°30분까지는 각각 중국 영해와 조선 영해의 해역에 속한다.

국경의 유지 보호와 관리

제14조

조약을 맺은 두 나라는 경계 푯말과 강·바다 분계선 표지를 보호하고 관리하며, 이에 필요한 조치를 취하여야 하며, 경계 푯말과 강·바다 분계선 표지가 이동, 파괴, 없어지는 것을 막아야 한다.

어느 한 나라가 따로 새로운 경계 푯말과 강·바다 분계선 표지를 세울 수 없다.

제15조

1. 조약을 맺은 두 나라는 경계 푯말과 강·바다 분계선 표지를 보호하고 관리하기 위하여 아래와 같이 일을 나누어 맡는다.

(1) 하나씩 세운 경계 푯말 가운데, 번호를 하나만 쓴 것은 중국에서 책임지고, 번호를 두 개 쓴 것은 조선에서 책임진다.

(2) 같은 번호를 두 개 세운 것과 같은 번호를 3개 세운 경계 푯말은 경계 푯말이 서있는 장소를 따져 그 나라에서 책임을 진다.

(3) 압록강 어귀에 있는 강·바다 분계선 푯말은 푯말이 서 있는 나라가 책임진다.

(4) 중국 왕가타자도(王家垞子島)와 조선의 매기도(每基島)의 분계선에 서있는 2개의 경계 푯말 가운데 동남쪽 1개(E 130° 15′ 15.96″, N 42° 51′ 57.91″)는 중국이 책임지고, 서북쪽 한 개(E 130° 15′ 13.62″, N 42° 52′ 02.08″)는 조선이 책임진다.

2. 만일 한 나라에서 경계 푯말이나 강·바다 분계선 표지가 이동, 파괴, 없어졌다는 것을 발견하면 바로 상대국에게 알려야 한다. 그 경계 푯말이나 강·바다 분

계선 표지의 유지와 보호를 책임지는 나라에서는 상대국이 참여한 상황에서 원래 있던 곳에 원래 정한 규격으로 회복, 수리하거나 다시 세워야 한다.

만약 이동, 파괴, 없어진 경계 푯말이나 강·바다 분계선 표지가 자연적인 원인 때문에 원래 있던 자리에 회복, 수리, 다시 세울 수 없으면, 두 나라가 협의하여 적당한 지점을 택해 세울 수 있다. 그러나 그것 때문에 국경선이나 강·바다 분계선은 바뀌지 않는다.

3. 경계 푯말이나 강·바다 분계선 표지를 회복, 수리, 다시 세운 것에 대하여 두 나라는 공동으로 기록을 하여야 한다. 만약 다른 지점을 골라 경계 푯말이나 강·바다 분계선 표지를 세운 경우, 두 나라는 문건으로 체결하여야 하며, 아울러 약도를 만들어, 이 의정서 8조, 10조와 이 조 1항 4항에서 말한 경계 푯말이나 강·바다 분계선 표지의 위치와 새로운 경계 푯말이나 강·바다 분계선 표지의 위치를 설명한다. 위에서 말한 문건과 약도는 서명한 뒤 이 의정서의 덧붙인 문건이 된다.

第16조

조약을 맺은 두 나라는 이 의정서 7조에서 말한 백두산 지구 산림지 구간의 국경선을 명확히 하고 쉽게 분별하기 위하여 6년에 한 번씩 경계 푯말 사이 나무를 벤 길(通視道)을 정리해야 한다. 다만 두 나라가 협의하여 동의하면, 정리 시간은 변동할 수 있으며 일부 지역만 정리할 수 있다. 정리 방법은 작업을 시작할 때 양쪽 관계 인원들이 상의하여 결정한다.

第17조

조약을 맺은 두 나라는 될 수 있는 한 국경 강의 길을 고치는 것을 막아야 한다.

어느 나라든 항로를 바꾸거나 국경 강에 설치한 것이 물의 흐름(水流)을 바꾸어 상대국 기슭의 건축물에 충격을 가하게 될 경우 반드시 먼저 상대국의 동의를 얻어야 한다.

제18조

조약을 맺은 두 나라는 이 의정서가 효력을 발휘한 뒤 3년마다 백두산 지구의 국경에 대하여, 5년마다 국경 강에 대하여 한 차례씩 연합검사를 실시해야 한다. 다만 두 나라가 협상을 거쳐 검사 시간을 변동하거나 국경의 일부 구간만 검사할 수 있다. 한 나라의 요구가 있으면, 두 나라는 국경의 일정 구간에 대하여 임시 연합검사를 해야 한다.

연합검사를 할 때마다 공동으로 기록을 작성해야 하고, 두 나라의 서명을 거쳐 두 나라가 각기 보존해야 한다.

연합검사 도중 만일 경계 푯말이나 강·바다 분계선 표지가 이동, 파괴, 없어진 것을 발견하거나, 이 의정서에 덧붙여진 일람표에 실린 섬이나 모래섬이 휩쓸려 없어지거나, 한 나라에 소속된 섬이나 모래섬이 상대국 육지로 이어진 것과 같은 상황이 벌어지면 공동 기록에 상세하게 밝혀 실어야 한다. 경계 푯말이나 강·바다 분계선 표지가 이동, 파괴, 없어진 상황에서는 두 나라가 공동으로 조사한 뒤, 본 의정서 제15조 2항의 규정에 따라 회복, 수리, 또는 다시 세워야 한다.

만약 한 나라에 섬, 모래섬이 생겨나거나, 떠밀려간 강기슭의 토지가 상대국의 육지로 이어진 때는 그 분계선을 명확하게 하기 위해 두 나라가 공동으로 혹은 한쪽이 상대국의 동의와 참가를 얻은 상태에서 위에서 말한 국경선을 준설(浚渫)하거나 표지를 세워야 한다.

연합검사를 할 때 만약 새로 나타난 섬이나 모래섬이 있을 경우 두 나라는 국경 조약 2조 4항의 규정에 따라 그 귀속을 확정해야 하고, 일람표에서 번호에 따라 연속으로 번호를 매겨야 하며, 문건에 함께 서명하고 약도를 만들어 위에서 말한 섬이나 모래섬의 위치, 면적과 귀속 같은 상황을 설명해 준다. 위에서 말한 문건과 약도는 두 나라가 서명한 뒤 이 의정서의 덧붙인 문건이 된다.

제19조

조약을 체결한 두 나라는 이 의정서에서 규정한 국경에 대한 보호와 관리사항에 대하여 서로 연락하거나 협상하여 처리할 때 두 나라가 지정한 인원들이 책임지고 진행하여야 한다.

두 나라는 국경을 연합검사 할 때 두 나라가 지정하여 파견한 인원으로 조·중 국경연합검사위원회를 구성한다.

마지막 조항

제20조

국경조약 제5조의 규정에 따라 이 의정서가 효력이 발생한 날부터 1962년 10월 3일 조·중 양국 정부대표단이 만든 조·중 국경 문제에 대한 회담기록을 빼놓고는 국경조약이 체결되기 이전 두 나라 국경에 관계된 모든 문건은 효력을 잃는다.

제21조

이 의정서는 서명한 날부터 효력이 발행한다.

이 의정서는 1964년 3월 20일 북경에서 체결하였고, 모두 2부이며, 각각 모두 중국어와 조선어로 쓰여졌고, 두 가지 문서는 모두 같은 효력을 갖는다.

중화인민공화국   조선민주주의인민공화국

정   부   정   부

전권대표   전권대표

첸이(陳毅)   박성철

(서명)   (서명)

中华人民共和国政府和
朝鲜民主主义人民共和国政府
关于中朝边界的议定书

中华人民共和国政府和朝鲜民主主义人民共和国政府，鉴于中朝边界联合委員会根据1962年10月12日中朝边界条約的规定，通过平等协商、友好合作，圆滿地完成了两国边界的勘察、树桩和确定界河中島屿和沙洲的归属的任务，明确和具体地勘定了两国的边界，从而为进一步加强和发展两国建立在馬克思列宁主义和无产阶级国际主义基础上的伟大团結和两国人民間兄弟般的友誼作出了貢献，为此，根据中朝边界条約第四条的规定，签訂本議定书。

总　　　则

第　一　条

　　中朝两国的边界，已由中朝边界联合委员会根据中朝边界条约（以下简称边界条约）第四条的规定，予以实地勘定。双方对于边界条约第一条第一、第二和第四款所述的白头山地区的边界线进行了勘察测量和树立界桩，予以正式标定；对于边界条约第一条第三和第五款所述的鸭绿江和图们江界河进行了勘察，确定了界河中岛屿和沙洲的归属；勘定了鸭绿江口江海分界线，树立了三个江海分界标志；根据边界条约第三条第二款的规定划定了鸭绿江口外中朝两国海上分界线；具体确定了边界条约第三条第三款所述的鸭绿江口江海分界线外两国的自由航行区。

　　上述各项在本议定书中作了具体的叙述，除自由航行区外都标明在"中朝边界条约附图"（以下简称附图）上，今后即以本议定书的规定和上述附图为准。

第 二 条

一、本議定书第一条所述的在白头山地区树立的界桩分大、小两种，都用鋼筋混凝土制成，界桩中心埋有鉄釘。大型和小型界桩露出地面部分的高度分別为155厘米和129厘米。

界桩的树立，根据不同情况分为单立、同号双立和同号三立三种。

界桩四面刻字。对着中国境內的一面刻有"中国"字样，对着朝鮮境內的一面刻有"조선"字样，在国名下面刻有界桩树立的年分，界桩两侧刻有界桩号碼。同号双立和同号三立的界桩，在統一編的号碼下面刻輔助編号（1）、（2）或（1）、（2）、（3）。

界桩的式样規格見本議定书附件一。

二、本議定书第一条所述的鴨綠江口处的江海分界标志用鋼筋混凝土制成，东西两面刻字，西面刻有"江海分界"、东面刻有"하구계선"字样，在該字样下面刻有号碼，其式样規格見本議定书附件二。

三、双方为明确图们江中的中国王家坨子岛和朝鲜每基岛的分界线，在該分界線上树立了两颗界桩，其式样规格与本議定书附件一的小型界桩相同，但未編号。

第 三 条

一、以鸭綠江和图們江为界的地段，边界的寬度，除本条第二款所述的水域以外，根据边界条約第三条第一款的规定，任何时候都应该是界河水面的寬度。

二、双方根据1962年10月3日中朝两国政府代表团关于中朝边界问题的会谈紀要第六項的规定，将不属界河地段边界寬度的发源于一方境內而流入界河的支流中在五万分之一地图上寬度为1毫米以上的支流和仅有一面与界河相连而深入一方境內的湖状水域同界河的分界綫标明在附图上。

第 四 条

界河中的島屿和沙洲，面积在2500平方米以上的和面积虽然不滿2500平方米但是双方认为比較固定的和有利用价值的，业經双方实地勘察，按照边界条約第二条的规定确定了归属，详细载于本議定书所附的島屿和沙洲归属一覧表（以下簡称一覧表）中并标明在附图上。在上述附图上凡面积在2500平方米以上的島屿和沙洲按比例尺表示，凡面积不滿2500平方米但是双方认为比較固定的和有利用价值的島屿和沙洲不按比例尺表示。其余島屿和沙洲的归属仍同样适用边界条約第二条的规定。

第 五 条

本議定书第七条、第八条和第十条所述的长度和距离，除注明是从附图上量取的以外都是在实地算出的。在实地算出的距离都是水平距离。第八条和第十条所述的經緯度是根据中朝双方联合测量的平面直角座标用反算的方法求出。

本議定书所附一覧表所列的面积是实地勘察求出的；所列的經緯度是在附图上量取的。

第 六 条

本議定书第一条所述的附图比例尺为五万分之一，分为中朝文本和朝中文本两种，每种各为47幅。该附图从鸭綠江口外起由西南向东北顺序統一編号。其中在32号图幅上附有1—2号界桩地段二万五千分之一詳图；在33号图幅上附有20—21号界桩地段二万五千分之一詳图。今后如以水流中心綫为界的地段的水流改道，上述二万五千分之一詳图上标明的界綫不变。

白头山地区的界线走向和界桩位置

第 七 条

白头山地区，从鸭綠江上游和2071高地（新測标高为2152米，附图以新測标高为准）以东最近的一小支流汇合处起，經过白头山天池，到紅土水和弱流河汇合处止的一段边界綫，长度为45092.8米，其詳細走向如下：

白头山地区的边界綫的起点是在鸭綠江上游的2071

高地（新测标高为2152米）以东最近的一小支流（时令河）和鸭綠江汇合处，在該汇合处周围树立了1号三立大型界桩。

界綫从上述汇合处起，溯2071高地（新测标高为2152米）以东最近的一小支流的水流中心綫大体向西北而上，到与2号两颗大型界桩之间的直綫的交会点。这段界綫的长度为3050米（从附图上量取）。

从2号双立大型界桩之间的上述交会点起，界綫以直綫沿磁方位角322度57.1分方向行，經过2469高地（新测标高为2457.4米，附图以新测标高为准）东南坡和悬崖，到2469高地（新测标高为2457.4米）顶点上的3号大型界桩。这段界綫的长度为472.3米。

从3号大型界桩起，界綫继续沿上述直綫行，經过2469高地（新测标高为2457.4米）西北坡，穿过两条干沟和一悬崖，到围繞白头山天池的山脊的最齒端鞍部西侧最近的2525.8高地顶点上的4号大型界桩。这段界綫的长度为1691.1米。

从4号大型界桩起，界綫沿围繞白头山天池的山脊大体向西北行，經过2520高地（新测标高为2543米，附图以新测标高为准），到2520高地（新测标高为2543米）和2664高地 （青石峰） 间的鞍部中心点的5号大型界桩。这段界線的长度为3100米（从附图上量取）。

从5号大型界桩起， 界線以直線沿磁方位角67度58.3分方向行，穿过白头山天池，到白头山天池山脊上的2628高地和2680高地（天文峰）间的鞍部大体中心点的6号大型界桩。这段界線的长度为5305.6米。

从6号大型界桩起，界線以直線沿眞方位角93度10分41.6秒方向行， 穿过一条雨裂和奶头河西支流， 到2114.0高地上的7号大型界桩。 这段界線的长度为3226.3米。

从7号大型界桩起， 界線以直線沿磁方位角82度57.9分方向顺2114.0高地东北山坡而下，到1992.0高地上的8号大型界桩。这段界線的长度为1646.8米。

从8号大型界桩起， 界線以直線沿磁方位角96度07.1分方向行， 穿过相距800米处的1992.0高地和1956高地（新测标高为1951.8米，附图以新测标高为准）间的奶头河，到1956高地（新测标高为1951.8米）上的9号大型界桩。这段界綫的长度为1696.7米。

从9号大型界桩起， 界綫以直綫沿 磁方位角96度45.5分方向行，經过位于該直綫上的10号、11号、12号、13号四颗小型界桩， 到相距10040.8米处的14号大型界桩。界綫从9号大型界桩起，穿过黑石沟（土門江），到10号小型界桩；再沿斜坡而下，穿过一条雨裂，到11号小型界桩； 从11号小型界桩起， 界綫继續沿斜坡而下， 穿过一条雨裂， 到12号小型界桩；然后沿斜坡而下，穿过一条小雨裂和从安图通往新武城的公路，到13号小型界桩；从該界桩起，界綫穿过一小河沟，再沿双目峰（双头峰）西北坡而上，到双目峰（双头峰）北峰即1562高地（新测标高为1532.1米，附图以新测标高为准）上的14号大型界桩。

从14号大型界桩起， 界綫以直綫沿磁方位角102度58.5分方向行，經过位于該直綫上的15号、16号、17号三颗小型界桩，到相距9574.9米处的18号大型界桩。界綫从14号大型界桩起，向东南沿陡斜坡而下，經过位于平坦地方的15号小型界桩，再沿緩慢的斜坡而下，到16号小型界桩；从该界桩起，界綫沿平緩的山地而行，經过17号小型界桩，再沿平緩的山地而行，到1332高地（新测标高为1300.8米，附图以新测标高为准）上的18号大型界桩。

从18号大型界桩起，界綫以直綫沿磁方位角91度11.5分方向行，順緩坡而下，穿过一小沟，然后沿緩坡而上，到19号小型界桩。界綫从该界桩起，继續以上述直綫沿緩坡而下，到20号三立大型界桩所在的紅土水和北面一支流（母树林河）汇合处。这段界綫的长度为2713.3米。

从20号三立大型界桩所在的上述汇合处起，界綫順紅土水的水流中心綫而下，繞赤峰南麓，先向东南弯曲而下，經过由朝鲜境內流来的小时令河和紅土水的汇合处，再轉向东北而下，到相距2575米（从附图上量取）处的紅土水和弱流河的汇合处。该汇合处周围树立了21号三立大型界桩。

在8号大型界桩至20号大型界桩之间的界綫上开辟

了寬約4—8米的林間通視道。

第 八 条

在本議定书第七条所述的白头山地区的边界上共树立界桩二十一个号，計二十八颗：其中单立的界桩十七颗，同号双立的界桩二颗，同号三立的界桩九颗。界桩的具体位置如下：

1号大型界桩： 是由刻有1（1）、1（2）、1（3）号码的三颗大型界桩組成。这些界桩位于鸭綠江上游和2071高地（新测标高为2152米）以东最近的一小支流汇合处周围。

1（1）号界桩，位于中国境内，在上述汇合处以西的山坡平台上，东經128度05分49.9秒、北緯41度56分44.3秒处；至上述汇合处的磁方位角为74度01.2分，距离为86.0米。

1（2）号界桩，位于朝鮮境內，在上述汇合处以北的山坡平台上；至上述汇合处的磁方位角为162度49.9分，距离为85.0米。

1（3）号界桩,位于朝鲜境内,在上述汇合处以东的山坡平台上； 至上述汇合处的磁方位角为298度36.2分，距离为82.7米； 至一尖岩的磁方位角为187度39.4分，距离为332.2米。

2号大型界桩：是由刻有2（1）、2（2）号码的两颗大型界桩组成。 这两颗界桩位于2071高地 （新测标高为2152米）以东最近的一小支流上游两侧的山坡上。

2（1）号界桩，位于中国境内，在上述小支流的水流中心线和2号两颗界桩之间的直线的交会点以西的山坡平台上，东经128度04分21.6秒、北纬41度57分54.0秒处；至2（1）号界桩和2（2）号界桩之间的直线和上述小支流的水流中心线的交会点的磁方位角为66度41.7分，距离为55.9米。

2（2）号界桩，位于朝鲜境内，在上述交会点东侧的山坡上；至上述交会点的磁方位角为246度41.7分，距离为50.0米。

3号大型界桩：位于2469高地（新测标高为2457.4

米）頂点上，东經128度04分09.1秒、北緯41度58分05.7秒处。

3号大型界桩至4号大型界桩的眞方位角为314度40分20.8秒。

4号大型界桩：位于围繞白头山天池的山脊的最南端鞍部西側最近的2525.8高地頂点上，东經128度03分16.9秒、北緯41度58分44.2秒处。

4号大型界桩至5号大型界桩的眞方位角为311度16分48.6秒。

5号大型界桩：位于围繞白头山天池的山脊西南段上2520高地（新测标高为2543米）和2664高地（青石峰）間的鞍部的中心点上，东經128度01分40.9秒、北緯41度59分47.1秒处。

5号大型界桩至6号大型界桩的磁方位角为67度58.3分。

6号大型界桩：位于围繞白头山天池的山脊上2628高地和2680高地（天文峰）間的鞍部的大体中心的突出部上，东經128度05分01.5秒、北緯42度01分11.8秒处。

6 号大型界桩至 7 号大型界桩的眞方位角为93度10分41.6秒。

7 号大型界桩：位于2114.0高地上，东经128度07分21.5秒、北纬42度01分06.0秒处。

7 号大型界桩至 8 号大型界桩的磁方位角为82度57.9分。

8 号大型界桩：位于2114.0高地东面山坡上的1992.0高地上，东经128度08分30.6秒、北纬42度01分19.4秒处。

8 号大型界桩至 9 号大型界桩的磁方位角为96度07.1分。

9 号大型界桩：位于大角峰北面山坡上的1956高地（新测标高为1951.8米）上，东经128度09分44.4秒、北纬42度01分20.9秒处。

9 号大型界桩以直线经过10号、11号、12号、13号小型界桩到14号大型界桩的磁方位角为96度45.5分。

10号小型界桩：位于距 9 号界桩东1229米处；沿西面斜坡行至约80米处为黑石沟（土门江）。

11号小型界桩：位于距10号界桩2218米处；沿西面斜坡行至約80米处为一条大雨裂。

12号小型界桩：位于距11号界桩3182.8米处；距东侧的一条雨裂約80米。

13号小型界桩：位于距12号界桩2135米处；距西侧从安图通往新武城的公路約15米。

14号大型界桩：位于距13号界桩1276米处的双目峰（双头峰）北峰即1562高地（新测标高为1532.1米）上，东經128度17分00.8秒、北緯42度01分25.7秒处；距西南約500米处为一山峰。

14号大型界桩以直綫經过15号、16号、17号小型界桩到18号大型界桩的磁方位角为102度58.5分。

15号小型界桩：位于距14号界桩2002米处。

16号小型界桩：位于距15号界桩3602.9米处；距东侧公路約10米。

17号小型界桩：位于距16号界桩2361米处；距西侧新武城至赤峰的公路約30米。

18号大型界桩：位于距17号界桩1609米处的1332高

地（新测标离为1300.8米）上，东經128度23分55.4秒、北緯42度00分58.6秒处。

18号大型界桩至19号小型界桩的磁方位角为91度11.5分。

19号小型界桩：位于以直線連接18号界桩和紅土水与北面一支流（母树林河）汇合处的界綫上；距紅土水和北面一支流（母树林河）汇合处为1054.6米；距18号界桩为1658.7米。

20号大型界桩：是由刻有20（1）、20（2）、20（3）号碼的三颗大型界桩組成。这些界桩位于紅土水和北面一支流（母树林河）汇合处周围。

20（1）号界桩，位于朝鲜境內，在上述汇合处南稍偏西的崗地上，東經128度25分51.8秒、北緯42度01分08.7秒处；至上述汇合处的磁方位角为11度26.0分，距离为103.02米。

20（2）号界桩，位于中国境內，在上述汇合处东北崗地南坡上；至上述汇合处的磁方位角为239度54.2分，距离为126.89米。

20（3）号界桩，位于中国境内，在上述汇合处西稍偏北的岗地上； 至上述汇合处的磁方位角为103度21.0分，距离为135.45米。

21号大型界桩：是由刻有21（1）、21（2）、21（3）号码的三颗大型界桩组成。这些界桩位于红土水和弱流河汇合处周围。

21（1）号界桩，位于朝鲜境内，在上述汇合处南稍偏西的岗地坡上，东经128度27分19.1秒、 北纬42度01分06.9秒处； 至上述汇合处的磁方位角为25度28.8分，距离为71.40米。

21（2）号界桩，位于中国境内，在上述汇合处东稍偏北的岗地上；至上述汇合处的磁方位角为263度54.4分，距离为90.77米。

21（3）号界桩，位于中国境内，在上述汇合处西北岗地上； 至上述汇合处的磁方位角为142度42.0分，距离为74.74米。

上述二十八颗界桩：大型界桩为二十颗，小型界桩为八颗。大型界桩中有十三颗即1（1）号、2（1）

号 、3号、、4号、5号、6号、7号、8号、 9号、 14号、18号、20（1）号、21（1）号界桩的位置都进行了勘察,幷测定了經緯度；其余七顆即1（2）号、1（3）号、2（2）号、20（2）号、20（3）号、21（2）号、21（3）号界桩以及小型界桩八顆即10号、11号、12号、13号、15号、16号、17号、19号界桩都未測經緯度。

两国的界河和江海分界标志的位置

第 九 条

一、 鴨綠江和图們江中經勘察的島岣和沙洲共451个，其中划归中国的187个，划归朝鮮的264个。

（一）从鴨綠江口江海分界綫起到鴨綠江上游和2071高地（新测标高为2152米）以东最近的一小支流汇合处止，以鴨綠江为界的这一段江中，經勘察的島岣和沙洲共205个，其中划归中国的78个，划归朝鮮的127个。

（二）从紅土水和弱流河汇合处到中朝边界东端終

点以图們江为界的这一段江中，經勘察的島嶼和沙洲共246个，其中划归中国的109个，划归朝鮮的137个。

二、本条第一款所述的島嶼和沙洲，从鴨綠江口江海分界綫起向图們江下游中朝边界东端終点順序統一編号。

三、本条所述的島嶼和沙洲的位置、面积及归属等情况载于本議定书第四条所述的一览表中。该一览表为本議定书的組成部分。

四、今后如因洪水、水流变动或其他原因，使本条第一款所述的島嶼、沙洲的位置和形状发生变动，或使鴨綠江、图們江江岸的土地冲成島嶼或与对方陆地相連时，其归属仍不变。

第 十 条

鴨綠江口江海分界綫，从位于朝鮮的小多獅島最南端的1号江海分界标志起，以直綫經位于朝鮮薪島北端的2号江海分界标志，到位于中国大东沟以南突出部最南端的3号江海分界标志。江海分界綫长度为22249.2

米。江海分界标志的位置叙述如下：

1号江海分界标志：位于朝鲜境内小多狮岛最南端，在东经124度24分31.25秒、北纬39度48分22.64秒处；在磁方位角145度38分18秒、距离1290米处为朝鲜境内大多狮岛三角点。

2号江海分界标志：位于朝鲜境内薪岛北端，在东经124度13分43.59秒、北纬39度49分21.30秒处；在真方位角95度51分47.2秒、距离15512,9米处为上述1号江海分界标志。

3号江海分界标志：位于中国境内大东沟以南突出部最南端，在东经124度09分02.25秒、北纬39度49分46.49秒处；在真方位角95度51分47.2秒、距离6736.3米处为上述2号江海分界标志。

第十一条

缔约双方在附图第47号图幅上，只将界河绘到图廓边，中朝边界东端终点附近，只描绘地形，不标出地物和地名。

海上分界线和自由航行区

第十二条

締約双方根据边界条約第三条第二款的規定，确定两国海上分界綫为：从鸭綠江口江海分界綫上的东經124度10分06秒、北緯39度49分41秒的一点起，以直綫連接东經124度09分18秒、北緯39度43分39秒的一点，再从东經124度09分18秒、北緯39度43分39秒的一点起，以直綫經过东經124度06分31秒、北緯39度31分51秒的一点直到公海止；幷将上述海上分界綫标明在附图上。

第十三条

边界条約第三条第三款所述的鸭綠江口江海分界綫以外两国一切船舶自由航行区为东經123度59分以东和东經124度26分以西、从江海分界綫起至北緯39度30分止分别属于中国领海和朝鲜领海的海域。

边界的维护和管理

第十四条

缔约双方对于界桩和江海分界标志应加以维护和管理，并采取必要的措施，以防止界桩和江海分界标志被移动、损坏或毁灭。

任何一方不得单方面另立新的界桩和江海分界标志。

第十五条

一、 缔约双方为了维护和管理界桩和江海分界标志，作如下分工：

（一）单立界桩，单号由中方负责，双号由朝方负责；

（二）同号双立和同号三立的界桩，分别由界桩所在的一方负责；

（三）鸭绿江口处的江海分界标志，由标志所在的的边界、每五年对界河进行一次联合检查，但是經双方协議，可以变动检查时間或只对边界的部分地段进行检查。經一方要求，双方应对边界的某些地段进行临时性的联合检查。

每次联合检查应共同作成紀录，經双方签署后，由双方各自保存。

在联合检查中如发現有界桩或江海分界标志被移动、損坏或毁灭，本議定书所附一覽表所列的島屿或沙洲被冲没，以及一方所属島屿、沙洲同另一方陆地相连等情况，应在共同紀录中详细戴明。对被移动、損坏、毁灭的界桩或江海分界标志的情况，經双方共同調查后，应根据本議定书第十五条第二款的规定进行恢复、修理或重建。

如出現一方的島屿、沙洲或被冲开的江岸土地同另一方陆地相连时，为明确其分界綫，由双方共同或由一方在取得对方的同意和参加下，在上述分界綫上进行疏浚或树立标志。

在进行联合检查时，如果发現有新出現的島屿或沙

洲，双方应按边界条约第二条第四款的规定确定其归属
幷接着一览表上的編号連續編号，幷应就此签訂文件和
繪制簡图，說明上述島嶼或沙洲的位置、面积和归属等
情况。上述文件和簡图經双方签署后，即成为本議定书
的附件。

第十九条

締約双方凡须就本議定书所規定的有关边界的維护
和管理事項彼此联系或协商处理时，由双方指定的人員
負責进行。

双方联合检查边界时，可由双方指派人員組成中朝
边界联合检查委員会。

最　后　条　款

第二十条

根据边界条約第五条的规定，自本議定书生效之日
起，除1962年10月3日中朝两国政府代表团关于中朝边

界問題的会談紀要以外，在边界条約签訂前的一切有关两国边界的文件即行失效。

第二十一条

本議定书自签字之日起生效。

本議定书于1964年3月20日在北京签訂，共两份，每份都用中文和朝文写成，两种文本具有同等效力。

中 华 人 民 共 和 国   朝 鮮 民 主 主 义 人 民 共 和 国
政   府   政   府
　　全 权 代 表   全 权 代 表
　　　陈　　毅   朴 成 哲
　　　（签字）   （签字）

1. 섬(島嶼)과 모래섬(沙洲) 귀속(歸屬) 일람표 – 압록강 부분

編號	名 稱	歸屬	位 置 經 度	位 置 緯 度	總面積 (㎡)	耕地面積 (㎡)	居民 情況	所在 圖幅 編號	備考
1	문박도 門泊島	朝鮮	124°20′24″ 124°20′28″	39°49′27″ 39°49′30″	7000	無	無	2	신도군 서호로동 자구
2	비단섬 綢緞島	朝鮮	124°13′23″ 124°17′00″	39°50′13″ 39°55′52″	26,500,000	26,000,000	有	4-5	신도군 신도읍
3	조롱섬 潮龍島	朝鮮	124°20′47″	39°53′10″	200	無	無	5	신도군
4	창암도 蒼岩島	朝鮮	124°18′43″	39°53′48″	70	無	無	5	?
5	도매로리도 道每路里島	朝鮮	124°18′27″	39°54′18″	100	無	無	5	?
6	아래섬 下島	朝鮮	124°17′07″ 124°17′52″	39°55′06″ 39°55′46″	437,000	無	無	5	2개 섬 신도군
7	웃섬(?) 外島	朝鮮	124°16′58″ 124°18′13″	39°55′56″ 39°56′22″	440,000	無	無	5	2개 섬 신도군
8	안섬 內島	朝鮮	124°17′36″ 124°18′24″	39°56′25″ 39°56′38″	312,500	無	無	5	신도군
9	좌초도 座草島	朝鮮	124°20′18″ 124°21′21″	39°56′20″ 39°57′12″	758,500	無	無	5	신도군 황금평
10	황금평 黃金坪	朝鮮	124°16′59″ 124°20′38″	39°56′40″ 39°59′14″	10,400,000	9,200,000	有	5	신도군 황금평
11	류초도 柳草島	朝鮮	124°20′16″ 124°21′46″	40°02′34″ 40°04′40″	5,250,000	4,000,000	有	6	신의주시 류초리
12	동류초도 東柳草島	朝鮮	124°21′38″ 124°21′55″	40°03′13″ 40°04′16″	312,500	無	無	6	2개 섬, 신의주시 류초리
13	북류초도 北柳草島	朝鮮	124°21′40″ 124°22′19″	40°02′59″ 40°04′41″	937,500	無	無	6	2개 섬, 신의주시 류초리
14	五道溝大磧子	中國	124°21′32″ 124°21′43″	40°05′24″ 40°05′40″	84,000	無	無	6	
15	신도(새섬) 新島	朝鮮	124°25′22″ 124°27′39″	40°06′36″ 40°07′40″	3,000,000	2,000,000	有	6	신의주시 하단리. 위하도 임도 사이
16	임도(깨섬) 荏島	朝鮮	124°26′22″ 124°28′46″	40°06′31″ 40°08′07″	3,375,000	3,010,000	有	6	신의주시 하단리. 샛강 임도강 사이
17	위화도 威化島	朝鮮	124°24′00″ 124°29′13″	40°07′13″ 40°10′29″	15,500,000	13,000,000	有	6-7	신의주시 상단·하단리
18	다지도 多智島	朝鮮	124°27′31″ 124°31′18″	40°07′42″ 40°12′16″	13,400,000	12,900,000	有	6-7	신의주시 다지리
19	추도 楸島	朝鮮	124°25′28″ 124°25′47″	40°08′26″ 40°08′36″	37,000	15,000	無	6	? 딴도리섬?
20	조란도 鳥卵島	朝鮮	124°25′50″ 124°26′15″	40°08′30″ 40°08′52″	133,300	30,000	無	6	2개 섬, 상단리 서쪽

編號	名 稱	歸屬	位 置 經 度	位 置 緯 度	總面積 (m²)	耕地面積 (m²)	居民 情況	所在 圖幅 編號	備考
21	燕窩大磧子	中國	124°25′54″ 124°26′08″	40°08′52″ 40°09′06″	33,450	無	無	6	
22	燕窩小磧子	中國	124°25′54″ 124°26′00″	40°09′03″ 40°09′08″	20,000	無	無	6	
23	추상도 楸桑島	朝鮮	124°25′50″ 124°26′59″	40°08′42″ 40°09′50″	662,475	400,000	無	6	신의주시 상단리 (위화도)서쪽
24	하상도 下桑(上)島	朝鮮	124°26′35″ 124°26′53″	40°09′42″ 40°09′55″	93,750	20,000	無	6	상단리 서쪽 - 추상도 아래
25	중상도 中桑島	朝鮮	124°26′58″ 124°27′11″	40°09′39″ 40°10′02″	125,000	24,500	無	6-7	상단리 북, 추·상상도 중간
26	소상도 小桑(上)島	朝鮮	124°26′42″ 124°26′59″	40°09′51″ 40°10′11″	140,625	無	無	6-7	상단리 북, 북상도 아래
27	북상도 北桑(上)島	朝鮮	124°26′34″ 124°27′07″	40°09′52″ 40°10′22″	187,500	9,000	無	6-7	상단리 북, 北上島
28	상상도 上桑島	朝鮮	124°27′12″ 124°27′26″	40°09′51″ 40°10′24″	218,750	27,000	無	6-7	상단리 북, 중상도 위
29	套里夾心子	中國	124°26′56″ 124°27′05″	40°10′25″	16,800	無	無	7	
30	馬市夾心子	中國	124°28′17″ 124°29′01″	40°10′25″ 40°10′55″	546,875	130,000	無	7	
31	어적도 於赤島	朝鮮	124°30′14″ 124°32′48″	40°12′21″ 40°14′12″	5,151,000	4,000,000	無	7	의주군 어적리
32	승애(아)도 勝艾島	朝鮮	124°31′04″ 124°31′11″	40°13′24″ 40°13′36″	18,900	2,300	無	7	의주군 어적리
33	구리도 九里島	朝鮮	124°32′50″ 124°34′55″	40°13′19″ 40°15′09″	7,200,000	4,500,000	無	7	의주군 룡운리
34	하관마도 河(?)官馬島	朝鮮	124°33′31″ 124°33′51″	40°14′52″ 40°15′02″	26,775	無	無	7	의주군 룡운리
35	소관마도 小官馬島	朝鮮	124°33′44″ 124°34′16″	40°15′02″ 40°15′19″	237,500	40,000	無	7	의주군 룡운리, 새알섬
36	관마도(버들섬) 官馬島	朝鮮	124°34′18″ 124°35′02″	40°15′06″ 40°15′50″	830,000	350,000	無	7-8	의주군 룡운리, 대관마도
37	牝牛哨夾心子	中國	124°35′00″ 124°35′17″	40°15′57″ 40°16′14″	75,000	無	無	7-8	
38	수구도(웃섬) 水口島	朝鮮	124°37′26″ 124°40′08″	40°17′28″ 40°18′12″	1,315,000	430,000	無	7-8	의주군 대화리 대화천 +
39	박달섬 朴達島	朝鮮	124°40′20″ 124°40′55″	40°18′06″ 40°18′20″	85,000	無	無	8	의주군 대화리 버들섬 위
40	옥강도 玉江島	朝鮮	124°42′54″ 124°43′32″	40°18′57″ 40°19′28″	270,000	無	無	8	삭주군 옥강리 섬(?)

編號	名 稱	歸屬	位 置 經 度	位 置 緯 度	總面積 (m²)	耕地面積 (m²)	居民 情況	所在 圖幅 編號	備考
41	사평도 沙坪島	朝鮮	124° 51′ 05″ 124° 51′ 19″	40° 25′ 27″ 40° 25′ 36″	52,800	無	無	9	삭주군 사평구 모래섬(無)
42	長島	中國	124° 50′ 49″ 124° 51′ 30″	40° 25′ 30″ 40° 26′ 15″	593,750	5,000	無	9	2개 섬
43	운평도 雲坪島	朝鮮	125° 46′ 56″	40° 53′ 14″	700	無	無	14	자강도 초산군 운평리
44	老虎哨沙洲	中國	125° 59′ 00″	40° 53′ 43″	2464	無	無	15	
45	성동사주 城洞沙洲	朝鮮	125° 59′ 06″ 125° 59′ 16″	40° 53′ 35″	21,258	無	無	15	위원군
46	老虎哨島	中國	125° 59′ 49″ 126° 00′ 28″	40° 53′ 38″ 40° 53′ 51″	162,853	2,550	無	15	
47	瑊窖沙洲	中國	125° 58′ 40″ 125° 59′ 10″	40° 55′ 12″ 40° 55′ 31″	90,383	無	無	15	
48	江口沙洲	中國	126° 04′ 38″	40° 58′ 30″	310	無	無	15	
49	용암도 龍岩島	朝鮮	126° 04′ 07″ 126° 04′ 50″	40° 58′ 34″ 40° 59′ 10″	576,570	96,000	無	15	만포시(?)
50	벌등도 筏登島	朝鮮	126° 11′ 01″ 126° 11′ 40″	41° 06′ 37″ 41° 07′ 05″	261,965	160,000	無	16	만포시 미타리
51	차가사주 車哥沙洲	朝鮮	126° 17′ 27″ 126° 17′ 33″	41° 10′ 08″ 41° 10′ 22″	27,249	無	無	17	만포시 세거동 차가(車家)
52	문악도 文岳島	朝鮮	126° 18′ 20″	41° 11′ 24″	6300	900	無	17	만포시 문악동
53	가라지사주 加羅地沙洲	朝鮮	126° 21′ 22″ 126° 21′ 43″	41° 15′ 43″ 41° 16′ 22″	124,771	無	無	17	만포시 연포리 가라지
54	연포도 烟浦島	朝鮮	126° 21′ 42″	41° 16′ 25″ 41° 16′ 41″	51,290	9,000	無	17	만포시 연포리
55	림토사주 林土沙洲	朝鮮	126° 23′ 53″	41° 18′ 27″	3478	無	無	18	만포시 연포리 림토(역)
56	옥동사주 玉洞沙洲	朝鮮	126° 27′ 47″	41° 21′ 34″	3000	無	無	18	만포시 삼강리 옥동
57	삼강도 三江島	朝鮮	126° 29′ 14″ 126° 30′ 30″	41° 21′ 11″ 41° 21′ 56″	632,243	180,000	有	18	만포시삼강리
58	삼강제2호사주 三江第二号沙洲	朝鮮	126° 30′ 03″	41° 21′ 37″	3000	無	無	18	만포시삼강리
59	삼강제1호사주 三江第一号沙洲	朝鮮	126° 29′ 57″	41° 21′ 35″	2600	無	無	18	만포시감강리
60	上套沙洲	中國	126° 31′ 20″ 126° 31′ 55″	41° 22′ 02″ 41° 22′ 29″	130,572	無	無	18	

編號	名稱	歸屬	位置 經度	位置 緯度	總面積 (m²)	耕地面積 (m²)	居民情況	所在圖幅編號	備考
61	樺皮沙洲	中國	126°32′53″	41°30′14″	3360	無	無	19	집안시 화피
62	樺皮島	中國	126°32′52″ 126°33′20″	41°30′14″ 41°30′44″	326,793	220,000	無	19	집안시 화피
63	종달도 鐘達島	朝鮮	126°33′20″ 126°33′37″	41°30′22″ 41°30′42″	95,563	625	無	19	자성군, 중국 화피 옆
64	大水滴台沙洲	中國	126°34′28″ 126°34′38″	41°32′42″ 41°32′48″	7540	無	無	19	白山市 팔도강구 滴台
65	하추도 下楸島	朝鮮	126°34′44″ 126°35′13″	41°32′46″ 41°33′19″	421,712	22,000	無	19	자성군 자성강 입구
66	二道溝島	中國	126°33′53″ 126°34′20″	41°35′02″ 41°35′40″	346,238	170,000	無	19	白山市 팔도강구 이도구
67	仙人洞沙洲	中國	126°35′20″	41°37′37″	6,960	無	無	20	白山市 팔도강구 선인동
68	로동(갈골)사주 蘆洞沙洲	朝鮮	126°36′20″	41°39′03″	4,280	無	無	20	자성군 연풍리 갈골
69	벌동암도 伐洞岩島	朝鮮	126°39′03″ 126°39′11″	41°39′21″ 41°39′25″	8076	無	無	20	중강군 토성리 벌동(벌골)
70	大長川島	中國	126°39′44″ 126°39′54″	41°39′48″ 41°39′53″	14,809	無	無	20	白山市 대장천
71	벌동사주 伐洞沙洲	朝鮮	126°39′58″	41°39′51″	3630	無	無	20	중강군 토성리 벌동(벌골)
72	토성사주 土城沙洲	朝鮮	126°40′48″ 126°41′02″	41°40′08″ 41°40′18″	34,294	無	無	20	중강군 토성리
73	소의덕사주 小義德沙洲	朝鮮	126°42′08″ 126°42′20″	41°41′24″ 41°41′33″	29,144	無	無	20	중강군 토성리
74	白馬浪島	中國	126°42′15″ 126°42′54″	41°41′33″ 41°41′57″	189,911	140,000	無	20	臨江市 白馬浪 東崗
75	下葫芦套沙洲	中國	126°46′05″ 126°46′11″	41°42′44″ 41°42′56″	23,214	無	無	21	臨江市 下葫芦套
76	호하하사주 湖下下沙洲	朝鮮	126°47′42″ 126°47′50″	41°41′33″ 41°41′45″	32,435	無	無	21	중강군 호하구 호하리(호내)
77	호하도 湖下島	朝鮮	126°47′25″ 126°47′37″	41°42′14″ 41°42′42″	57,479	400	無	21	중강군 호하구 호하리(호내)
78	호하상사주 湖下上沙洲	朝鮮	126°47′33″	41°42′45″	5312	無	無	21	중강군 호하구 호하리(호내)
79	大栗子下沙洲	中國	126°48′36″ 126°48′51″	41°44′40″ 41°44′50″	31,054	無	無	21	臨江市 大栗子
80	大栗子小沙洲	中國	126°49′33″	41°43′13″	500	無	無	21	臨江市 大栗子

編號	名稱	歸屬	位置 經度	位置 緯度	總面積 (m²)	耕地面積 (m²)	居民 情況	所在 圖幅 編號	備考
81	大栗子大沙洲	中國	126°49′36″ 126°50′03″	41°43′10″ 41°43′16″	68,632	無	無	21	臨江市 大栗子
82	건하사주 乾下沙洲	朝鮮	126°50′05″	41°43′11″	320	無	無	21	중강군 건하리 건하골
83	大栗子島	中國	126°50′06″ 126°50′26″	41°43′12″ 41°43′22″	36,401	3,250	無	21	臨江市 大栗子
84	臨江沙洲	中國	126°54′46″ 126°55′16″	41°48′09″ 41°48′30″	87,677	457	無	21	臨江市
85	가래섬하사주 楸島下沙洲	朝鮮	126°55′14″	41°48′20″	3,684	無	無	21	중강군 중덕리 가래섬
86	가래섬 楸島	朝鮮	126°55′17″ 126°55′49″	41°48′20″ 41°48′33″	121,315	72,000	無	21	중강군 중덕리 가래섬
87	상장사주 上長沙洲	朝鮮	126°56′16″ 126°56′34″	41°46′05″ 41°46′09″	18,377	無	無	21	중강군 상장리 사주섬
88	상장도 上長島	朝鮮	126°56′35″ 126°57′08″	41°46′09″ 41°46′20″	129,580	8,000	無	21	중강군 상장리
89	장흥사주 長興沙洲	朝鮮	127°01′37″	41°44′21″	2546	無	無	22	중강군 장흥리
90	長川子島	中國	127°01′39″ 127°02′09″	41°44′22″ 41°44′31″	104,247	3,700	無	22	臨江市 四道溝 鎮
91	상장립자도 上章砬子島	朝鮮	127°03′24″	41°41′57″″	1619	無	無	22	중강군 상장리 상장마을
92	望江樓沙洲	中國	127°04′06″	41°38′59″	1755	無	無	23	臨江市 五道溝 望江樓
93	西樺皮甸子 沙 洲	中國	127°07′21″	41°36′37″	5,037	無	無	23	臨江市 五道溝 樺皮
94	東樺皮甸子 沙 洲	中國	127°09′29″	41°35′50″	1999	無	無	23	臨江市 五道溝 樺皮
95	二股流島	中國	127°06′45″ 127°07′05″	41°33′09″ 41°33′40″	258,070	75,000	無	23	臨江市 六道溝
96	금창제이호사주 金昌第二号沙洲	朝鮮	127°05′42″	41°32′41″	370	無	無	23	김형직군 금창리
97	금창제일호사주 金昌第一号沙洲	朝鮮	127°05′43″	41°32′39″	1283	無	無	23	김형직군 금창리
98	龍崗島	中國	127°08′16″ 127°08′35″	41°31′29″ 41°31′41″	83,896	2,760	無	23	臨江市 六道溝
99	七道溝沙洲	中國	127°12′49″ 127°12′57″	41°31′07″	8547	無	無	23	長白 七道溝
100	七道溝島	中國	127°12′59″	41°31′09″	2355	無	無	23	長白 七道溝

編號	名 稱	歸屬	位 置 經 度	位 置 緯 度	總面積 (m²)	耕地面積 (m²)	居民情況	所在圖幅編號	備考
101	八道溝下沙洲	中國	127° 14′ 01″	41° 30′ 50″	3,088	無	無	23	長白 八道溝鎭
102	八道溝沙洲	中國	127° 13′ 38″	41° 30′ 23″	2,708	無	無	23	長白 八道溝鎭
103	포삼사주 蒲(葡)三沙洲	朝鮮	127° 14′ 35″ 127° 15′ 03″	41° 29′ 49″ 41° 30′ 10″	69,012	無	無	23-24	김형직군 · 읍 포삼리
104	무창사주 武昌沙洲	朝鮮	127° 19′ 24″ 127° 19′ 48″	41° 27′ 57″ 41° 28′ 07″	57,684	無	無	24	김형직군 무창리
105	라죽사주 羅竹沙洲	朝鮮	127° 21′ 15″	41° 28′ 32″	5,160	無	無	25	김형직군 라죽리
106	압강사주 鴨江沙洲	朝鮮	127° 23′ 53″	41° 27′ 45″	1,707	無	無	25	김형직군 라죽리
107	강하리사주 江下里沙洲	朝鮮	127° 39′ 32″	41° 24′ 36″	3,400	無	無	26	김정숙군 강하리
108	十三道灣島	中國	127° 42′ 45″ 127° 43′ 22″	41° 24′ 59″ 41° 25′ 13″	266,513	85,000	無	26	長白 十三道溝
109	十三道溝下島	中國	127° 45′ 28″ 127° 45′ 48″	41° 25′ 09″ 41° 25′ 20″	62,648	無	無	26	長白 十三道溝
110	장진강구제2호사주 長津江口第二号沙洲	朝鮮	127° 45′ 37″	41° 25′ 11″	1,850	無	無	26	김정숙읍 장진강 어귀
111	장진강구제1호사주 長津江口第一号沙洲	朝鮮	127° 45′ 40″	41° 25′ 10″	972	無	無	26	김정숙읍 장진강 어귀
112	장진강구도 長津江口島	朝鮮	127° 45′ 44″	41° 25′ 08″	7,026	無	無	26	김정숙읍 장진강 어귀
113	十三道溝島	中國	127° 46′ 44″ 127° 46′ 54″	41° 25′ 04″ 41° 25′ 18″	37,200	3,200	無	26	長白 十三道溝
114	安樂下沙洲	中國	127° 49′ 44″	41° 24′ 25″	2,774	無	無	26	長白 十三道溝
115	신상사주 新上沙洲	朝鮮	127° 49′ 52″ 127° 50′ 12″	41° 25′ 08″ 41° 25′ 09″	20,601	無	無	26-27	김정숙군 신상리
116	安樂沙洲	中國	127° 51′ 04″	41° 24′ 38″	1,786	無	無	27	長白 十三道溝
117	두지리하제삼호도 斗地里下第三号島	朝鮮	127° 52′ 04″ 127° 52′ 10″	41° 25′ 07″ 41° 25′ 22″	36,358	無	無	27	김정숙군 풍양리
118	두지리하제이호사주 斗地里下第二号沙洲	朝鮮	127° 52′ 02″ 127° 52′ 06″	41° 25′ 24″ 41° 25′ 34″	17,178	無	無	27	김정숙군 풍양리
119	두지리하제일호사주 斗地里下第一号沙洲	朝鮮	127° 52′ 02″ 127° 52′ 04″	41° 25′ 38″ 41° 25′ 43″	5,111	無	無	27	김정숙군 풍양리
120	두지하사주 斗地下沙洲	朝鮮	127° 52′ 14″	41° 26′ 14″	1,498	無	無	27	김정숙군 풍양리

編號	名 稱	歸屬	位 置		總面積 (m²)	耕地面積 (m²)	居民 情況	所在 圖幅 編號	備考
			經 度	緯 度					
121	冷溝子島	中國	127°52′01″ 127°52′11″	41°26′03″ 41°26′23″	76,380	16,740	無	27	長白 14道溝鎭 冷溝子
122	두지상사주 斗地上沙洲	朝鮮	127°53′04″	41°26′32″	2774	無	無	27	김정숙군 풍양리
123	豊陽島	朝鮮	127°52′58″ 127°53′28″	41°25′45″ 41°25′55″	81,271	無	無	27	김정숙군 풍양리
124	鷄冠砬子沙洲	中國	127°53′29″	41°25′55″	930	無	無	27	長白 14道溝鎭 鷄冠砬子
125	鷄冠砬子島	中國	127°53′31″	41°25′58″	380	無	無	27	長白 14道溝鎭 鷄冠砬子
126	라난보대사주 羅暖堡大沙洲	朝鮮	127°53′34″ 127°53′42″	41°26′00″ 41°26′05″	8967	無	無	27	김정숙군 풍양리 라난포
127	라난보소사주 羅暖堡小沙洲	朝鮮	127°53′48″	41°26′01″	594	無	無	27	김정숙군 풍양리 보리마을
128	보파사주 寶坡沙洲	朝鮮	127°54′40″	41°26′03″	748	無	無	27	김정숙군 풍양리 보파동
129	十四道溝島	中國	127°54′45″	41°26′12″	7386	無	無	27	長白 14道溝鎭
130	보파하립자도 寶坡下砬子島	朝鮮	127°55′40″	41°26′46″	1613	無	無	27	김정숙군 풍양리 보파동
131	보파상립자도 寶坡上砬子島	朝鮮	127°55′38″	41°26′48″	650	無	無	27	김정숙군 풍양리 보파동
132	계대소립자도 界臺小砬子島	朝鮮	127°56′01″	41°26′59″	1250	無	無	27	김정숙군 상대리 (계대리)
133	계대대립자도 界臺大砬子島	朝鮮	127°56′03″	41°26′56″	3500	無	無	27	김정숙군 상대리 (계대리)
134	干溝子島	中國	127°56′38″ 127°56′45″	41°26′47″ 41°26′56″	11,074	1,400	無	27	長白 15道溝鎭 干溝子
135	干溝子沙洲	中國	127°56′37″	41°26′35″	915	無	無	27	長白 15道溝鎭 干溝子
136	下崴沙洲	中國	127°58′34″ 127°58′37″	41°25′33″ 41°25′46″	22,285	無	無	27	長白 14道溝鎭
137	下崴子上沙洲	中國	127°58′32″	41°25′06″	810	無	無	27	長白 14道溝鎭
138	飛機沙洲	中國	128°00′02″ 128°00′06″	41°26′44″ 41°26′45″	5180	無	無	27	長白 16道溝鎭
139	十六道溝沙洲	中國	128°00′34″	41°26′18″	540	無	無	27	長白 16道溝鎭
140	화전석립자도 樺田石砬子島	朝鮮	128°00′23″	41°26′06″	4850	無	無	27	김정숙군 상대리 火田里

編號	名稱	歸屬	位置 經度	位置 緯度	總面積 (m²)	耕地面積 (m²)	居民情況	所在圖幅編號	備考
141	화전상사주 樺田上沙洲	朝鮮	128°00′10″	41°25′31″	398	無	無	27	김정숙군 상대리 火田里
142	半裁溝沙洲	中國	128°00′14″	41°25′33″	1710	無	無	27	長白 16도구 半裁溝
143	鳩谷洞沙洲	中國	128°02′11″	41°25′00″	340	無	無	27	長白 17도구 鳩谷洞
144	고거사주 高巨沙洲	朝鮮	128°02′07″	41°24′29″	800	無	無	27	삼수군 포성동 고(높은)거리
145	보성사주 堡城沙洲	朝鮮	128°01′55″ 128°02′01″	41°23′25″ 41°23′27″	10,070	無	無	27	삼수군 포성(보성)리
146	梨田洞沙洲	中國	128°03′25″ 128°03′36″	41°23′38″ 41°23′41″	9089	無	無	27	長白 18도구 梨田
147	운전사주 雲田沙洲	朝鮮	128°05′44″	41°23′36″	2528	無	無	28	혜산시 강구동 운전(구름밭)
148	南尖頭沙洲	中國	128°06′51″	41°21′53″	1920	無	無	28	長白 18도구 南尖頭
149	강구하소사주 江口下小沙洲	朝鮮	128°07′39″	41°22′46″	520	無	無	28	혜산시 강구동 허천강 어귀
150	강구하대사주 江口下大沙洲	朝鮮	128°07′43″	41°22′47″	1250	無	無	28	혜산시 강구동 허천강 어귀
151	하강구사주 下江口沙洲	朝鮮	128°08′11″	41°22′46″	1870	無	無	28	혜산시 강구동 하강구리
152	沿江下沙洲	中國	128°09′16″	41°23′18″	918	無	無	28	長白鎭 沿江
153	沿江沙洲	中國	128°09′17″ 128°09′22″	41°23′19″ 41°23′25″	14,840	無	無	28	長白鎭 沿江
154	沿江上沙洲	中國	128°09′25″	41°23′28″	499	無	無	28	長白鎭 沿江
155	沿江島	中國	128°09′31″ 128°09′38″	41°23′43″ 41°23′56″	35,110	6,200	無	28	長白鎭 沿江
156	혜장교사주 惠長橋沙洲	朝鮮	128°10′18″ 128°10′24″	41°24′20″	8610	無	無	28	혜산시 혜장동
157	서구동소사주 西區洞小沙洲	朝鮮	128°10′35″	41°24′27″	3864	450	無	28	혜산시 ???
158	서구동대사주 西區洞大沙洲	朝鮮	128°10′38″ 128°10′46″	41°24′27″	12,600	無	無	28	혜산시 ???
159	綠江島	中國	128°10′38″ 128°10′54″	41°24′29″ 41°24′37″	48,614	35,000	無	28	長白鎭 綠江
160	혜산수원지하도 惠山水源地下島	朝鮮	128°11′09″	41°24′36″	450	無	無	28	혜산수원지

編號	名 稱	歸屬	位 置 經 度	位 置 緯 序	總面積 (m²)	耕地面積 (m²)	居民情況	所在圖幅編號	備考
161	혜산수원지도 惠山水源地島	朝鮮	128°11′22″ 128°11′38″	41°24′30″ 41°24′38″	52,437	4000	無	28	혜산수원지
162	화전하도 樺田下島	朝鮮	128°14′05″	41°27′12″	4256	無	無	29	보천군 화전리 화전마을
163	화전도 樺田島	朝鮮	128°13′46″	41°27′46″	1600	無	無	29	보천군 화전리 화전마을
164	大梨樹島	中國	128°14′12″	41°28′53″	7190	無	無	29	長白 19도구 大梨樹
165	천수도하도 泉(天)水島下島	朝鮮	128°14′06″	41°29′17″	9758	無	無	29	보천군 가산리 천수마을
166	園錐島	中國	128°13′55″	41°29′20″	680	無	無	29	長白 20도구 園錐
167	천수도 泉(天)水島	朝鮮	128°13′51″ 128°14′02″	41°29′19″ 41°29′31″	81,628	15,000	無	29	보천군 가산리 천수마을
168	排臥子島	中國	128°13′50″	41°29′25″	7700	578	無	29	長白 20도구 排臥子
169	排臥子下島	中國	128°13′51″	41°29′28″	4810	無	無	29	長白 20도구 排臥子
170	排臥子上島	中國	128°13′51″	41°29′33″	1974	無	無	29	長白 20도구 排臥子
171	二十道溝下島	中國	128°14′10″	41°29′55″	550	無	無	29	長白 20도구
172	二十道溝上島	中國	128°16′08″ 128°16′15″	41°31′02″ 41°31′09″	14,317	1581	無	29	長白 20도구
173	가산리갑상도 佳山里閘上島	朝鮮	128°16′34″	41°31′40″	7760	無	無	29	보천군 가산리
174	원립자도 園砬子島	朝鮮	128°16′40″	41°31′56″	7194	無	無	29	보천군 가산리 (?)
175	산위평하도 山衛坪下島	朝鮮	128°17′19″	41°32′00″	3300	無	無	29	보천군 가산리 산위동
176	산위평도 山衛坪島	朝鮮	128°17′37″	41°32′08″	1650	無	無	29	보천군 가산리 산위평마을
177	二十一道溝島	中國	128°17′36″	41°32′20″	6800	無	無	29	長白 21도구
178	柳葉島	中國	128°17′15″	41°32′37″	952	無	無	29	長白 21도구 柳葉島
179	구우수갑상도 口隅水閘上島	朝鮮	128°18′22″	41°34′08″	1485	無	無	29	보천군 구시물동 (?)
180	梭子島	中國	128°18′37″	41°34′15″	1100	無	無	29	長白 21도구 梭子島

編號	名 稱	歸屬	位　置		總面積 (m²)	耕地面積 (m²)	居民情況	所在圖幅編號	備考
			經　度	緯　度					
181	중강산도 中江山島	朝鮮	128°18′28″	41°34′59″	2400	無	無	29	보천군 구시물동 (?)
182	元寶島	中國	128°18′26″ 128°18′32″	41°35′18″ 41°35′23″	8740	無	無	30	長白23도구
183	상강산봉하도 上江山峰下島	朝鮮	128°18′25″	41°35′24″	4400	無	無	30	삼지연군(?)
184	상강도 上江島	朝鮮	128°18′14″ 128°18′23″	41°35′42″ 41°35′46″	7840	無	無	30	삼지연군(?)
185	농산도 農山島	朝鮮	128°18′06″	41°36′06″	1000	無	無	30	삼지연군 통남구 농산역
186	白樺島	中國	128°16′46″ 128°16′54″	41°37′49″ 41°37′54″	23,120	無	無	30	장백 23도구
187	청상도 青上島	朝鮮	128°13′57″ 128°13′59″	41°40′42″ 41°40′46″	8820	無	無	30	삼지연군
188	하청봉도 下青峰島	朝鮮	128°11′03″	41°42′12″	6545	無	無	30	삼지연군
189	상청봉도 上青峰島	朝鮮	128°11′01″	41°42′21″	25,245	無	無	30	삼지연군
190	사호갑도 四　閘島	朝鮮	128°08′40″	41°44′10″	5900	無	無	30	삼지연군
191	小白水西島	中國	128°07′59″	41°46′53″	600	無	無	31	장백현
192	八号閘下島	中國	128°06′33″	41°47′19″	250	無	無	31	장백현
193	팔호갑상도 八号閘上島	朝鮮	128°06′27″	41°47′19″	1000	無	無	31	삼지연군
194	반월도 半月島	朝鮮	128°05′55″	41°49′12″	800	無	無	31	삼지연군
195	牛角島	中國	128°05′53″	41°49′38″	2418	無	無	31	장백현
106	파도 把島	朝鮮	128°05′54″	41°49′57″	616	無	無	31	삼지연군
197	구대도 口袋島	朝鮮	128°05′54″	41°50′03″	2904	無	無	31	삼지연군
198	황과도 黃瓜島	朝鮮	128°05′44″	41°50′15″	280	無	無	31	삼지연군
199	대수도 大樹島	朝鮮	128°05′50″	41°50′30″ 41°50′37″	18,480	無	無	31	삼지연군
200	소수도 小樹島	朝鮮	128°05′55″	41°50′40″	1320	無	無	31	삼지연군

編號	名稱	歸屬	位置 經度	位置 緯度	總面積 (m²)	耕地面積 (m²)	居民情況	所在圖幅編號	備考
201	魚刀島	中國	128°06′02″	41°51′06″	270	無	無	31	장백현
202	溝門下島	中國	128°06′03″	41°51′16″	500	無	無	31	장백현
203	溝門上島	中國	128°06′04″	41°51′18″	670	無	無	31	장백현
204	백두도 白頭島	朝鮮	128°06′09″	41°51′56″	555	無	無	31	삼지연군 백두산 밀영구
205	頭谷島	中國	128°06′08″	41°51′57″	578	無	無	31	장백현

2. 섬(島嶼)과 모래섬(沙洲) 귀속(歸屬) 일람표 – 두만강 부분

編號	名稱	歸屬	位置 經度	位置 緯度	總面積 (m²)	耕地面積 (m²)	居民情況	所在圖幅編號	備考
206	新川島	中國	128°30′05″	41°59′49″	80	無	無	34	연변조선족 자치주 화룡시
207	석을도 石乙島	朝鮮	128°30′12″	41°59′47″	160	無	無	34	양강도 삼지연군 무봉구
208	무봉도 茂峰島	朝鮮	128°30′59″	41°59′59″	225	無	無	34	삼지연군 무봉구
209	삼각도 三角島	朝鮮	128°33′29″	42°00′04″	800	無	無	34	삼지연군 무봉구
210	신포도 新浦島	朝鮮	128°33′54″	41°59′50″	700	無	無	34	삼지연군 무봉구
211	삼목평도 三木坪島	朝鮮	128°36′22″	42°01′55″	2200	無	無	34	삼지연군 무봉구
212	中三島	中國	128°40′36″	42°00′42″	300	無	無	34	연변조선족 자치주 화룡시
213	삼수도 三水島	朝鮮	128°40′47″	42°00′44″	1600	無	無	34	대홍단군 홍암구 삼수평
214	소삼수도 小三水島	朝鮮	128°40′52″	42°00′45″	40	無	無	34	대홍단군 홍암구 삼수평
215	하삼수도 下三水島	朝鮮	128°41′07″	42°00′49″	40	無	無	34	대홍단군 홍암구 삼수평
216	석암도 石岩島	朝鮮	128°41′31″	42°00′58″	2400	無	無	34	대홍단군 홍암구
217	하석암도 下石岩島	朝鮮	128°41′36″	42°01′11″	1500	無	無	34	대홍단군 홍암구
218	十三号島	中國	128°42′08″	42°01′28″	2100	無	無	34	연변조선족 자치주 화룡시
219	홍암도 紅岩島	朝鮮	128°45′01″	42°02′42″	5,500	無	無	34-35	대홍단군 홍암구
220	소홍암도 小紅岩島	朝鮮	128°46′07″	42°01′54″	300	無	無	35	대홍단군 홍암구

編號	名稱	歸屬	位置 經度	位置 緯度	總面積 (m²)	耕地面積 (m²)	居民 情況	所在 圖幅 編號	備考
221	하홍암도 下紅岩島	朝鮮	128°46′10″	42°01′54″	400	無	無	35	대홍단구 홍암구
222	농사동도 農事東島	朝鮮	128°48′18″	42°02′32″	2017	無	無	35	대홍단구 농사구
223	下廣坪島	中國	128°49′03″	42°02′06″	2000	無	無	35	연변조선족 자치주 화룡시
224	하농사동도 下農事洞島	朝鮮	128°49′03″	42°02′03″	600	無	無	35	대홍단구 농사구
225	回灣島	中國	128°50′54″	42°01′41″	300	無	無	35	연변조선족 자치주 화룡시
226	내만도 內灣島	朝鮮	128°51′16″	42°01′31″	200	無	無	35	
227	下回洲島	中國	128°51′36″	42°01′25″	1000	無	無	35	연변조선족 자치주 화룡시
228	내만촌도 內灣村島	朝鮮	128°52′06″	42°01′26″	2200	無	無	35	
229	二十四号島	中國	128°52′43″	42°01′34″	500	無	無	35	연변조선족 자치주 화룡시
230	大岩島	中國	128°54′55″	42°00′44″	300	無	無	35	연변조선족 자치주 화룡시
231	상육도 上六島	朝鮮	128°56′46″	42°01′44″	900	無	無	35	대홍단구 삼장구 상륙동
232	삼장상도 三長上島	朝鮮	128°57′42″	42°05′39″	75	無	無	35	대홍단구 삼장구
233	삼장도 三長島	朝鮮	128°57′44″	42°05′40″	600	無	無	35	대홍단구 삼장구
234	삼장중도 三長中島	朝鮮	128°58′04″	42°05′32″	90	無	無	35	대홍단구 삼장구
235	삼장하도 三長下島	朝鮮	128°58′25″	42°05′21″	60	無	無	35	대홍단구 삼장구
236	임강상사주 臨江上沙洲	朝鮮	129°00′42″	42°05′57″	800	無	無	36	함경북도 무산군 림강리
237	임강하사주 臨江下沙洲	朝鮮	129°00′47″	42°05′57″	1700	無	無	36	함경북도 무산군 림강리
238	하곡도 下曲島	朝鮮	129°01′40″	42°07′01″	2400	無	無	36	무산군 림강리 아래굽이
239	間坪上島	中國	129°05′21″	42°08′18″	600	無	無	36	화룡시 숭선진
240	間坪下島	中國	129°05′26″	42°08′19″	2500	無	無	36	화룡시 숭선진

編號	名 稱	歸屬	位 置 經 度	位 置 緯 度	總面積 (m²)	耕地面積 (m²)	居民情況	所在圖幅編號	備考
241	하삼도 下三島	朝鮮	129°05′28″ 129°05′36″	42°08′17″ 42°08′21″	15,000	無	無	36	무산군 홍암리 하삼천
242	흥암사주 興岩沙洲	朝鮮	129°07′44″ 129°07′50″	42°09′08″ 42°09′15″	8000	無	無	36	무산군 홍암리
243	梨樹沙洲	中國	129°07′42″	42°09′14″ 42°09′21″	9000	無	無	36	화룡시 蘆果鄉 梨樹村
244	蘆果上島	中國	129°09′29″	42°11′05″	200	無	無	37	화룡시 蘆果鄉 蘆果村
245	蘆果沙洲	中國	129°09′50″ 129°10′13″	42°11′08″	25,000	無	無	37	화룡시 蘆果鄉 蘆果村
246	독소도 篤所島	朝鮮	129°11′14″	42°11′59″ 42°12′08″	9000	無	無	37	무산군 독소리
247	龍坪沙洲	中國	129°11′21″	42°12′12″	2000	無	無	37	화룡시 蘆果鄉駝 馬臺
248	독소사주 篤所沙洲	朝鮮	129°11′59″	42°12′13″	6000	無	無	37	무산군 독소리
249	독소하도 篤所下島	朝鮮	129°12′57″ 129°13′06″	42°12′10″	25,600	無	無	37	무산군 독소리
250	?馬沙洲	中國	129°13′06″	42°12′32″	2000	無	無	37	화룡시 蘆果鄉 駝馬臺
251	무산사주 茂山沙洲	朝鮮	129°12′14″	42°14′01″	2000	無	無	37	무산군 칠성리
252	칠성사주 七星沙洲	朝鮮	129°12′13″	42°14′21″	3200	無	無	37	무산군 칠성리
253	쟁곡사주 錚曲沙洲	朝鮮	129°11′44″ 129°11′51″	42°15′43″	4200	無	無	37	무산군 칠성리 쟁 굽이마을
254	南坪島	中國	129°12′50″ 129°13′03″	42°15′50″ 42°16′05″	30,000	300	無	37	화룡시 德化鎮
255	南坪上沙洲	中國	129°13′06″	42°16′10″	1600	無	無	37	화룡시 德化鎮
256	南坪下沙洲	中國	129°13′10″	42°16′16″ 42°16′22″	8000	無	無	37	화룡시 德化鎮
257	칠성전사주 七星前沙洲	朝鮮	129°13′12″ 129°13′20″	42°16′22″ 42°16′30″	15,000	無	無	37	무산군 새골리
258	칠성도 七星島	朝鮮	129°13′24″ 129°13′30″	42°16′48″ 42°16′58″	4700	3,000	無	37	무산군 새골리
259	잠덕상도 蠶德上島	朝鮮	129°12′51″ 129°13′02″	42°16′57″	10,000	無	無	37	무산군 새골리
260	吉地島	中國	129°11′53″ 129°12′58″	42°16′41″ 42°17′02″	374,000	195,748	無	37	화룡시 덕화진 吉地

編號	名稱	歸屬	位置 經度	位置 緯度	總面積 (m²)	耕地面積 (m²)	居民情況	所在圖幅編號	備考
261	잠덕사주 蠶德沙洲	朝鮮	129°11′58″ 129°12′05″	42°17′01″ 42°17′12″	36,000	無	無	37	무산군 새골리
262	四平沙洲	中國	129°12′00″ 129°12′12″	42°17′16″ 42°17′25″	17,500	無	無	37	화룡시 덕화진
263	잠덕도 蠶德島	朝鮮	129°12′21″ 129°12′55″	42°17′28″ 42°17′38″	117,000	5,000	無	37	무산군 새골리
264	잠덕하도 蠶德下島	朝鮮	129°12′58″ 129°13′18″	42°17′42″	22,500	無	無	37	무산군 새골리
265	松田沙洲	中國	129°13′16″	42°17′46″	8000	無	無	37	화룡시 덕화진 松田
266	양영소도 梁永小島	朝鮮	129°13′48″	42°18′38″	350	無	無	37	무산군 새골리
267	양영사주 梁永沙洲	朝鮮	129°13′34″ 129°13′45″	42°18′39″	10,000	無	無	37	무산군 새골리
268	냉곡도 冷曲島	朝鮮	129°12′48″ 129°13′04″	42°18′08″ 42°18′19″	54,000	50	無	37	무산군 새골리 랭곡마을
269	냉곡사주 冷曲沙洲	朝鮮	129°12′28″	42°18′15″	3000	無	無	37	무산군 새골리 랭곡마을
270	柳新島	中國	129°12′09″ 129°12′25″	42°18′13″ 42°18′27″	35,800	12,000	無	37	화룡시 덕화진 柳新
271	하냉곡사주 下冷曲沙洲	朝鮮	129°11′40″ 129°11′50″	42°18′40″	18,000	無	無	37	무산군 새골리 랭곡마을
272	柳新下島	中國	129°11′46″ 129°12′03″	42°19′08″ 42°19′14″	32,000	12,000	無	37	화룡시 덕화진 柳新
273	지초상도 芝草上島	朝鮮	129°13′46″ 129°14′00″	42°18′52″	6000	無	無	37	무산군 지초리
274	작대고 作大島	朝鮮	129°14′56″ 129°15′21″	42°19′12″ 42°19′39″	209,000	120,000	無	37	무산군 지초리
275	작대사주 作大沙洲	朝鮮	129°15′21″	42°19′43″	4500	無	無	37	무산군 지초리
276	작대하도 作大下島	朝鮮	129°15′12″	42°19′53″ 42°19′59″	5000	無	無	37	무산군 지초리
277	지초암유도 芝草岩柳島	朝鮮	129°14′22″	42°20′33″	5000	無	無	38	무산군 지초리
278	楠田沙洲	中國	129°14′04″ 129°14′10″	42°20′37″	8000	無	無	38	화룡시 덕화진 楠田
279	지초도 芝草島	朝鮮	129°13′45″ 129°14′10″	42°20′38″ 42°20′46″	120,000	80,000	無	38	무산군 지초리
280	楠田島	中國	129°13′28″ 129°13′44″	42°20′40″ 42°20′53″	42,000	無	無	38	화룡시 덕화진 楠田

編號	名 稱	歸屬	位 置 經 度	位 置 緯 度	總面積 (㎡)	耕地面積 (㎡)	居民 情況	所在 圖幅 編號	備考
281	지초소도 芝草小島	朝鮮	129° 14′ 07″	42° 21′ 44″	700	無	無	38	무산군 지초리
282	大洞島	中國	129° 14′ 16″ 129° 14′ 31″	42° 22′ 35″ 42° 22′ 45″	20,800	15,000	無	38	화룡시 덕화진 大洞口
283	화평상사주 樺坪上沙洲	朝鮮	129° 15′ 04″	42° 22′ 25″	4000	無	無	38	무산군 지초리 화평마을
284	화평하사주 樺坪下沙洲	朝鮮	129° 15′ 40″ 129° 15′ 47″	42° 22′ 20″	4500	無	無	38	무산군 지초리 화평마을
285	富岩島	中國	129° 16′ 45″ 129° 17′ 02″	42° 22′ 52″ 42° 23′ 00″	10,400	無	無	38	화룡시 덕화진
286	광대암도 廣大岩島	朝鮮	129° 18′ 38″ 129° 19′ 02″	42° 23′ 27″ 42° 23′ 49″	190,000	180,000	無	38	무산군 서호리 광대암
287	芹田島	中國	129° 18′ 09″ 129° 18′ 34″	42° 23′ 41″ 42° 23′ 59″	112,500	無	無	38	화룡시 덕화진 芹田
288	육동도 六洞島	朝鮮	129° 19′ 17″ 129° 19′ 25″	42° 25′ 15″ 42° 25′ 35″	44,000	無	無	38	회령시 계상리
289	육동사주 六洞沙洲	朝鮮	129° 19′ 51″	42° 24′ 56″ 42° 25′ 01″	10,000	無	無	38	회령시 계상리
290	熙里台沙洲	中國	129° 20′ 51″ 129° 20′ 57″	42° 24′ 25″	8000	無	無	38	용정시 白金鄉
291	安作沙洲	中國	129° 20′ 22″	42° 24′ 47″ 42° 24′ 57″	12,000	無	無	38	용정시 白金鄉
292	安作島	中國	129° 20′ 38″ 129° 21′ 00″	42° 24′ 58″ 42° 25′ 06″	36,000	無	無	38	용정시 白金鄉
293	육동하도 六洞下島	朝鮮	129° 21′ 02″ 129° 21′ 10″	42° 25′ 32″ 42° 25′ 38″	12,200	無	無	38	회령시 계상리
294	계상도 溪上島	朝鮮	129° 20′ 33″ 129° 20′ 50″	42° 26′ 57″ 42° 27′ 07″	32,900	無	無	38	회령시 계상리
295	계하사주 溪下沙洲	朝鮮	129° 23′ 17″	42° 25′ 39″	2500	無	無	38	회령시 계하리
296	東京沙洲	中國	129° 23′ 17″	42° 26′ 51″	1800	無	無	38	용정시 白金鄉
297	상사사주 上社沙洲	朝鮮	129° 23′ 54″ 129° 24′ 05″	42° 26′ 51″ 42° 27′ 03″	25,000	無	無	38	회령시 계하리 상사지
298	白金島	中國	129° 24′ 07″ 129° 24′ 25″	42° 26′ 36″ 42° 26′ 53″	78,000	無	無	38	용정시 白金鄉
299	상사하사주 上社下沙洲	朝鮮	129° 24′ 18″ 129° 24′ 28″	42° 26′ 35″	9000	無	無	38	회령시 계하리 상사지
300	계하도 溪下島	朝鮮	129° 24′ 42″ 129° 24′ 46″	42° 26′ 11″ 42° 26′ 18″	15,000	60	無	38	회령시 계하리

編號	名稱	歸屬	位置 經度	位置 緯度	總面積 (m²)	耕地面積 (m²)	居民情況	所在圖幅編號	備考
301	金湖島	中國	129°24′51″	42°26′13″	7500	無	無	38	용정시 白金鄉
302	계하하도 溪下下島	朝鮮	129°24′48″ 129°25′04″	42°26′01″ 42°26′08″	30,000	無	無	38	회령시 계하리
303	金湖沙洲	中國	129°25′12″	42°26′04″	15,000	無	無	38	용정시 白金鄉
304	계하상사주 溪下上沙洲	朝鮮	129°25′08″ 129°25′15″	42°25′56″ 42°26′02″	20,700	無	無	38	회령시 계하리
305	계하하사주 溪下下沙洲	朝鮮	129°25′15″ 129°25′31″	42°25′59″	31,500	無	無	38	회령시 계하리
306	板登島	中國	129°27′25″	42°25′26″ 42°25′34″	15,000	無	無	38	용정시 白金鄉
307	板登沙洲	中國	129°27′59″ 129°28′08″	42°25′18″	30,000	無	無	38	용정시 白金鄉
308	深浦沙洲	中國	129°29′40″	42°24′43″	5000	無	無	38	용정시 白金鄉 深浦
309	深浦島	中國	129°29′38″ 129°29′44″	42°24′19″ 42°24′39″	35,000	無	無	38	용정시 白金鄉 深浦
310	하학사주 下鶴沙洲	朝鮮	129°29′45″	42°23′59″ 42°24′05″	8000	無	無	38	회령시 송학리
311	송학상사주 松鶴上沙洲	朝鮮	129°29′58″	42°23′50″	2400	無	無	38	회령시 송학리
312	戶田上沙洲	中國	129°31′01″ 129°31′08″	42°23′29″	10,000	無	無	39	용정시 白金鄉
313	戶田下沙洲	中國	129°31′18″ 129°31′24″	42°23′05″ 42°23′17″	40,000	無	無	39	용정시 白金鄉
314	명신도 明臣島	朝鮮	129°32′18″ 129°32′42″	42°21′56″ 42°22′08″	82,500	300	無	39	회령시 송학리
315	백용사주 白龍沙洲	朝鮮	129°33′03″ 129°33′10″	42°21′52″ 42°22′10″	27,500	無	無	39	회령시 성북리 백용동
316	虛弓橋沙洲	中國	129°33′14″	42°22′40″	3000	無	無	39	용정시 富裕鄉
317	백용하사주 白龍下沙洲	朝鮮	129°33′25″	42°22′38″	3000	無	無	39	회령시 성북리 백용동
318	성북도 城北島	朝鮮	129°34′14″	42°22′52″ 42°22′59″	8800	無	無	39	회령시 성북리
319	운주도 云洲島	朝鮮	129°33′26″ 129°33′51″	42°23′08″ 42°23′21″	70,000	50,000	無	39	회령시 성북리
320	운주사주 云洲沙洲	朝鮮	129°34′01″ 129°34′08″	42°24′09″	6000	無	無	39	회령시 성북리

編號	名 稱	歸屬	位 置		總面積 (m²)	耕地面積 (m²)	居民 情況	所在 圖幅 編號	備考
			經 度	緯 度					
321	化龍島	中國	129° 34′ 50″	42° 24′ 46″	800	無	無	39	용정시 富裕鄉
322	변지사주 邊地沙洲	朝鮮	129° 35′ 08″ 129° 35′ 15″	42° 27′ 01″	6600	無	無	39	회령시 성북리
323	富裕島	中國	129° 35′ 35″ 129° 35′ 56″	42° 27′ 03″ 42° 27′ 08″	60,000	30,000	無	39	용정시 富裕鄉
324	유선도 遊仙島	朝鮮	129° 38′ 15″ 129° 38′ 26″	42° 25′ 50″ 42° 26′ 03″	44,000	25,000	無	39	회령시 유선동
325	朝陽沙洲	中國	129° 38′ 57″ 129° 39′ 14″	42° 25′ 34″ 42° 25′ 39″	22,500	無	無	39	용정시 부유향 朝東
326	남산도 南山島	朝鮮	129° 39′ 31″ 129° 40′ 04″	42° 25′ 48″ 42° 26′ 02″	150,000	10,000	無	39	회령시 남산리
327	남산사주 南山沙洲	朝鮮	129° 39′ 52″ 129° 40′ 04″	42° 25′ 57″	17,500	無	無	39	회령시남산리
328	영수도 永綏島	朝鮮	129° 40′ 38″ 129° 40′ 59″	42° 25′ 42″ 42° 25′ 55″	99,000	無	無	39	회령시 영수리
329	佳梅島	中國	129° 40′ 41″ 129° 40′ 52″	42° 25′ 51″ 42° 25′ 57″	15,000	無	無	39	용정시 三合鎭
330	덕흥도 德興島	朝鮮	129° 42′ 20″ 129° 42′ 34″	42° 25′ 44″ 42° 26′ 03″	65,000	無	無	39	회령시 강안동 덕흥부락
331	上南湖島	中國	129° 42′ 16″ 129° 43′ 25″	42° 25′ 50″ 42° 26′ 40″	500,000	300,000	無	39	용정시 삼합진 南湖
332	회령상사주 會寧上沙洲	朝鮮	129° 42′ 58″ 129° 43′ 06″	42° 26′ 19″	17,500	無	無	39	회령시 새마을동
333	회령도 會寧島	朝鮮	129° 43′ 08″ 129° 43′ 27″	42° 26′ 20″ 42° 26′ 34″	55,000	40,000	無	39	회령시 새마을동
334	中南湖島	中國	129° 42′ 58″ 129° 43′ 20″	42° 26′ 35″ 42° 26′ 46″	125,000	42,000	無	39	용정시 삼합진 南湖
335	下南湖島	中國	129° 43′ 22″ 129° 43′ 43″	42° 26′ 58″ 42° 27′ 23″	400,000	260,000	無	39	용정시 삼합진 南湖
336	下南湖沙洲	中國	129° 43′ 42″ 129° 43′ 50″	42° 27′ 18″ 42° 27′ 35″	49,500	無	無	39	용정시 삼합진 南湖
337	三合上沙洲	中國	129° 44′ 09″ 129° 44′ 32″	42° 27′ 47″	30,000	無	無	39	용정시 삼합진
338	금생상사주 金生上沙洲	朝鮮	129° 44′ 28″ 129° 44′ 35″	42° 28′ 21″ 42° 28′ 34″	16,000	無	無	39	
339	三合下沙洲	中國	129° 44′ 20″ 129° 44′ 32″	42° 28′ 24″ 42° 28′ 40″	30,000	無	無	39	용정시 삼합진
340	南星島	中國	129° 43′ 58″ 129° 44′ 09″	42° 29′ 31″ 42° 29′ 38″	21,000	無	無	39	용정시 삼합진

編號	名稱	歸屬	位置 經度	位置 緯度	總面積 (m²)	耕地面積 (m²)	居民情況	所在圖幅編號	備考
341	금생도 金生島	朝鮮	129°43′56″ 129°44′02″	42°30′02″ 42°30′13″	12,500	無	無	40	회령시 금생리
342	禹蹟沙洲	中國	129°43′55″	42°30′03″ 42°30′09″	10,000	無	無	40	용정시 삼합진 勝迹
343	禹蹟島	中國	129°43′55″ 129°44′05″	42°30′10″ 42°30′20″	31,500	無	無	40	용정시 삼합진 勝迹
344	柳洞島 유동도	朝鮮	129°44′16″ 129°44′23″	42°30′33″ 42°30′48″	36,000	無	無	40	회령시 인계리
345	고령진사주 高嶺鎮沙洲	朝鮮	129°44′20″ 129°44′37″	42°31′22″ 42°31′53″	100,000	250	無	40	회령시 인계리 고령진
346	菲田島	中國	129°44′10″ 129°44′23″	42°31′22″ 42°31′40″	66,000	400	無	40	용정시 삼합진 菲田
347	菲田沙洲	中國	129°44′27″ 129°44′35″	42°31′46″ 42°32′02″	22,000	無	無	40	용정시 삼합진 菲田
348	고령진상사주 高嶺鎮上沙洲	朝鮮	129°44′36″ 129°44′46″	42°32′02″ 42°32′24″	40,000	無	無	40	회령시 인계리 고령진
349	北興上沙洲	中國	129°44′43″	42°32′25″ 42°32′32″	10,000	無	無	40	용정시 삼합진 北興
350	北興下沙洲	中國	129°44′39″	42°32′29″ 42°32′35″	12,500	無	無	40	용정시 삼합진 北興
351	고령진중사주 高嶺鎮中沙洲	朝鮮	129°44′33″ 129°44′40″	42°32′42″ 42°32′55″	22,500	無	無	40	회령시 인계리 고령진
352	고령진하사주 高嶺鎮下沙洲	朝鮮	129°44′28″	42°32′51″ 42°33′01″	18,000	無	無	40	회령시 인계리 고령진
353	江城島	中國	129°44′04″	42°33′24″ 42°33′31″	15,000	無	無	40	용정시 삼합진 江城
354	신학포상사주 新鶴浦上沙洲	朝鮮	129°44′08″	42°33′39″ 42°33′59″	32,000	無	無	40	회령시 학포리 신학포
355	신학포하사주 新鶴浦下沙洲	朝鮮	129°44′05″ 129°44′11″	42°34′10″ 42°34′30″	35,000	無	無	40	회령시 학포리 신학포
356	학포사주 鶴浦沙洲	朝鮮	129°45′11″ 129°45′18″	42°35′12″ 42°35′25″	25,000	無	無	40	회령시 학포리 신학포
357	上灘島	中國	129°45′16″ 129°45′55″	42°36′00″ 42°36′19″	225,000	98,000	無	40	용정시 開山屯鎮
358	하삼봉도 下三峰島	朝鮮	129°45′32″ 129°45′44″	42°42′18″ 42°42′40″	112,500	無	無	41	온성군 하삼봉리
359	下鶴城沙洲	中國	129°45′53″ 129°46′11″	42°43′37″ 42°43′56″	78,000	無	無	41	용정시 開山屯鎮
360	下泉坪沙洲	中國	129°46′20″ 129°46′28″	42°44′12″ 42°44′37″	51,000	無	無	41	용정시 開山屯鎮

編號	名稱	歸屬	位置 經度	位置 緯度	總面積 (m²)	耕地面積 (m²)	居民情況	所在圖幅編號	備考
361	종성상사주 鐘城上沙洲	朝鮮	129° 46′ 29″ 129° 46′ 57″	42° 44′ 39″ 42° 45′ 13″	187,500	無	無	41	온성군 종성구
362	종성하사주 鐘城下沙洲	朝鮮	129° 46′ 55″	42° 45′ 15″ 42° 45′ 22″	19,000	無	無	41	온성군 종성구
363	間島	中國	129° 46′ 39″ 129° 46′ 49″	42° 45′ 40″ 42° 45′ 49″	43,800	10,000	無	41	용정시 開山屯鎮
364	종성상도 鐘城上島	朝鮮	129° 46′ 39″ 129° 46′ 52″	42° 45′ 40″ 42° 46′ 11″	230,000	50,000	無	41	온성군 종성구
365	尾沙洲	中國	129° 46′ 36″ 129° 46′ 50″	42° 45′ 54″ 42° 46′ 12″	78,000	無	無	41	용정시 開山屯鎮
366	종성하도 鐘城下島	朝鮮	129° 46′ 54″ 129° 47′ 26″	42° 46′ 01″ 42° 46′ 26″	240,000	180,000	無	41	온성군 종성구
367	소암상사주 小岩上沙洲	朝鮮	129° 48′ 27″	42° 47′ 45″ 42° 47′ 55″	9000	無	無	41	온성군 강안리
368	白龍島	中國	129° 47′ 52″ 129° 48′ 26″	42° 47′ 54″ 42° 49′ 00″	624,000	150,000	無	41	圖們市 月晴鎮 白龍
369	소암하사주 小岩下沙洲	朝鮮	129° 48′ 27″	42° 48′ 10″ 42° 48′ 25″	30,000	無	無	41	온성군 강안리
370	동관상사주 潼關上沙洲	朝鮮	129° 48′ 15″	42° 48′ 39″ 42° 48′ 51″	50,000	無	無	41	온성군 강안리
371	동관중사주 潼關中沙洲	朝鮮	129° 48′ 14″ 129° 48′ 33″	42° 49′ 02″ 42° 49′ 31″	165,000	無	無	41	온성군 강안리
372	石建島	中國	129° 48′ 12″ 129° 48′ 38″	42° 49′ 20″ 42° 49′ 59″	236,200	100,000	無	41	圖們市 月晴鎮 石建
373	동관하사주 潼關下沙洲	朝鮮	129° 48′ 26″	42° 49′ 31″ 42° 49′ 37″	8000	無	無	41	온성군 강안리
374	동관도 潼關島	朝鮮	129° 48′ 38″ 129° 48′ 58″	42° 49′ 50″ 42° 50′ 18″	200,000	35,000	無	41	온성군 강안리
375	보천사주 保川沙洲	朝鮮	129° 48′ 39″ 129° 48′ 59″	42° 50′ 26″ 42° 50′ 59″	165,000	無	無	41	온성군 영강리 보천포
376	수구포도 水口浦島	朝鮮	129° 49′ 09″ 129° 49′ 46″	42° 51′ 10″ 42° 51′ 37″	227,500	10,000	無	42	온성군 영강면 수구포
377	수구포사주 水口浦沙洲	朝鮮	129° 49′ 37″ 129° 49′ 44″	42° 51′ 37″	11,000	無	無	42	온성군 영강면 수구포
378	馬牌島	中國	129° 50′ 23″ 129° 50′ 32″	42° 52′ 58″ 42° 53′ 18″	52,500	無	無	42	圖們市 月晴鎮
379	間島	中國	129° 50′ 15″ 129° 50′ 21″	42° 54′ 29″ 42° 54′ 38″	12,000	無	無	42	도문시 紅光鄉
380	間坪沙洲	中國	129° 50′ 31″ 129° 50′ 36″	42° 55′ 09″ 42° 55′ 14″	10,000	無	無	42	도문시 紅光鄉

編號	名 稱	歸屬	位 置 經 度	緯 度	總面積 (m²)	耕地面積 (m²)	居民情況	所在圖幅編號	備考
381	圖們上沙洲	中國	129°50′47″ 129°51′01″	42°56′36″ 42°57′10″	69,000	無	無	42	도문시
382	남양도 南陽島	朝鮮	129°50′53″ 129°51′58″	42°56′56″ 42°58′05″	875,000	500,000	無	42	온성군 남양구
383	圖們下沙洲	中國	129°51′29″ 129°51′43″	42°58′05″ 42°58′14″	40,000	無	無	42	소문시
384	남양상사주 南陽上沙洲	朝鮮	129°51′35″ 129°52′12″	42°58′04″ 42°58′12″	64,000	無	無	42	온성군 남양구
385	圖們小沙洲	中國	129°51′47″ 129°51′57″	42°58′11″	14,000	無	無	42	도문시
386	남양하사주 南陽下沙洲	朝鮮	129°51′49″ 129°52′01″	42°58′02″ 42°58′06″	25,000	無	無	42	온성군 남양구
387	수문도 水門島	朝鮮	129°54′54″ 129°55′05″	42°58′21″ 42°58′44″	75,000	45,000	無	42	온성군 풍리리 수문마을
388	新基沙洲	中國	129°52′47″ 129°53′02″	42°58′38″ 42°58′44″	30,000	無	無	42	도문시 涼水鎭 新基
389	慶榮島	中國	129°52′36″ 129°53′07″	42°59′31″ 42°59′56″	79,500	無	無	42	도문시 涼水鎭 慶榮
390	慶榮上沙洲	中國	129°53′10″ 129°53′18″	42°59′55″ 43°00′02″	15,000	無	無	42	도문시 涼水鎭 慶榮
391	慶榮下沙洲	中國	129°53′42″ 129°53′54″	43°00′10″ 43°00′15″	16,000	無	無	42	도문시 涼水鎭 慶榮
392	涼水上島	中國	129°57′18″ 129°57′26″	43°00′18″ 43°00′27″	15,000	無	無	42	도문시 涼水鎭
393	온성도 穩城島	朝鮮	129°58′24″ 130°00′04″	42°58′16″ 42°59′05″	1,610,000	1,400,000	無	42-43	온성군 온성읍 남산동
394	온성사주 穩城沙洲	朝鮮	129°59′48″ 130°00′22″	42°58′14″ 42°58′22″	36,000	無	無	42-43	온성군 온성읍
395	온성소도 穩城小島	朝鮮	129°59′48″ 130°00′23″	42°58′18″ 42°58′33″	118,700	30,000	無	42-43	온성군 온성읍
396	涼水下島	中國	129°59′52″ 130°00′14″	42°58′35″ 42°58′58″	144,000	124,000	無	42-43	도분시 양수진
397	涼水小島	中國	130°00′10″	42°58′35″	1500	無	無	43	도문시 양수진
398	河東上島	中國	130°00′22″ 130°00′29″	42°58′20″ 42°58′28″	12,000	無	無	43	도문시 양수진
399	河東上沙洲	中國	130°00′24″ 130°01′13″	42°58′07″ 42°58′17″	55,000	無	無	43	도문시 양수진
400	河東下沙洲	中國	130°00′46″ 130°01′10″	42°58′11″ 42°58′18″	37,000	無	無	43	도문시 양수진

編號	名 稱	歸屬	位 置 經 度	位 置 緯 度	總面積 (m²)	耕地面積 (m²)	居民 情況	所在 圖幅 編號	備考
401	河東下島	中國	130°01′19″ 130°02′00″	42°57′56″ 42°58′08″	150,000	無	無	43	도문시 양수진
402	密江島	中國	130°07′22″ 130°08′14″	42°58′39″ 42°59′10″	525,000	360,000	無	43	琿春市 密江鄉
403	훈융도 訓戎島	朝鮮	130°09′05″ 130°10′08″	42°54′22″ 42°54′46″	240,000	30,000	無	43	새별군 훈흥리 금화동
404	훈융사주 訓戎沙洲	朝鮮	130°11′09″ 130°11′52″	42°54′22″ 42°54′34″	66,000	無	無	43	새별군 훈흥리 금화동
405	奉天島	中國	130°15′18″ 130°15′58″	42°52′34″ 42°54′00″	1,118,000	520,000	無	43	혼춘시 英安鄉
406	英安沙洲	中國	130°15′55″ 130°16′00″	42°53′38″ 42°53′46″	12,000	無	無	43	혼춘시 英安鄉
407	英安島	中國	130°16′04″ 130°16′12″	42°53′19″ 42°53′32″	20,000	無	無	43	혼춘시 英安鄉
408	王家垞沙洲	中國	130°15′54″ 130°16′00″	42°52′50″ 42°52′59″	18,000	無	無	43	혼춘시 英安鄉
409	王家垞子島[354]	中國	130°15′12″ 130°15′57″	42°51′55″ 42°52′47″	440,000	200,000	無	43	혼춘시 英安鄉
410	매기도[355] 每基島	朝鮮	130°15′05″ 130°15′16″	42°51′48″ 42°52′04″	58,000	57,000	無	43	새별군 훈흥리
411	八連城大島	中國	130°14′24″ 130°14′59″	42°50′12″ 42°51′29″	630,000	240,000	無	43	혼춘시 三家子鄉 八連城
412	하면도 下面島	朝鮮	130°14′12″ 130°14′42″	42°50′42″ 42°51′18″	210,000	25,000	無	43	새별군 후석리
413	八連城沙洲	中國	130°14′47″ 130°15′06″	42°50′14″ 42°50′45″	160,000	無	無	43	혼춘시 三家子鄉 八連城
414	八連城小島	中國	130°14′44″	42°50′24″ 42°50′33″	12,000	無	無	43	혼춘시 三家子鄉 八連城
415	高力城上島	中國	130°14′14″ 130°14′44″	42°49′25″ 42°50′09″	187,500	130,000	無	43-44	혼춘시 三家子鄉 八連城
416	高力城下島	中國	130°14′20″ 130°14′43″	42°48′18″ 42°49′32″	687,500	無	無	44	혼춘시 三家子鄉 八連城
417	유다도 柳多島	朝鮮	130°13′52″ 130°15′00″	42°46′48″ 42°48′08″	1,850,000	1,640,000	無	44	새별군 류다섬리
418	경원도 慶源島	朝鮮	130°13′45″	42°47′53″ 42°48′03″	12,950	10,000	無	44	새별군 류다섬리
419	안농도 安農島	朝鮮	130°13′26″ 130°13′38″	42°47′16″ 42°47′41″	40,000	無	無	44	새별군 류다섬리
420	西崴子沙洲	中國	130°14′17″ 130°14′38″	42°45′39″ 42°46′04″	175,000	無	無	44	혼춘시 三家子鄉 西崴子

編號	名 稱	歸屬	位 置 情況	位 置 所在	總面積 (m²)	耕地面積 (m²)	居民情況	所在圖幅編號	備考
421	농포사주 農浦沙洲	朝鮮	130°14′03″ 130°14′21″	42°44′56″ 42°45′50″	255,000	無	無	44	새별군 농포리
422	농포도 農島浦	朝鮮	130°13′50″ 130°14′03″	42°44′58″ 42°45′35″	105,000	15,000	無	44	새별군 농포리
423	승량상도 承良上島	朝鮮	130°13′52″ 130°14′10″	42°43′49″ 42°44′17″	128,250	80,000	無	44	새별군 룡당리
424	승량하도 承良下島	朝鮮	130°14′08″ 130°14′37″	42°43′07″ 42°43′57″	417,500	120,000	無	44	새별군 룡당리
425	신건사주 新建沙洲	朝鮮	130°16′34″ 130°16′50″	42°41′55″ 42°42′02″	15,000	無	無	44	새별군 신건리
426	유라사주 油羅沙洲	朝鮮	130°18′46″ 130°19′18″	42°38′50″ 42°39′12″	71,400	無	無	45	은덕군 신아산리
427	白石沙洲	中國	130°19′09″ 130°19′28″	42°39′00″ 42°39′14″	60,000	無	無	45	혼춘시 敬信鎭 白石
428	琵琶島	中國	130°21′12″ 130°21′50″	42°37′58″ 42°38′17″	127,500	80,000	無	45	혼춘시 敬信鎭
429	琵琶沙洲	中國	130°21′38″ 130°21′58″	42°37′46″ 42°37′57″	100,000	無	無	45	혼춘시 敬信鎭
430	신아도 新阿島	朝鮮	130°21′35″ 130°22′05″	42°37′06″ 42°37′40″	231,000	無	無	45	은덕군 신아산리
431	직동사주 直洞沙洲	朝鮮	130°25′06″ 130°25′16″	42°35′06″ 42°35′13″	20,300	無	無	45	은덕군 신아산리 백안동
432	지경도 地境島	朝鮮	130°24′37″ 130°24′42″	42°34′03″ 42°34′13″	16,500	無	無	45	은덕군 신아산리 백안동
433	玻璃沙洲	中國	130°25′22″ 130°25′39″	42°33′12″ 42°33′34″	38,000	無	無	45	혼춘시 敬信鎭 玻璃洞
434	삼봉도 三峰島	朝鮮	130°25′47″ 130°26′01″	42°32′39″ 42°32′46″	24,000	10,000	無	45	은덕군 송학리
435	하여평사주 下汝坪沙洲	朝鮮	130°27′46″ 130°28′36″	42°32′54″ 42°33′32″	232,500	無	無	45	라선시 하여평리
436	원정사주 元汀沙洲	朝鮮	130°27′35″ 130°28′02″	42°35′06″ 42°35′12″	60,000	無	無	45	라선시 원정리
437	원정도 元汀島	朝鮮	130°27′32″ 130°27′44″	42°35′13″ 42°35′42″	104,000	2000	無	45	라선시 원정리
438	玉泉上沙洲	中國	130°28′00″ 130°28′20″	42°36′40″ 42°37′02″	56,200	無	無	45	혼춘시 敬信鎭
439	玉泉中沙洲	中國	130°28′18″ 130°28′26″	42°37′03″ 42°37′09″	15,000	無	無	45	혼춘시 敬信鎭
440	玉泉下沙洲	中國	130°28′27″ 130°28′38″	42°37′18″ 42°37′24″	24,500	無	無	45	혼춘시 敬信鎭

編號	名 稱	歸屬	位 置		總面積 (㎡)	耕地面積 (㎡)	居民 情況	所在 圖幅 編號	備考
			經 度	緯 度					
441	玉泉島	中國	130° 28′ 34″ 130° 31′ 06″	42° 36′ 51″ 42° 37′ 31″	1,020,000	800,000	無	45-46	혼춘시 敬信鎮
442	玉泉小島	中國	130° 29′ 16″ 130° 29′ 26″	42° 37′ 34″	10,000	無	無	45	혼춘시 敬信鎮
443	九沙坪島	中國	130° 31′ 12″ 130° 31′ 22″	42° 36′ 20″ 42° 36′ 44″	56,200	25,000	無	46	혼춘시 敬信鎮
444	圈河島	中國	130° 31′ 10″ 130° 31′ 21″	42° 34′ 18″ 42° 34′ 37″	39,000	23,000	無	46	혼춘시 敬信鎮
445	은계도 隱溪島	朝鮮	130° 32′ 16″ 130° 32′ 48″	42° 31′ 01″ 42° 31′ 40″	305,500	70,000	無	46	라선시 하회리 은계동
446	하회도 下會島	朝鮮	130° 32′ 26″ 130° 32′ 49″	42° 30′ 09″ 42° 31′ 06″	280,000	50,000	無	46	라선시 하회리
447	벽신포도 碧新浦島	朝鮮	130° 32′ 38″ 130° 33′ 20″	42° 29′ 09″ 42° 29′ 43″	150,500	無	無	47	라선시 사회리 벽신동
448	사회도 四會島	朝鮮	130° 33′ 42″ 130° 34′ 46″	42° 27′ 51″ 42° 29′ 01″	1,825,000	420,000	無	47	라선시 사회리
449	防川島	中國	130° 33′ 42″ 130° 34′ 32″	42° 26′ 47″ 42° 28′ 04″	750,000	無	無	47	혼춘시 敬信鎮
450	증산도 甑山島	朝鮮	130° 33′ 34″ 130° 34′ 20″	42° 25′ 44″ 42° 26′ 14″	144,000	50,000	無	47	라선시 홍의리
451	防川沙洲	中國	130° 37′ 11″ 130° 37′ 26″	42° 25′ 43″	32,000	無	無	47	혼춘시 敬信鎮

주은래 총리의 중국-조선 관계 담화

1963년 6월 28일 주은래 총리가
조선과학원 대표단을 접견할 때 발표한 '중국-조신 관계'

금년(1963년) 6월28일, 주은래 총리는 조선과학원 대표단을 만나면서 중국과 조선의 관계에 대해 이야기하였다. 그 요점은 다음과 같다.

현재 중조 관계는 아주 가깝고, 역사적으로도 가까웠는데, 다음 3시기로 나눌 수 있다.

첫 시기는 중조 두 나라와 민족의 역사적 관계이다.

둘째 시기는 중국과 조선이 모두 같은 시기에 제국주의 침략을 당했을 때인데, 여러분(조선을 가리킨다)은 일본의 식민지가 되고, 우리 쪽은 한 부분은 제국주의의 반식민지, 한 부분은 일본의 식민지로 굴러 떨어졌다. 이때의 중국과 조선은 혁명적 관계였다.

세 번째 시기는 바로 현재인데, 우리는 모두 사회주의 국가이고, 형제 당(黨)이며, 형제 국가의 관계이다.

이 3시기의 중조 두 나라와 두 당 사이의 관계는 연구할 만한 가치가 있는 문제들이 많이 있다. 역사 관계, 민족 관계, 혁명 관계에 대한 조사연구를 통해, 서로의 관점과 견해를 완전히 일치시킨 다음, 문건과 서적에 기록하여야 한다. 이것은 우리 역사학자에게 하나의 큰일이고 반드시 해야 했던 일이다. 이것은 또 정치활동과 당의 활동을 하는 우리가 반드시 노력해야 할 분야 가운데 하나이다.

첫 번째 시기는 역사기록 이래 발굴된 문물에 의해 증명된다. 두 나라, 두 민족의 관계는 제국주의 침략으로 중지될 때까지 3000~4000년 또는 더 긴 시간 동안 이어졌다.

이러한 역사 연대에 대한 두 나라 역사학의 일부 기록은 진실에 그다지 부합되지 않는다. 이것은 중국 역사학자나 많은 사람들이 대국주의, 대국국수주의 관점에서 역사를 서술한 것이 주요 원인이다. 그리하여 많은 문제들이 불공정하게 씌어졌다. 먼저 양국 민족의 발전에 대한 과거 일부 중국 학자들의 관점은 그다지 정확한 것은 아니었고, 사실에 맞지도 않았다. 조선 민족은 조선반도와 동북대륙에 진출한 뒤 오랫동안 거기서 살아왔다. 요하(遼河), 송화강(松花江) 유역에는 모두 조선 민족의 발자취가 남아 있다. 이것은 요하와 송화강 유역, 도문강(圖們江) 유역에서 발굴된 유적, 비문 같은 것들이 증명하고 있으며, 수많은 조선 글에도 그 흔적이 남아 있다. 조선족이 거기서 아주 오래 전부터 살아왔다는 것은 증명할 수가 있다. 경박호(鏡泊湖) 부근은 발해(渤海)의 옛 자취가 남아 있고, 또 수도가 있다. 여기서 출토된 유물이 그곳도 조선족의 한 가지라는 것을 증명해 준다. 이 나라는 역사적으로 상당히 오랫동안 존재했다. 따라서 조선족이 조선반도에서 살았을 뿐만 아니라 동시에 요하, 송화강 유역에서도 오랫동안 살았다는 것이 증명된다. 조선족이 더 오래 전에도 있었는가에 대해서는 일부가 아시아 남부에서 표류해 왔다고도 하나, 이것은 또 다른 문제이다. 다만 분명한 것은 조선족 일부가 원래부터 한반도에서 거주하였다는 것이다. 도문강, 요하, 송화강 유역에서 거주한 것은 분명한 사실이며, 역사기록과 출토된 유물이 모두 증명하고 있다.

민족의 생활습관으로 볼 때, 남아시아에서 온 생활습관도 있다. 즉 벼농사, 방에 들어갈 때 신발 벗는 것, 언어 발음은 우리나라 광동 연해지역 일대의 발음과 가깝기도 하다. 우리나라 광동 바닷가에 사는 일부 주민도 남아시아에서 옮겨와 살았다. 이 문제는 역사학자들이 보다 깊이 있는 연구를 하도록 남겨 두고, 오늘 여기

얘기하려는 테두리 안에 넣지 않겠다. 그러나 도문강, 요하, 송화강 유역에서 조선족이 이미 오랫동안 거주했었다는 것을 증명하도록 하겠다. 우리는 이 문제에 대해 책임이 있고, 또 이 지방에 가서 현장을 조사하고, 비문과 출토 유물을 찾고, 역사 흔적을 연구하는 것은 또한 권리이기도 하다. 우리에게는 당신들을 도와야 할 책임이 있다.

민족의 역사 발전을 연구하는 데 가장 좋은 것은 출토된 유물에서 증거를 찾는 것이다. 이것이 가장 과학적인 방법이다. 이것은 바로 곽말약(郭沫若) 동지가 주장한 것이다. 서적의 기록은 완전히 믿을 만한 것이 되지 못한다. 왜냐하면 어떤 것은 당시 사람이 쓴 것이지만 관점이 틀렸고, 어떤 것은 후대 사람이 위조한 것이기 때문에 더욱 믿을 수가 없다. 그래서 역사서는 완전히 믿을 수만은 없는 2차 자료일 뿐이다. 물론 이렇게 긴 역사 문제에 대해서는 문자로 기록된 역사 자료도 연구해야 한다. 다만 이러한 자료를 연구하려면 중국과 조선 두 나라 동지들이 반드시 하나의 공통된 관점을 세워야 한다. 이 관점이란 바로 여러분의 나라보다 중국이 더 컸고, 문화발전도 조금 더 빨랐기 때문에, 항상 봉건 대국의 태도로 여러분을 업신여기고 우롱하면서 당신들을 침략할 때가 많았다는 것이다. 중국 역사학자들은 반드시 이런 사실을 인정해야 한다. 어떤 때는 고대사를 왜곡했고, 심지어 여러분의 머리 위에 조선족은 '기자의 후손(箕子之后)'이라는 말을 억지로 덧씌우고, 평양에서 그 유적을 찾아 증명하려는 무리한 시도를 하기도 했다. 이것은 역사 왜곡이다. 어떻게 이럴 수가 있단 말인가?

진·한(秦漢) 이후 더욱 자주 관내(關內)에서 요하 유역까지 가서 정벌했는데, 비록 전쟁에 실패해서 그냥 돌아왔지만 분명한 침략이다. 당나라도 쳐들어갔다 실패했지만 여러분을 업신여기고 우롱했다. 그때, 여러분의 한 장군이 있어 우리 침략군을 쳐서 무찔렀다. 정말 잘 싸웠다. 이때 바로 발해가 일어났다. 이후 동북에는 바로 요(遼)족, 금(金)족이 일어났다. 그때 중국이 부딪친 문제는 요족과 금족의 중국 본토 침입 문제였다. 조선과 함께 직접 전쟁을 했으나 만주족이 매우 빠르게 일어나 장백산 동쪽에서부터 요하 유역에 이르는 광대한 지역을 점령하였다.

이러한 시기에 한족(漢族) 또한 일부가 동북 지역으로 옮겨 살게 되었다. 만족(滿族) 통치자는 당신들을 계속 동쪽으로 밀어냈고 결국 압록강, 도문강 동쪽까지 밀리게 되었다.

만족은 중국에 공헌한 바가 있는데, 바로 중국 영토를 크게 넓힌 것이다. 전성기에는 지금의 중국 영토보다 더 컸었다. 만주보다 먼저, 원나라도 한 번 크게 확장했지만 곧바로 사라져 버렸기 때문에 셈하지 않는다. 한족이 통치한 시기에는 그처럼 큰 적이 없었다. 다만 이런 것들은 모두 역사의 흔적이고 지나간 일들이다. 이런 일들은 우리가 책임질 일이 아니고 조상들의 일이다. 다만 반드시 이런 현상은 인정해야만 한다. 그렇다 하더라도 우리는 여러분의 땅을 밀어붙여 너무 작게 만들고 우리가 살고 있는 땅이 커진 데 대해 조상을 대신해서 여러분에게 사과해야 한다.

그렇기 때문에 반드시 역사의 진실성을 회복해야지, 역사를 왜곡할 수는 없다. 도문강, 압록강 서쪽은 역사 이래 중국 땅이었다거나, 심지어 예부터 조선은 중국의 속국(藩屬)이었다고 하는 것은 황당한 이야기다. 중국의 이런 대국국수주의가 봉건시대에는 상당히 심했다. 다른 나라에서 선물을 보내면 그들은 조공을 바쳤다고 했고, 다른 나라에서 사절을 보내와 얼굴을 대하고 서로 우호적으로 교류할 때도 그들은 조현(朝見, 신하가 임금을 뵙는 것 : 옮긴이 주)하러 왔다고 했고, 쌍방이 전쟁을 끝내고 강화할 때도 그들은 여러분이 신복(臣服, 신하가 되어 복종했다 : 옮긴이 주)한다고 말했으며, 스스로 천자의 나라(天朝), 위나라(上邦)라고 불렀는데, 이것은 곧 불평등한 것이다. 모두 역사학자 붓끝에서 나온 잘못이다. 우리는 이러한 오류들을 바로잡아야 한다.

그래서 나는 한문을 이해하는 과학원의 역사학자 여러분들이 중조 관계사 문제를 공동으로 연구하면서 우리의 잘못을 비판해 주기 바란다. 왜냐하면 여러분들이 책을 읽으면, 받아들일 수 없는 것이나 문제를 쉽게 발견하지만 우리가 읽을 때는 언제나 부주의하거나 무시하고 넘어가기 때문이다. 예를 들면 한 연극 가운데 당나라 사람 설인귀가 나오는데, 그는 바로 동방을 정벌하며 여러분을 침략한 사람이다. (그런데) 우리 연극에서는 그를 숭배하고 있다. 지금 우리는 사회주의 국가이고 여러분도 사회주의 국가이기 때문에, 우리는 다시 공연하는 것을 허가하지 않고 있다. 이 연극은 비판 받아야 마땅하다.

또한 베트남에 대해서 그런 예가 있다. 중국에는 마원(馬援)·복파(伏波) 장군이라 부르는 영웅이 있어 베트남을 정벌하였다. 베트남에는 두 여자 재원(才女)이 용감하게 맞서 싸우다가 실패하자 강물에 뛰어들어 스스로 목숨을 끊었는데, 장군은 그 목을 잘라 낙양으로 보냈다. 내가 베트남에 갔을 때 발견하고, 두 여자 재원의 사당에 꽃을 바치면서 마원을 비판했다. (그러나) 우리 역사에서는 마원을 극구 찬양하고 있다.

이 자리에서 한문을 아는 여러분 역사학자들이 중국에 오거나 우리가 가서, 역사 관계를 공동으로 연구하기를 바라며, 이것은 우리에게나 여러분에게나 모두에게 좋은 일일 뿐만 아니라 이렇게 하여 쓰여질 서적들도 더욱 완벽해질 것이다.

그래서 해야 할 일이 두 가지가 있다. 하나는 고고학자들이 문화재나 비석 같은 유물을 발굴하는 것이고, 다른 하나는 서적과 역사를 연구하는 것이다. 바로 이렇게 하는 것이 우리들 2000~3000년에 걸친 관계를 제자리에 올려놓게 될 것이다.

제2시기는 혁명의 시기이다. 일본이 여러분을 침략하여 조선이 식민지가 되었다. 모든 제국주의 국가가 우리를 침략해 중국은 반식민지 상태가 되었고, 일본은 또 동북을 점령하여 식민지로 삼았다. 이 시기 중국과 조선 두 나라 인민은 혁명적 동지 관계를 구축했다. 이 단계의 역사는 매우 풍부하다.

큰 단계로 나누어 보면, 10월혁명 이전은 우리나라 구민주주의 혁명의 시기였다. 조선 또한 적지 않은 동지들이 중국에 떠돌아다니며 중국 혁명에 참가하였다. 이때는 갑오전쟁에서 10월혁명까지 20여 년 동안의 시기이다. 안중근이 이토 히로부미를 사살한 것은 바로 하얼빈 역이었다.

10월혁명 이후 우리는 민주주의 혁명 단계로 접어들었고, 두 나라에서는 공산당이 생겨났으며, 그 당시 조선에서 발을 붙일 수 없었던 많은 동지들이 중국으로 흘러 들어왔는데, 동북지방에 가장 많았으면서도 중국 어디를 가나 볼 수 있었다. 그리하여 그 뒤 중국혁명의 모든 역사단계에 조선 동지들이 참가하였다.

최용건(崔庸健) 위원장이 말하기를, 당시 조선 동지들이 중국으로 흘러 들어와 중국혁명을 성공시키고, 이 성공이 조선혁명을 성공시키는 데 도움이 되기를 바랐다고 한다. 이것은 분명한 사실이었다. 10월혁명 초기 조선 동지들은 모두 이런 생각을 지니고 있었다. 당시 일본에 가서 군사(軍事)를 배우는 것은 매우 어려웠고 통제를 받아야만 했다. 그래서 적지 않은 동지들이 중국에 와 군사(軍事)를 배웠다. 많은 사람들이 배를 타고 남방에 도착했는데, 거기에는 운남강무당(雲南講武堂)이 있었다. 그 뒤 손중산(孫中山) 선생이 세운 황포군관학교에 적잖은 조선 동지들이 입교하였다. 그때가 1924~1927년으로 당시 최용건, 양림(楊林) 동지가 모두 교관이었고, 많은 동지들이 학생으로서 군사(軍事)를 배웠다. 대혁명 때 혁명군이 마지막으로 철수하던 날 밤 광주(廣州)에서 폭동이 일어나 많은 조선 동지들이 희생되었다. 최용건 위원장은 그때를 아직도 기억하는데, 당시 160명이 넘는 조선 동지들이 광주 사하(沙河)와 한하(漢河)에서 진지를 사생결단 지키다가 대부분 희생되었다. 당시 거기서 최용건 동지가 지휘하고 있었다. 우리는 한 차례 합의를 거쳐 광주의 그 진지에 기념비를 세우기로 결정하고 광주 열사능원(烈士陵園) 안에 기념관을 건립했다. 중국 대혁명 실패 이후, 즉 1928년 이후 조선 동지들은 중국에서 비밀공작에 아주 많이 투여되었는데, 상해, 동북 등지의 노동·농민 운동과 학생운동에 참가하였다.

확실히 10월혁명 초기에는 조선 동지들이 이처럼 혁명에 대한 이상을 품고 우리나라에 왔다. 공개투쟁, 비밀투쟁, 정치투쟁, 무장투쟁을 가리지 않고 모두 참가하여 중국 혁명을 도왔다. 중국이 혁명투쟁에 승리한 뒤, 다시 조선혁명의 승리를 밀고 나아갔다. 1931년 '9·18' 포성 이후 상황이 변했다. 조선뿐 아니라 중국 동북도 일본 식민지가 되었다. 그리하여 비록 겉으로는 동북에 괴뢰정부가 있었지만 그것은 형식적일 뿐이고, 실제로는 조선과 동북 구별 없이 모두 일본 식민지가 되었다.

이 시기에 동북에서 일어난 항일무장투쟁은 조선 동지가 중국의 혁명 투쟁에 참가했다고 할 수 없다. 오히려 중국과 조선 두 나라 인민의 공동투쟁이며 연합투쟁으로, 이것은 하나의 새로운 단계이다. 이것은 내가 이번에 얻은 새로운 인식이다. 당시 김일성 동지 영도 아래 벌인 항일유격전쟁은 역사적 상황과 우리의 관점으로 해석할 때, 마땅히 중국과 조선 두 나라 인민의 연합투쟁이고 공동투쟁이라고 인정해야 한다. 동북항일연합군과 같은 경우 반드시 중국과 조선 두 나라 인민의 항일연합군으로 해석해야 되고, 사실도 그와 같다.

내가 이번에 최용건 위원장과 이효순(李孝淳) 부위원장, 그리고 박(朴) 외상(옮긴이 주 : 박성철로 보인다)과 함께 동북 하얼빈, 장춘, 심양 같은 여러 곳에서 항일 혁명의 옛 전우들과 얘기하면서 이런 견해를 실증하게 되었다.

당시 중국 (공산)당은 3가지 노선을 세우는 단계에 있었는데, 좌경 기회주의 노선이었던 왕명(王明) 노선의 지도 아래 중국 (공산)당의 무장투쟁 방침이란 것은 시가지 폭동이었다. 그러나 시가지에서는 힘이 모자랐기 때문에 반드시 실패할 수밖에 없었다. 당연히 농촌 무장투쟁도 함께 내놓았다. 그런데 동북 농촌에서 일어난 무장투쟁 가운데 가장 많은 것이 조선 동지들이었다. 왜 그랬을까? 그것은 당시 동북으로 떠돌던 조선 동지들은 모두 농촌에 터전을 잡았기 때문에, 농민과의 관계가 아주 긴밀했거나 조선족이 모여 사는 지역에 살았기 때문이다. 그래서 농민을 불러일으켜 무장투쟁을 벌이기가 쉬웠다. 그리하여 '9·18'에서 항일 전쟁에 승리할 때까지 10년 남짓 많은 항일부대가 창설되었고, 거의 모든 부대에는 많은 조선 동지들이 있었다.

현재 이 단계의 역사를 기념하기 위해서는 반드시 이러한 역사의 진실성을 되찾아야 한다. 항일 연합군은 중국과 조선 인민의 연합군이고, 기념관은 모두 이 같은 해석에 따른 것이다. 과거처럼 그렇게 해석해서는 안된다. 만약 조선 동지가 중국

혁명에 참가한 것이고, 더욱이 조선 동지를 중국의 조선족으로 간주하면서, 거의가 조선에서 흘러 들어온 것이라는 것을 인정하지 않는 것은 왜곡이다. 그것은 정확한 것이 아니다. 이러한 관점은 역시 혁명 대오 가운데 나타난 대국국수주의 찌꺼기다. 항일전쟁에서 이 단계의 역사를 새로 다시 쓰려고 한다면, 동북에 참가했던 항일 연합군에 대한 (북경에도 있다) 연구반을 조직하여 때로는 조선까지 가서 관련자들의 의견을 들어야 한다는 것을 우리는 제의한다. 거꾸로 조선동지들도 우리나라에 와서 공동연구를 할 수 있어야 한다. 이래야만 역사의 진실성을 회복하고 전체에 걸친 자료를 얻을 수 있게 될 것이다.

이 역사 단계 말고도 해방전쟁과 반장(개석) 투쟁과정에서도 많은 조선족 동지를 받아들여 조선사단을 구성하였는데, 그 뒤 항미원조(抗美援朝, 한국전쟁을 말한다. 옮긴이 주) 때 조선으로 돌아갔다. 그들이 중국의 해방전쟁에 영웅적으로 참가했고, 그 뒤 또 항미원조에 참가하여 승리를 이끌었다는 것은 역사가 증명하고 있다. 그래서 이 혁명 역사 단계는 양쪽이 서로를 지지한다. 또한 조선 동지가 중국 동지의 혁명을 지지했던 것이 중국 동지가 조선을 지원하는 것보다 많고 기간도 더 길다는 것을 증명하고 있다.

이런 뜻에서 본다면, 혁명박물관과 군사박물관에 진열된 물건들은 아직 더 보충되어야 하며 수정할 부분이 더 남아 있다. 지난번 최용건 위원장과 함께 동북에 갔을 때, 이미 나는 박물관을 맡은 동지를 찾아 이 문제를 이야기하였다.

세 번째 시기는 현재가 그 시기이다. 우리는 모두 사회주의 혁명과 사회주의 건설에 깊이 들어와 있어, 서로를 더 배우고 보다 긴밀한 협력이 필요하다.

역사에서뿐 아니라 혁명 투쟁 과정에서도 양쪽은 이미 제국주의와 현대수정주의를 반대하는 투쟁을 경험했고, 두 나라는 정확히 인식과 행동의 일치를 경험했다. 더 정확하게는 피로써 맺어진 전투 우의(友誼)와 동지 우의를 맺었다는 것이다.

우리는 여러분을 우리의 전방으로 여기고, 중국의 전방일 뿐만 아니라 사회주의 진영의 동방 전초기지로 보고 있다. 여러분은 마땅히 중국을 여러분의 후방으로 보아야 할 것이며, 특히 동북은 여러분의 가까운 후방이다.

우리는 서로 배우도록 하자. 여러분이 우리 것을 와서 보고, 우리가 여러분 것을 가 보도록 하자. 이러한 점은 이미 하루하루 발전하고 있다. 다만 지금 당장 눈앞의 일을 보면, 여러분이 우리보다 더 열심이다. 방금 우리는 예를 들면서 그들[중국과학원 장징푸(張勁夫) 동지를 가리킨다]을 비판하지 않았느냐? 여러분들은 42일 동안 20명이 넘게 왔는데, 그들은 조선에 7명이 가서 30일 남짓 머물렀다. 바로 이런 점을 여러분에게 배워야 한다. 그래서 이번에 동북국(東北局), 동북3성의 성위원회가 금년 거울 참관단을 구성하여 여러분에게 찾아가서 도시 활동과 농촌 활동, 당 활동, 총 노선, 천리마운동, 청산리 활동 방법과 대안(大安) 활동체계를 배우기로 하였다.

우리 동북의 동지들이 여러분에게 가면 여러분들은 동북에 사람을 보내 직접 관계를 만들 수 있다. 평상시에 이렇게 밀접한 연결이 있어야만 일단 일이 발생하면 여러분을 우리의 전방으로 보고, 여러분도 우리를 여러분의 후방으로 대할 것이며, 장벽이 생기고 협조가 원활하지 못한 결점을 막을 수 있다.

여러분의 (공산)당 활동, 도시 활동, 농촌 활동, 공업 교통 활동뿐 아니라 여러분의 문화 활동도 배울 만한 가치가 있다. 우리는 이번에 조선 대사관의 대사 동지와 이야기했는데, 영화 사업단을 한 팀 파견해서 적색 선전 활동가의 창작 경험을 배우고, 농촌에 가서 배우는 것이 정말 필요하고, 이선자(李善子)의 진짜 이름인 이신자(李信子)를 찾아가고, 또한 청산리를 가서 배우고자 한다. 이런 사본과 영화를 통해서 진정으로 조선 인민의 활동을 배우고, 힘들지만 소박한 농촌생활의 풍속과 설득 경험 그리고 생산투쟁과 계급투쟁의 경험을 배우고자 한다. 그런 뒤 그것을 연극무대와 영화계를 통해 표현하려고 한다. (이처럼) 중국 예술가를 소개함으로 해서 중국 인민들이 조선 인민의 실제 생활과 전투 생활을 이해하도록 할 것이다.

당신들의 노래와 춤도 배울 가치가 있다. 여러분은 주체사상이 있어 서양적 기풍을 반대하고 있다. 우리 춤과 노래는 그렇게 강하게 민족화가 되지 못해 좀 어수선하고 조리가 없는 편이다.

최용건 위원장이 동북에서 세 곳을 방문했을 때, 우리를 3차례의 만찬을 준비했는데, 장춘에서 가장 실패했다. 〈김일성 장군의 노래〉를 부르는데 조선의 풍격 같지가 않았다. 또한 〈동방홍(東方紅)〉을 들어도 서양풍이 너무 강해 알아들을 수가 없었다. 〈두 사람의 홍군 춤〉이라는 춤 프로그램도 있었는데 노인과 젊은이가 등장했다. 이를 민족무용으로 알았으나 사실은 발레였다. 어린 홍군은 여성이었는데 발을 뾰쪽하게 세우는 춤이었으나 이도저도 아니었다. 조선 동지들이 보고나서도 반응이 시원치 않았고 우리들도 즐겁지 않았다. (이것을 보고) 진의(陳毅) 원수는 문화 수준이 너무 낮다는 것을 증명한다고 말했었다.

조선 동지가 아주 솔직하게 우리의 어떤 것들은 주체사상이 없이 동쪽에서 하나 끌어들이고 서쪽에서 하나 가져온 것에 불과하며, 침구나 먹을거리도 옛것, 새것, 중국 것, 외국 것이 어수선하고 조리가 없다고 지적했는데, 이 지적은 매우 적절한 것이었다.

오늘 대외문화위원회에서도 어떤 동지가 왔는데, 들고 나갈 작품에 주체사상이 없어서 나가려 하지 않는다고 했다. 많은 동작이 있지만 주의를 기울이지 않으면 그것이 어디서 왔는지조차 모르면서 좋은 것이라 여기게 된다는 것이다.

최근 〈중조 양국 문화협정〉 의정서가 체결됨에 따라 우리는 가무극단을 조선에 파견하려고 한다. 하나는 역사혁명 사극으로, 태평천국시대 상해에서 영국에 대항하여 투쟁하는 내용으로, 극 이름은 〈소도회(小刀會)〉이다. 여기는 당연히 그 시대 풍격이 있다. 다른 하나는 신화인데, 역시 풍격이 있는 작품으로 유럽의 신이 아니라 중국의 신이다. 우리 신의 모습은 하느님(상제)과 다르다.

결론적으로 여러분의 문화 예술은 많은 부분이 배울 만한 가치가 있다.

현재 또 하나의 문제가 있는데, 문자에서도 틈이 생긴다. 이것은 우리에게 하나의 새로운 사실이다. 나는 예전에는 이해하지 못했었는데, 이번에 황장엽(黃長燁) 동지가 이 문제를 분명하게 설명해 주었다. 조선 글에는 세 가지 표준이 있는데, 그것은 평양, 서울, 연변이다.

평양의 표준은 당연히 전형적인 표준이다. 왜냐하면 우리의 조선 동지 조선 인민이 모두 이해하고 있기 때문이다. 당연히 이 표준에 따라 말하고 문장을 써야 한다.

평양에도 발음기호(注音)가 있지만 이미 한자를 벗어나 있다. 그리고 과거에 인용했던 여러 중국의 관용어(成語)는 잘 이해하지 못하고, 현재 인용하는 조선 관용어는 민족화되었다.

서울의 표준은 여전히 한자이다. 남조선은 여전히 한자로 된 책을 읽고 중국 관용어 인용을 좋아해서 북조선 인민이 알아듣지 못한다.

연변의 표준에서 가장 큰 문제 결함은 일부 말하는 방법조차 바뀠다는 데 있다. 듣기로는 조선말과 일본말이 말하는 법을 예로 들면 "나는 밥을 먹는다"를 "나는 밥을 가지고 먹는다"고 하는 것처럼 상당히 가깝다고 한다. 연변 말은 중국말을 받아들여 변화해 왔다. 어떤 말은 이렇게 중국말처럼 바뀌었다. 두 번째는 일본 통치 시기 소위 협화어(協和語)라는 일본인이 썼던 한자가 복잡하게 섞였기 때문에 연변 말이 깨끗하지 못하다. 세 번째는 또 수많은 중국 한자 관용어를 끌어다 쓰기 때문에 소리마저도 중국 음으로 발음한다. 이렇게 되어 조선 동지들조차도 그들이 하는 말뜻을 알아듣지 못하게 되었다.

이리하여 우리가 『붉은 깃발(紅旗)』이라는 잡지를 조선 말로 출판해서 평양에 가지고 가면 전혀 알아보지 못하고 무슨 뜻인지도 모르는데, 특히 경제 용어는 더욱 그러하다.

그래서 문자, 이 문제를 해결해 말하는 것을 알아듣게 해야 한다. 내가 걱정하는 것은 오늘 내가 이렇게 길게 이야기한 내용을 제대로 통역했는지 하는 것이다. 역시 여러 동지를 평양에 보내 깊이 있게 배우도록 해야겠다. (대외문화위원회 쩡잉(曾瑛) 동지를 가리키며) 여러분이 연출하는 가무극 자막은 반드시 평양의 표준적인 사람을 찾아 번역토록 하라. 그렇지 않으면 전혀 알아볼 수가 없다. 이것은 아주 중요하다.

세 번째 시기의 열쇠는 말하고 쓰는 데 있다. 배워서 통하지 않으면 손해다. 그렇기 때문에 먼저 번역 팀을 정돈해야 한다. 조선 동지와 내왕하려면 반드시 평양 표준을 따르도록 규정해야 하고, 만일 평양 표준이 아니면 나가지 못하게 해야 한다.

여러분은 이번에 자연과학을 참관했는데 대개 적잖은 부분이 국제적으로 통용되는 것이다. 자연과학 자체는 어떤 계급성이 없다. 다만 우리들이 서로 교류하는 과정에서 자연과학을 대하는 태도와 여러분을 접대하는 일, 그리고 유람 같은 과정에서 여러분은 우리가 대국국수주의 찌꺼기가 남아 있는지 여부를 살피도록 해 주었다. 생활, 문화오락에서 조금 주체가 없이 표현된 점이나 말이 평양 표준에 맞지 않는 것 등은 아마 다음에는 해결할 수 있는 문제이다. 다만 대국국수주의는 없어지기를 바라지만 개별적으로 일하는 사람에게서는 이를 면하기 어려움도 있다. 여러분이 다음에 다시 방문하여 서로 비교해 보기를 바란다. 우리는 서로를 비교해 볼 수 있지 않겠는가?

周恩来总理谈中朝关系

（摘自《外事工作通报》1963 年第 10 期）

——1963 年 6 月 28 日，周恩来总理接见
朝鲜科学院代表团时，谈中朝关系——

周恩来总理谈中朝关系

今年（1963 年）6 月 28 日，周恩来总理接见朝鲜科学院代表团时，谈到了中朝关系。要点如下：

中朝关系现在密切，历史上也密切。可以分成三个时期：

第一个时期，就是中朝两国、两个民族的历史关系。

第二个时期，就是中、朝同时都遭到帝国主义侵略，你们（指指朝鲜）变成日本殖民地，我们部分变成各个帝国主义的半殖民地，一部分又沦为日本的殖民地。在这个时候中、朝之间的革命关系。

第三个时期，就是现在，我们都是社会主义国家，兄弟党、兄弟国家的关系。

这三个时期的中朝两国、两党之间的关系有许多问题值得研究。对历史关系、民族关系、革命关系，经过调查研究，双方的观点、看法完全一致了，然后在文件上、书籍上写出来。这是我们历史学家的一件大事，应该搞出来。这也是我们做政治工作、党的工作的人，应该努力的方面之一。

第一个时期是从有历史记载以来，有发掘出来的文物可以证明的。两国、两个民族的关系开始，直到帝国主义侵略为止，一个很长的时间，有三、四千年或者更长。

这样一个历史年代，两国的历史学家有些记载是不甚真实的。这里面，主要是中国历史学家，许多人都是以大国主义、大国沙文主义观点来写历史。因此，许多问题写得不公道。首先对两国民族的发展，过去中国的一些历史学家的看法就不那么正确，不那么合乎实际。朝鲜民族自从到了朝鲜半岛和东北大陆以后，长时期在那里居住。辽河、松花江流域都有朝鲜族的足迹。这可以从辽河、松花江流域、图们江流域发掘来的文物、碑文得到证明，许多都有朝鲜文的痕迹。可以证明很久以来，朝鲜族居住在那里。在镜泊湖附近，有一个渤海国的古迹，还有首都。据说出土文物证明，那也是朝鲜族的一个支派。这个国家在历史上存在了一个相当长的时期。所以，可以证明，不仅在朝鲜半岛上有朝鲜族，同时，在辽河、松花江流域，有很长一个时期也有朝鲜族在那里居住。至于朝鲜族是否在更古的时候，有一部分是从亚洲南部漂海过来的，这是另一个问题。但一定有一部分原来就居住在半岛上。居住在图们江、辽河、松花江流域的，这是肯定的。历史记载和出土文物都已证明了。

从民族的生活习惯上看，有从南亚带来的生活习惯：种稻谷、进门脱鞋、语言发音有些和我们广东沿海一带的发音接近。我们广东沿海有的居民也是从南亚移来的。这个问题，要留待历史学家进一步研究，不在我今天要讲的范围以内。不过要证明，在图们江、辽河、松花江流域，朝鲜族曾经长期居住过。对这个问题，你们有责任，也有权利到这些地方去调查，寻找碑文、出土文物，研究历史痕迹。我们有责任给你们帮助。

研究民族的发展历史最好从出土的文物来找证据，这是最科学的。郭沫若同志就是这样主张的。书本上的记载不完全可靠。有的是当时人写的，观点不对；有的是以后的人伪造的，更不可靠。因此，历史书籍是第二手材料不完全可靠。当然，对这样长的历史问题，也得研究文字记载的历史材料。但是要研究这些材料，就必须中、朝两国同志建立一个共同的观点。这个观点，就是当时中国比你们国家大，文化发展早一些，总有封建大国的态度，欺侮你们，侵略你们的时候多。中国历史学家必须承认这个事实。有时候就把古代史歪曲了，硬加上你们头上，说什么朝鲜族是"箕子之后"，硬要到平壤找个古迹来证明。这是歪曲历史的，怎么能是这样的呢？

秦、汉以后，更加经常地从关内到辽河流域征伐了，那更是侵略，随着用兵失败而归。唐朝也打过败仗，但也欺侮了你们。那时，你们有一个将军把我们的侵略军队打败了。打得好。这时，渤海国就起来了。以后，在东北就有了辽族、金族的兴起。那时，中国所遇到的问题是辽族、金族侵入中国本土的问题。以后就是蒙古族。元朝也侵略了你们，也遭到失败。最后是明朝，直接和朝鲜作战，很快就是满族兴起，占领了长白山以东到辽河流域的广大地区。

在这样一个时期，汉族也有一部分迁到东北地区居住了。满族统治者把你们越挤越往东，挤到鸭绿江、图们江以东。

满族对中国有贡献，把中国版图搞得很大。兴盛的时候，比中国现在的版图还要大一些。满族以前，元朝也一度扩张很大，但很快就丢了，那不算。汉族统治时期没有这么大。但这都是历史的痕迹，都过去了。这些事情，不是我们负责任的，是祖宗的事。当然只能承认这个现状。尽管如此，我们要替祖先向你们道歉，把你们的地方挤得太小了。我们住的地方大了。

所以，必须还它一个历史的真实性，不能歪曲历史，说图们江、鸭绿江以西历来就是中国的地方，甚至说从古以来，朝鲜就是中国的藩属，这就荒谬了。中国这个大国沙文主义，在封建时代是相当严重的。人家给他送礼，他叫进贡；人家派一个使节来同你见了面，彼此搞好邦交，他就说是来朝见的；双方打完仗，议和了，他就说你是臣服了；自称为天朝、上邦，这就是不平等的。都是历史学家笔底的错误。我们要把它更正过来。

所以，我很希望你们科学院几位懂汉文的历史学家，来共同研究中朝关系史的问题，攻我们一下。因为，你们一读那些书，就不好受，就好发现问题。我们自己读，常常不注意，就忽略过去了。比如戏剧里有一个薛仁贵，唐朝人，他就是征东打你们的，侵略你们的。我们的戏剧中就崇拜他。现在我们是社会主义国家，你们也是社会主义国家，我们不许再演，要就是对这小戏剧批判了什。

还有对越南，中国有个英雄叫马援，伏波将军，征越南。人家二才女英勇抗击失败后投河自尽，还把脑袋割下来送到洛阳。我去越南发现了，去二才女庙献了花，批判马援。我们历史上对马援是称道备至的。

现在，请你们懂汉文的历史学家来中国，或我们去，共同研究历史关系，这对我们、对你们，都有好处。写出的历史书籍也可更全面了。

所以，有两件事要做。一是考古学家去发掘文物、碑等东西；二是研究书本的东西，研究历史。这样，就能把我们二、三千年来的关系，摆在恰当位置上了。

第二个时期，是革命时期。日本侵略你们，朝鲜变成殖民地。所有的帝国主义侵略我们，中国变成半殖民地，日本又侵占东北，使之变成殖民地。在这个时期，中朝两国人民建立了革命的同志关系。这段历史是非常丰富的。

从大的阶段划分，十月革命以前，那是我国的旧民主主义革命时期。朝鲜也有不少同志流亡到中国，参加中国的革命。这是从甲午战争到十月革命二十多年的时期。安重根行刺伊藤博文，就是在哈尔滨车站。

十月革命以后，我们进入民主主义革命阶段了，两国开始有了共产党，那时许多同志在朝鲜站不住脚，流亡到中国来。最大量的是在东北，中国各地也都有。因此，以后中国革命的整个历史阶段都有朝鲜同志参加。

崔庸健委员长说，那时朝鲜同志流亡到中国来，希望把中国革命搞好，搞成功，跟着可以帮助朝鲜革命取得胜利。这的确如此。在十月革命初期，朝鲜同志是抱着这样的想法来的。当时要去日本学军事很困难，受到控制。因此，不少同志就到中国来学军事。许多人坐船到南方，那里有云南讲武堂。以后，孙中山先生办黄埔军校，有不少朝鲜同志进这个学校。那是在1924-1927年，崔庸健、杨林同志当时都是教官，多数同志是当学生，学习军事。大革命最后一次撤兵的一个夜晚，广州暴动，很多朝鲜同志牺牲了。崔庸健委员长还记得，那时有一百六十多位朝鲜同志，在广州沙河、汉河里坚守一个阵地。结果，绝大部分同志英勇牺牲了。那时，崔庸健同志在那里指挥。我们这一次商量，决定在广州这个阵地上立个纪念碑，在广州烈士陵园里建立一个纪念馆。中国大革命失败以后，1928年以后，朝鲜同志在中国做秘密工作的很多，在上海、东北等地，参加工人运动、农民运动和学生运动。

的确，十月革命初期，朝鲜同志是抱着这样的革命理想来到我国的。不管公开斗争、秘密斗争、政治斗争、武装斗争都参加，帮助中国革命。中国革命斗争胜利以后，再推动朝鲜革命的胜利。从1931年"九.一八"

炮响以后，情况变化了。不仅朝鲜成为日本殖民地，中国东北也变成日本的殖民地。因此，虽在表面上，东北还有个傀儡政府，但那只是形式的，实际是，朝鲜和东北没有区别了，都是日本的殖民地。

这个时候，在东北发动的抗日武装斗争不能说是朝鲜同志参加了中国革命斗争了，而是中朝两国人民的共同斗争，联合斗争，这是一个新的阶段。这是我这次得到的新的认识。那时在金日成同志领导下的抗日游击战争，按历史情况和我们的观点来解释，应该认为是中朝两国人民的联合斗争、共同斗争。如东北抗日联军，应解释为中朝两国人民的抗日联军，事实也是如此。

我这次陪同崔庸健委员长、李孝淳副委员长和朴外相去东北哈尔滨、长春、沈阳各地，同抗日的老战友谈话，证实了这个看法。

当时中国党正处在立三路线、王明路线左倾机会主义路线的领导下，所以那时中国党的武装斗争方针是搞城市暴动。因为城市里没有力量，所以每搞必失败。当然同时也提出在农村搞武装斗争。而在东北农村发动武装斗争最多的是朝鲜同志。为什么？因为当时流亡到中国东北的朝鲜同志都在农村安家，同农民关系非常密切，或者到朝鲜族聚居地区。因此，很容易把农民发动起来，开展武装斗争。所以，从"九.一八"到抗日战争胜利，十多年时间，产生了许多抗日部队，几乎每一支部队都有很多朝鲜同志。

现在纪念这段历史，必须恢复这个历史真实性。抗日联军是中朝两国人民的联军，纪念馆都是这样来解释。不能象过去那样解释，那是歪曲，说成是朝鲜同志参加中国革命，而且把朝鲜同志说成是中国的朝鲜族，不看成是多数是从朝鲜流亡来的。这是不正确的。这种观点，也是一种大国沙文主义的残余在革命队伍中的表现。要把抗日战争这段历史重新写。我们提议，东北参加过抗联的，北京也有，组织一个研究班，有时可以去朝鲜征求有关人员的意见。反过来，朝鲜同志也可来我国共同研究。这样就可以恢复历史的真实性，得到全面的材料。

除这段历史以外，解放战争、反蒋斗争中，也吸收了许多朝鲜族同志，成立了朝鲜师，以后抗美援朝，回到朝鲜去了。历史证明，他们是英雄地参加了中国的解放战争，以后，又参加抗美援朝，直至得到胜利。所以，这个革命历史阶段，双方在相互支持。而且证明，朝鲜同志支持搞中国同志的革命，比中国同志支援朝鲜的多。同时，时间也长。

从这个意义上来说，革命博物馆和军事博物馆陈列的东西还有需要补正、修改的地方。现在还不够。上次陪崔庸健委员长去东北的时候，我已经找了博物馆的同志谈过这个问题。

第三个时期，现在这个时期：我们都在深入社会主义革命和社会主义建设，更需要互相学习，密切合作。

不仅在历史上，革命斗争中，双方经受了考验，反对帝国主义和反对现代修正主义斗争中，又经受了考验。两国的确是认识一致、行动一致。的确是鲜血织成的战斗友谊、同志友谊。

我们是把你们看成是我们的前线，不仅是中国的前线，而且是社会主义阵营的东方前哨。你们应该把中国看成是你们的后方，特别是东北，更是你们近距离的后方。

我们互相学习。你们来参观我们的，我们去参观你们的。这已经一天一天发展起来了。但是，从目前看，还是你们比我们热心。刚才我们不是举出例子来批评他们（指中国科学院张劲夫同志）了吗？你们一来四十二天，二十多人。他们去朝鲜才七人，三十余天。就是在这方面需要向你们学习。所以，这次决定由东北局、东北三省的省委，在今年冬天组织一个参观团去学习你们的城市工作、农村工作、党的工作、总路线、千里马运动、青山里工作方法和大安工作体系。

我们东北的同志去你们那里，你们派人到东北可以发生直接联系。在平时，这样密切联系，才会一旦有事，把你们当成自己的前线，你们把我们看成后方，才不致能出隔阂和协作不灵的缺点。

不仅对你们党的工作、城市工作、农村工作、工业交通工作，还有你们的文化工作也值得学习。我们这次同朝鲜使馆的大使同志谈过，要派一个电影工作团去学习，学习创作红色宣传员的经验，要真正到农村去学习，去访问李善子的真身李信子，也要到青山里去学习。通过这个副本，这个电影，可以真正学到朝鲜人民的工作、农村生活的艰苦朴素作风、说服的经验、生产斗争和阶级斗争的经验。然后，表现在戏剧舞台上、银幕上。通过中国艺术家的介绍，使中国人民了解朝鲜人民的实际生活和战斗生活。

你们的唱歌、舞蹈也值得学习。你们有主体思想，反对洋气。我们的歌舞，就是民族化不那么强烈，有点杂乱无章。

崔庸健委员长去东北三个地方访问，我们组织了三个晚会，长春的最为失败。唱"金日成将军之歌"不象朝鲜风格；唱"东方红"听也听不懂，洋气可大了。舞蹈有一个节目，叫"两个红军舞"，一老一少。以为是民族舞蹈，结果是芭蕾舞。小红军还是女的，托举足尖舞，不论不类。朝鲜同志看了，反映不强烈。我们看了，也不高兴。陈毅元帅说，证明是文化太低了。

朝鲜同志很直率地向我们提出来，说我们有些东西就是没有主体思想，就是东拉一点，西拉一点，盖房子、吃的菜，都有这种情况，古今中外，杂乱无章。这个批评很恰当。指出这一点非常好。

今天对外文委也有同志来了。拿出去的东西没有主体思想的，就不要往外拿。有许多小动作，你不注意，他以为好，其实不知是从那里弄来的。

最近，《中朝两国文化协定》上议定，我们要派舞剧团去朝鲜。一个是历史革命史剧，太平天国时代上海的抗英斗争，剧名《小刀会》。这应该有时代风格。有一个是神话，也要有风格，是中国神，不是欧洲神。我们的神像和上帝也不同。

总之，你们那里文化艺术有许多值得学习。

现在还有一个问题，文字也发生隔阂了。这对我是一件新事。我过去不了解，这次黄长烨同志就把这个问题讲清楚了。朝鲜文有三种标准：平壤、汉城、延边。

平壤标准应作为典型的标准。因为我们朝鲜同志、朝鲜人民都懂。应该按照这个标准来说话、写文章。平壤也注音，但是已经把汉字脱离了。还有过去引用一些中国成语，不好懂的，现在引用朝鲜成语，民族化了。

汉城标准，还有汉字。南朝鲜还有读汉文书的，喜欢用中国成语，结果北朝鲜人民听不懂。

延边标准，第一个最大的毛病是把有些话的方法也改变了。听说朝鲜话和日本话方法有些接近，如"我吃饭"，叫作"我拿饭吃"。延边话就接中国话改变过来了。有些话就这样改了。第二，还有在日本统治时期，所谓的协和语，在延边还未清，也就是日本人用的汉字，还有夹杂在里面的。第三，更多的是照引许多中国汉文成语，音也说的汉音。这样简直使朝鲜同志不知道你说的是什么意思。

因此，我们出版的《红旗》杂志朝文版的，译出来拿到平壤去，根本看不懂，不知道说什么，特别是一些经济术语。

所以，文字这个问题要解决，说的要使人懂得才行。我怀疑，我今天讲了这么长的话，究竟译得对不对？还是要派一些同志去平壤，认真地学一学。你们（指对外文委曾瑛同志）演出舞剧的字幕，一定要找平壤的标准的人来翻译。不然根本看不懂。这很重要。

三个时期的关键，还在于说话、写字。学习不通就吃亏了。因此，首先要整顿翻译队伍。和朝鲜同志来往，一定按平壤标准，不是平壤标准不准拿出去。

你们这次参观自然科学，大概不少是国际通用的。自然科学本身就没有什么阶级性。但是在我们彼此关系上，管理自然科学的态度，接待你们的工作，游览等方面，你给我们考虑考虑，有无大国沙文主义残余的态度。生活、文化娱乐，表现出一点主体没有，说话是否合乎平壤标准，也许这以后二者还可免，至于大国沙文主义希望没有，不过个别工作人员也难免。希望你们下次再来比较比较。我们可以比较来看。